"历史·文化·思想"文库

军亦吾之民：
明代卫所民化研究

郭 红 等 著

上海大学出版社
·上海·

图书在版编目(CIP)数据

军亦吾之民：明代卫所民化研究 / 郭红等著. ——上海：上海大学出版社,2022.12
("历史·文化·思想"文库)
ISBN 978-7-5671-4594-8

Ⅰ.①军… Ⅱ.①郭… Ⅲ.①卫所制(明兵制)-军转民-研究-中国-明代 Ⅳ.①E294.8

中国版本图书馆CIP数据核字(2022)第219436号

责任编辑　徐雁华
封面设计　柯国富
技术编辑　金　鑫　钱宇坤

军亦吾之民：明代卫所民化研究

郭　红等　著

上海大学出版社出版发行
(上海市上大路99号　邮政编码200444)
(https://www.shupress.cn　发行热线 021-66135112)
出版人　戴骏豪

*

南京展望文化发展有限公司排版
江阴市机关印刷服务有限公司印刷　各地新华书店经销
开本 710mm×1000mm　1/16　印张 17.75　字数 299千
2022年12月第1版　2022年12月第1次印刷
ISBN 978-7-5671-4594-8/E·16　定价 78.00元

版权所有　侵权必究
如发现本书有印装质量问题请与印刷厂质量科联系
联系电话：0510-86688678

目 录

绪 论 / 1
    一、"民化"——明代卫所的历史关键词 / 2
    二、丰富的明代法律文献是"民化"研究的基础 / 5
    三、20世纪以来有关卫所研究的成果 / 7
    四、明代卫所"民化"的研究方法与路径 / 17

第一章 国家控制与卫所变迁：以明代国家立法为中心 / 19
    一、明初法律与卫所 / 19
    二、从《大明律》到《问刑条例》：法律的细化 / 31
    三、国家法律在卫所的实施 / 47

第二章 明代军法文献与卫所"民化" / 56
    一、明代的军法文献与卫所 / 56
    二、卫所军户制度的紧与松——以远军改编近卫为例 / 71
    三、卫所职能的转变与丰富 / 97
    四、卫所军户贫富分化与"民化" / 108

第三章 从万死一生到偷生冗食：明代军人形象变迁 / 121
    一、从判例判牍看明代中后期的卫所军人形象 / 122
    二、不同阶层眼中卫所军人形象的演变 / 133

三、明清小说中卫所军人形象 / 144
四、浙江沿海卫所的军人形象 / 150

第四章　明代苏松太卫所的"民化"进程 / 156
一、明代苏松太的军事体制与卫所 / 159
二、江南的卫所与"民化" / 175
三、卫所与清前期苏松太行政区划的调整 / 188
四、卫所与苏松太区域文化 / 195

第五章　明代贵州卫学与地域文化 / 203
一、贵州卫学的设置 / 205
二、卫学与贵州卫所内其他教育形式 / 218
三、卫学与科举 / 227
四、卫学与贵州文化 / 240

第六章　明代卫所"民化"的启示 / 253
一、卫所"民化"的根源与区域性 / 253
二、法律文献中的"民化"倾向 / 256
三、对清代卫所研究的启示 / 257

参考文献 / 260

后　记 / 277

绪　论

卫所是明朝军制的主要组成部分，不仅伴随明朝的兴亡，在清代的历史中亦有一席之地。仅从军制上而言，向上追溯，它与唐代的府兵制①、宋代的兵制②和更成法③以及元代的军屯制④、军户世袭制度⑤密切相关；向下延伸，它对清朝的绿营兵制有巨大的影响⑥。从管理来看，明代卫所涉及的地域广阔，人口数量众多，在明清军事、地方行政管理、边疆开发、经济、社会生活等方面都扮演着重要的角色。卫所军制的特点使它一开始便把军制与民生紧密地结合在一起。从国家而言，无论是在卫所的军户还是原籍军户，都是"民"的一个较为特别的组成部分。卫所在明代的蜕变，其关键就在于军事性的逐渐削弱，"民"事性的逐渐突出。此外，卫所军民又同驻地百姓的生产与生活纠扯在一起。这两方面的表现

---

① 所谓卫所制得唐府兵遗意，一方面是指卫所军兵农合一，且耕且守，军士平时耕种，农隙训练，战时从军打仗；另一方面是指"征伐则命将充总兵官，调卫所军领之；既旋，则将上所佩印，官军各回卫所"。参见《明史》卷八十九《兵志一》，北京：中华书局，1974年，第2175页。孟森、钱穆等多引此语。亦参见陈文石：《明代卫所的军》，《历史语言研究所集刊》第48本第2分，1977年；中华书局编辑部编：《历史语言研究所集刊论文类编·历史编·明清卷》（四），北京：中华书局，2009年，第201—203页；《明清政治社会史论》（上册），台北：台湾学生书局，1991年，第77—116页。
② 指的是五军都督府与明朝中央的另一机构——兵部的关系："明以兵部掌兵政，而统军旅，专征伐，则归之五军都督府。兵部有出兵之令，而无统兵之权，五军有统兵之权，而无出兵之令。至将属于五府，而兵又总于京营，合之则呼吸相通，分之则犬牙相制。"参见孙承泽：《春明梦余录》（上）卷三十《五军都督府》，扬州：江苏广陵古籍刻印社，1990年，第317页。
③ 即指明朝的班军制度，班军是指以卫所军户为主体的旗军离开自己所隶属的卫所，周期性地到指定的和相对固定的地区，从事以军事戍守为主的活动。参见彭勇：《明代班军制度研究》，北京：中央民族大学出版社，2006年，第14页。
④ 即明代卫所遍设全国内外各地，每卫必拨军屯种，且有一定比例，从而达到养兵自赡、以供军储的目的，王毓铨先生认为"明代的军屯制度就是元代制度的延续，同时也是元代制度的发展"。参见王毓铨：《明代的军屯》，北京：中华书局，1965年，第22页。
⑤ 明代卫所的军士来源主要有从征、归附、谪发、垛集、抽籍和招募等名色，作为一个较大的旗军来源，垛集法传承自元代的正军、贴户制。所谓垛集法，是指以三家民户为一个垛集单位，其中一户为正户，当兵，其他两户为贴户，帮贴正户，若正户军亡故，以贴户壮丁补，后又修订为正户、贴户轮流服役。于志嘉认为垛集法还包括单户丁垛集和一正一贴等模式，参见于志嘉：《再论垛集与抽籍》，《郑钦仁教授七秩寿庆论文集》，台北：稻乡出版社，2006年，第197—237页；于志嘉：《明代军户世袭制度》，台北：台湾学生书局，1987年，第22—26页；张金奎：《明代卫所军户研究》，北京：线装书局，2007年，第39—47页。
⑥ 卫所制度侧重于日常管理，建立在其基础之上的营伍制侧重于操练与征战，清朝的绿营兵制汲取了明朝这两种兵制的基本编制方法。参见彭勇：《明代卫所制度流变论略》，《民族史研究》第七辑，北京：民族出版社，2007年，第147—174页。

是从卫所设置之始就已经出现了的,在明代中后期表现得日益突出。明代中后期,伴随着国家军队管理体制和编训体制的变化①,作为明朝基本军事编制的卫所制度的军事职能日减。营兵制和募兵制的推行,逐步取代卫军而成为战时主要的军事力量。卫所内部原有的运作状态伴随着卫所人口、户籍、土地、管理等多方面的嬗变而逐渐变化。这种变化使卫所人口更趋同于普通民户②。厘清明代卫所从"军"向"民"的转变,即有关卫所"民化"的研究,有利于绘制出卫所体制在近三百年中变迁的主体趋向及其细腻的变化过程,从而解开卫所制度消亡的根结。

一、"民化"——明代卫所的历史关键词

"民化"指作为军事制度出现的卫所自明初始至清代,其管理、土地、人口与职能等向民事转移的趋势。在边疆与沿海具有实土意义的卫所,原本就具有地方行政管理职能,至明代中后期,随着兵制的变化和卫所军事职能的减退,卫所与当地经济、民事更加紧密地联系在一起,成为清代改设府州县的基础;在内地,正德以后,督抚、按察、道、府州县越来越多的介入当地卫所事务,尤其是天启至崇祯年间,府州县逐渐成为凌驾于卫所之上的管理机构,即明代中后期,明初以来军政、民政系统间的"严格分际渐趋模糊"③,直至清代,卫所的军事职能消失,与府州县系统并合,彻底民事化。卫所"民化"表现复杂,不仅指那些位于边疆和沿海的具有行政区划意义的实土与准实土卫所④的变迁,更指明代所有卫所军事职能消退过程中伴随着的民事职能的上升。

目前学界对卫所"民化"的理解有狭义与广义之分,前者指明清时期卫所与

---

① 参见解毓才:《明代卫所制度兴衰考》,《说文月刊》1940年第2卷。后收入包遵彭编:《明史论丛》之四《明代政治》,台北:台湾学生书局,1968年,第155—247页。
② 参见郭红:《明代卫所移民与地域文化的变迁》,《中国历史地理论丛》2003年第3期。
③ 于志嘉:《卫所、军户与军役:以明清江西地区为中心的研究》,北京:北京大学出版社,2010年,第195页。
④ 所谓实土卫所,指的是设置于不设州县处的卫所。实土卫所有一定的辖区,在此辖区内管军治民,除军事职能及上下隶属系统不同外,其他的功能与府州县相似,是军事型的政区。郭红认为明代卫所在行政区划意义上可以分为实土、准实土和非实土三种类型。所谓"准实土卫所"即分布在沿海和内陆地区,名义上在府州县境内,但又占有大量土地和人口,是足以同府州县相颉颃的卫所。参见谭其骧:《释明代都司卫所制度》,《禹贡半月刊》第3卷第10期,1935年,后收入《长水集》(上册),北京:人民出版社,1987年,第150—158页;郭红、于翠艳:《明代都司卫所制度与军管型政区》,《军事历史研究》2004年第4期;郭红、靳润诚:《中国行政区划通史·明代卷》,上海:复旦大学出版社,2007年。

行政区划之间的关系,尤其指实土卫所向正式政区的转化;后者则是卫所在各个方面由军事向民事的转化。本书的"民化"一般指后者。

在卫所"民化"过程中,人口、军户、屯田、徭役、军制、司法等各方面都在变化,复杂纷纭。从时间上看,"民化"不是明代中后期突然发生的现象,它是随着明初卫所制度出现而产生的。卫所制度本身的特点,或者可以说是先天的缺陷,使得其一开始就为"民化"埋下了伏笔。"民化"演变进程对明清两代的军制、行政区划、区域经济与文化等方面有着深远的影响,是明代军政与民政系统势力消长的主要影响因子,与明朝国家命运紧密相关,又为清代留下了繁重的变革任务。卫所"民化"涉及明清两代,其完成过程复杂,可分别以明、清两个时段进行考察。虽然卫所"民化"的伏笔来自明初,但洪武年间卫所管理条线清晰,"民化"表现尚不严重,故本书的研究时段以明代中后期为主,其中永乐至弘治时期是卫所"民化"缓慢且持续发展的阶段,正德以后,"民化"趋势开始加强。

对于"民化"的开始年代,依据明初的法律文献《大明令》《大明律》的有关军事条文和《大诰武臣》中的判例,笔者认为其应是在明初卫所设置伊始就萌动了。作为国家基础的军事组织,卫所在洪武年间逐渐遍设,在地域分布、管理体系、制度上尚处于不断调整和形成的过程中,其在民事上的影响虽未凸显,但已经露出苗头。"民化"可分为内、外两条线索,"内"为卫所内部的崩溃,"外"为其与地方之纠缠。《大诰武臣》详尽记录了卫所武官的种种罪行,其中大多在明代中后期愈演愈烈,成为卫所内部分崩离析的主要表现。永乐二年(1404年)以后,卫所进入了平稳期。此后,至弘治末百年的时间内,除永乐五年(1407年)至宣德二年(1427年)的征交趾,以及正统十四年(1449年)至景泰初的抗瓦剌侵扰这两次较大规模用兵外,承平日久,卫所与驻守地域的关系越来越密切,"民化"的倾向开始显现。正德以后,北边及东南沿海边患不断,各区域卫所的差异进一步增大,但是"民化"的进程都处于加速的过程中。

关于明朝的分期,学界有不同的说法,一般把正统、万历作为明初、中期、后期的分界线,但是明朝军事形势的发展与此分期并不能完全吻合。毛佩琦的《中国明代军事史》[①]将明代军事史分为三个时期:南征北讨——洪武永乐全盛期(洪武—宣德)、从土木之变到庚戌之变——艰苦维持时期(正统—万历中期)、从万历到崇祯——衰败时期(万历后期至明亡)。罗琨、张永山的《中国军事通史·

---

① 毛佩琦:《中国明代军事史》,北京:人民出版社,1994年。

明代卷》①将明代军事史分为四个时期：开创与强盛时期（洪武—宣德）、停滞与消弱时期（正统—正德）、改革与发展时期（嘉靖—万历）、衰弱与败亡（泰昌—崇祯）。在研究卫所"民化"变迁时，笔者依据卫所设置时间及明朝军事史特点，将洪武至永乐二年（1404年）划为明初期，将永乐至弘治末划为明中期，将正德至明朝灭亡划为明后期。

永乐二年（1404年）前，卫所处于设置、调整的初期，尤其在洪武二十六年（1393年）之前，随着征战过程中卫所设置与制度体系的完善，卫所数量经历了一个快速上升的过程。永乐初，北边及北京周围的卫所经历了频繁的变动，此后虽有万全都司（宣德五年，1430年）、湖广行都司（成化十二年，1476年）、兴都留守司（嘉靖十八年，1539年）的设置②，但对卫所总量影响不大，卫所数量处于平稳的状态。可以说永乐至明末，卫所都处于平稳且缓慢增长的过程中，如图0-1所示。但是卫所内部已经出现了各种变化，其军事性减弱，"民化"趋势增强。正德以后，在内忧外患之下，积弊日显，卫所虽数量未减，但在逃军、屯田等方面日趋严重，"民化"趋势日益加强，以至于万历年间有官员因卫所疲弱，视军官为冗员，认为既有巡抚，便要求裁撤一些行都司③。

从军制而言，正统、景泰起为总督、巡抚制度的发展期，地方化与正规化程度都在加强④，督抚下的军事管辖系统日成体系。加之明代中后期军人来源的多样化，营兵制已经在军事上占据了主导地位⑤，卫所不再为明朝军事上所倚重，而更多地以地方上的屯戍百姓形象示人。这种变化在正德以后更为突出，明代后期卫所有关法律案例多为民事上的纠扯。

---

① 罗琨、张永山：《中国军事通史·明代卷》，北京：军事科学出版社，1998年。
② 永乐五年（1407年）至宣德二年（1427年）有交趾都司，存在时间短、地域特殊。
③ 福建行都司在万历年间有裁撤之议，许孚远在万历二十二年（1594年）的《参劾武职并议革行都司疏》（《敬和堂集·抚闽稿》）有"然则何取于行都司之重设也"之论。湖广行都司在万历九年至十六年（1581—1588年）一度被废，《明神宗实录》卷一百十六载：万历九年（1581年）九月"壬午，吏部上《郧阳善后事宜》，谓郧抚治既革，行都经历、断事等官之郧，均二驿地僻差简，俱宜省革，止添设参将一员及下荆南道参政兼宪职，改驻郧阳，以便弹压"；卷二百零三载：万历十六年（1588年）九月乙亥"复设湖广行都司掌印一员，管郧抚标下中军事"。万历《郧台志》卷二《舆地·沿革》记"万历九年罢镇并裁行都司，置参将镇其地……丁亥之明岁……复行都司如故"。
④ 靳润成在《明朝总督巡抚辖区研究》（天津古籍出版社1996年版）的概论中以及在《中国行政区划通史·明代卷》第三编《明代总督巡抚辖区建置》中，依据"督抚地方化程度和正规化程度"，对巡抚、总督制度演变进行了分期。详见《明朝总督巡抚辖区研究》第3页，《中国行政区划通史·明代卷》第715页。
⑤ 参考肖立军：《明代省镇营兵制与地方秩序》，天津：天津古籍出版社，2010年。

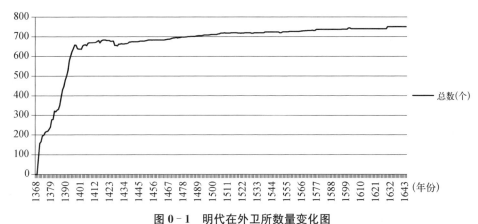

图 0-1 明代在外卫所数量变化图

注：此表据《中国行政区划通史·明代卷》第二编《明代都司卫所建置》统计。"所"只计守御千户所。

二、丰富的明代法律文献是"民化"研究的基础

由于卫所涉及人口数量众多并负担军事、民事职能，明代法律文献中于有关卫所的内容相当可观。在其他朝代的法律文献中，与军事组织相关的内容所占的比重都无法与明代卫所相比。此外，明代都司卫所有自己的司法系统，但却极少有完全独立的法律条规，适用于普通百姓的法律规定在卫所司法体系内也适用。涉及民事时，卫所主管司法的官吏要与府州县相应官吏会审，"行政系统的法司从永乐时即开始向卫所司法系统渗透"①。随着卫所与地方联系越来越多，府州县行政系统与卫所军事系统的司法关联也越来越紧密。因此，明代法律文献中的卫所不是纯粹作为军事组织而存在的，许多规定与判案是把卫所相关人员当作普通百姓看待的，其"民"的形象也非常突出。这些正是研究明代卫所"民化"的重要资料。"民化"是明清卫所演化的核心内容，法律是国家意志的最真实体现。正因如此，除洪武开国之初的立法外，正统至万历年间，明代律法中与卫所相关的内容经过了多次大的修订，并出现大量私修集解、判例判牍文献，从不同层面真实反映"民化"历史演变的进程，从数量到质量都为深入探析问题表象之下的本质提供了丰富可信的资料。

---

① 参考张金奎：《明代卫所军户研究》，北京：线装书局，2007年，第249页。

直接谈及卫所"民化"的成果非常少,只是在有关卫所其他方面的研究中得以部分体现,其中一个重要的原因即反映明代卫所变迁的史料相对分散。明代丰富的法律文献正好可以解决这个问题。明朝开国伊始,朱元璋就非常重视律法的修订,曾经说道:"惟律令者,治天下之法也。"①明代270余年中,出现了大量法律文献。传世的明代法律资料从使用角度可以分为两类:一为官修,由明朝中央政府、地方政府、总督巡抚等官员制定颁行。在中国古代社会,皇帝的各种诏令、批示及其话语,都具有至高无上的权威,具有法律效力,"往闻古之帝王及圣贤人者,言以道为准,故即言为经;言必有声也,故即声为律"②。因此,笔者所指的明代法律不但包括明朝各级政府及官员正式颁布的法律条文及行政条例,还包括皇帝的各种诏令。二为私修,既包括明代大量私修法律汇编,也含各类判例判牍。卫所是明朝军制的基础,因其制度特点和涉及大量人口与地域,从明初的《大明令》《大明律》《大诰》,到后世层出的《问刑条例》、各类军法及地方法规、私修律例汇编、判例判牍、皇帝诏令等,法律典籍中对于卫所的记载丰富而生动。政府的法律条文是统治者对待这一制度最真实和直接的态度,而各种曲折的案例更利于观察卫所相关人口的日常营生及其与地方的复杂关系。法律文献可以为我们勾画出卫所"民化"过程及不同阶层对待这一历史进程的态度和应对之策。

1983年,台湾地区出版了黄彰健的《明代律例汇编》。近些年来,在法制史学者杨一凡等人的推动下,《中国珍稀法律典籍集成》《中国珍稀法律典籍集成续编》《中国古代地方法律文献》《明清法制史料辑刊》《中国律学文献》《古代乡约及乡治法律文献十种》《历代珍稀司法文献》《古代判牍案例新编》《历代判例判牍》《古代榜文告示汇存》《天一阁藏明代政书珍本丛刊》等一系列珍稀明代法律史料陆续出版,另有其他各种点校的明代法典、私修的律法集解和判例判牍等大量资料的出版,其中涉及卫所的内容颇多,使得学者能够更深入、更具体地探析卫所在明代的变迁。

明代是一个成文法与习惯法并行的时代,部分法律随着时间的推移,又在不断地修订,为学者提供了丰富的、不同层面的卫所"民化"史料。《大明律》《问刑条例》《军政条例》等显示了中央对卫所变化的应对之策,明代中后期的《巡抚事

---

① 《皇明诏令》洪武元年正月十八日"颁行律令敕",《中国珍稀法律典籍集成》乙编第3册,北京:科学出版社,1994年,第11页。
② 《皇明诏书》,第726页。

宜》《军政》《军令》《军政事宜》《浙江总兵肃纪维风册》等督抚和其他地方官员颁行的有关法律文件,又为我们揭示了不同区域卫所面临的不同问题。内容丰富的判例判牍不仅血肉丰满地呈现了卫所军民与各方面之间的关系及矛盾,还能提供一些特殊的社会变迁信息。

对于明代法律史料的应用,台湾学者于志嘉重视法律文献对卫所研究的意义,在研究中多引用《军政条例》等法律条文,对崇祯年间田亩诉讼汇编《营辞》[①]尤为重视,她认为卫所研究可以有"法制史的部分"[②]。张金奎在《明代卫所军户研究》一书中,除引用法律文献证史外,还对卫所的司法体系进行了探讨[③]。但从整体而言,目前卫所研究中对明代法律史料重视不够:一方面,在人们的传统观念中,法律史料属法制史范畴;另一方面,一些明代法律类的书籍在分类时亦不被归入历史类中,易为人所忽视。部分学者在研究中会引用《大明会典》等文献中的相关法律条文来佐证其观点,多是基于军制史和政治制度史的角度,而忽视了法律文献所表现出的卫所复杂的社会变迁,此外对于法律条文的使用也相对散乱。从现有卫所和明代法律史成果来看,缺乏以明代法律文献为中心的研究。本书正是试图从法律文献入手,探讨在卫所"民化"的过程中国家与卫所、卫所与地方以及军与民等关系。

三、20世纪以来有关卫所研究的成果

卫所制度的建立与流变皆始于明代,延续至清末,对其进行学术研究则始于20世纪初。关于卫所制度的研究状况,邓庆平在《明清卫所制度研究述评》[④]一文中从军事制度、行政区划与地理单位、区域性的卫所研究、清代卫所的演变这四个方面对1937—2008年间的卫所研究进行回顾,"着重于整理前辈时贤及其论著的研究思路和考察角度",指出"如何将制度的实践运作层面的研究引向深入……如何借用区域社会史的理论和方法,将明清卫所的制度演变与基层社会的生活变迁'互动'起来,这可能不仅仅需要史料的极大扩展,更需要学者研究视

---

① 参见于志嘉:《从〈营辞〉看明末直豫交界地区的卫所军户与军民词讼》,《历史语言研究所集刊》2004年第75本。
② 于志嘉:《卫所、军户与军役:以明清江西地区为中心的研究》,第7页。
③ 参见张金奎:《明代卫所军户研究》。
④ 邓庆平:《明清卫所制度研究述评》,《中国史研究动态》2008年第4期。

野和思考角度的转换"。于志嘉在2010年出版的《卫所、军户与军役——以明清江西地区为中心的研究》①一书的附录"明代军制史研究的回顾与展望"中,对1937年以来中日学界关于卫所制度、军屯制度、军户制度的研究进行了述评,可以说是关于卫所研究的一个相对完整的文献综述,尤其对日本学者的相关研究作了全面的评析。彭勇的《学术分野与方法整合:近三十年中国大陆明代卫所制度研究述评》②亦对20世纪80年代以来的卫所研究进行了总结。这三篇综述都围绕"制度"展开,于志嘉虽强调"仅就狭义的军制做一探讨",但就卫所制度的复杂性而言,其实很难仅就狭义的"制度"本身进行综述,因为卫所制度研究涉及卫所研究的方方面面。可以说,这三篇综述对民国以来至2010年这一阶段的相关文献已作了非常系统的梳理。故本书不再对2010年之前的卫所研究进行整体叙述,而主要就其中"民化"一词的提出与运用及与本研究关系最为紧密者进行综述,重点关注2011年以来的相关研究成果。

以上三篇综述虽不约而同地以1937年吴晗在《中国社会经济史集刊》第五卷上发表的《明代的军兵》作为卫所军制史研究的起始,但都认识到卫所研究的起始却要早于此,对20世纪30年代前期的成果都有提及。日本学者清水泰次在1918年发表的《大宁都司の内徙につきて》③,可以说是20世纪以来最早对卫所进行研究的论文了。至30年代,中国及日本学者的关注重点都在辽东都司及其下卫所的相关考证上④。在中国,"研究者于爱国热情多重视东北的辽东都司"⑤,自1932年孟森在《国学季刊》上发表《建州卫地址变迁考》以后,1934年《禹贡半月刊》接连刊登了三篇有关辽东都司的文章⑥。正是这一阶段对辽东都司及卫所的重视,使部分学者开始对明代的卫所制度产生了兴趣,遂有了1935年谭其骧的《释明代都司卫所制度》⑦和1937年吴晗的《明代的军兵》。

---

① 于志嘉:《卫所、军户与军役:以明清江西地区为中心的研究》,"附录:明代军制史研究的回顾与展望",第322—355页。
② 彭勇:《学术分野与方法整合:近三十年中国大陆明代卫所制度研究述评》,《中国史学》2014年第24卷。
③ (日)清水泰次:《大宁都司の内徙につきて》,《东洋学报》1918年第8卷第1号。
④ 参考杜瑜、朱玲玲:《中国历史地理学论著索引》,北京:书目文献出版社,1986年,第120页。
⑤ 郭红、靳润成:《中国行政区划通史·明代卷》,第250页。邓庆平在《明清卫所制度研究述评》中也提到"这与当时日本侵略我国东北地区的政治形势有关",《中国史研究动态》2008年第4期。
⑥ 张维华:《明辽东"卫"、"都卫"、"都司"建置年代考略》,《禹贡半月刊》1934年第1卷第4期;张维华:《明代辽东卫所建制考略》,《禹贡半月刊》1934年第1卷第7期;李晋华:《明代辽东卫所归附及卫所都司建制沿革》,《禹贡半月刊》1934年第2卷第2期。
⑦ 谭其骧:《释明代都司卫所制度》,《禹贡半月刊》1935年第3卷第10期。此文收入《长水集》。

1937年以后,卫所研究成果不断推出,明代东北及北边的卫所在20世纪80年代之前一直是学者研究的重心,80年代后期随着明清史学者顾诚的四篇论文的发表,卫所逐渐成为明清史研究的一个重要层面。顾诚在《明前期耕地数新探》[1]《卫所制度在清代的变革》[2]《明帝国的疆土管理体制》[3]以及《谈明代的卫籍》[4]这四篇文章中,详细阐述了明初全国土地分属于行政系统和军事系统的观点,认为明代军事系统的都司、卫所在绝大多数情况下也同行政系统的基层组织州县一样,是一种地理单位,管辖不属于行政系统的大片土地与人口。1988年,他在《卫所制度在清代的变革》一文中,首次明确将"民化"一词提出来并用于卫所研究,他指出卫所"民化"自明中期开始,至清初卫军改屯丁时已接近于完成。他还把清代都司、卫所的变革轨迹归纳为三个步骤:一是都司、卫所官员由世袭制改为任命制;二是卫所内部的"民化"、辖地的"行政化"过程加速;三是最后以并入或改为州县的方式使卫所制度变为历史陈迹,从而完成全国地方体制的基本划一。顾诚的研究奠定了后来学者研究明清卫所制度演变的大框架:一方面,研究角度多样化,学者对与卫所有关的诸多方面都有涉及。另一方面,以文献为中心,研究方法更加多样,人类学、地理学、政治学等相关视野被引入;宏观与区域研究、个案研究等成果丰富,出现了张金奎、于志嘉、梁志胜、彭勇、邓庆平、郭红等一批长期浸淫于卫所研究的学者。

(一)明代行政区划与卫所

一谈"民化",人们首先想到的便是卫所与明清两代的政区体系之关系。这是卫所"民化"最为显著的表现之一,也是20世纪80年代以来卫所研究的重点之一。谭其骧、顾诚、周振鹤等认为卫所是军事制度与地方行政管理制度在地理上相结合的产物,强调了卫所对于明清两代疆土与地方行政管理的意义,将卫所与行政区划相联系,突破了军制史的局限,使学人认识到卫所在明清行政区划史上的非凡意义,带动了许多区域性卫所与政区关系的探讨,从而为从政区层面探讨"民化"奠定了基础。

20世纪80年代末,顾诚对卫所及其"民化"进行论述时,最为强调的便是其

---

[1] 顾诚:《明前期耕地数新探》,《中国社会科学》1986年第4期。
[2] 顾诚:《卫所制度在清代的变革》,《北京师范大学学报》1988年第2期。
[3] 顾诚:《明帝国的疆土管理体制》,《历史研究》1989年第3期。
[4] 顾诚:《谈明代的卫籍》,《北京师范大学学报》1989年第5期。

与行政区划之关联。明清文献中对卫所的实土与无实土之分①,尤其是《大明一统志》《明史·地理志》等将实土卫所与府州县并列记载,使得顾诚、谭其骧②等前辈学者非常重视卫所与行政区划之关系。1990年始,周振鹤将明代都司卫所列为历史上"军管型政区"的典型③。2004年,郭红等在《明代都司卫所制度与军管型政区》一文中指出,永乐以后与府州县地域交错的卫所土地、人口已开始有"民化"倾向④。郭红在《中国行政区划通史·明代卷》第二编《明代都司卫所建置》中即以此为基础,对明代卫所设置、都司辖境等进行考证。随后"军管型政区"一词常被用于卫所相关研究中⑤。

以往学者在分析卫所与行政区划之关系时,缺乏个案及区域性的细致且深入的研究,对于卫所行政管理职能的实现等缺乏实证分析。李新峰的《明代卫所政区研究》是2011年来从行政区划角度对卫所进行研究的重要著作。书中对沿海、边地等前人称为"准实土"卫所的设置、人口、土地、城池等与府州县相关因素之关系进行统计和比较,针对卫所防区是否构成沿海区划体系、卫所屯田是否构成实际管理体系,提出了"沿海卫所不拥有独立的行政区划""准实土卫所,可能主要分布在西南地区以及北部地区"。他认为"省府州县体系与府司卫所存在主次关系"⑥。

卫所行政权、司法权的变化也是"民化"的表现之一。杨晨宇认为"卫官的行政权与司法权,内容主要包括卫所官员对军仓、军粮、军户、军役、漕运的管理和对军民纠纷与军人诉讼的裁判,卫所'民化'在这方面的表现一方面是卫所武官的行政权力逐步增大,涉及到民事方面的管理内容越来越多;一方面是府州县的行政官员介入卫所的内部事务,逐步侵夺和拥有武官的军事管辖权"⑦。在这种情况下,"卫所司法的独立性日渐丧失"。关于明代政府对于"民化"的态度,杨晨宇认为"明代中央政府对卫所'民化'这一进程的态度总体上是前期严格控制,中

---

① 可参考彭勇:《学术分野与方法整合:近三十年中国大陆明代卫所制度研究述评》,《中国史学》2014年第24卷;郭红、靳润成:《中国行政区划通史·明代卷》,第259—260页。
② 靳润成:《明朝总督巡抚辖区研究》所附影印谭其骧致作者的信件,天津:天津古籍出版社,1996年。
③ 可参考周振鹤:《体国经野之道:新角度下的中国行政区划史》,香港:中华书局,1990年;《中华文化通志·地方行政制度志》,上海:上海人民出版社,1998年。
④ 郭红、于翠艳:《明代都司卫所制度与军管型政区》,《军事历史研究》2004年第4期。
⑤ 彭勇:《学术分野与方法整合:近三十年中国大陆明代卫所制度研究述评》,《中国史学》2014年第24卷。
⑥ 李新峰:《明代卫所政区研究》,北京:北京大学出版社,2016年,第60、134、204页。
⑦ 杨晨宇:《明中后期的卫所"民化"》,《三峡论坛三峡文学·理论版》2004年第1期。

期部分承认,而后期则彻底承认了这一事实"。程彩萍的《明代武官犯罪及其司法实践——以〈皇明条法事类纂〉为中心的考察》①中对武官的犯罪类型、审判程式以及司法实践等都作了详细的论述,得出明代武官的司法审判缺乏独立性、司法实践趋向混乱的结论。

(二) 卫所与地方社会

从区域上看,辽东卫所的情况相对其他卫所较为特殊,因此众多学者对辽东卫所军户进行专门的研究。周远廉、谢肇华的《明代辽东军户制初探》②、王廷元的《略论明代辽东军户》③以及丛佩远的《明代辽东军户的反抗斗争》④这三篇文章侧重于区域性研究,对辽东军户的来源、军户及军士的受剥削情况以及军户的反抗方式进行了分析,观点大致相同。也有一些学者选取某个卫所加以研究。彭超的《从两份档案看徽州军户》⑤对徽州卫所军户的军役繁重、军士逃亡严重的现象都有所提及。申红星的《明代宁山卫的军户与宗族》⑥探讨了宁山卫军户宗族的形成与发展过程。宋永志的《明代河南怀庆卫军户对地方社会的认同与塑造》⑦则着重探讨河南怀庆卫的军户和当地民户的交流与融合。杨文斌的《明朝蓟镇卫所及其人员生活状况研究》⑧提到卫所军户生活状况恶劣、生存权难以得到保障的现象。

近年,卫所研究逐渐趋于细化与深化,区域性和专题研究日益增多,使得我们可以重新审视卫所在明清两代的变迁。卫所与明清地方社会的关系更加成为学者关注的重点。在这中间,于志嘉多年来潜心于军户、武官制度等方面的研究,其成果给了后人很多启示,她的江西卫所的研究成果尤为突出⑨,在资料、问题意识等方面都显示出深厚的功底。她关注到江西地方官与地方缙绅在明代中后期卫所事务中的作用,使笔者认识到卫所"民化"受到了内外双重影响,外力来

---

① 程彩萍:《明代武官犯罪及其司法实践——以〈皇明条法事类纂〉为中心的考察》,西南大学硕士学位论文,2012年。
② 周远廉、谢肇华:《明代辽东军户制初探》,《社会科学辑刊》1980年第2期。
③ 王廷元:《略论明代辽东军户》,《安徽师范大学报》1981年第4期。
④ 丛佩远:《明代辽东军户的反抗斗争》,《史学集刊》1985年第3期。
⑤ 彭超:《从两份档案看徽州军户》,《明史研究论丛》1991年第5辑。
⑥ 申红星:《明代宁山卫的军户与宗族》,《史学月刊》2008年第3期。
⑦ 宋永志:《明代河南怀庆卫军户对地方社会的认同与塑造》,《历史教学》2009年第5期。
⑧ 杨文斌:《明朝蓟镇卫所及其人员生活状况研究》,苏州科技学院硕士学位论文,2011年。
⑨ 于志嘉:《卫所、军户与军役:以明清江西地区为中心的研究》,北京:北京大学出版社,2010年。

自多个层面。邓庆平则着重研究华北边塞卫所与民政系统之关系,已发表成果主要集中于蔚州卫,侧重于探讨卫所制度变迁与基层社会在公共设施、文化资源配置之间的关系。其研究以蔚州卫为个案[①],对蔚州、蔚州卫、蔚县在明清、尤其是清代的兴废进行了细致的研究,从不同角度全面地分析了其中的种种演变,为卫所"民化"研究提供了一个既有个性又有共性的区域性成果。

以明代卫所为中心的区域研究[②],主要集中在东北、西北、贵州、浙江、福建等区域,在这些区域研究中,卫所与田地、民族、族群、市场体系等的关系都受到关注。

(三) 屯田与"民化"

前辈学者虽有未明确使用"民化"概念者,但在其研究卫所屯田、户籍等的过程中都涉及了卫所"民化"的各种表现。近年的一些个案成果在屯田等方面探讨得非常细致。

王友华指出明代中后期山西都司下卫所的屯田经营管理的"'民化'趋势开始逐步加强"[③],清代屯田"民化"则体现在管理、权属关系两个方面。孟凡松在《安福、永定二县的设置与清代州县行政管理体制在湘西北的确立》中着重从户与屯田的关系出发,提出"清代继承明代在地方管理体制方面的遗产,继续推进湘西北地区的地方管理体制改革,通过'改土归流''改卫归流',最终将湘西民族地区的地方行政管理制度纳入经制州县体制轨道"[④]。他所提出的"改卫归流",精准地总结了清代卫所在行政体系上的变化。谢湜的《"以屯易民":明清南岭

[①] 邓庆平:《卫所制度变迁与基层社会的资源配置——以明清蔚州为中心的考察》,《求是学刊》2007年第6期;《华北乡村的堡寨与明清边镇的社会变迁——以河北蔚州为中心的考察》,《清史研究》2009年第3期;《卫所与州县——明清时期蔚州基层行政体系的变迁》,《历史语言研究所集刊》2009年第80本第2分;《州县与卫所:政区演变与华北边地的社会变迁——以明清蔚州为中心》,北京师范大学博士学位论文,2006年。

[②] 近年主要著作有周小棣:《负山阻海 地险而要:明长城防御体系之辽东镇卫所城市》,南京:东南大学出版社,2013年;宫凌海:《明清浙江海防体制变迁与地方互动:以温州卫所为中心》,哈尔滨:黑龙江教育出版社,2019年;宫凌海:《控扼东南:明代浙江卫所与海洋管理研究》,上海:上海人民出版社,2021年;吴才茂:《明代卫所制度与贵州地域社会研究》,北京:中国社会科学出版社,2021年;杜洪涛:《戍鼓烽烟:明代辽东的卫所体制与军事社会》,上海:上海古籍出版社,2021年;张磊:《明代卫所与河西地区社会变迁研究》,北京:光明日报出版社,2021年。

[③] 王友华:《明清时期山西都司卫所屯田研究》,陕西师范大学硕士学位论文,2009年。

[④] 孟凡松:《安福、永定二县的设置与清代州县行政管理体制在湘西北的确立》,《中国历史地理论丛》2008年第1期。亦可参考孟凡松:《郡县的历程——明清武陵山区地方行政管理体制研究》,陕西师范大学博士学位论文,2009年。

卫所军屯的演变与社会建构》①以宁溪所为个案,注重实地调研与地方文献的发掘,指出明代中后期的卫所屯田流转频繁,其重点是研究军户在清代户籍与土地、赋税上的变化及当地社会结构的构筑,文章对于卫所与当地社会的关系一直论述至咸丰同治年间、民国直至当今,让我们看到了卫所余绪之深远。对于此点,孟凡松也指出"在政区层面的'改卫归流'完成以后,卫所制度对地方社会的影响,仍然在相当长时间根植于社会基层结构、社会观念层面"②。施剑的《清前期贵州卫所之裁撤及其屯田处置》③主要从清代前期贵州军屯的变化来探讨"民化",认为"军屯土地私有也已经得到法律上的逐步认可,屯田与民田一体买卖所展现的真正'民化'之势已然不可遏制"。同时他提出"屯田迁改、屯赋划一等问题的处置最为关键,体现出明清卫所'民化'问题的复杂性与深刻性",是"顺应了自明代中后期以来卫所内部'民化'的演变趋势"④。

对于清代卫所"民化"的重点,彭勇在《明代卫所制度流变论略》⑤中认为"清朝对卫所的行政管理职能改革,即所谓卫所的'民化'过程是逐步推行的"。但是,同时也不否认明代卫所屯田、人口性质变化也是"民化"的重要表现:"其实,卫所屯田的民营化在明代中后期就已开始,出现军田民佃、军余平民化的倾向等。"

(四) 军户与地方

明代军户的发展变化也和"民化"密切相关,已有成果既有整体论述,也有从个案进行分析的。在对军户进行研究的过程中,同时包含了对军人形象的探讨。第一篇系统研究明代军户问题的文章是王毓铨的《明代的军户》⑥,对明代军户的来源、地位进行了探讨,影响深远。张金奎⑦为其后军户研究的集大成者,除著作《明代卫所军户研究》外,他还发表了一系列的论文,对军户制度、军户与社会变革、军户地位有深入的研究。

---

① 谢湜:《"以屯易民":明清南岭卫所军屯的演变与社会建构》,《文史》2014年第4辑。
② 孟凡松:《略论清代贵州改卫归流》,《安顺学院学报》2011年第2期。
③ 施剑:《清前期贵州卫所之裁撤及其屯田处置》,《历史档案》2014年第2期。
④ 施剑:《清前期贵州裁撤卫所后的屯田处置》,《中国国家博物馆馆刊》2014年第3期。
⑤ 彭勇:《明代卫所制度流变论略》,《民族史研究》第七辑,第147—174页。
⑥ 王毓铨:《明代的军户》,《历史研究》1959年第8期。
⑦ 张金奎:《明代卫所军户研究》。另有《明末屯军自耕农化浅析》《军户与晚明社会变迁》《明代军户地位低下论质疑》《明代军户来源简论》《试析明初卫所军户群体的形成》《明代原籍军户社会地位浅析——以族谱资料为中心》等多篇论文。

近年学者对军户的区域性研究较多①,主要从军户地位、州县军户的人口比例、逃亡率以及军户的生活状况等进行分析。其中,林昌丈在以温州金乡卫为中心对东南沿海卫所军户的分析中认为,"军户的地方化进程大致经历了三个阶段:明代中后期,军户家族逐步形成,军户地方化初现端倪;清前期,裁并卫所,军户转为民户,屯田改为民地,军户地方化进程加速进行;清中后期,军户家族形成并趋于稳定,军户与非军户融合,军户地方化最终完成。军户的地方化是东南沿海卫所军户群体演变的普遍趋势,也是沿海地方社会构建的组成部分"②。军户的地方化也是卫所"民化"的重要表现。

随着时间的推移,明初时还有一定独立性的卫所军户与地方社会的关系越来越紧密。宋永志认为明初移民的到来及军事卫所的建立,使得河南怀庆府地方社会的秩序得以重新勾画,在移民入籍及军户寄籍的历史过程中,他乡即故乡的认同感在军户移民中被逐渐强化。尤其到了明中叶,军籍儒生在科举上的成功及以何瑭为中心的学术群体的形成,使得军户群体成为影响并书写地方社会历史的重要因素。军籍乡宦对地方文化传统的塑造也是对地方社会认同的体现③。

2015年,戴辉的《明代大理卫的权力嬗变及其社会影响》④对明代中后期大理卫的"民化"过程进行分析,指出正德年间"云南县境内的部分军户已经开始改归民户里甲系统",并言"明晚期卫所的式微使得军事守卫义务必须倚重州县的力量,甚至其下辖的军户大批脱离卫所系统成为民户"。郑榕的《户籍分野与身份认同的变迁——明清以来铜山军户社区文化结构过程的考察》⑤从文化认同的角度分析了铜山地区军户社区的"民化"。张升指出通过科举入仕后,由军籍改民籍也是"卫所'民化'的一个途径"⑥。

---

① 杨文彬:《明朝蓟镇卫所及其人员生活状况》,苏州科技学院硕士学位论文,2011年;彭勇:《论明代州县军户制度——以嘉靖〈商城县志〉为例》,《中州学刊》2003年第1期;林昌丈:《明清东南沿海卫所军户的地方化——以温州金乡卫为中心》,《中国历史地理论丛》2009年第4期;宋永志:《明代河南怀庆卫军户对地方社会的认同与塑造》,《历史教学》2009年第5期。
② 林昌丈:《明清东南沿海卫所军户的地方化——以温州金乡卫为中心》,《中国历史地理论丛》2009年第4期。
③ 宋永志:《明代河南怀庆卫军户对地方社会的认同与塑造》,《历史教学》2009年第5期。
④ 戴辉:《明代大理卫的权力嬗变及其社会影响》,《江苏师范大学学报(哲学社会科学版)》2015年第11期。
⑤ 郑榕:《户籍分野与身份认同的变迁——明清以来铜山军户社区文化结构过程的考察》,《中国社会经济史研究》2010年第2期。
⑥ 张升:《卫所志初探》,《史学史研究》2000年第1期。

(五) 卫所研究资料的扩展

随着卫所研究的深入与细化,除传统史料外,家谱、小说、卫所武职选簿①等档案类的文献也受到了应有的重视。

罗香林的《中国族谱所见之明代卫所与民族迁移之关系》②一文首次将族谱资料引入军户研究,分析了卫所设立与军户家族移徙以及边区开发、汉化推广的关系。其后于志嘉、张金奎等学者在研究中开始充分运用家谱资料。近年,张卫中的《试论明代卫所军户的地方化——以永嘉场普门张氏、李浦王氏、环川王氏、英桥王氏的通婚为例》③通过对《浙南谱牒文献汇编》这一资料的研究,探讨了军户与地方社会之间的关系。李永菊的《明代河南的军事权贵与士绅阶层——归德府世家大族研究》④依据族谱等资料考察明代河南归德府的世家大族,探讨军事权贵与士绅阶层的地域支配体制。有些学者则利用小说作为素材来研究卫所制度,肖立军的《从〈金瓶梅〉看明代的卫所》⑤《从〈金瓶梅〉看明代的司法制度》⑥《从〈金瓶梅〉看明代的军屯处所》⑦就依据小说素材探讨明代卫所的种类、各卫主要武职以及明代卫所及军制的变化,研究明代军民两大司法系统的运作以及军屯管理权在明代后期的转移问题。李鹏飞的《"三言""二拍"中明代军事记述研究》⑧则是依据小说素材探讨了明代卫所、军户、武官、军功、充军等方面的内容。

2001年,《中国明朝档案·武职选簿》的出版吸引了许多学者的目光,梁志胜等学者就运用这些史料对武官世袭制度进行了深入研究。梁志胜的《明代卫所武官世袭制度研究》⑨一书对武官的世袭制度进行了探讨与客观评价。张松

---

① 收入中国第一历史档案馆、辽宁省档案馆编:《中国明朝档案总汇》,桂林:广西师范大学出版社,2001年。
② 罗香林:《中国族谱所见之明代卫所与民族迁移之关系》,台北《大陆杂志》第39卷第10期,后收入《大陆杂志史学丛书》第4辑第5册,第83—92页。
③ 张卫中:《试论明代卫所军户的地方化——以永嘉场普门张氏、李浦王氏、环川王氏、英桥王氏的通婚为例》,《浙南明代区域文化研究》,北京:人民出版社,2012年。
④ 李永菊:《明代河南的军事权贵与士绅阶层——归德府世家大族研究》,厦门大学硕士学位论文,2008年。
⑤ 肖立军:《从〈金瓶梅〉看明代的卫所》,《文史杂志》2007年第5期。
⑥ 肖立军:《从〈金瓶梅〉看明代的司法制度》,《文史杂志》2010年第3期。
⑦ 肖立军:《从〈金瓶梅〉看明代的军屯处所》,《文史杂志》2012年第5期。
⑧ 李鹏飞:《"三言""二拍"中明代军事记述研究》,《黑龙江史志》2012年第23期。
⑨ 梁志胜:《明代卫所武官世袭制度研究》,北京:中国社会科学出版社,2012年。

梅的《明代武官优养制度述略》①介绍了明朝政府对于武官及其家属的抚恤制度,作者认为明朝在前代的基础上对武官的优恤制度进行了完善,并取得了良好的效果,但也造成武官间待遇不同等情况,导致军队内部分化等弊端。

在资料运用方面,现有研究对明代中后期的法律文献运用尚较少。从卫所组成情况看,对武官这一特殊群体的研究成果比较丰富,而对普通军士以及军余的生活则缺乏研究。

近年来,谢湜等学者和贵州省屯堡文化研究中心等研究机构亦开始从人类学角度对一些区域的卫所遗存进行调研,并与史料相印证,从而探究卫所历史的演变。宋怡明《被统治的艺术:中华帝国晚期的日常政治》是目前从历史人类学切入卫所研究的最具影响力的成果②。

(六) 其他

张鑫的《明代武官集团监控体系研究》③谈到武官庞大的人员数量、复杂的人员构成,导致明代武官集团自身的弊病日益暴露且尖锐,如侵吞军屯、私役兵士、杀良冒功、谎报军情、败坏军纪、勾结外患,等等。此外,自古以来专制君主与武官集团之间,关于军事领导权的最终归属问题,始终难以达成真正互信这一内置性冲突,使两者之间的矛盾进一步激化。因此,为了维护统治阶级内部的稳定以达到长治久安的终极目标,明代武官集团监控体系应运而生。论文详细介绍了文官对武官的监控、宦官对武官的监控以及武官集团内部的监控。孙经纬在《明代军籍进士研究》④中得出明代军籍进士之多仅次于民籍进士这一结论,因为军户比其他人户在科举竞争中付出更为艰辛的努力,而不同时期军籍进士的数量变化也反映了明代军户的生活境遇、社会地位、在籍状况以及政治、经济等方面的变迁。

施剑在对浙江沿海卫所城池进行研究时指出,卫所选址时未充分考虑到军事地理与经济地理的关系,其城池的"军事功能及特殊军事地位便会逐渐丧失"⑤。

---

① 张松梅:《明代武官优养制度述略》,《聊城大学学报(社会科学版)》2010 年第 1 期。
② (加)宋怡明:《被统治的艺术:中华帝国晚期的日常政治》,钟逸明译,北京:中国华侨出版社,2019 年。
③ 张鑫:《明代武官集团监控体系研究》,山东大学硕士学位论文,2011 年。
④ 孙经纬:《明代军籍进士研究》,辽宁师范大学硕士学位论文,2011 年。
⑤ 施剑:《明代浙江海防建置研究——以沿海卫所为中心》,浙江大学硕士学位论文,2011 年。

现有研究成果为笔者深入而细致地研究明代卫所的"民化"提供了不同的视角与启示,本书将以前人关注较少的明代法律文献为中心,探讨明代卫所"民化"的曲折进程。

四、明代卫所"民化"的研究方法与路径

传世的明代法律文献类型多样,本书首先将以明代中央、地方及军法等为角度,从法律颁行者、执行者、颁行时间等出发,分析不同法律文献中卫所"民化"相关因素的表现与发展趋势以及明朝各级政府的反应。

由于明代不同地域卫所角色的差异很大,所在区域不同层级、职责的地方官在卫所事务中的介入方式与过程的区别也很大,因此本书将结合国家律法与地方法规,选择典型案例,分析地方官、缙绅豪强等对卫所事务的介入过程及后果;将以苏松太地域和贵州卫学为个案,阐述区域内军制演变情况和卫所"民化"、行政区划变迁的关系,研究卫学与区域文化的互动,探索卫所"民化"对于区域社会、文化发展和民俗变迁的影响。

卫所军人战斗力的下降使明朝统治者不得不改变明初的制度,进一步弱化卫所的军事职能,卫所军人由主力军逐渐转变成了后备役。不同时期的法律文献反映了不同阶层对军人看法以及军人对自身认识的变化,而明代家谱、笔记小说等资料中都有着各种立体的军人形象,这与卫所"民化"是分不开的。因此笔者还希望通过阅读中央与地方法律文献、案例判牍以及族谱资料、明代文学作品来探讨不同阶层心目中的军人形象,从军人形象变化的背后尝试揭示明代军制变化的轨迹。

此外,本书还将分析明代中后期卫所"民化"与明末清初卫所演变之关系,为明代中后期的卫所"民化"进行定位。

可以说,明代中央法律对于卫所的规定以及其中透露的"民化"信息,有一个"严格限定—调整但不妥协—缓慢变革"的变化过程。《大明令》《大明律》等明代早期国家层面的法律典籍详细规定了卫所的性质、基本建制和主要职能,对涉及卫所制度的戍守、军屯、军官行政权与司法权等具体内容也做了详细的规定,这些条文、规定都集中体现出明初统治者对卫所高度的重视和严格的控制。

自明朝中期的《问刑条例》等国家法律文献起,政府不得已逐渐调整政策,但对基本的逃军、清军等问题依然很重视。面对层出不穷的卫所内部事件与军民

纠纷，嘉靖、万历朝不得不对律法进行修订，通过立法承认一部分的"民化"事实，并给予一定的引导，政府承认了军田"民田化"的既成事实，卫所武官的行政权也大大削弱，军屯、军仓、军粮和勾军的管辖权都被转移至州县行政官员名下，卫所官员的司法权亦逐渐为州县官员侵蚀。

明代的军法则更多地从内部反映了卫所的变化，逃军的增多、清军的不易，一直是军法中最重要的关注点。军法中所反映的卫所军户的贫富分化、军户身份地位的转变，推动了卫所中的民事因素的上升，为州县行政系统的文职主官介入卫所事务提供了契机，民事调节手段在卫所中发挥了越来越重要的作用。

军人的社会地位与形象受到卫所变迁的影响，这一点在武官身上表现得最为明显，明初武官地位高于文官，而到了明代中后期，武官开始附庸风雅，或者弃武从文，完全失去了当年驰骋沙场的风采。在军民融合过程中，卫所军人被逐渐贬化，"奸军"与"贫军"形象突出。在不同阶层眼中，军人形象变化与明朝时局、军事制度的变化等都有关系。分析这些现象背后的深层次的原因，是本书的一个重要任务。法律文献是本书的研究基础，除对与卫所有关的法律条文作探讨外，本书还将结合具体案例、卫所区域等进行逐一分析。

第一章
国家控制与卫所变迁：以明代国家立法为中心

一、明初法律与卫所

洪武时期，朱元璋对于法制的重视是历史上帝王所少有的，以至于万历年间进入中国的意大利传教士利玛窦都很有感慨，他在《中国札记》中写道："这位洪武皇帝，显然不仅以他的武功而且还以他巧妙的外交天才著称。他用以稳定国家的许多法律和法令就是充分的证明。"[①]明初国家法律，主要以律、令、诰、例、榜文、诏、敕、制书等为基本形式，且基本都颁布于太祖时期，主要包括《大明令》《大明律》《律令直解》《戒敕功臣铁榜》《律令宪纲》《军法定律》《御制大诰》《御制大诰续编》《御制大诰三编》《大诰武臣》《皇明祖训》《律诰条例》《洪武礼制》《礼仪定式》《诸司职掌》《教民榜文》《真犯杂犯死罪条例》等。其中，《律令直解》《律令宪纲》和《军法定律》等许多条例，业已失传。在遗存的法律中，内容涉及军事且最具权威的法律是《大明令》《大明律》和《御制大诰》四编。这几部法律基本规定了明初军事司法制度与卫所的性质、组织形式、基本职能。

（一）明初军事立法与司法制度

明朝的立法权基本上属于皇帝所专有，律、令、诰、例等重要法律形式的制定，都要经过皇帝的批准。皇帝行使立法权的方式主要有六种：一是皇帝亲自行使立法权。最典型的例子就是《御制大诰》四编中的案例、峻令和对臣民的训诫，都是明太祖朱元璋亲定的。二是皇帝任命议律官行使立法权。如吴元年（1367年）冬十月初定《大明令》和《大明律》时，朱元璋即"命左丞相李善长为律令总裁官"[②]。三是皇帝通过内阁行使立法权。朱元璋废除丞相制度后，设置殿

[①] （意）利玛窦、（比）金尼阁：《利玛窦中国札记》第一卷第六章"中国的政府机构"，何高济、王遵仲、李申译，北京：中华书局，2005年，第46页。
[②] 《明史》卷九十三《刑法志一》，北京：中华书局，1974年，第2280页。

阁大学士,至成祖朱棣时内阁制度形成。内阁参与机务的一项重要任务就是辅佐皇帝行使立法权,其方式为票拟。四是皇帝通过六部行使立法权。六部尚书直接隶属于皇帝,除政务外,也奉皇帝之命制定各种法律规章,如洪武六年(1373年)朱元璋"诏刑部尚书刘惟谦详定大明律"①;又如明代中后期刑部尚书又奉旨修订《问刑条例》,户部奉旨颁布《教民榜文》等。五是皇帝利用宦官行使立法权。这主要发生在明代中后期,皇帝疏于政务,宦官代替皇帝行使立法权,其方式为批红,后逐渐成为一种重要方式。六是皇帝利用地方官员行使立法权。地方官员在处理基层社会的一般纠纷事务中,会制定和发布具有法律效力的文告或禁约,这便是地方官员代替皇帝行使立法权的一种表现,如王守仁创制《申行十家牌法》②。

明初的《大明令》《大明律》《御制大诰》四编以及明代中后期的《问刑条例》和《大明会典》等法律典籍构成了明朝的整个立法体系。在这些律、令、诰、例、典等法律形式之中,律是最重要的法律形式,也是其他法律形式制定和删补的基础。在律与其他法律形式发生冲突时,应依律科断,律具有最高效力。在没有律文规定的情况下,才能依照其他的法律形式进行裁决。这是明朝立法体系内在关系的基本原则。在法律具体的运行过程中,皇帝往往根据需要,在某一特定时期特别强调某一种法律形式的效力,有时以礼代律,有时以例代律,有时甚至屈法伸情。这种立法体系中内在关系的确定与变通,都取决于皇权。皇帝是解决各种法律形式冲突的最高裁决者,但既会受到古代立法传统的约束,又会受到本朝祖宗遗训的限制,还会受到各派臣僚利益要求的制约③。

明朝的军队系统有自己的司法机构。起初,中央一级的大都督府在洪武初有断事官,掌管刑狱④。洪武十三年(1380年)分大都督府为五军都督府,分领在京各卫所及在外各都司、卫所,"以中军都督府断事官为五军断事官""总治五军刑狱",并"分为五司,司设稽仁、稽义、稽礼、稽智、稽信五人,各理其军之刑狱"⑤。"建文中,革断事及五司官"⑥,永乐时恢复并添设经历、都事各一人,负责五军刑狱及所辖都司卫所军官、军人之刑名。军官犯罪,由都督府请旨,即"凡军官犯

---

① 《明史》卷九十三《刑法志一》,第2281页。
② 参见谢重光:《明代湘赣闽粤边的社会动乱与畲民汉化》,《福建师范大学学报》2009年第1期。
③ 参见张晋藩、怀效锋:《中国法制通史·第七卷·明》,北京:法律出版社,1998年,第27页。
④ 《明太祖实录》卷二十九洪武元年春正月庚子,第500页。
⑤ 《明史》卷七十六《职官志五》,第1857—1858页。
⑥ 《明史》卷七十六《职官志五》,第1858页。

罪,从本管衙门开具事由,申呈五军都督府,奏闻请旨取问。若六部、察院、按察司并分司及有司见问公事,但有干连军官及承告军官不公不法等事,须要密切实封奏闻,不许擅自勾问"①。在地方上,省一级的都指挥使司设有断事和司狱,断事理刑狱,司狱管狱政。卫有镇抚,负责卫中刑名事宜。所亦有镇抚两员负责刑名,但不一定专职,如果"镇抚无狱事,则管军;百户缺,则代之"②。卫所有自己的监狱。

军人的诉讼程序是自下而上陈告,在中央是由五军都督府至三法司,在地方上则是由百户所至千户所,再到卫,再到都指挥使司,并且禁止越诉。对于此,《大明令》中规定:"凡诉讼皆须自下而上,明注年月,指陈实事,不得称疑。诬告抵罪及坐越诉者,以'不应'论拘。该官司如应受理而不为受理者,许赴上司陈告。"③《大明律》中有相同规定:"凡军民词讼,皆须自下而上陈告。若越本管官司、辄赴上司称诉者,笞五十;若迎车驾及击登闻鼓申诉而不实者,杖一百。事重者,从重论;得实者,免罪。"④至于卫所武官的司法管辖权,则仅限于卫所内部的军事事务,对于军、民事务交织在一起的案件,卫所武官必须约会相关的行政官员共同审理,武官不能越权受讼。对此,《大明律》中规定:"凡军官、军人有犯人命,管军衙门约会有司检验归问。若奸盗、诈伪、户婚、田土、斗殴与民相干事务,必须一体约问。与民不相干者,从本管军职衙门自行追问。其有占吝不发,首领官吏各笞五十。若管军官越分辄受民讼者,罪亦如之。"⑤

(二) 明初法律文献中的军事条例

卫所制是明初的基本军事制度,因而明初法律中的军事条文主要约束对象即都司、卫所。从中央角度而言,除专门军法文献外,明初有关军事方面的法律主要有《大明令》《大明律》和《御制大诰》四编,除此之外,其他法律也会涉及军事方面的一些内容。

1. 从令到律:国家法规中军事法律的形成

《大明令》是明朝开国之初颁布的刑事法律,《明史》中云:"明太祖平武昌,即

---

① 《大明律直解所载明律》卷一《名例律·军官有犯》,《中国珍稀法律典籍集成》乙编第1册,北京:科学出版社,1994年,第419页。
② 《明史》卷七十六《职官志五》,第1874页。
③ 《大明令·刑令·诉讼》,《中国珍稀法律典籍集成》乙编第1册,第38页。
④ 《大明律直解所载明律》卷二十二《刑律·诉讼》"越诉",第582页。
⑤ 《大明律直解所载明律》卷二十二《刑律·诉讼》"军民约会词讼",第585—586页。

议律令。吴元年冬十月命左丞相李善长为律令总裁官","十二月,书成,凡为令一百四十五条。"①洪武元年(1368年)正月,奉朱元璋圣旨,《大明令》颁行天下,此后再未修订过。《大明令》革新体例,以六部分类,其中有"吏令二十,户令二十四,礼令十七,兵令十一,刑令七十一,工令二"②。《大明令》对明朝的基本制度、诸司职掌和司法原则等作了较为全面的规定。在新朝初建、法律未暇详定的情况下,它实际上起到了临时治国总章程的作用。其确认的基本法律制度,后成定制,为明代各朝所遵行。洪武三十年(1397年)颁布《大明律》时,对《大明令》中的条文采用甚多;未被收入的条文,直到明代中后期仍有法律效力③。

《大明令》中专门言及军法的是十一条《兵令》,依次为额设抵候人等、水站人夫、急递铺兵、掠夺影占、擅自勾军、军情、出使从人、城楼窝铺、出使分例、告给路引、支给分例④。总体来说,这十一条《兵令》的内容很少,主要涉及纳粮、关津设防、军纪、军情、将官随从的人数、使客的支米数量等。除《兵令》外,《大明令》的其他部分也涉及卫所。《户令》"军民附籍"条规定军人的军籍不得随意变动,违者治罪。这是明初对军民分籍和军籍制度严格控制的表现,它使得卫所军士一旦为军,终世为军。《刑令》"军官犯赃"条规定在内在外的军官有犯取受之事,须由御史台论处,说明文职官员对武职官员拥有监察权和管辖权。"军官犯罪"条规定犯罪军官和军人原本应该徒、流、刺字的,免其原罪,折合杖数执行,然后再充军;犯死罪的,取自上裁,从这条内容可以看出法律对军人犯罪有从宽论处的保护倾向。"军官犯罪解降"条规定受赃和犯罪的军官在受到惩罚之后可以再次叙用。"军官罚俸"条规定军官遇到罚俸时,合与民官一体扣算,这条律文同样也对军人有保护倾向。《工令》"造作军器"条规定制造军需的各处官司必须制造合格的军需用品,否则究治追陪。除了以上直接涉及军事方面的条例,其他很多条例也跟军事和军人有关,尽管没有在条例中出现与"军"相关的文字,但分析其内容之后,不难发现这些条例普遍适用于军事和民事,例如《吏令》里的"选用""致仕""任满官员"等条例,《刑令》里的"司狱""诉讼"等条例,都普遍适用于军民诸色人等。由于卫所编制、军籍、人口组成等特点,使得《大明令》中与此相关的法令无法在《兵令》中完全囊括,但在其他律令条款中或多或少都有所涉及,因此军

---

① 《明史》卷九十三《刑法志一》,第2280页。
② 《明太祖实录》卷二十八(上)吴元年十二月甲辰,第422页。
③ 参见(日)内藤乾吉:《大明令解说》,《东洋史研究》1937年2卷5号。
④ 《目录·大明令·兵令》,《中国珍稀法律典籍集成》乙编第1册,第27页。

事与民事像丝棉一样理不清扯不断。这也是明代中后期卫所变革的伏笔与前奏。

《大明令》只是立国之初的一部权宜之法，主要是对最基本的军事建制、关津设防和军士纪律等作了大体规定。当时的卫所制并未发展成熟，因而《大明令》并未涉及与卫所制度相关的编制、军屯、卫官的管辖权等具体内容，但从中可以看到法律条文对军人的保护倾向。依据以上分析，军官和军人犯罪之后，有轻判的倾向，即从徒、流等罪转向执行杖责，罚俸的也可以合与民官一体扣算，这就减轻了军官的负担，而且军人犯罪受到相应惩罚后还可以再次叙用。这种对军人的保护倾向背后的原因不难理解，朱元璋于暴乱中起兵并最终夺得天下，正如他自己说的："睹群雄无成，徒扰生民，朕乃率兵渡江，训将练兵，奉天征讨。于今十有六年，削平强暴，混一天下。大统既正，民庶普安。"[①]军队是他的资本，因而保护军士、重视军事建设在战事未歇的明初也就不足为奇，尤其这时候元朝势力还未肃清，需要军事力量去彻底完成统一大业。因而，在律令中减轻对军人的处罚可以在整肃军纪的同时传达朱元璋体谅、爱抚军士的意思，从而赢得军心，好为其所用，同时也巩固了他的最高军事统帅的地位。至于明代中后期随着国家承平日久，军队重要性的下降，明统治者是否会在律令中取消这些保护军人的条例，增加处罚军人的条例或加重处罚力度，则将在后文中再做探讨。

正是因为《大明令》是洪武元年（1368年）草成的法律文献，其中的条令有因事设条的特点，适用于仍处于战争不断的洪武初年。此时的卫所制度体系并未完全确立，对于军事而言，《大明令》只是初期的一个未成系统的规定。洪武元年（1368年）《大明令》颁行后未被修订过，而最初同一时间颁行的《大明律》由于朱元璋的重视，在洪武年间被屡次修订，成为明朝名副其实的"宪法"，在军法意义上相对系统多了。因此，《大明令》很快被人们遗忘了。

《大明律》是明朝最基本的法典，其中除少部分条款属于程序法外，大部分条款属于实体法，包括刑法、民法和行政法等，因而《大明律》是"诸法合体、以刑为主"[②]的一部法典。在洪武元年（1368年）正月颁行的《大明律》中，有《兵律》三十二条。洪武六年（1373年）、二十二年（1389年）、三十年（1397年）分别对《大明律》作了修订，此后一直沿用到明亡为止，未再修订。对此，《明史》中载："盖太祖

---

① 《皇明诏令》洪武三年六月十五日"抚谕元主眷属诏"，第28页。
② 张晋藩、怀效锋：《中国法制通史·第七卷·明》，北京：法律出版社，1998年，第411页。

之于律令也,草创于吴元年,更定于洪武六年,整齐于二十二年,至三十年始颁示天下,日久而虑精,一代法始定。中外决狱,一准三十年所颁。"①最终定型的《大明律》"为卷凡三十,为条四百有六十"②,其中,《名例律》一卷,四十七条;《吏律》两卷,三十三条;《户律》七卷,九十五条;《礼律》两卷,二十六条;《兵律》五卷,七十五条;《刑律》十一卷,一百七十一条;《工律》两卷,十三条③。在五卷的《兵律》中,有《宫卫》十九条、《军政》二十条、《关津》七条、《厩牧》十一条、《邮驿》十八条,共计七十五条④。虽屡经修订,但《大明律》中有关军事的实质性内容变化较小,尤其是《兵律》的大框架没有改变,一直为《宫卫》《军政》《关津》《厩牧》和《邮驿》五大类。其中,《宫卫》主要规定了京城留守的宿卫官军的职责和权限以及触犯规定后的惩罚措施。《军政》规定在外守边的军人和军官触犯相关制度以及没有尽到应尽的义务和责任的惩罚方法,其中涉及军功、军情、军役、军器、军属、军纪、操练、守卫和军民关系等内容。《关津》规定了有罪军人潜住京城、守卫军人渎职、军人擅自越境以及军人与夷人非法交易等方面的处罚措施。《厩牧》主要是有关军中牛马等牲畜的使用、蓄养和管理等方面的规定以及触犯规定后的惩治措施。《邮驿》则主要为送递公文、贩卖私盐、驿兵、驿站和驿马等方面的规定,以及违反规定后的处罚措施。

当然,和《大明令》一样,《大明律》除《兵律》外,其他的门类中也会有涉及军事方面的规定。《名例律》里的"军官有犯"一条规定军官犯罪后,须奏由五军都督府查办,不许有司擅自问讯,即军队里有自己的一套司法体系,民政方面的官员不能干预;"文武官犯公罪"和"文武官犯私罪"两条规定了文官和武官犯公罪、私罪后的惩罚措施,虽然各自的惩罚不同,但大体上是对文武官员公平对待,并没有明显的倾向性;"军官军人犯罪免徒流"一条规定军官、军人犯罪后本该徒、流的,改为执行杖责,减轻了充军的惩罚力度,而且免刺字,这条律文对军官、军人有明显的保护倾向,或者说是从轻处罚的倾向;"在京犯罪军民"一条规定在京军民犯罪后发外卫充军和发别郡为民的不同惩罚措施,军民同罪异罚贯穿明代始终,并不足为奇,此条也并无偏袒任何一方的倾向,基本是公平的;"杀害军人"一条规定杀死军人的人依律处死,并将其余丁抵数充军,明初对军人数量有严格

---

① 《明史》卷九十三《刑法志一》,第 2284 页。
② 《明史》卷九十三《刑法志一》,第 2281 页。
③ 《明史》卷九十三《刑法志一》,第 2281 页。
④ 《明史》卷九十三《刑法志一》,第 2281 页。

控制，其目的是维护整个军籍户口和军队数量的稳定；"处决叛军"一条规定涉及军人谋叛的案件，须奏由都指挥使裁断，如果兼及民事的，须会同布政使和按察使共同审理，明确规定了都指挥使管辖权的范围和大小。

《吏律·职制》下的"选用军职"一条反映卫所军官的任命原则，千户、百户、镇抚等官员有缺时，须同时奏至御前和五军都督府，然后取自上裁选用，总旗、小旗的选用则由卫所自行决定，这是明朝政府为掌握军权、防止军事割据而将军官选调权牢牢掌握在中央的措施；《公式》下的"泄露军情大事"一条规定对泄露国家重大军情者的惩罚方法，从中可以看出明朝政府对整治军纪的重视。《户律·户役》下的"人户以籍为定"一条规定军民诸色人等以籍为定，脱籍变乱者治以重罪，军人被牢牢束缚在军籍中，世世代代为军；《田宅》下的"私借官车船"一条规定守军将车、船等官方物品私自借用后的惩罚措施，这属于军纪方面的内容；《仓库》下的"冒支官粮"一条规定卫所中的各级官吏冒支军粮者，以受赃和盗窃罪论处，但免刺字，对军人犯罪仍然宽大处理。《刑律·盗贼》下的"盗军器"一条规定宿卫军人盗军器者，以盗窃罪论处，这也属于军纪方面的内容；《诉讼》下的"越诉"一条规定军民词讼，皆须自下而上陈告，越诉者治其罪，这是明朝司法诉讼机制的基本内容；"军民约会词讼"一条规定兼及民事与军事的事务，管军衙门须与有司一体约问，若越权，则须受到处罚，这对卫官司法权和行政权的内容、大小和行使范围作了界定，并不许卫官越权处理军事以外的事务，可见明初对军官权力的控制是相当谨慎和严格的；《杂犯》下的"夫匠军士病给医药"一条规定在镇守地的军士、丁夫和杂匠生病后，管军衙门和所在有司须给药医治，否则治以重罪。

和《大明令》一样，《大明律》中其他的一些条例虽然没有特别指出适用于军事或专用于军事，然而分析其内容以后可以看出，这些条例明显对军民事务都是普遍适用的，如"犯罪自首""公事失错""官员袭荫""擅离职役""立嫡子违法""盗卖田宅""窃盗""斗殴""官吏受财"和"违令"等条例，对军民都有效。将洪武元年(1368年)颁行的《大明令》与洪武三十年(1397年)修订的《大明律》相比，经过三十年，明朝在制度体系上已渐趋成熟，洪武末的《大明律》与不甚成熟的《大明令》已有了较大的不同。《大明律》经多次修订后，其关于军事的条目比《大明令》更多，内容也更加详细，一方面反映出卫所制度至此已发展成熟，其下的各项内容渐趋完善；另一方面也反映了明初统治者对军事制度的重视，以及卫所在明初国家事务中的重要地位。

《大明律》中涉及军事条文的内容分门别类、详略得当地规定了各项卫所制度，包括军职、军籍、军纪、军屯以及军官行政权和司法权等，对照《明太祖实录》可以看出，《大明律》是在洪武初年各种诏令的基础上对卫所各项制度和内容的最高法律界定。与《大明令》一样，《大明律》中的法律条文也说明明初统治者对军人有一种保护倾向，即对他们的犯罪行为宽大处理。此外，律文中涉及很多关于军纪方面的规定，可见明初统治者非常重视军队整饬工作，这是朱元璋一直以来贯彻的治军之法；同时，又对军官权力加以限制，防止其坐大叛乱。对于一些涉及军事和民事交织在一起的事务，律文也清晰地规定了卫所武官和有司的行政官员各自的权限，即平时各管本治之内的事务，若有交叉，则须共同审理；特别规定卫所武官不得越权，否则治其以罪，这是朱元璋限制军官权力的另一种表现。以文臣制武臣、以内臣制外臣、内臣外臣相互制约的思想贯穿于明代始终，即"国家之制，边方以文臣巡抚，以武臣总兵，而以内臣纲维之"[①]。总之，从《大明律》可以看出，卫所在明初的国家军事事务中的地位非常重要，其各项内容都受到国家法律的严格界定。无论是《大明令》还是《大明律》，对于军籍、军纪和军民纠纷等内容尤为重视，这也说明都司卫所制度设立之初，国家努力从法律层面维护卫所制度的纯粹性，严格界定"军"与"民"的区别。而到明代中后期，卫所的"民化"正是以这些内容为突破口而逐步实现的。

2.《御制大诰》四编：判例法与明初卫所"民化"的端倪

《御制大诰》四编是洪武十八年至二十年（1385—1387年）间，由明太祖朱元璋亲自编纂并先后颁布的具有教化作用和法律效力的严酷刑法。《御制大诰》四编共计二百三十六条，其中，《御制大诰》七十四条，《御制大诰续编》八十七条，《御制大诰三编》四十三条，《大诰武臣》三十二条[②]。各编《大诰》中的诰文均由案例、峻令和朱元璋的训诫三方面组成，具体来说，一是载洪武年间，尤其是洪武十八年至二十年（1385—1387年）间的官民犯过的案件之要，用以警醒愚顽；二是增设一些新的重刑法令，用以严密法网；三是包含朱元璋对臣民的很多训诫，这些训诫明确地体现了他的治国主张和法律思想。其中前三编中零星涉及军事方面的内容，而第四编《大诰武臣》中的三十二个条目，则全部是有关军事的内容。

---

① 《明宪宗实录》卷九十成化七年夏四月甲辰，第1745页。
② 杨一凡、刘海年：《中国珍稀法律典籍集成》乙编第1册"点校说明"，第13页。

《御制大诰》前三编中有关军事的条目主要是关于逃军的。洪武年间是卫所设立的关键时期，每一卫或所的设立都是一个移民过程，众多卫所的设立就形成了明初一个特殊的人口迁移浪潮。背井离乡的军人及家属总想逃回家乡，故整治军纪就成为明初军事立法首要面对的问题。这一问题一直伴随着明代卫所，至明代中后期，逃军造成的卫所人口流失尤为严重，成为各种法律文件中涉及卫所的主要内容。《御制大诰》"勾取逃军第二十一"条目中，朱元璋训斥了布政司、府州县的官员，不该在勾取逃军时受赃利己，使受害之人无可申诉；在"冒解军役第七十三"条目中，朱元璋训斥了官员受贿、纵容逃军、又找人冒名顶替的行为。军人逃亡在明初就困扰着政府，明代中后期更成为卫所衰落、人口流散的主要表现。《御制大诰续编》"逃军第七十一"条目中，朱元璋首先要百姓听其言语，自动送出逃军，方可宁息，然后训斥了勾取逃军的官吏，不应该乱勾逃军，逼抑良民，从中可以看出朱元璋对逃军和清军问题很是重视，并再三强调。《御制大诰三编》"空引偷军第五"条目中，朱元璋训诫了那些偷军偷囚的顽民，这也涉及勾军和清军的问题；"指挥林贤胡党第九"条目中，朱元璋训斥了明州卫指挥林贤勾结胡惟庸，私吞朝廷给日本使者的赏赐，并且两人犯上作乱，图谋不轨，虽主要言及胡惟庸案，但反映了在边和沿海的卫所一定程度上具有对外交涉这一功能。沿海卫所渗入对外贸易中，与内陆沿边卫所的边境贸易一样，成为卫所与区域经济结合的一个重要环节。

《大诰武臣》是洪武二十年（1387年）十二月朱元璋为诫谕卫指挥使、千百户、镇抚和旗首等管军头目加害军队中的"小军"而颁布的诰令，因此，保护"小军"成了《大诰武臣》的中心思想。总计三十二个条目基本都是军队中存在的军官欺压军士的案例，如"冒支官粮""饿死军人""擅收军役""咒诅军人""科敛害军""邀截实封""打死军人""克落粮盐""卖放军人""奸宿军妇""勾军作弊""私役军人"和"生事苦军"等。朱元璋以通俗直白的口语晓谕军官，表达了他憎恨军官欺压军士、同情下层军士的思想。其中有关卫所军人、家属经济及官员管理等各方面的案例充分说明卫所的日常事务同府州县有极大的相似性，从而体现出"民事"的一面。

《御制大诰》四编受到朱元璋的高度重视，洪武二十六年（1393年）三月规定，"凡本部问有应合充军者，必须照依《律》与《大诰》内议拟明白"[①]。四编中的

[①] 《刑部职掌·司门科》，《诸司职掌》第2册。

条目都是因事起例,即朱元璋对具体案件的评价和训诫,按照当代法理学的分类,《御制大诰》四编属于判例法。其中涉及军粮、军职、军役和勾军等内容,许多刑罚为《大明律》所未设,因而具有法外用刑的特点。从中可以看出以下几个特点:首先,朱元璋对军官受贿问题很重视;其次,逃军、勾军和清军等问题频频出现于朱元璋的诰令中,说明从明初开始,卫所军户制度的弊端已经显露,而在中后期愈演愈烈,这是卫所"民化"的内在因素之一。

(三) 明初法律中卫所的性质与职能

卫所是明初的基本军事制度,这在明初的皇帝诏令和法律条文中得到充分体现。至正二十四年(1364年),朱元璋称吴王,江南半壁政权初具规模,他在刘基等人的帮助下,开始对军队编制进行全面整顿,下令:"为国当先正名,今诸将有称枢密、平章、元帅、总管、万户者,名不称实,甚无谓。其核诸将所部,有兵五千者为指挥,满千者为千户,百人为百户,五十人为总旗,十人为小旗。"①这就是"部伍法",也是卫所制度的初起。洪武七年(1374年)八月,朱元璋对卫所进行了一次大规模的整顿:"申定兵卫之政。先是,上以前代兵多虚数,乃监其失,设置内外卫所。凡一卫统十千户,一千户统十百户,百户领总旗二,总旗领小旗五,小旗领军十,皆有实数。至是重定其制。大率以五千六百人为一卫,而千百户、总、小旗所领之数则同。遇有事征调,则分统于诸将,无事则散还各卫。管军官员不许擅自调用。"②至此,卫所作为明军的基本编制即成定制。《大明律·吏律·职制》在开篇条目"选用军职"中就规定:"凡守御去处千户、百户、镇抚有阙,一具阙本,实封御前开拆。"③卫所主要军官都要由皇帝亲自任命。

然而,终明一代,卫所除了是一种军事制度外,同时也是一种行政管理组织形式。可以说,卫所是一个具有独立行政职能的地理单位,基本上都管辖有面积大小不等的耕地和数量多少不一的人口。明立国之初,许多地方的行政权都是由卫所武官来代理的,而且朱元璋认为,在经济相对落后的边地,设置行政官员会增加地方百姓的负担,而集生产与戍守于一体的军事系统兼及地方的行政管理,不失为一条行之有效的途径④。这些都体现在统治者的话语和诰令中,如洪

---

① 《明太祖实录》卷十四甲辰年四月壬戌,第193页。
② 《明太祖实录》卷九十二洪武七年八月丁酉,第1607页。
③ 《大明律直解所载明律》卷二《吏律·职制》"选用军职",第448页。
④ 彭勇:《明代卫所制度流变论略》,《民族史研究》第七辑,第158页。

武四年(1371年)三月,朱元璋命中书省臣曰:"山北口外东胜、蔚、朔、武、丰、云、应等州,皆极边沙漠,宜各设千百户,统率士卒,收抚边民。无事则耕种,有事则出战。所储粮草就给本管,不必再设有司重扰于民。"①

至于各都司、卫所的职权,则是比较明确的。都司,设都指挥使一人,都指挥同知两人,都指挥佥事四人,其职权是"掌一方之军政,各率其卫所以隶于五府,而听于兵部"②,具体管理练兵、巡捕、军器、漕运、京操、备御等。而军士屯田,则由一位佥事掌管。卫,设指挥使、指挥同知、指挥佥事,分理本卫的屯田、验军、营操、巡捕、漕运、备御、出哨、入卫、戍守和军器等杂务。若遇征战,则率领所属将士,听命于主帅调度。这是《明史》中对卫所职能的总体描述,至于明初卫所的具体职能,可以从明初法律中窥得一二。

《大明律·兵律》下的《宫卫》《军政》《关津》《厩牧》《邮驿》五大内容从总体上规定了卫所的种类与基本职能,而这些大类下的小条目的名称更是非常直观地展示了卫所的各项具体职责。《军政》中的"申报军务"条本身就是卫所职能的说明,"主将不固守""不操练军士"和"纵放军人歇役"条明言卫所具有驻守和操练军士的义务与职能;《关津》中的"盘诘奸细"条也是对卫所戍守地方职能的直接说明;《厩牧》中的"牧养畜产不如法"条说明卫所具有蓄养牛马等牲畜的职能;《邮驿》"递送公文"条本身也是对卫所职能的说明。《大明律·刑律·诉讼》下的"军民约会词讼"条,不仅反映出卫所具有行政权和司法权的职能,而且还清晰地规定了卫所司法权力的使用范围以及超出权限的惩罚措施。

除此之外,《大诰武臣》的第一篇"冒支官粮"中写道:"陈州指挥胡琏等六员,颍州指挥陈胜等十九员,这伙官人,百般害军,共冒支官粮三十八万,各分入己。陈州、颍州这两处的军,自洪武元年便摆布他屯种自食,到今屯种二十年了。便做五年各军屯种不起关官粮吃,也有十五年不关粮了。"③卫所设立之初就已经开始实施屯田,它是卫所赖以存在的经济基础,军屯的衰败及其隶属、管理等方面的改变,逐渐混淆了军民的界限,是明代中后期卫所变革的主要表现之一。

作为明朝的基本军事制度,《大明令》《大明律》和《御制大诰》四编有规定,明初卫所的主要职能有军事防守、操练军士、探析军情、对敌作战、蓄养牛马、管理军器和屯田生产等,除此之外,其他一些法律条文从侧面反映出卫所还有管理本

---

① 《明太祖实录》卷六十二洪武四年三月癸巳,第1197页。
② 《明史》卷七十六《职官志五》,第1872页。
③ 《大诰武臣》"冒支官粮第一",《中国珍稀法律典籍集成》乙编第1册,第256页。

卫内部的军民纠纷、军士诉讼、军丁勾捕和军职袭替等职能。至于卫所另外两项至关重要的职能——轮番操练（班军）和运送漕粮（漕军）则是明成祖朱棣迁都北京以后的事情了。

除《大明令》《大明律》《御制大诰》四编外，洪武年间影响较大的法律文献还有洪武二十六年（1393 年）三月由朱元璋敕定、内府刊印的《诸司职掌》。该书以官职为纲，下分十门，详细规定了吏、户、礼、兵、刑、工六部及都察院、通政司、大理寺、五军都督府的官制及其职掌。其中，兵部尚书侍郎职掌天下军卫、武官选授之政令，其属有司马、职方、驾、库四司。五军都督府断事官掌问断五军所辖都司、卫所军官兵丁刑名，其属有左、右、中、前、后五司官。《诸司职掌》是明初最重要的行政方面的立法，为明一代的职官制度奠定了基础①。明代中后期制定《大明会典》时，就是依《诸司职掌》为例，以六部职官为纲，分述各机关的职掌及历年事例，并收录了大量的律令、条例和诏敕，《大明会典》便成为明代国家机关典章制度的汇编。

明初，律、令两种法律形式并行于世，令起引导作用，律起制裁作用，即"令以教之于先，律以齐之于后"②，但律的效力要高于令，应依律科断；在没有律条规定的情况下，才能依令处置。这在《大明律》中是可以找到依据的，《大明律》中"违令"一条规定："凡违令者，笞五十。谓令有禁制，而律无罪名者。"③《御制大诰》四编颁行后，由于受到朱元璋的重视，在颁行之初风行一时。后因为四编中的许多内容被吸纳入后世的各种条例之中，以及其重刑手段为后世所不取，因而《御制大诰》四编在洪武以后的司法审判中被援引得越来越少了。

《大明令》《大明律》和《御制大诰》四编等明初涉及军事的法律中，对明朝的军事制度的大框架以及各项具体内容都做了规定，包括军职、军籍、军屯、军民纠纷、军士的操练、军役以及军官的行政权和司法权等，重点规定了卫所军士失职以及触犯法律规定后的惩罚措施，明代中后期的法律典籍中有关军事方面的内容与规定都是以这些内容为蓝本和基础进行修订及删补的。此外，明初法律还集体传递出一个明显的信号，那就是保护军人、优待军士、同情"小军"和禁止官军以大欺小，这与明初的战争形势以及朱元璋的个人经历都息息相关。除了法

---

① 杨一凡：《明代十二种法律文献版本述略》，《中国珍稀法律典籍续编》所辑文献研究之一，中国法学网。
② 杨一凡、刘海年：《中国珍稀法律典籍集成》乙编第 1 册"颁行大明令敕"，第 3 页。
③ 《大明律直解所载明律》卷二十六《刑律·杂犯》"违令"，第 611 页。

律条文中的规定,朱元璋的诏令和话语中也无不透露着这样的信息,如朱元璋说:"累年开边,劳于军功,或矢石伤残于身体,或因伤身亡,儿女见在、不能生理者,所在卫分,送赴京来,发回原籍,改籍为民,一应差役,优免三年","垛集土军,因伤残疾者,优免军役三年。其役贴户应当,本身改为贴户。因伤死者,优免军役十年,入为民籍,杂泛差役,更免三年","军官从将征讨,殁于阵所,儿女见存,各具实迹,以凭恤赏,子孙袭父职,未升者升一等"①。

明初法律对军籍、逃军、军民纠纷和军屯等的规定,已经为明代中后期卫所变化的趋向埋下了伏笔。

二、从《大明律》到《问刑条例》: 法律的细化

正统以后卫所战斗力下降,为了解决这一问题,营兵制作为一种战时组织形式开始发展起来。除京军三大营外,在外守边卫所战时也会抽调精锐,以营为建制组军,负责对敌作战。后来,随着卫所军事战斗力的进一步下降和军士逃亡现象的增加,开始实施募兵制。发展至此,卫所制、营兵制和募兵制并存,军兵并存。此外,随着卫所内部军政的败坏,军官的贪污和腐败以及军士生活的困苦,大量军士逃亡,致使屯田抛荒,卫所军官和官豪地主趁机大肆兼并屯田,转佃买卖或招民户垦种,明初统治者"设屯以养军"的建构至此被破坏。同时,受到整个明代"以文奴武"风气的影响,再加上武官群体本来就不善于行政和司法管理,原本只管民政方面的府州县官员逐渐介入卫所内部的军事事务。从坚拒到委曲认可,明朝政府逐渐肯定并支持了府州县文官对卫所武官的这种"夺权"行为,而卫所的"民化"正是在这些因素的改变之下一步步实现的。

(一) 明代中后期卫所权力的转移

明代中后期卫所的变化一方面体现在卫所军事职能的减弱,除受本身军籍制度、屯田和管理腐败等这些内在因素的影响外,也受到营兵制和募兵制这样的外在因素对其的冲击;另一方面是卫官的行政权与司法权的变化,府州县的行政官员介入卫所的内部事务,逐步侵夺和拥有武官的军事管辖权。

---

① 《皇明诏令》洪武十九年六月二十一日"优恤高年并穷民诏",第64页。

1. 兵重军轻与卫所军事职能的下降

终明一代,军队的基本编制有一个从单一的卫所制到卫所制和营兵制并存的过程①。朱元璋立国伊始,便在全国推行卫所制度。卫所军世居一地,耕守结合,战时由朝廷临时指派将领,事毕,军回卫所,将归朝廷,兵将分离,兵不识将,将不识兵。明代中期,明初这种军事部署的格局逐渐改变,尤其是明王朝边防地区,临时性的调兵遣将逐渐变成常规制度。从洪武时开始,凡遇战事,均命将充总兵官。洪熙、宣德、嘉靖、万历、天启年间,各地纷纷添设总兵官。崇祯时,增设更多,纷繁不可记②。总兵官取代原来都指挥使的地位,成为地方最高武职官员。

在添设总兵官的同时,各地也调卫所军从征,但所调军士是各卫所中的精壮之士,临时组成战时编制。永乐时,营兵制开始成为京军的备操编制。除京军三大营是按营兵制编组之外,为运送漕粮而组成的漕军,为边境防务所需而设置的戍兵,为地方治安而增置的总兵和巡抚所属军,均从卫所抽调并以营为建置③。尤其是在卫所设置非常密集的九边重镇,由于战争较多,以营兵制为编组则更为普遍。这样,营兵逐步开始取代卫军,成为战时主要的军事力量。至此,明朝的军事制度已发生了变化,"洪永以后,边患日棘,大将之设,遂成常员。镇守权重,都统势轻,卫所精锐,悉从抽选,于是正奇参守之官设,而卫所徒存老家之名"④。明初遍置卫所,本意为镇戍地方,以屯养军,且耕且守,自我管理。此设置虽然部分解决了军队的军粮问题,却不能满足集中精兵、加强防御的需要,因此才不得不对军事制度作出改革。在卫所编制的基础上用营兵制的方法,抽调卫所兵力,集中力量从事作战、戍守,是营兵制在战略要地得以普遍推行的重要原因。

宣德以后,伴随着边境紧张局势的逐步升级和卫所制的日益废弛,募兵作为兵力的重要来源而受到统治者的重视。明代中期以后,屯田遭到破坏,卫所士兵被任意役使,困苦不堪,加上时有战事,政治腐败,逃亡军士越来越多,致使卫所军缺额严重,战斗力严重下降。正统三年(1438年)九月据兵部统计,天下都司卫所逃亡军士达一百二十万人,占全国军伍总数的三分之一⑤。而至正德年间,

---

① 参见肖立军:《明代省镇营兵制与地方秩序》,第 543 页。
② 《明会要》卷四十二《职官十四·总兵官》,北京:中华书局,1956 年,第 753 页。
③ 万历《大明会典》卷一百三十四《兵部十七·营操》,台北:文海出版社,1964 年,第 1889 页。
④ 方逢时撰,李勤璞校注:《大隐楼集》,《补遗·审时宜酌群议陈要实疏》,沈阳:辽宁人民出版社,2009 年,第 311 页。
⑤ 《明英宗实录》卷四十六正统三年九月丙戌,第 889 页。

逃亡者的比例更高，且逃亡者多为精壮，未逃者尽是羸弱，所以卫所军战斗力低下，也就不足为奇。因此，为了解决军队的兵源问题，重整军事力量，明朝政府开始实施募兵制度，"军外募民为兵，屯外赋民出饷，使如鳞尺籍，不能为冲锋之事，并不知带甲之人"①。前期的募兵，只是小规模的，正统元年（1436 年）明英宗朱祁镇时颁布命令："敕镇守陕西都督同知郑铭、右副都御史陈剑及陕西都司、布政司、按察司：得奏访得各卫俱有精壮余丁，民间多有能武艺者，应合挑选操习弓马调用等因，此策固善，但不可逼抑扰人。惟其情愿来者，可以选取。"②大规模的募兵，出现于土木之变后。在北部边镇，因战事需要，部分募兵由卫所代管，如"查得天顺元年八月二十日节奉，英宗皇帝圣旨：朕念辽东、甘肃一带边境人民每被虏寇侵扰，不得安业。虽常调腹里官军轮班操备，但不熟边情。今思近边人民禀气强劲，臂力过人。边陲利害，戎房愤伪，素所谙熟。中间多有精壮好汉，不分军民舍余人等，有肯愿与朝廷出力报效者，于所在官司告报，就收附近卫所寄管，着做土兵名色"③。最初，募来的民兵并不直接补为卫所军，明代中期以后，民兵逐渐补充到缺额的卫所军之中，并参与卫所中的各项事务。嘉靖以后，募兵作为救急之策在全国广泛采用，此时的募兵人数众多，在明朝军队中占有很大的比重。嘉靖朝平叛东南倭患时，使用了大量的募兵，"两浙招募陆兵不下十万"④。募兵制的施行，给卫所制的正常运行带来冲击：首先是在经费使用方面，募兵所需要的军费，都是建立在削减卫所军费的基础之上；其次是人员方面，募兵有相当一部分来自军余，他们极可能是卫所正军的替补，或是地方防守的重要力量，大量军余应募，必然会影响到卫所旗军的清勾与替补。至此，卫所制度已不再是明朝的主要军事制度，"至于末季，卫所军士，虽一诸生可役使之。积轻积弱，重以隐占、虚冒诸弊，至举天下之兵，不足以任战守，而明遂亡矣"⑤。

军兵并存，是明代独特的军事制度。到明代中后期，兵渐渐取代了军的作用，兵主战，军主守、主屯⑥。"兵御敌而军坐守，兵重军轻，军借卫于兵壮军，乃

---

① 《明史》卷九十《兵志二》，第 2196 页。
② 《皇明诏令》正统元年十二月二十一日"陕西募兵敕"，第 290 页。
③ 《皇明条法事类纂》卷十三《兵部类》"招募近边精壮子弟"，《中国珍稀法律典籍集成》乙编第 4 册，第 1057 页。
④ 《天下郡国利病书》二十二册《浙江下·绍兴府志·军制》，上海：上海科学技术文献出版社，2002 年，第 1783 页。
⑤ 《明史》卷九十《兵志二》，第 2195—2196 页。
⑥ 王莉：《明代营兵制初探》，《北京师范大学学报》1991 年第 2 期。

复充兵"①,但兵并没有彻底取代军的地位。虽然募兵制成为重要的军事制度,但并没有取代卫所制,而且明朝政府也未曾在全国实行普遍募兵制,仅仅是在防御征战紧急之时集中招募,承平之时,仍依赖卫所军进行防御镇戍,卫所制一直沿用到明朝灭亡。

不仅营兵制和募兵制降低了卫所的军事意义,自永乐年间出现的卫所的班军和漕军也冲击了其自身的军事职能。班军,是指以卫所军户为主体的旗军离开自己所隶属的卫所,周期性地到指定的和相对固定的地区,从事以军事戍守为主的活动②。轮班戍守成为卫所旗军的一种普遍职能,由于班军要求由正军充役,所以屯田的耕种和地方的操守,大部分便由军家或军余来完成。这实际上打破了原来卫所屯戍职能的分配关系,使得屯田与地方操练都产生了相应的变化。永乐迁都北京以后,命山东、南直隶、湖广、江西和浙江等所属卫所,不分屯守,各选军士,以指挥、千百户率领,都指挥总管,入漕运粮,供给京师。明宪宗成化七年(1471年),官军长运遂为定制。明末,盛极一时的卫所制度只剩下漕运这一功能还在执行不辍,时人称之为"国家所获卫力仅转漕"③。这些新的职能,由于要抽调大量卫所军士去执行,严重影响了卫所屯田的耕种,从而动摇了卫所赖以存在的经济基础;漕运减少了可用于戍守、作战的军士数量,加重了卫所军士的负担,同时也使其不能专事于"军事戍守、对敌作战"的主要任务,从而无意间削弱了卫所的军事职能,"卫所之兵疲于番上,京师之旅困于占役"④。因此,明代中期开始的卫所职能的新变化也是促成营兵制和募兵制兴起以及卫所开始"民化"的内在因素之一。

2. 军屯的民田化倾向

屯田制度是卫所制度赖以存在的经济基础。我国的军屯之制由来已久,它是国家为缓解军士戍守与军费供给之间的矛盾而采取的一种有效措施。明代的卫所制度,正是吸取了中国古代历史上的屯田经验,寓兵于农、守屯结合、以屯养军、养兵自赡。明代的军屯在前期卓有成效,屯田生产一度在卫所事务中占据重要地位,屯田子粒加上商人中盐所运来的粮食,除个别灾歉年份,基本上可以满

---

① 万历《绍兴府志》卷二十三《武备志一》,宁波:宁波出版社,2012年,第473页。
② 彭勇:《明代班军制度研究》,北京:中央民族大学出版社,2006年,第14页。
③ 嘉靖《袁州府志》(江西)卷六《武卫志》,《天一阁藏明代方志选刊续编》第49册,上海:上海书店出版社,1990年,第971页。
④ 《明史》卷八十九《兵志一》,第2175页。

足军饷供应。朱元璋曾说:"吾养兵百万,当不费百姓粒米"①,靠的就是军屯。洪武朝对于军屯的重视自不待言,即便是在军屯开始败坏的明代中期,统治者和官吏对于军屯也非常重视,"自古有国家者,未尝不以屯田为要务也。盖屯田之制,历代相承,以资国用"②。然而,卫所军士以屯种为业,军粮问题虽然部分得以解决了,但其机动性和战斗力却下降了。这就为明代中后期营兵制和募兵制的兴起与施行创造了前提,同时也是卫所军事职能逐渐淡化的内在因子之一。

宣德以后,随着土地兼并的日益加剧,卫所屯田的分配和使用越来越混乱,"其后屯田多为内监、军官占夺,法尽坏"③。"大同、宣府诸塞下,腴田无虑数十万,悉为豪右所占"④,军屯开始走下坡路。弘治四年(1491年),变开中之制⑤,规定商人可以用银买盐引,不必再在边境屯田。自此商屯废弛,边储日绌,军粮征收额逐年减少,使得卫所军饷和国家财政出现严重危机。此外,屯军逃亡有增无减,屯地除大量抛荒外,还因转佃和典卖而失额,至明代后期军屯名存实亡。成化时,史料记载:"递年以来,各处军伍日加消耗遗下屯田,多被官豪势要强占耕种,取利肥己","以致无籍官旗人等乘机作弊,愈肆奸贪。占田者,推种无田;占军者,捏作无军"⑥。嘉靖、万历时,史料载:"国朝设立卫所、置屯田,令军士耕种,纳其余粮,以充岁饷。近来法久人玩,奸豪、官舍、军余人等霸占者多。"⑦"(卫所军士)今二百余年生齿繁衍,游手坐食,与民混杂,有司派以马户、撑船、运米等役,众军脱卸无计"⑧。因此,为整顿业已混乱不堪的卫所军屯,明朝政府开始清丈屯田,"户部屡经具奏,行令管屯官员照依原额取勘,拨军领种","乞敕该部将天下都司卫所原额屯田总数,通行查出,令浙江等布、按二司并南北直隶府州县各委堂上明正官员,亲诣各该卫所,逐一查理明白,除各军见种屯田外,其官豪势要占种者,悉令退出,拨与新解军人并空闲舍余领种",从而达到"如此,则屯田不失原额之数,而仓库亦得以充实"⑨的目的。由于军屯制度本身的落后、地方豪强和贪官污吏的吞并及阻挠,清丈没有成功。随着明朝政府清丈屯地的失

---

① 《明神宗实录》卷五百八十七万历四十七年十月庚戌,第11239页。
② 《皇明条法事类纂》卷十三《户部类》"查勘屯田并禁约势豪占种例",第535—536页。
③ 《明史》卷七十七《食货志一》,第1885页。
④ 《明史》卷一百五十五《蒋贵》,第4260页。
⑤ 参见《明史》卷一百八十五《李敏》,第4895页。
⑥ 《皇明条法事类纂》卷十三《户部类》"查勘屯田并禁约势豪占种例",第535—536页。
⑦ 《皇明诏令》嘉靖六年二月十三日"宽恤诏",第657页。
⑧ 孙承泽:《天府广记》卷三十二《五军都督府》,北京:北京古籍出版社,1982年,第408页。
⑨ 《皇明条法事类纂》卷十三《户部类》"查勘屯田并禁约势豪占种例",第535—536页。

败,屯地的买卖和兼并日趋严重,大部分屯田在事实上已经通过转佃、典卖、投献、占夺等途径转入卫官豪强私人手里,变成了他们的私产,走上了民田化的道路。明朝政府为了维持财政来源,被迫承认了卫所屯田民田化的既成事实,允许清出的屯地"法得私相佃卖"①,把实际上已经私有化的屯田"请无论军种民种,一照民田起科"②。为了刺激生产者的积极性,政府索性召人承种屯田,"不拘军民僧道之家,听其量力开耕。待成熟之后,照旧纳粮,仍令永远管业"③。有的地方甚至"罢田归有司,给民耕种,办纳粮差"④,基本放弃了军屯制度,承认了这部分国有土地的民田私有性。

军屯的衰落与明王朝政治、经济和军事等方面的兴衰密切相关。在军屯制度下,管屯官的贪污侵占、对屯军的过度役使、政府对屯军科敛有余而资助不足、边境地区的战争等因素,都加速了军屯制度的衰落。嘉靖、隆庆、万历时期,一些地方官员对陕甘屯政进行了清理整顿,并提出了很多改革意见。从这些措施和意见中可以明显看出军屯制度在一步步发生变化:屯田"不拘军民,量力承佃"⑤;部分抛荒屯地听任军民僧道土客流寓各色人等尽力开垦,"世为己业,永不起科"⑥;减轻屯粮征收额,与民田概拟一则,统一分等征税⑦。这些变化是军屯趋于解体,屯田逐步向民田转化的反映。军屯的这些变化带来的影响是很大的,它使卫所失去了赖以存在的经济基础,由此导致军饷不足,卫所军士大量逃亡。这在减少卫所军士数量和削弱卫所战斗力的同时,由于抛荒的田地多招民户屯种,并按民田起科,这就给行政官员介入卫所事务提供了契机和借口。经济基础改变了,建置在此经济基础之上的军事、政治等上层建筑也必然会发生改变。

3. 明代中后期卫所武官行政权与司法权的转移

由于卫所皆辖有一定数量的土地与人口,除军事职能外,它兼具行政管理职能,再加上在边境地区有意实行军事与行政职能的一体化,使得行政管理成为卫

---

① 《天下郡国利病书》第九册《风宁徽·宁国府志·蚕丝》,第694页。
② 《明史》卷二百五十六《毕自严》,第6611页。
③ 万历《大明会典》卷四十二《户部二十九·南京户部》,台北:文海出版社,1964年,第769页。
④ 林希元:《钦州复屯田疏》,《明经世文编》卷一百六十四,北京:北京出版社,1997年,第373页。
⑤ 《西园闻见录》,《明代传记丛刊》卷九十一一工部《屯田》前言,陶望龄语,台北:明文书局,1991年,第520页。
⑥ 庞尚鹏:《清理甘肃屯田疏》,《明经世文编》卷三百六十,北京:北京出版社,1997年,第482—483页。
⑦ 《明神宗实录》卷一百三十三万历十一年二月戊戌,第2482页。

所制度的重要内容之一。卫所行政职能的具体内容主要是对军屯、军户和军仓以及军民纠纷等的管理。

明立国之初,许多地方的行政权和军事权都是由卫所武官来代理的。如在颍州,洪武元年(1368年)十一月,"置颍州卫,命指挥佥事李胜守之。颍州自元季韩咬儿作乱,民多逃亡,城野空虚。上因故汴道过其地,遂命胜筑城立卫,招辑流亡,民始复业"①,即由卫所官暂理民事。在河南邓州,"前千户所,治在州治东,国朝洪武三年命镇抚孔显兼知邓州事。六年,升正千户,颁印专理军务"②。但这一卫一所的行政权是平乱之初的权宜。在边地,如云南、贵州和四川等少数民族较为集中的西南地区,以及北边、东北地区设立的卫所或军民指挥使司,更加体现出卫所在地方事务中的行政管理和军事防守的双重职能。在内地府州县区域,经过洪武初年前后的调整,地方政区统治稳固之后,卫所只对所辖在卫军户具有行政管辖作用。

进入明代中叶,由于屯政败坏,卫所武官的作用日渐受到怀疑。与府州县行政官员相比,卫所武官的施政常常简单粗暴,并且由于军户世袭造成的官兵关系长久固定化,使得卫所官员更易将卫所私有化。由于军民田地相互混占、军户寄庄等问题日渐严重,地方权益时常受到卫所军户的侵害,为维护本部利益,地方官员开始谋求直接介入卫所的屯地管理。屯粮的存储和使用成为行政官员介入卫所管理的最初突破口。明初,民户提供的军粮要由百姓直接运到卫所交收,军强民弱的形势使得卫所管粮官经常有意为难民户。随着军屯逐渐败坏,民运粮在军饷中所占的比例持续增加,地方官员要求改变军粮管理体制的呼声便日趋强烈。原本由卫所独立管理的军仓因为存在大量科害百姓的现象,被陆续转交给府州县行政系统管理。到宣德十年(1435年),军仓正式被强制转归地方行政系统管理,卫所军士的月粮因此相应地改由地方政府发放。屯军子粒也相应地改由地方收贮,卫所管屯官只负责征缴③。

而屯粮上缴数量的持续走低以及管屯官的横敛无度也让明朝政府十分头痛,开始考虑撇开卫所官员,设立新的屯田管理体制。地方官员努力介入屯田管理的势头给中央政府提供了契机。嘉靖六年(1527年)规定:"各处卫所官员人

---

① 《明太祖实录》卷三十六(下)洪武元年十一月丙寅,第706页。
② 嘉靖《邓州志》卷十四《兵防志·所治》,《天一阁藏明代方志选刊》,上海:上海古籍出版社,1981年,第21页。
③ 参见张金奎:《明代卫所军户研究》,第249页。

等置买民户田地,往往州县催征,不服拘摄,以致粮差累及粮里赔纳,宜行抚、按衙门并管粮等官申严晓谕。今后官军置买民田,粮差一体坐派,仍听有司勾摄,务使军民两便。"①发展到嘉靖四十二年(1563年),朝廷终于下了决心,下令将军屯管理权移交屯地所在地区的州县行政官员,"嘉靖四十二年十二月兵部题准,各州县掌印官将坐落本境屯田,不拘军旗、余丁,俱听提调。但遇夏秋起征之时,照依民粮事例,督催完纳。如有屯头、旗甲人等恃顽不服,军官故行阻挠及违慢者,俱参呈重治。其卫所管屯官,止许督率旗甲人等布种、上纳,不许经收钱粮。各府仍令清军佐二官躬亲督理,如有推托误事者,听督理屯田该道径自提问参究"②。

明代中期以后,卫所军户人口增加,大量的余丁补充到正军逃亡后的空缺位置,并承担各种杂差,一些在行政系统中成功运用的徭役编派制度逐渐被引入卫所管理之中。首先引进的是均徭法,此法将杂泛差役中相对固定的经常性差使单独编为一类,编造均徭文册,根据各户丁粮多寡均派徭役。由于均徭涵盖寄籍人口,寄住卫所的民籍人口由卫所代管,既然将其编入均徭,必然会在其子女教育、粮差和司法等方面予以考虑,这是卫所管理趋于行政化的一个动因。万历年间,卫所军户的户等审编已混乱不堪,随着一条鞭法的推行,均徭法渐遭淘汰,一条鞭法成为其代替品。"一条鞭法者,总括一州县之赋役,量地计丁,丁粮毕输于官"③。即以田地多少为标准,量地起丁,并总括府县赋税杂役,一归于田,计亩征银。卫所推行一条鞭法的目的是遏止军官占役军士和余丁,所以征银标准不是田产,而是丁数。均徭法和一条鞭法在卫所中的推行,减轻了卫所军户的徭役负担,限制了军官对军户的剥削和压迫。均徭中的银差和一条鞭法中的纳银代役,显示民政中的经济因素已经渗透到军事系统中,这在客观上为管理民政的行政官员介入卫所事务创造了前提和条件。

明承元制,沿袭了前代的"约问"④制度,卫所司法系统能独立审理与州县民户不相干的犯罪情节较轻的案件,但如果牵涉到民户,必须与管辖民户的行政系统的司法官员联合审理,"禁武臣不得预民事。先是命军卫武臣管领所属军马,

---

① 《皇明诏令》嘉靖六年二月十三日"宽恤诏",第656页。
② 《嘉隆新例·户例》,《中国珍稀法律典籍集成》乙编第2册,第639页。
③ 《明史》卷七十八《食货志二》,第1902页。
④ 参见张金奎:《明代卫所军户研究》,第185—189页。

除军民词讼事重者许约问外,其余不许干预"①,"凡有军民相干词讼等事,移文到日,其应该会问官员随即前去。若无故不即会问及偏徇占吝者,从监察御史、按察司官按问。其应请旨者,具实奏闻"②。"约问"制度是军方拥有司法独立权的一个标志。明初,为约束武官,防止其权力过分膨胀,特地以文职出任各级断事官,但由于制度上的缺陷,断事官无力履行约束武官的职责,原本与刑部、都察院平行的五军断事官因此早早"夭折",刑部等行政系统的法司从永乐时即开始向卫所司法系统渗透。"约问"的弊病以及卫所镇抚不谙法律成为被文职官员诟病的焦点,也因此成为文官系统权力渗透的突破口,如"在外司府州县理问、知州、知县、断事、推官等官多新进除授,各卫所镇抚皆荫袭官员,不知律例。请敕都察院移文天下问刑衙门,务将《大明律》及见行条例熟读讲究,使用刑不差"③。由于行政系统司法机构权力的持续渗透,造成卫所司法机构的权力被大面积剥夺,使得卫所司法的独立性日渐丧失。

(二) 明代中期军事法律的细化:以《军政条例》为例

《军政条例》是一部有关明代军政方面的立法,分别于宣德四年(1429年)由张本、王骥辑定,于正统元年至三年(1436—1438年)修订颁行。由于此时《大明律》适用性问题渐生,《问刑条例》又尚未颁行,《军政条例》实际上填补了这一段时期军法方面的空缺。张本为明代永乐、洪熙、宣德三朝大臣,明仁宗朱高炽即位后被任命为南京兵部尚书,对明代军事制度多有论述,深得仁、宣二帝赏识。王骥为宣德、正统年间朝臣,历任山西兵科给事中、兵部右侍郎、兵部尚书等职,署理军政多年,因功赠靖远伯,与威宁伯王越、新建伯王守仁为明代仅有的因功封爵的文官。张本与王骥等参与军政多年,对明代军政制度深有认识。

《军政条例》属于条例汇编,从相关奏疏中辑录出来与卫所军政事务有关的条例,以供直接处理军政参考之用。《军政条例》的制定与颁布经过了明宣宗朱瞻基的钦准,叶盛曾在奏疏中说:"伏睹宣宗章皇帝临御之日,钦准兵部议拟《军政条例》,颁布中外,永为遵守。近者,皇上复从兵部申明奏准通行,清军御史等官一依《军政条例》行事,此诚圣朝良好美意,行之久远而无弊,所谓先圣后圣,其

---

① 《明太祖实录》卷一百九十五洪武二十二年春二月壬戌,第2931—2932页。
② 《宪纲事类》《宪纲·约会问事》,《中国珍稀法律典籍集成》乙编第2册,第40页。
③ 《明宪宗实录》卷一百成化八年春正月戊戌,第1931页。

搣一也。"①因此,《军政条例》的颁布属于国家立法行为。万历十三年(1585年)修《问刑条例》时,《军政条例》中相关条例也被辑入,表明《军政条例》在较长时间内都在军政事务中发挥着不可替代的作用。

《军政条例》内容丰富,特别是对于卫所制度、军户制度的破坏记载得十分详细,是反映明代中期卫所制度和军户制度发展变化的重要史料。杨一凡认为:"由于有关明代军政方面的立法多已散失,因而此书(《军政条例》)是考察当时军事特别是逃军问题的重要史料。"②由于卫所军士世世代代被束缚在军籍和军役上,任务繁重,再加上军士待遇低、卫所官军对下层军士的欺压,使得很多卫军逃离卫所,这从明代中期开始愈演愈烈,因此,《军政条例》中所载的条例,大部分是有关清理军政、勾捕、编发军役、跟捕、起解逃军等方面的规定和禁例。这些内容是考察明代中期卫所角色的重要史料。

《军政条例》载:"该本部尚书张本等奏:天下卫所递年以来勾取逃亡等项军人,往往泛滥申填勘合,差人前去各府州县勾取。所差人员,每岁不下二三万数。该勾军士,又不从实开写原报姓名、乡贯并充军来历缘由。以致差去官旗,通同有司、里老人等作弊,将有勾者径故回申,无勾者展转攀指,数内应分豁者,不与分豁。重复勾扰,连年不绝。"③从这段材料可以看出,明代中期逃军问题已经非常严重。再如:"先该本部查出,天下都司卫所每岁差去勾军官旗不下一万六七千名,较其所勾之军百无一二到卫。有自洪武、永乐年间差出,到今三十余年,在外娶妻生子,住成家业,通同军户窝藏不回","已经通行天下都司卫所并浙江等布政司、直隶府州钦遵去后,今照天下都司卫所递年逃故等项军士数多,遇警调用不敷"④。军籍人口流失众多,是导致卫所兵源不足、战斗力下降和屯田抛荒的重要原因。

卫官腐败,卫所内部的管理已经相当混乱,卫所"往往泛滥申填勘合","应分豁者,不与分豁",这在《军政条例》中有很多记载,如:"山西等处抽丁等项军士,原选并续勾军丁,俱系精壮之人。到卫不久,往往买求贪污头目人等,令户下软弱人丁私自轮流替换,以致军伍不精。"⑤"在京、在外卫所官员,多有将殷实军

---

① 叶盛:《叶文庄公奏疏》卷一《申明祖宗成宪疏·考试军丁生员》,《明经世文编》卷五十九,北京:中华书局,1962年,第465页。
② 杨一凡:《明代中后期重要条例版本略述》,《法学研究》1994年第3期。
③ 《军政条例》,《中国珍稀法律典籍集成》乙编第2册,第3页。
④ 《军政条例》,第9页。
⑤ 《军政条例》,第7页。

人占作军伴,冒支月粮,办纳月钱,卖放回家,作放马、取讨衣鞋等项名色,迁延潜住。山东、山西等处新解到卫军丁,亲管官员不行存恤,指以出办军装等项为由,搜捡揸勒财物,逼迫在逃"①。

从"通同有司、里老人等作弊"可以看出不单是在卫军户,包括原籍军户也想方设法逃脱军役。军官和平民伙同一起作弊,绝不是偶然现象,这是卫所制度自设立伊始就存在的自身缺陷。《军政条例》对此类问题的记载也比比皆是,如"军户之家,多有全家在逃躲避,及官司递年勾取,里老邻右明知逃避去处,暗地取索财物,容情不行拿解"②,"若有司官吏、邻里、长解人等通同作弊,将逃军并应继及已解军丁纵容埋没,不行拿解;及户有壮丁,欲将老幼残疾家人、义男等项顶解;并粮里人等怀挟私仇,故将平民以同名姓顶他人军役之类,以致良善受害者,就便拿问,并依军政条例发落"③。

宣德、正统年间对于逃军是严厉禁止的,因为此时卫所制度还是明朝主要的军事制度,虽然营兵制已经施行,卫所军事职能也已经逐渐削弱,但在全国范围内,卫所制度仍是明王朝仰仗的军事基础。边境戍守、要害之地的驻防、屯田的耕种和军粮的自给,仍然依靠的是卫所。因此,统治者力图维护卫所制度,防止其进一步恶化。面对清勾不利,法律要求"逃军,每三个月或半年一次类勾。故军并残疾等项军人,每一年一次类勾。务要将各军原报姓名、乡贯并充军来历及逃故等项缘由造册,填给勘合,责付差去人员照例勾取,庶革奸弊"④,"榜文至日,凡有逃军并已解在家潜住军丁,限两月之内赴所在官司首告,与免本罪,连妻小差人解发原卫所当军。若限外不首,里邻人等符同隐藏不拿,事发,正犯决杖一百,发烟瘴地面充军。里邻、长解人等,收发附近卫所充军"⑤。

但同时,明代中期的统治者继承了明初对军人一贯的优待政策,这在《军政条例》中也屡见不鲜,如:"存恤军士,合照依宣德四年二月内钦奉敕谕内事理,每军一名,优免原籍户下人一丁差役。若在营有余丁,亦免一丁差使,令其专一供给军士盘缠"⑥,"内开所勾军士,若有丁尽户绝、并山后等处人民挨无名籍等项三次,有司保结回申。委无勾取,军卫有司官另造册,转缴兵部开豁。今照各处

---

① 《军政条例》,第12页。
② 《军政条例》,第8页。
③ 《军政条例》,第10页。
④ 《军政条例》,第3页。
⑤ 《军政条例》,第12页。
⑥ 《军政条例》,第5页。

卫所官吏不行遵守,又将已经五次、十次保结无勾军人,一概造册开勾。今后各处卫所,将先曾三、五次保结并今次重行清审明白无勾者,俱且住勾,不许重复造册勾扰。若有故违,查勘是实,照依原奏准榜例,查问当该官吏"①。

从《军政条例》可以看出,明代中期,卫所内部的管理开始混乱,军官腐败、欺压下层军士的现象比比皆是,再加上军户的地位本来就相对低下,世世代代承担着繁重的军役,使得军士逃亡现象愈演愈烈,原籍的有司和里甲等也参与其中,共同作弊,使得卫所屯田抛荒,军事职能削弱。对此,明统治者是严格控制的,多次颁布严刑峻令对逃军问题加以遏止,并对勾军有着详细的规定。严惩归严惩,统治者还是继承了明初朱元璋对待军人的优抚政策。正统四年(1439年)明英宗曾下令:"管军头目及各卫所指挥、千百户,多不用心抚恤军士,或克减月粮,或占据私役,或纵容在外办纳月钱,或横加虐害,骗要财物,以致军士逃窜,队伍空缺,甚非朝廷抚养军士之意。今后再不悔改,听从监察御史、给事中体访的实具奏拿问。"②明统治者想达到"老弱不致失所,军伍亦无空缺"③的目的,应该说,这个想法的出发点还在于力图维护明初的制度,也据此制定了诸法律条文,颁布了很多诰令,但现实是卫所的发展方向背离了统治者的理想。

(三)《问刑条例》:明代中后期卫所判案的主要依据

《问刑条例》是明代中后期的刑事法规,"例"是皇帝对某一具体案件如何判决的诏令,是作为判案根据的判例或事例。由于朱元璋生前留下遗训:"凡我子孙,钦承朕命,无作聪明,乱我已成之法,一字不可改易"④,"太祖之定律文也,历代相承,无敢轻改"⑤,因而《大明律》在制定之后百余年间未曾修订,其适用性问题渐生。为弥补律文不可更改的弊端,提高统治的效能和灵活性,各代都制定了很多因案而生或因事而生的条例,朝臣也多次上疏要求将数量众多的条例进行整理修订,但都未能实现。直至弘治十三年(1500年)为适应司法需要,才正式制定《问刑条例》,此后,嘉靖二十九年(1550年)、万历十三年(1585年)又分别对《问刑条例》进行了修订。这是三次重大的、系统性的修订颁行,除此之外,各代

---

① 《军政条例》,第15页。
② 《皇明诏令》正统四年六月二十三日"雨潦修省赦",第299页。
③ 《军政条例》,第13页。
④ 《皇明祖训》序,亦可见《明太祖实录》卷八十二洪武六年五月壬寅,第1471页。
⑤ 《明史》卷九十三《刑法志一》,第2287页。

还持续有小的修补和删订。"律也者,例之正也;例也者,律之变也。正变相错,法由以通,而政以平矣"①。自此,律例并行,以例辅律,《问刑条例》成为明代中后期最重要的法典。

弘治十三年(1500年)的《问刑条例》总计279条②,其中直接或间接涉及军事方面的条例共计78条,主要包括军职袭替、漕军班军、军官犯罪、清解军丁和军士户籍等内容。

嘉靖二十九年(1550年)重修的《问刑条例》总计276条③,至嘉靖三十四年(1555年)重修后,总数增至385条④。"其中有258条是对弘治《问刑条例》的照搬照抄,对其做局部修改的有21条,新增加的有104条,删除的共计2条"⑤。直接或间接涉及军事方面的条例共计91条,除了弘治《问刑条例》里的军事内容外,新增加的军事条例主要涉及军职袭替禁止性规定和军人处罚等内容。

万历十三年(1585年)的《问刑条例》总计382条⑥,相比嘉靖《问刑条例》,其中相应照旧者共191条,对旧例加以修正者161条,新增30条⑦。此次条例都按相应内容附于《大明律》律文之后,"律为正文,例为附注"⑧。由于其立法技术进步,把很多重复、相似的罪刑并为一条,因而《兵律》最终为51条,主要内容基本与《大明律》下的《兵律》一致。

明代中后期的统治者延续了明初从严治军的方略,对军人违法犯罪的处罚都很明确。弘治《问刑条例》中规定:"纳粟军职有犯,若原系总小旗、千百户、指挥等官遇例纳粟补官者,俱照见任军职立功等项事例施行。若由白衣纳粟授职者,止照常例运炭、纳米等项发落。其犯奸盗诈伪、说事过钱、诓骗财物、行止有亏者,俱问罪革职"⑨,"管军大小官员,敢有故违科敛,事发问明,但系枉法绞罪者,比照真犯死罪之例,本身革职,子孙永不许承袭,着为定例"⑩。历代《问刑条

---

① 《嘉靖新例》《恭题嘉靖新例后》,第433页。
② 《明史》卷九十三《刑法一》第2286页中记录为297条,据黄彰健考证,应为279条。
③ 《明史》卷九十三《刑法志一》第2287页中记录为249条,据黄彰健考证,应为276条。
④ 张杨磊《明朝〈问刑条例〉研究》一文认为应为383条,杨一凡在《中国珍稀法律典籍集成》乙编第2册的"点校说明"中认为应为385条,王伟凯《明万历〈问刑条例〉修订考辨》一文也认为应为385条。参见王伟凯:《明万历〈问刑条例〉修订考辨》,《历史教学》2006年第6期。
⑤ 张杨磊:《明朝〈问刑条例〉研究》,郑州大学硕士学位论文,第7、9页。
⑥ 《明史》卷九十三《刑法志一》,第2287页。
⑦ 曲英杰、杨一凡:《明代〈问刑条例〉的修订》,《中外法学》1990年第4期。
⑧ 《明神宗实录》卷一百六十万历十三年四月辛亥,第2932页。
⑨ 弘治《问刑条例》,《中国珍稀法律典籍集成》乙编第2册,第221—222页。
⑩ 《嘉隆新例》《兵例》,第673页。

例》对于军职袭替有严格的控制:"凡军官子孙告要袭替,移文保勘。若十年之外,人文不曾到部,虽称患病事故者,不准袭替,发回原籍为民。其经该官司查勘明白,过违二年,不与保送,并勒掯财物者,问发带俸差操。"①又如:"凡军职袭替,有不由军功例该减革、却行捏奏、兵部官吏阻坏选法者,问调边卫,带俸差操。"②对于军户、军籍,明朝政府的控制也很严格,如:"军户子孙畏惧军役,另开户籍,或于别府州县入赘寄籍等项,及至原卫发册清勾,买嘱原籍官吏里书人等,捏作丁尽户绝回申者,俱问罪。正犯发烟瘴地面,里书人等发附近卫所,俱充军。官吏参究治罪。"③

明代中后期,虽然卫所军事职能削弱,但统治者在从严治军的同时,依然延续了明初对卫所军人的保护性政策,明宣宗朱瞻基曾有诏令:"朕惟兵政国家重务,祖宗以来于抚恤军士、整饬兵备皆有成法。朕屡戒中外武臣,令守法爱军。"④后世的《问刑条例》中此类条款比比皆是。弘治《问刑条例》中规定:"军职年七十以上、十五以下及废疾、犯该杂犯死罪者,运炭、纳米等项发落,免发立功。"⑤也有优抚军属的规定:"嘉靖八年六月兵部题准,军职亡故、户无承袭之人,遗有亲女,准与月支俸伍石优养。"⑥万历年间,亦有很多对军士宽大处理的规定:"凡应解军丁,除真犯死罪外,若犯监守常人盗、窃盗、掏摸、抢夺至徒罪以上者,牢固钉解该卫收伍,转发守哨,年限满日着役。其犯别项徒罪以上,俱止杖一百,解发着役。"⑦同时,《大诰武臣》《问刑条例》中也有很多禁止军官欺压下层军士的规定,如:"各都司卫所遇有解到新军,若指挥使用等项名色科索凌辱,逼累在逃者,照依卖放军人事例,不问指挥、千百户、镇抚,俱五名以下问罪,降一级。甚者罢职,发边卫充军。"⑧万历时规定:"在京、在外各都司卫所,勾到新军,官吏旗甲附写名数,半月内帮支月粮,各照地方借房安插,恤存三个月,方许送营差操,不许指称使用等项勒要财物,逼累在逃。若一年之内求索财物,因而逼累在逃者,指挥十名以上,千户、镇抚六名以上,百户四名以上,各问罪,降一级。每

---

① 嘉靖《问刑条例》,《中国珍稀法律典籍集成》乙编第2册,第454页。
② 万历《问刑条例·吏律一·职制》"官员袭荫条例",《中华传世法典》,北京:法律出版社,1998年,第361页。
③ 万历《问刑条例·户律一·户役》"人户以籍为定条例",第368页。
④ 《皇明诏令》宣德九年三月初一日"恤军敕",第259页。
⑤ 弘治《问刑条例》,第221页。
⑥ 《嘉靖新例·兵例·宫卫》"优恤军属",《中国珍稀法律典籍集成》乙编第2册,第408页。
⑦ 万历《问刑条例·名例律》"军官军人犯罪免徒流条例",第352页。
⑧ 《嘉隆新例·兵例》,第677页。

十名、六名、四名,各照数递降。不及前数,及不曾得财者,照常发落。"①

《问刑条例》关于军事司法方面主要规定了军事诉讼程序,首先禁止军人越诉并规定须由本人亲自诉讼,弘治《问刑条例》中规定:"各处军民词讼……俱要自下而上陈告。若有蓦越奏告者,俱问罪。"②其次规定了军人案件的具体受理机关,弘治《问刑条例》中规定:"在外军民词讼,除叛逆机密重事许镇守总兵、参将、守备等官受理外,其余不许滥受,辄行军卫有司受理。两京词讼干系地方者,许内外守备官员受理……其在外军卫有司,不系掌印官,不许接受词讼。"③万历《问刑条例》中规定:"轮操军人、军丁,沿途劫夺人财,杀伤人命……许被害之人,赴所在官司具告,拿解兵部,转送法司究问。"④

历朝《问刑条例》无论是对军官的严管、对军人的体恤,还是禁止越级诉讼,都与明初《大明律》等的精神一致,但由于形势变化,明代中后期的条例中亦有大量内容反映了卫所的变化。随着军制的变化,明代中后期在总兵官之上,又设置巡抚、经略、总督和督师等职位。这些官职位高权重,不仅管军事,而且管行政与民事。他们更多地渗入卫所事务中,卫所原有的司法程序被破坏。在《问刑条例》中,就有许多内容与此有关。弘治《问刑条例》中规定:"沿边沿海旗军舍余,犯该监守常人盗、窃盗、掴摸、抢夺,至徒罪以上者,俱送总兵官处……若总兵官截杀等项不在,就行本处巡抚、巡按或分巡官一体查拨,仍行总兵官处知会。"⑤又有:"各处镇守内臣所在,精选能通书算军余二名,总兵官并分守监枪守备等官各一名,令其跟随书办,与免征操。奏本公文内,俱照令典金书,以防欺弊。其余官军号称主文、干预书办者,听巡抚、巡按并按察司官举问。"⑥《嘉隆新历》规定:"隆庆五年九月内,都察院题准,沿边沿海镇巡官宜遵敕书行事,遇地方功罪,自镇巡以至副参游守兵备守巡府卫州县等官,有兵马城池钱粮之责,查照职任,一体酌量赏罚。其总兵官亲临战阵,有功自当优叙,巡抚只宜量叙。若总兵临阵退缩失机,罪坐总兵。若巡抚临警坐视、不共赞襄,及拥标兵自卫,当议巡抚之罪。至于钱粮缺乏,巡抚独任其责。若不应出兵,总兵欲冒支钱粮,强以出

---

① 万历《问刑条例》《户律一·户役》"人户以籍为定条例",第240页。
② 弘治《问刑条例》,第256页。
③ 弘治《问刑条例》,第259—260页。
④ 万历《问刑条例·兵律二·军政》"纵军掳掠条例",第394页。
⑤ 弘治《问刑条例》,第223页。
⑥ 弘治《问刑条例》,第229页。

兵；应该出兵，总兵畏缩观望，不肯出兵，悉听抚按从实参究。"①在现存的明代判牍资料中，可以看到许多与卫所有关的案件都由巡按发落，而不走"卫所—都司—五军都督府"的司法体系。

（四）遵循祖制下的明朝廷对卫所"民化"的态度

针对卫所"民化"这一趋势，明朝中央统治者的态度最初是严格控制的，到后期鉴于客观形势，才逐渐颁布法令和采取措施来顺应这一趋势。然而，即使卫所军事重要性降低，终明一代，明朝统治者始终没有放弃卫所作为军事力量的职能。尽管后来有了营兵制和募兵制，卫所也并没有完全从军事体系中消失，这与明朝统治者不想彻底裁撤卫所的态度直接相关。

明代中后期统治者之所以最初会严格控制卫所"民化"这一进程，首先是因为卫所制度是朱元璋立国之初建立的基本军事制度，受《皇明祖训》等的影响，历代统治者都有遵循祖制和因循旧章的倾向；而且在相对和平的政局下，变革不易，守旧顺理成章。其次是边境驻防、京城守卫以及各地关津要害的防守都需要卫所军，虽然营兵制此时已开始施行，但其规模无法和庞大的卫所军事系统相比，平时整个国家军事机器的运转还须依赖卫所。因而，尽管明代中期卫所制度已经开始演变，国家仍一再颁布法令增大卫所屯田比例，强调军籍、清勾。总体上看，明朝中央政府对卫所制度是采取维护态度的，并严格控制其变化。

到后期，一方面因为卫所军事职能的退化及其内部管理的腐败，使其重要性降低，并难以维护，统治者为了管理混乱不堪的田地和赋税体系，以及为了达到增加财政收入、充实国库的目的，颁布法令将卫所屯田转化为民田，将卫官行政权和司法权转移给府州县的行政官员，等于是顺应了卫所"民化"这一趋势；另一方面由于募兵制的施行，明朝统治者有了新的可以依赖的军事力量，这在客观上为卫所制度的演变提供了条件。

但是，明朝统治者最终并没有完全废除卫所制度，一方面是清朝取代明朝，在客观上中断了卫所彻底"民化"的进程，因而，这个进程只能在清朝完成了；另一方面是由于卫所制度到明末已经混乱得积重难返，而且内地、边疆各地卫所的情形又不相同，想要完全整治难度可想而知，且明末政府忙于应对战事，根本无

---

① 《嘉隆新例·兵例》，第 677—678 页。

暇考虑卫所职能的转变或裁撤。崇祯三年(1630年),范景文以兵部侍郎守通州时曾上言:"祖制:边腹内外,卫所棋置,以军隶卫,以屯养军。后失其制,军外募民为兵,屯外赋民出饷……陛下百度振刷,岂可令有定之军数付之不可问,有用之军糈投之不可知?"①范景文请朝廷下令清核天下卫所,但根本无回应。此外,本着"遵循祖制"这一传统,明朝统治者在内心深处就不愿彻底废除卫所制度,即使在营兵制和募兵制施行的时候,卫所也为这些新制度提供了兵源,而且卫所的漕运功能一直是京师地区粮食安全的重要保障,所以还有一些用处。在卫所制条件下,军费的相当一部分是由卫所军自己负担的;而在募兵制下,政府承担的直接费用要大得多。这样,就不难理解卫所制度何以会沿袭至明末,并在清初继续发挥它重要的作用了。

明朝统治者尽管将卫所部分管理权移交给府州县的行政官员,但始终没有放弃和彻底转变卫所的军事性质,是时代的使然,也是人为的结果。

三、国家法律在卫所的实施

法律是国家意志的最高体现,颁布之后,就成为各项行政管理和司法裁判的基本依据。律、令、诰、敕、条例、榜文等涉及明朝的军事法律是明朝各级军官管理卫所的基本参照,也是所有军士行为举止的基本准则。朱元璋曾言:"今朕复出是诰,大播寰中,敢有不遵者,以罪罪之"②;"奸顽敢有不钦遵者,凡有所犯,比诰所禁者治之"③。《大明律》中规定:"凡国家律令,参酌事情轻重,定立罪名,颁行天下,永为遵守。百司官吏务要熟读,讲明律意,剖决事务"④;"凡断罪,皆须具引律令。违者,笞三十。若数事共条,止引所犯罪者,听其特旨断罪,临时处治不为定律者,不得引比为律。若辄引比,致罪有出入者,以故失论"⑤。《问刑条例》中也规定:"内外问刑衙门,问拟罪囚,悉照此例施行,永为遵守等因,开坐具题"⑥;"应该偿命罪囚,遇蒙赦宥,俱照《大明令》追银二十两,给付被杀家属。如

---

① 《明史》卷九十《兵志二》,第2196页。
② 《御制大诰续编》序,《中国珍稀法律典籍集成》乙编第1册,第99页。
③ 《御制大诰三编》序,《中国珍稀法律典籍集成》乙编第1册,第173页。
④ 《大明律直解所载明律》卷三《吏律·公式》"讲读律令",第454页。
⑤ 《大明律直解所载明律》卷二十八《刑律·断狱》"断罪引律令",第624页。
⑥ 弘治《问刑条例》,第217页。

果十分贫难者,量追一半"①。再如《嘉隆新例》指出:"隆庆五年九月内,都察院题准,沿边沿海镇巡官宜遵敕书行事"②;"其捕盗之功,量多寡为升赏。隐蔽不报者,即止一次,除本等论降外,仍照《问刑条例》监候奏请而行"③。这些律例条文,无不说明各项司法审判活动,必须依律科断,依例施行。

(一) 依律问罪——司法的实施

作为明朝的基本军事制度,终明一代,卫所都在军事事务中起着重要的作用,明代各种法律典籍中涉及卫所的规定不计其数。法律文献成为卫所必备的藏书,嘉靖《临山卫志》记载的临山卫藏有《洪武礼制》《大明律》《大诰武臣》《宣谕武臣》《军人护身敕》《戒谕武臣铁榜》《敕谕武臣制》等④。正德年间在修《金山卫志》时亦记:"卫志之做,一以国朝兵制为主,遵用《大明官制》《诸司职掌》《军政条例》《军法定律》《大明会典》诸书及《松江前志》《续志》《云间通志》……参互按据,然后类聚而条列之,不敢妄加臆说,其制有因革损益与今见行不同者,仍存其旧。"⑤这说明金山卫也藏有法律书籍。从现存的明代案件可以看到《大明律》《问刑条例》等由国家颁行的法律是各级官员处理有关卫所案件时的基础依据。试举案件如下:

案例一

计开:一件,申明仪从事。该大宁都司营州后屯卫指挥佥事薛聪言,伏睹洪武礼制、榜文,凡文武官员服式等件皆有品级等次,在京在外文武官员俱有民金皂隶祗候马夫足够养廉使用。惟在外军职伴当,例该三月一换。各衙门军士原额五千余名,为因年久,消长不一,逃故数多,十无二三。况拨各营各边守城、操备、屯田、养马,采办柴炭、粮草,役占者多,空闲者少。居官者难以独行,不免役使军余轮流跟用。有等奸顽刁徒,要行捏词排陷官长,无以为词,不论品级名分应当否跟用,辄称役使军人,但法司俱要论罪,使清正官员被诬害,无所控诉。如蒙乞敕该部计议,合无申明太祖高皇帝旧

---

① 弘治《问刑条例》,第 254 页。
② 《嘉隆新例·兵例》,第 677 页。
③ 《嘉隆新例·兵例》,第 684 页。
④ 嘉靖《临山卫志》卷二《书籍》,《中国方志丛书》,台北:成文出版社,1983 年,第 68 页。
⑤ 正德《金山卫志》凡例,传真社影印明刻本。

制,通行内外法司。今后军职使用军伴,务要照品级额数明白开豁。若有额外多余役占跟随者,依律问罪。如此庶使居官者不致僭分,刁徒者无以为词矣。①

这个案件发生于成化七年(1471年)十二月。由于卫所军士逃亡者众多,且剩下的都肩负不同的任务,因而无法正常地给卫官提供军伴,卫官不得已用军余来充用,却被人诬告,称其随意役使军人,受到惩罚。后查清事实,还其清白。关于各级武官的军伴数量,在明初的《大明令》及《大明律》中并无明确数字规定,但《大明令·兵令》中记载:"凡出使人员,关支分例,应合将带从人名数:一品十从,二品八从,三品、四品六从,五品四从,六品、七品三从,八品、九品二从,掾吏、令史、书吏、知印、宣使、奏差二从。"②其下虽即言"军官不在此限",但仍可成为后世同类案件的判案依据;《大明律·兵律》中虽无此条,但对军官占役等有严格规定。案例一中提到的"洪武礼制""榜文""太祖高皇帝旧制",说明卫所军官等在判案时还是以明初法律为基本参照,以相关法律条文为准则的。

洪武初对军官的军伴和占役无明确数量规定,终究是法律的一个缺陷。明代中后期军官私役军人的现象非常严重,万历十年(1582年)修订《问刑条例》时不得不规定具体的数目。

案例二

> 为营官占军太多,申明律例成宪,以守书一事。该山东司呈李镗占役缘由,本部题:以后法司比拟占军多数者,俱照十三年重修《大明律》删定明例军伴数目拟罪,不许以未采入占军数多例,妄行擅比,求脱罪名,参奏重治。仍行沿边、沿海军卫处所问刑衙门,一体遵行,等因具题。奉圣旨:是李镗占役营军,包纳月钱数多,该部查照十三年事例,从重拟罪,毋得轻纵,以启效尤。钦此。③

此发生于万历年间的案件涉及军官占役。针对军官李镗占役营军,这次法司已

---

① 《皇明条法事类纂》卷二十六《兵部类·纵放军人歇役》"在外军职使用军伴照品级额数外多占者问罪例",第8—9页。
② 《大明令·兵令·出使从人》,第32页。
③ 万历《问刑条例·兵律二·军政》"纵放军人歇役新颁条例",第397—398页。

经可以按万历十三年(1585年)新修订的《问刑条例》中的相关规定来治罪,即:"凡各处镇守总兵官,跟随军伴二十四名;协守副总兵,二十名;游击、将军、分守、参将,十八名;守备官,十二名;都指挥,六名;指挥,四名;千百户、镇抚,二名;不管事者,一名。但有额外多占正军至五名,余丁至六名以上,俱问罪,降一级;正军六名以上,余丁十名以上,降二级;正军十名以上,余丁二十名以上,止于降三级。其卖放军人、包纳月钱者,正军五名至十名,余丁六名至二十名,俱问罪,照前分等降级。若正军至二十名以上,余丁至三十名以上,俱罢职,发边卫充军。其役占、卖放、纪录幼军者,照余丁例。役占、卖放备边壮勇者,照正军例,各拟断。"①可见,随着私役军人的现象越来越严重,致使国家必须立法以作限制。

随着卫所形势的变化,国家法律中的兵律在不断调整,以适应新出现的问题。法禁虽严,在基层的断案过程中,还是会出现肆意妄为的情况。

案例三

计开:一件,刑狱积弊事。该云南都司平夷卫镇抚张璘言:窃见天下都司军卫设立卫所镇抚衙门等,以问理刑名。军民有犯到官,依律问拟,开详本卫。递年以来,有等新任指挥官员,系武不谙法律,恣其私意。遇有问拟罪囚,开详到卫,不分情犯轻重,不肯照文施行,故意刁蹬,展转参驳,多要增减罪名,希求贿赂。比及问有罪名不当,事有迟误,法司止有将原问官吏参责,并不推究堂上官员。事不归一,人多淹滞。及有本都司守备等项、指挥及各卫指挥官员,倚持权势,专以在于私家滥受军民词状……或于私家马房内监禁,或送卫镇抚淹禁,半年之上,不肯疏虞,又无原发情由行问,号称寄监。中间多系怀挟私仇,扭曲作直,以致人受其害,苦无伸诉。如蒙乞敕法司出榜禁约,军民词讼俱要自下而上陈告,止许剳印色等项各有赃罚,并里甲人等买办应用……如有仍前罚取纸剳多科等项,许被害之家指实,赴巡抚、镇守等官处陈告,治以重罪,庶使奸弊可革,便益。前件法司行移禁约。②

此事发生在成化元年(1465年),平夷卫负责司法的镇抚描述了当时基层卫所官员不熟悉法律、不依律科断的情况,希望朝廷规范相关制度,下令严禁军官

---

① 万历《问刑条例·兵律二·军政》"纵放军人歇役条例",第396—397页。
② 《皇明条法事类纂》卷三十八《刑部类·告状不受理》"禁约在外都指挥等官私家滥受词讼并司府州县酷刑及科罚例",第496—497页。

违例。卫所军官在司法上的懈怠与妄为,反映了基层在断案时有一定的灵活性。朝廷虽然在不断在修订法律条文,但卫官不依法办事的情况仍会大量存在,除了武官不熟悉法律外,更多的是贪赃枉法,明知故犯,并没有在实践中去真正执行国家的法律,这也是卫所内部腐败的表现之一。

(二) 依律而行与事出多门:地方政府与卫所军法

地方政府——布政司、府州县所承担的军事义务主要是清军和勾军,确保军籍制度的稳定和执行,在一些涉及军民纠纷的案件中,地方政府也须会同卫所军官一同审问。此外,明代中后期地方政府也兼理卫所的屯田和军粮事务。在国家层面,首先是中央会要求地方政府贯彻和执行国家的法律,记载成化、弘治年间文书的《皇明条法事类纂》记录当时"仍通行浙江等布政司及应天、顺天二府,各将《大明律》《令》《教民榜文》《礼仪定式》《稽古定制》《大诰》三编诸书支给官钱刊板,在官印造完备,布政司发仰所属军卫有司,应天、顺天二府发去南北直隶,各府各发所属州县并邻近卫所大小衙门,每处各一本,如法收贮,用心讲习,务要遵守,不许故违"①。总体而言,地方政府还是基本遵守和执行中央制定的法律,在涉及相关军事事务的案件中,会谨慎处理。

在《四川司法档案》这一主要记载明嘉靖年间发生在四川各地的钱粮案文献中,有很多涉及卫所人口的案件,每个案件之后都会写上判案依据的是哪条律文。嘉靖二十七年(1548年)顺庆府蓬州官员在审理金州守御千户所籍的该州吏目张邦祐案时,就在案件末尾清晰地写着:"合依'不应得为而为之事理重者'律,杖八十,有《大诰》减等,杖七十。"即因《大明律·刑律》规定:"凡不应得为而为之者,笞四十;事理重者,杖八十。"②由于犯人收藏有《大诰》,故惩罚减轻,改为杖七十,也是因为朱元璋颁布《大诰》之初曾说过:"朕出是诰,昭示祸福,一切官民诸色人等,户户有此一本。若犯笞、杖、徒、流罪名,每减一等;无者每加一等。所在臣民,熟观为戒。"③在《四川地方司法档案》中"有大诰减等"的字样频频出现。至嘉靖时,地方官员在判案中较严格地遵守和执行了国家的法律,在明

---

① 《皇明条法事类纂》卷十三《礼部类·服舍违式》"申明律令礼仪并禁遇官不行让道及僭用服饰例",第979—981页。
② 《大明律》卷二十六《刑律九·不应为》,《中华传世法典·大明律》,北京:法律出版社,1998年,第205页。
③ 《御制大诰》"颁行大诰第七十四",《中国珍稀法律典籍集成》乙编第1册,第93页。

代中后期,明初的法律依然有着其权威性。

案例一

　　署员外郎事主事侯溪奏:审得犯人陈伯广,成都府郫县民,招称:先年间祖充南京豹韬卫军,弘治七年九月内,本县将伯广解卫着伍。弘治八年,伯广越关逃回避生。弘治九年正月,轮该本户陈伯森接军,陈伯森等共出盘缠贴与伯广潜当。本月二十九日,本县将伯广起解赴卫着伍。弘治十年四月初一日,伯广又越关逃回。弘治十一年八月十三日,陈伯森首送到县,将伯广问拟越关罪名,仍解赴卫补伍,遇革。弘治十三年九月十一日,伯广又不合越关逃回。事发,本府问拟陈伯广在京各卫军人在逃三犯者律,绞,秋后处决。会审得:本犯执称先年在营着伍已满,回还后替陈伯森应当,因伊不贴盘缠,给引回还取讨,被陈伯森等嗔怪,将伯广首作逃军,诬捏三犯死罪。查得逃军律内开:限外自首者减罪二等。今陈伯广虽称在逃三次,缘数内一次亦是陈伯森首发,亦可以比同自首,况三次犯在革前,依律处决,情有可矜。臣等看得:陈伯广替陈伯森当军,况二次俱经遇革,况止一次问罪,革后又逃一次,仍系亲属首发,难以通并问拟三犯绞罪律,合办问越度关律者律。一名史荣,成都府郫县民,系辽东都司广宁卫军。招系洪武年间故祖史文廷为事充军,弘治八年四月内解荣赴卫着伍,弘治九年十月内荣越关逃回避住。弘治十年二月十七日本县缉,将荣问罪,解赴兵部,转发换山墩巡哨未满;弘治十一年九月初四日荣又越关逃回,遇革。弘治十二年四月内,本县将荣仍解兵部转发原卫补伍;弘治十三年十二月内,荣又不合越过山海边关逃回。弘治十四年四月内,本县见得年久不获,批回拘男史万宣解。查该男惧怕,将荣逃回原由供出,行提到官,查审是实,问拟史荣犯该各处守御城池军人在逃三犯者律,绞,秋后处决。会审得,本犯执称:在营艰难,雇人替回,取讨盘缠,被户邻人等首县,作逃起解,致问重罪。窃详史荣屡次在逃,法固难恕,但为衣食所迫,潜回取讨盘缠,亦或有之。况二次犯在革前,一次系是伊男供出,依律处决,情有可矜。臣等看得:史荣在逃二次,俱经遇革,况止一次问罪,今革后又逃一次,难以通并问拟三犯绞罪律,合办问越度缘边关塞者律,俱遇例通减二等,史荣杖八十,徒二年,系逃边军,照例解发原卫,转发缺人墩台,照徒年限,巡哨满日着役。陈伯广系民,的决宁家。缘各犯先问绞罪,俱情有可矜,今办徒杖罪名,各具本题。奉圣旨:陈伯广、史荣,都准办发落。钦此。①

发生于弘治年间的这个案件,在会审时均依照法律规定严格审核,推翻了原定的死刑。陈伯广和史荣两名卫所逃军,都累计逃了三次,地方府县官员依照明朝法律规定"在京在外守御城池军人,在逃三次,依律处绞"②,申请处以绞刑,秋后处决。但案件在上报刑部审核时发现两人有"遇革"情况,况"在营艰难","法固难恕,但为衣食所迫,潜回取讨盘缠,亦或有之"。因此"情有可矜",不能严格计算为"三犯",可依"缘边关塞者律",免去绞罪,改为杖、徒。无论地方官员还是刑部官员在判案时都以法律为基础,在这个案例中,涉及卫所军人的案件并不经由卫所司法系统上报。

崇祯年间,北直隶大名府浚县知县张肯堂所写的谳词(《莹辞》),更多地反映了地方行政官员对卫所的渗透。

案例二

> 王孟其为宁山卫军,而金光则淇县民也。三月间金光先以平墓控县,初亦不计其非浚人,但据法判之曰:金光卖地与王孟其,盖四十七年矣。即云中有三冢,岂有风水兴思,而不挑一盂麦饭者哉?但载父柩而不获葬所,情亦可悯。断令出银二两,于辛杰名下回地一亩为窀穸计。乃光意不慊,则讼河南,而其亦上控本府,情见势绌,乃始一遵原断以请和,不亦晚乎。③

这个案例,讲的是淇县县民金光把地卖给宁山卫的军人王孟其,王孟其为种地荡平了地里的三个坟墓,使得金光父亲的灵柩无处安葬,两人遂产生纠纷。知县初次判王孟其出银二两,另购他地来安葬金光父亲的灵柩,但两人都对初判感到不满,再次上诉,而知县张肯堂则维持原判,让两人和解。张肯堂作为知县,不经过与卫所"约问"便能够独立审理军民之间的纠纷,可见明代后期行政官员对卫所司法权的侵夺已成事实。从军民买地、卖地也可以看出明末田地买卖之风盛行,已完全打破了以前军田、民田严格分际的规定。此外,从"初亦不计其非浚人"可

---

① 《大明律直引所附问刑条例和比附律条·兵例·军政》"从征守御官军逃",《中国珍稀法律典籍集成》乙编第 2 册,第 284—285 页。
② 《真犯死罪充军为民例·绞罪·兵例》,《中国珍稀法律典籍集成》乙编第 2 册,第 718 页。
③ 《莹辞》卷四《王孟其》,《历代判例判牍》第 4 册,北京:中国社会科学出版社,2005 年,第 341 页。

以看出,张肯堂注意到了金光是淇县人,不是浚县人,因此,根据明朝法律和条例的规定,金光其实并不在他的管辖范围之内,因此,第二次上诉的时候,金光诉讼至河南,而王孟其则上控到浚县,可见两人是依据自己的所在地域选择了适当的管辖机关。而第一次张肯堂之所以会受理金光的诉讼,是因为明朝法律允许这样做,如"若词讼原告被论在两处州县者,听原告就被论官司告理归结"①,"凡鞫狱官推问罪囚,有起内人伴见在他处官司停囚待对者,虽职分不相统摄,皆听直行勾取。文书到后,限三日内发遣"②。

案例三

> 杨三贤滑民也,而佃军产以耕,节年输租,不能尽如取盈之额。而黠军如边国才、杨应全者,眈眈其旁,思甘心于一逞矣。适值署篆受事,乘间斗捷,交发两讼,求批本官,以冀为所欲为。乃屯官听讼,惟逋粮是讨,因杖三贤及其弟三聘以谳。原夫批发初心,以及折狱本意,不过以屯粮为重耳,岂其以军民分左右袒。独是国才、应全老于戎行,军民词讼截然界限岂不闻之,而营批本官,求济其欲,即曰无私,其谁信之。③

民人杨三贤及其弟杨三聘耕种军田,交纳租税时却短斤少两,使得军人边国才和杨应全非常眼红,遂告到县衙,并想从中得利。知县接到诉讼后,会同卫所屯官审理,杖杨三贤及杨三聘。之后又考虑到边国才和杨应全身为军人,却到县衙告状,而不告到军队卫所,是坏了规矩,并且两人存有私心,因此知县又杖边国才和杨应全。地方官员还是比较清楚洪武年间有关军民词讼的法律规定的,军人诉讼应诉至军队的司法机构,文中提到"独是国才、应全老于戎行,军民词讼截然界限岂不闻之",可见涉及军事方面的事务时,行政官员还是会考虑与卫官一体约问,"事关军政,总非本县所敢议也"④。

明代中后期存世的有关卫所的案例较多,从具体审判过程可以看出,从明代中期起,地方行政官员逐渐渗入卫所的司法事务之中,逃军、田地成为主要事由。军民界限的混淆使得越来越多的官司需要府州县与卫所官员协商处理。在这个

---

① 《大明律》卷二十二《刑律五·诉讼》"告状不受理",第175页。
② 《大明律》卷二十八《刑律十一·断狱》"鞫狱停囚待对",第216页。
③ 《莒辞》卷十《边国才》,第423页。
④ 《莒辞》卷十一《牛金等·一》,第445页。

过程中,并不是所有的官员都如张肯堂般尚有"军民词讼截然界限"的观念,但《大明律》中对卫所司法规定的影响是依然存在的,只是随着军民界限的模糊,府州县的角色越来越重要。

　　根据明朝各代统治者对待卫所演变的不同态度,其法律条文和规章制度对卫所的相关规定也在相应地发生变化。明代前期,卫所作为基本的军事制度,各项事务都受到中央政府的严格控制和约束,从《大明令》《大明律》到《御制大诰》四编,再到《明太祖实录》中所记载的诏令,都详细规定了卫所的性质、基本建制和主要职能,对涉及卫所制度的戍守、军屯、军官的行政权与司法权等具体内容也作了详细的规定,并且对逃军、清军等问题也非常重视。明代中期,一方面内地相对承平,无大规模的军事战争,客观上降低了国家对于卫所军事职能的需求;另一方面卫所寓兵于农的制度特点,也导致其军事能力持续削弱。卫所在国家军事事务中的重要性降低,导致明朝政府实行营兵制和募兵制,以弥补卫军战斗力不足这一缺点。这在客观上为卫所"民化"创造了基础,因为明王朝有了新的可以依赖的军事力量,那么卫所"民化"对于整个国家军事而言也就显得不那么重要了。此后,由军籍和军屯产生的弊端更加显著。一旦被确定为军户,世世代代将被束缚在卫所中,失去人身和行动的自由;再加上明代军户待遇普遍较差,军官以强凌弱和勒索敲诈也时常发生,导致大量卫军逃离,由此导致卫所兵源严重不足,军事战斗力更加脆弱,加速了募兵制的发展。由逃军引发的另一个严重的后果是:军士屯田大量抛荒,军官和地方豪强趁机大量私吞屯田,军民间田地的买卖和租佃造成了军田、民田的混淆,这给国家财政收入造成了严重的混乱和损失。针对这些问题,明统治者在《军政条例》《问刑条例》等法律文献中,虽然不得已部分承认了卫所"民化"的事实,但对基本的逃军、清军等问题依然很重视,并且命令州县行政官员接手卫所武官的部分权力。到明代后期,逃军、私占军田、军官腐败等问题有增无减,再加上明代政府清丈屯田失败,同时辽东边患不断,内忧外患使得明代政府不得不设法消弭内乱,增加财政收入,抗御边患。于是,明代政府被迫承认了军田"民田化"的既成事实,并鼓励耕种,下令照民田起科;同时,卫所武官的行政权也大大削弱,军屯、军仓、军粮和勾军的管辖权都被转移至州县行政官员名下,卫所官员的司法权逐渐为州县官员侵蚀。至此,卫所除了保留漕运功能以外,其他的军事功能基本丧失,卫官的权力也所剩无几,府州县官员主事卫所渐成定制。可以说,这都是明末政府"不得已而为之"的结果,这大大促进了卫所"民化"的历史进程,为清朝卫所的废革奠定了基础。

第二章
明代军法文献与卫所"民化"

一、明代的军法文献与卫所

军事法律,又称军法,即军队中的刑法,古籍中常有"军法从事"之语,即按军队中的刑法处置之意。但军事法律又不单单指军队中的刑法,军队日常行政、制度、组织等都需要以法律形式来确立和指导,所以军事刑法仅仅是军事法律的一个方面,广义的军事法律还包括军事行政法、军事组织法等,是一个由多种法律组成的集合体。

中国古代法律制度经历了一个由简单到逐步完善的发展过程,特别是明清时期,法律制度更趋复杂,种类也不断丰富。明代是中国古代法律制度发展完善的重要时期,政府进行了广泛的立法活动,特别是朱元璋在位时颁布了大量法律,奠定了明代法律体系的基础,确定了明代法律制度的基本框架。这一时期,明代政府先后颁布了《大明令》《大明律》《教民榜文》《诸司职掌》《御制大诰》四编等重要法典。在军事法律方面,明初的很多军事法律法规都是重要法典的附属,随重要法典一起颁布。此时的军事法律主要以律、令、诰等形式出现,如《大明令·兵令》《大明律·兵律》《大诰·大诰武臣》等,此外还有《军法定律》《行军号令》等单独颁行的军法,其中较为重要的当属《军法定律》。《军法定律》属于专门性的军事法律,《明史》载:"(洪武)十五年三月颁《军法定律》。"[①]《大明会典》编修过程中曾参考《军法定律》,这表明《军法定律》是明代军法文献的范本,对明代历朝军事法律的制定都有重要的参考作用,惜散佚不存。

朱元璋后,明代政府立法活动虽多,专门的军事立法活动则减少,由官员辑录的有关明代军政事务的法律汇编则逐渐增多,其中最具代表性的是《军政条例》。《军政条例》颁布之后,参照《军政条例》编修的军法汇编大量涌现。这些军

---

① 《明史》卷九十《兵志二》,第2194页。

法汇编所辑文献,多是由地方清军御史等官员呈递的有关军政事务的奏疏,这些奏疏经兵部审议,由皇帝钦准执行。皇权时代,皇帝的钦准就意味着具备了法律效力,因此这些法律汇编中收录的奏疏也就具备了法律效力,成为明代法律体系的重要组成之一,可以适用于相似案件,以供参考处理,如孙联泉辑录的《军政条例续集》等。

以《军政条例》《军政条例续集》等为代表的明代军法文献,其性质十分特殊。《军政条例》经皇帝钦准颁布,以明确的条例组成,在相应事件中被广泛参阅引用,具有成文法的重要特征;而《军政条例续集》为事例汇编,是以往相应事件处理方式与结果的汇总,不具备条文的特征,但因相应事件的处理都经皇帝钦准,因而也就具备了法律效力,属于判例,应归类到习惯法中。《明宪宗实录》载:"上谕兵部臣曰:尔兵部宜通行各处军卫、有司,今后清解逃故军士,务遵《军政条例》,并节次议奏事理。"①这表明《军政条例》是和其他奏准事例共同使用、互相配合的。《军政条例》制定于宣德、正统年间,收录了宣德四年(1429年)、正统元年至三年(1436—1438年)间有关军政事宜的条例。随着时间的推移,新的情况不断出现,处理方式也相应改变,因而《军政条例》之后出现的军法文献恰恰起到了补充《军政条例》不足的作用。两者的关系实是成文法与判例法的关系,适用于成文法的依照成文法处理,成文法解决不了的问题,则依靠判例法来解决。

明朝各地风土人情与具体施政情况差异很大,统治集团的中央立法并不能面面俱到,无所不包。在这种情况下,中央政府往往允许地方政府和官员根据各地方的具体情况,制定和颁布一些法律,以便于地方政府和官员更好地施政,解决实际管理中出现的各类问题。学者杨一凡、刘笃才将地方政府和官员颁布法律的行为称为"地方立法",将地方政府和官员颁布的法律文献称为"地方法律文献"②。明代是中国古代地方立法快速发展的重要时期,保存下来的地方法律文献十分丰富,这些地方法律文献以告示、禁约、条例等为主要形式,在内容上包括政治、经济、军事、教育等各个方面,以地方事务中的具体问题为着眼点,专门性强、针对性强,每一部法律都意在解决一类问题。明代地方法律文献中有关军事的法律所占比重很大,其立法者主要为总督、巡抚和总兵等。督抚制度在明代逐

---

① 《明宪宗实录》卷十五成化元年三月戊午,第335页。
② 杨一凡在《中国古代地方法律文献》前言中将地方政府和官员的立法行为称为"地方立法",将其颁布的法律称为"地方法律文献"。《中国古代地方法律文献》甲编第1册"前言",北京:世界图书出版公司,2009年,第1—2页。

渐发展起来,总督、巡抚辖区辽阔,在辖区内拥有军政大权,是皇帝直接统治地方的媒介。总兵是明代重要的武职,一般统领一省的军队,权势极重。总督、巡抚整顿辖区内军政时,常常会颁布以整肃军纪为目的的法律,总兵官坐镇统兵,或率军出战,也会颁布禁约,严肃军纪,由此出现了很多重要的地方军法文献,如《巡抚事宜》《军政》《军令》《南枢巡军条约》《浙江总兵肃纪维风册》等。

明代地方军事立法属于对中央立法的补充和完善,其重要原则之一便是不能与中央立法抵触,不能违背中央立法原则和精神。地方军事立法从属于中央立法,是中央立法在地方的具体化、细致化,适用范围明确,目的性强,配合中央立法使用。正因其目的性强,其在解决具体问题、维护地方军政秩序上的作用就很突出。

明代存世的军事法律文献,以军政事务为主要内容,特别是相关事例,既保存了军政事务方面的法律条文,还保存了相关事务、案件的具体处理过程。这些事例的存在,较为直观地反映了明代军事制度,特别是卫所制度的具体发展和变化情况,提供了大量有关明代卫所、军户制度的原始史料,对于研究明代卫所变革具有重要意义。因此,本章拟对明代的军事法律文献作详细梳理,并对军事法律文献中所反映出来的明代卫所状况进行考察。

(一)"军政之素难"与明代军法文献的繁荣

明代是中国古代军事法律发展的重要时期,周健在《中国军事法史》中将明代军事法分为军事行政法和军事刑法,认为明代是中国古代军事法的扩张时期[①]。一方面受洪武"明刑弼教"的影响,明朝重视立法,另一方面因为卫所制本身管理的复杂性,加之明代中后期军制的变化,使得朝廷与督抚不得不制定各类军法,以约束军伍。薛应旂提到"军政之素难"[②],卫所所涉成为明代军政难于管理的根源之一,因此也成为立法内容之重点。按内容划分,明代中后期出现的诸多军事法律文献,既有军事行政法的性质,又有军事刑法的性质;既规定相关事件的处理方式,又有大量惩戒条规。也正是因为这种特殊性,其保留了大量军政事件的细节,对研究明代军事史具有重要意义。下文要介绍的军法文献,主要是产生于明代中后期的以《军政条例》《军政条例续集》等为代表的条例汇编、事例

---

① 周健:《中国军事法史》,《周健军事法文集》第一卷,北京:法律出版社,2008年,第247—304页。
② 薛应旂:《薛方山文集·军政事例》序,《明经世文编》卷二百八十八,第3040页。

汇编等，以及由地方政府和官员颁布的地方军法文献。

关于明代有多少种军事法律及军事法律文献存留至今，史学界并无详细统计。《千顷堂书目》(表 2-1)收录的明代典籍中，依据书名推测，属于军事法律文献的大概有 21 种，其中包括谭纶的《军政条例类考》等被史家广泛使用的明代著名军法文献。

表 2-1 《千顷堂书目》收录的明代军事法律文献

文献名称	作者	卷册数	备注
《兵部会议揭帖》	—	一卷	—
《军政条例》①	—	七卷	—
《军政条例摘抄》	—	十卷	—
《军政条例类考》	谭 纶	七卷	万历二年(1574 年)修进，《明史·艺文志》收录
《军政事实》			
《军政律条》			
《军政事例》	霍 冀②	六卷	
《邦政条例》	李化龙③	十卷	《明史·艺文志》收录
《武铨邦政》	陈梦鹤④	二卷	《明史·艺文志》收录
《武选司邦政条例》	—	十一卷	
《邦政条例》		二卷	
《武黄条例》		二卷	

---

① 《军政条例》七卷，与张本、王骥所定《军政条例》同名，但《千顷堂书目》所载《军政条例》为七卷，而张、王版本《军政条例》仅存一卷。张、王版本《军政条例》现存于《皇明制书》中，且《千顷堂书目》所载版本时间不详，因此推测两部《军政条例》并不相同。
② 《军政事例》六卷，按照卷数与书名推测，作者应该是霍冀，霍冀辑录《军政条例类考》，又名《军政事例》。
③ 李化龙，万历中期任职兵部，天启四年(1624 年)去世，《邦政条例》当于此间所辑。
④ 陈梦鹤，嘉靖二十六年(1547 年)进士，任工部主事，随任兵部主事，嘉靖二十九年(1550 年)为河南都指挥佥事。

续 表

文献名称	作者	卷册数	备注
《兵部见行事例》	—	—	—
《兵部清军事宜》	—	—	—
《操练军士律》	—	一册	洪武六年(1373年)颁
《军法定律》①	—	一册	洪武六年(1373年)颁
《成祖军令》	—	一卷	—
《清军条例》	杨绍芳②	—	嘉靖
《军政类编》	傅鹗	二卷	嘉靖中期辑,福州府同知吴瑞续辑,《明史·艺文志》收录
《驿传事例》	—	—	—
《兵部续议驿传事例》	—	—	—

  《明史·艺文志》中"职官类"下收录了不少法律文献,其中应属于军事法律文献的只有《邦政条例》《军政条例类考》《军政类编》《武铨邦政》四种,俱载于《千顷堂书目》中。因《明史》编修时间较《千顷堂书目》稍晚,所收录的明代军法文献远远少于后者,这也说明经历了明末清初的战乱,文献多有散佚。《千顷堂书目》和《明史·艺文志》中所载且现仍存于世的军法文献有《军政条例类考》《军政事例》等几种,其他文献推测多已不存于世。

  对于现今存世的明代军法文献的整理与研究,杨一凡在《明代法律史料的考证和文献整理》③中列举了已经整理出版和待整理出版的明代法律文献,其中属

---

① 《明太祖实录》卷一百四十三洪武十五年三月乙丑条:"颁《军法定律》……凡二十九条,皆参酌律意,颁行遵守。"《千顷堂书目》载《军法定律》颁布于洪武六年(1373年);《明史》载《军法定律》颁布于洪武十五年(1382年)三月。应是沿用《明太祖实录》记载时间。《千顷堂书目》所载版本与《明史》和《明实录》所载应较为不同版本,后者可能为前者的增补修订版。
② 《千顷堂书目》载《清军条例》为杨绍芳"清军两广时辑",杨绍芳在嘉靖九年前后任巡按两广御史。《明世宗实录》卷一百十三嘉靖九年五月载其上奏"广西瑶壮劫掠,军民困弊。积通军器料银,数岁无可征派,请量减"。
③ 杨一凡:《明代法律史料的考证和文献整理(提纲)》,《第八届明史国际学术讨论会论文集》,中国明史学会等主办:第八届明史国际学术讨论会,湖南石门,1999年,第33—37页。

于军事法律的有《军政条例》《军政条例类考》《军政条例续集》《军政》《军令》《军政事宜》《兵部武选司条例》《营规》《御倭军事条款》《哨守条约》《楚边条约》《御倭条款》《守城事宜》等十余种。这些明代军事法律文献,大部分已经整理出版,收录于包括《北京图书馆古籍珍本丛刊》《续修四库全书》《中国古代珍稀法律典籍集成》《中国珍稀法律典籍续编》《天一阁藏明代政书珍本丛刊》《中国古代地方法律文献》(甲编)等文献汇编中。

现存于世的明代军法文献,依据其性质可以划分为两大类:一是由明代政府或相关官员正式颁布的军事法律,二是由明代官员个人辑录的、具有参考作用的事例汇编。第一种由明代政府或代表明代政府的官员颁布、具有正式的法律地位和性质,代表性法律有《军政条例》《兵部武选司条例》《巡抚事宜》《军政事宜》《浙江总兵肃纪维风册》等。按照其适用范围的不同,又可以分为由中央政府颁布的通行于全国的军法、由地方政府和官员颁布的适用于某一地方的军法。前者包括《军政条例》《兵部武选司条例》等,后者包括《军政》《军令》《巡抚事宜》《军政事宜》《浙江总兵肃纪维风册》《南枢巡军条约》等。第二种由官员个人辑录,用以为日常军事事务的处理提供参考,配合《军政条例》等使用,因所辑录文献多带有皇帝的圣谕,因此也具有法律效力,但属于判例法。代表性法律有《军政条例续集》《军政条例类考》《军政备例》等。

1. 由中央政府颁布的军法

除已述及的《军政条例》外,由中央政府颁行、影响较大的明代军法还有《兵部武选司条例》。

《兵部武选司条例》,明嘉靖年间抄本,纂辑者不详。该条例汇编为兵部武选清吏司选授武职官员的重要依据之一,体系完备,内容翔实。从该条例的"凡例"来看,具有极其明确的法律性质,"凡例"第一条:"今类编条例,主《大明会典》《武选条例》《邦政》,并本部堂稿所载,《会典》该载而《条例》《邦政》不载者,只依《会典》。"①这表明该文献所载条例都是照依《大明会典》等文献所载而类编,只是在详略上有所区别,以补《大明会典》之不足,推测该条例类似于《军政条例》,也属于国家的立法行为,具有明确的法律性质和地位。张宪博认为此书"与朝廷所颁制书具有同等参考地位"②。

---

① 《兵部武选司条例》凡例,《天一阁藏明代政书珍本丛刊》第 14 册,北京:线装书局,2010 年,第 221 页。
② 《兵部武选司条例》,第 219 页。

《兵部武选司条例》全书不分卷，为一册。在体例上，"先分门，后分类，并依会典"①，"门类既定，以编年为序，于事始得其源流"②。即在体例上依照《大明会典》，分门别类，最后再以编年为序，汇编各年代的事例，遇事能考其沿革，以配合《大明会典》使用，并补其不足。全书主要内容包括除授、升赏、推举、考选、袭替、比试、贴黄、优给、诰敕、赏赐等，门下再分具体类别，涉及明代武职官员制度的各个方面。《军政条例》《军政条例续集》《军政条例类考》《六部事例：兵律》这四部军法文献多与明代卫所下层军户相关，而《兵部武选司条例》则全部是与武职官员相关的法律法规，对明代卫所武官的情况记载较多，是研究明代卫所武官制度的重要史料。天一阁藏有该书嘉靖抄本，并收录于《天一阁藏明代政书珍本丛刊》中。

2. 地方官员颁布的军法文献

《军政条例》《兵部武选司条例》两部军法文献属于明代中央政府的立法行为，除此之外，还有很多军法是由地方政府或官员颁布的，针对某一明确的地区和事件，杨一凡将其收录到《中国古代地方法律文献》中，称其为地方法律文献。比较有代表性的有姚镆的《巡抚事宜》，张岳、陈圭的《军政》和《军令》，庞向鹏的《军政事宜》，胡守仁的《浙江总兵肃纪维风册》等，这些都是研究明代地方兵制变化、地方卫所状况不可或缺的重要法律史料。

(1)《军政》和《军令》。《军政》和《军令》两部军法由张岳、陈圭共同颁布。张岳，嘉靖二十三年(1544年)出任总督两广军务兼巡抚；陈圭，明平江伯陈瑄四世孙，嘉靖二年(1523年)袭祖上爵位，后出镇两广地区，任总兵官。《军政》和《军令》即为两人共同镇守两广时颁布。

两广地区少数民族众多，嘉靖年间，广西贺县倪仲亮、李三弟，广东连山县的李金、石住等武装长期盘踞在广东、广西、湖南三省交界地区，危害地方社会。嘉靖二十六年(1547年)，张岳会同陈圭调兵前往镇压。出兵之前，为严肃军纪，于军前检阅律条，张、陈二人摘录有关条规，汇编成书，以便观览，《军政》和《军令》俱颁布于此时。

《军政》原名《为申明军政事》，"军政"之名为该书收藏者自拟，其主要内容包括犒赏则例、钱粮管理、报功记过程序以及伤残军士、救出的被掳百姓及俘虏的

---

① 《兵部武选司条例》"凡例"，第222页。
② 《兵部武选司条例》"凡例"，第223页。

抚恤和优待政策等"军门行过各起事宜",共计 15 条,是一部规定战时"一应军需粮赏等项事宜"的法律①。

《军令》原名《为申严军令事》,是与《军政》一同颁布的,但与《军政》侧重奖赏事宜不同,《军令》内容主要为"所有禁约事宜",意在强调"禁约"。《军令》共有 31 条,内容包括军地关系、粮赏关支、随军舍余人员分配管理、防区设置哨守等有关战事的各项事务,涉及面十分广泛,反映出的明代地方军政状况也非常丰富。

《军政》和《军令》颁布于战时,互有侧重。其出现是为了便于战时检阅,更好地禁约参战官兵的行为,属于明代政府颁布的法律的简约版本,是中央政府颁布的军法的延伸,因而可以透过其了解明代有关战争事宜的法律法规,对于研究明代军制史具有重要意义。《军政》和《军令》珍本俱藏于浙江天一阁,收录于《天一阁藏明代政书珍本丛刊》中。

(2)《巡抚事宜》。《巡抚事宜》由姚镆制定颁布。姚镆,正德十五年(1520 年)官拜右副都御史、巡抚延绥,《巡抚事宜》即颁布于此时。延绥是明朝九边防御体系上的重要一环,深系国家安危,明政府对其极为重视。《巡抚事宜》为姚镆巡抚延绥时颁布的重要法律,内容主要为约束延绥的卫所军政官员,严禁其营私舞弊、压迫守边军民等,涉及的内容有卫所官员贿赂上级官员、役占卖放军士、卫所豪右大户欺压商民等,对于卫所状况、军户状况、军制情况等多有反映,是研究明代延绥地区军事史、社会史的重要法律史料。

《巡抚事宜》适用范围为延绥镇,为整治当地军政纪律,约束军政官员的行为,以恢复当地军政秩序,巩固边防。姚镆为钦命延绥巡抚,他也就具有了颁布法律法规的权力。应注意到,姚镆根据实际问题颁布相应的法律规定,以约束军政官员的行为时,在对违反法律的军政官员进行治罪上,"轻则量情责治,重则奏闻区处"②,表明姚镆虽有权力颁布地方法律,但仍要服从国家最高统治者的命令或最高法律的规定。

《巡抚事宜》作为研究明代延绥地区军事史的重要法律史料,现收录于由杨一凡、刘笃才主编的《中国古代地方法律文献》甲编中。

(3)《军政事宜》。《军政事宜》由庞尚鹏撰。万历年间,庞尚鹏以右佥都御

---

① 张岳、陈圭:《军政》,《天一阁藏明代政书珍本丛刊》第 15 册,第 5—6 页。
② 姚镆:《巡抚事宜》,《中国古代地方法律文献》甲编第 2 册,北京:世界图书出版公司,2006 年,第 235 页。

史身份出任福建巡抚,整顿福建地区军政,《军政事宜》就是此时颁布的。《军政事宜》属于明代政府颁布的法律的延伸,"诸所条列,皆祖述前闻,参以己见,摘其易知易能者著于篇"①,表明其具体条文是根据明代政府颁布的法律并结合地方军政的具体问题制定的,以明代政府颁布的法律为基础,且不能超越其所规定的权限范围。

《军政事宜》原名为《为申明节制之法以肃军政以责实效事》,表明《军政事宜》颁布的目的在于整肃福建边防军伍,以防御倭寇进犯。主要内容包括禁约福建地方各级军政官员、军队编练、整肃军纪、选官募兵等,其中多有反映万历年间福建地方军制的史料,是研究明代福建地方军事史的重要参考,杨一凡在明代法制史研究论著中多次提及《军政事宜》。《军政事宜》收录于《北京图书馆古籍珍本丛刊》"史部·政书类"中,另有《续修四库全书》本。

(4)《浙江总兵肃纪维风册》。《浙江总兵肃纪维风册》由胡守仁颁布。胡守仁为明代抗倭名将,曾效力于戚继光麾下,生于卫所武官家庭,历任指挥佥事、守备、都司掌印、副总兵、总兵等,具有极其丰富的军队经历。万历十年(1582年)三月,杭州发生营兵哗变事件,浙江巡抚吴善言被勒令离职,由张佳胤接任。其后,经张佳胤建议,出任浙江总兵的胡守仁将原驻地由浙江定海移往杭州,以就地整肃军纪,《浙江总兵肃纪维风册》就是在这一背景下颁布的。

《浙江总兵肃纪维风册》原名为《为镇守地方事》,共有23款条规,主要内容包括禁约官员迎送礼节、正名分、清理军伍、减免差役、禁绝刁讼邪教等,是一部以整肃军纪、维护军队正常秩序为目的军法。《浙江总兵肃纪维风册》所整肃的军队,主要是营兵,已不再是纯粹的卫所军了,故该文献是研究明代中后期浙江军制演变的重要史料。该文献现藏于浙江天一阁,收录于《天一阁藏明代政书珍本丛刊》中。

(5)《南枢巡军条约》。《南枢巡军条约》由吕维祺撰。吕维祺,明末大臣,曾任南京兵部尚书。《南枢巡军条约》应是在吕维祺任南京兵部尚书期间颁布。《南枢巡军条约》主要是清查南京城防军务诸事宜而制定的禁约措施,包括夜间守城设置、拿获盗贼等,篇幅较短,所涉内容主要为南京城防事宜。吕维祺任南京兵部尚书时已是明崇祯元年(1628年),明朝濒临灭亡,此时的明朝军制较明

---

① 庞尚鹏:《军政事宜》,《北京图书馆古籍珍本丛刊》第48册,北京:北京图书馆出版社,2000年,第683页。

代前期和中期已大为改变,这在《南枢巡军条约》中多有记载,故其是研究明末南京地方军制的重要法律史料。该书现收录于杨一凡、刘笃才主编的《中国古代地方法律文献》甲编中。

以上介绍的几部文献都属于地方性军事法律,其他类似的法律还有《营规》《守城事宜》《哨守条约》《御倭军事条款》《考选军政禁约》《黔南军政》等。这些明代地方性军法,有的颁布于战时,有的是为整顿地方军伍、整肃军纪,都属于明代政府颁布的国家根本大法的延伸,以完善国家大法,配合国家大法使用。

3. 官员个人辑录的事例汇编

(1)《军政条例续集》。《军政条例续集》由孙联泉编辑。孙联泉即孙慎,号联泉,军籍,为大宁都司保定右卫人,嘉靖二十三年(1544年)进士。嘉靖三十年(1551年)前后,担任巡按江西监察御史。《明经世文编》卷二百四十五《徐文贞公集二》中载有徐阶所作《答孙联泉按院书》和《答孙联泉按院书又书》[①],主要内容为御倭军事。值得注意的是,孙联泉生于卫所,对于卫所军政的混乱有比较清楚的认识,在思想上他也有意理清卫所军政秩序,因而才会编辑《军政条例续集》。

《军政条例续集》原书应该为五卷,现仅存后三卷,前两卷散佚。该文献收录了正德六年至嘉靖三十年(1511—1551年)兵部及都察院的原始档案,全部为官员的奏疏,有兵部的批复意见,并由皇帝钦准通行。内容包括卫所军户听继补役、军户清勾、军伍改编等,涉及卫所军户制度的各个方面,且都有兵部的批复意见,能很好地反映出中央的认识和态度。该书以《军政条例续集》为名,似有承接《军政条例》之意。较之《军政条例》,该书属于事例汇编,属于判例法,内容更加丰富,既能看到事件的完整过程,又记载前代的诏令、条例,时间跨度大,所涉地域也更为广泛。而《军政条例》属于条例,内容简洁,对于事件发展的来龙去脉记载不多,不能反映出更多的历史细节;但《军政条例》的法律地位更高,使用范围也更广,《军政条例续集》起到了补充《军政条例》的作用。

《军政条例续集》珍本现藏于浙江天一阁,为嘉靖三十一年(1552年)江西臬司刻本,现收录于《天一阁藏明代政书珍本丛刊》中。

---

① 参见陈子龙:《明经世文编》卷二百四十五《徐文贞公集二·书》,北京:中华书局,1962年,第2564—2565页。

(2)《军政条例类考》。《军政条例类考》六卷,霍冀辑。霍冀,嘉靖二十三年(1544年)进士,曾总督陕西三边军务,奉命清理两浙军政。隆庆二年(1568年)任兵部尚书,深谙戎事,对边事戎务多有著述。《军政条例类考》又名《军政事例》,辑录了自宣德四年到嘉靖三十一年(1429—1552年)间各朝颁布的有关军政事宜的条例,共167条,包括"军卫条例"53条,"逃军条例"26条,"清军条例"63条,"解发条例"25条,涵盖了军户军籍、文册编造,军户存恤、清军、逃军处罚、解发等卫所制度的各个方面,收录的条例远比《军政条例》丰富。条例汇编之后是事例汇编,共两卷,收录事例24件,多是朝臣有关卫所军伍清理的奏疏,其中一些含有兵部等的批复意见,另外一些则是基层军政官员的奏疏,并未见兵部等中央部门的批复意见。

《军政条例类考》似为《军政条例》和《军政条例续集》的组合,既有《军政条例》没有的事例,又有《军政条例续集》缺失的条例汇编,因此,《军政条例类考》体例更为完备。《军政条例类考》收录的条例事例的时间跨度较《军政条例》和《军政条例续集》要长,但其并未完全按时间顺序排列,较《军政条例续集》而言有些无序。张金奎提到《军政条例类考》收录的资料大多可以在《军政条例续集》中找到,并认为《军政条例续集》可补《军政条例类考》错乱排列之不足,两书参考使用效果会更好[①]。

《军政条例类考》有嘉靖三十一年(1552年)刻本,现藏于北京图书馆。该书较为著名,流传较广,学者使用较多,《北京图书馆古籍珍本丛刊》和《续修四库全书》均有收录,上海古籍出版社于1996年影印出版北京图书馆藏嘉靖三十一年(1552年)刻本,杨一凡将其作为明代重要军法文献收录于《中国珍稀法律典籍续编》中。

(3)《六部事例:兵律》。《六部事例:兵律》,纂辑者不详,原书不分卷,共六册,现存工律、礼律、兵律共三册。由此可知,散佚的三册应为吏律、户律和刑律,以合六部之数,是一本六部事例的分类汇编。《六部事例:兵律》收录了成化六年到十四年(1470—1478年)兵部有关军政事宜的奏疏原件,共20件,每一件都有兵部的批复意见及皇帝的钦准。在内容上,《六部事例:兵律》收录的兵部原始文件的主要内容包括清解军人、卫所军人犯罪、官军轮班不到岗、军籍文册混

---

① 张金奎:《军政条例续集》提要,《天一阁藏明代政书珍本丛刊》第15册,北京:线装书局,2010年,第87—88页。

乱等。

该书与《军政条例续集》颇为相似，但收录的内容较《军政条例续集》更为集中，主要是清军及逃军处罚等事项。所收奏疏在时间上也较为集中，能集中地反映成化年间的卫所状况、军户状况，对于北边军镇卫所，如辽东、榆林等多有涉及。中山大学图书馆和浙江天一阁均藏有此书的明抄本，《天一阁藏明代政书珍本丛刊》收录此书，以天一阁藏明抄本为底本影印出版。

（4）《军政备例》。《军政备例》，赵堂撰，不分卷。赵堂其人不详，《明史》并无此人记载，自序中署名官职为"赐进士、中宪大夫、知广信府事、前监察御史"，应该是一位担任监察御史且熟悉明代军政制度的官员。《军政备例》一书，由赵堂"检阅诏、敕、制、诰，及会典、律、例等书，取其有关军政者，编辑萃为一块，总名之曰《军政备例》"①。全书分为清理、册籍、逃故、优恤、替放、调卫、改编等十类，共收录相关军政律例109条。所收律例辑录自明代历朝颁布的诏书、制书、诰命以及《大明会典》等，既有事例，又有条例，且都经过皇帝钦准，具有法律效力。因律条等混编在一起，故在体例上显得有些混乱，但相同主题的律例汇编在一起，又便于检索。其所收律例在内容上较前面几部军法汇编更加宽泛，除了作为重中之重的清军事宜外，还包括军户武官优养抚恤等。所收事例条例，早至宣德年间，晚至嘉靖年间，时间跨度比较大。该书收录于《续修四库全书》"史部·政书类"中，其他地方也藏有不少该书的古本，上海古籍出版社于1996年影印出版天津图书馆藏清抄本。

上述四部由官员辑录的军法文献，是现今较易见到且使用较多的明代军法文献。此外重要的还有谭纶的《军政条例类考》，又名《军制条例》，共七卷，万历二年（1574年）刻本。于志嘉认为该书是明代现存军政条例中最为完整的一部②。

现今存留的明代军法文献（表2-2），其作者绝大部分都担任军政职务，如《军政条例》作者张本和王骥，都曾担任兵部尚书；《巡抚事宜》作者姚镆、《军政事宜》作者庞尚鹏等，都曾担任巡抚，掌管一方军政大权。他们的军政经历，促使他们较为关注军政事务，而作为明代基本军制的卫所制度，也就成了他们关注的重点。他们或在自己的职权范围内颁布地方法律，或辑录以往事例，试图整顿卫所

---

① 赵堂：《军政备例》序，《续修四库全书》第852册，上海：上海古籍出版社，1996年，第171页。
② 于志嘉：《试论明代卫军原籍与卫所分配的关系》，《历史语言研究所集刊》1990年第60本第2分。

军制,恢复明军战斗力,从而巩固明王朝的统治。从时间来看,明代军事法律文献较为集中地出现在明代中后期,特别是官员个人辑录的军法文献,反映了这一时期作为明代军制的卫所制度破坏严重,弊端百出,成为影响明王朝统治的重大问题之一。政府及相关官员需要通过法律手段,禁约军政官员的行为,整肃军纪,并完善相应的军政制度。

表 2-2 现存明代军法文献简表

文献名称	作者	身份	时间	卷册数	性质
《军政条例》	张本、王骥	南京兵部尚书、兵部尚书	宣德四年(1429年)、正统元年至三年(1436—1438年)条例	不分卷	中央军法
《巡抚事宜》	姚镆	延绥巡抚	正德十五年(1520年)颁布	不分卷	地方军法
《军政》	张岳、陈圭	总督两广兼巡抚、两广总兵官	嘉靖二十六年(1547年)颁布	不分卷	地方军法
《军令》	张岳、陈圭	总督两广兼巡抚、两广总兵官	嘉靖二十六年(1547年)颁布	不分卷	地方军法
《兵部武选司条例》	不详	不详	嘉靖年间	不分卷,一册	中央军法
《军政事宜》	庞尚鹏	福建巡抚	万历五年(1577年)颁布	不分卷	地方军法
《浙江总兵肃纪维风册》	胡守仁	浙江总兵官	万历十年(1582年)颁布	不分卷	地方军法
《南枢巡军条约》	吕维祺	南京兵部尚书	崇祯初年或崇祯元年(1628年)	不分卷	地方军法
《军政条例续集》	孙联泉	巡按御史	正德六年至嘉靖三十年(1511—1551年)事例	三卷(现存)	官员辑录事例汇编

续　表

文献名称	作　者	身　份	时　间	卷册数	性　质
《军政条例类考》	霍冀	兵部尚书	宣德四年至嘉靖三十一年（1429—1552年）条例事例	六卷	官员辑录条例事例汇编
《六部事例：兵律》	不详	不详	成化六年至十四年（1470—1478年）事例	不分卷，一册	官员辑录事例汇编
《军政备例》	赵堂	曾任监察御史	宣德至嘉靖年间条例事例	不分卷	官员辑录条例事例汇编
《军政条例类考》	谭纶	兵部尚书	未详	七卷	官员辑录事例汇编

　　明代军法文献的大量出现，对于军政事务的处理产生了积极的影响。《军政条例》作为由官员议定、经皇帝钦准颁行的重要军法，在明代军政事务的处理中发挥了不可替代的作用，其使用时间可能一直持续到明末。由地方官员颁布的军法，则在整顿地方军伍、维护地方军政秩序中发挥了重要作用。由官员辑录的军法文献，性质较为特殊，史料中少见或基本不见其使用情况，但从序言等资料中可以推测出一些情况。薛应旂在霍冀的《军政条例类考》序言中说：

> 我国家创业甫平，即定军制，卫必五所，所必千军，而又分藩列闑以统之，其视前代之制可谓大备矣。但承平日久，渐次废弛，营伍缺乏，虽时廑清理，率难复旧，亦以条例之散见，事体有异同，而一时奉行者，不免得此遗彼，而经纪之未周，亦其势然也……君之兹辑，枢机周密，品式备具。而利弊之因革，事势之变通，一展卷而可得，其殆军政之素难矣乎。嗣有是责者，循是而行之，则事各有稽，立可就绪，而卫所营伍可复国初之盛，永无唐宋季世之虞矣。①

《军政条例类考》将以往事例分门别类，前后相继，考察制度沿革，能更好地处理

---

① 薛应旂：《薛方山文集·军政事例序》，《明经世文编》卷二百八十八，第3040页。

军政事务。其他由个人辑录的军法文献，其辑录目的也和《军政条例类考》一样，是为了方便查阅参考。此外，《军政条例》制定时间稍早，其中许多规定不能适应明代中后期新出现的情况，官员辑录的军法文献正好可以弥补《军政条例》的不足，成为明代中后期处理卫所事务的重要参考依据。

(二) 军法文献与卫所变迁

明代军政事务的繁杂，加之政治传统上的特殊性，使得明代遗存了大量的军事法律文献，这极大地丰富了明代军事史研究的史料，开阔了研究视角，提供了新的研究思路。卫所制度作为明代重要的军事制度，也成为明代军事法律文献保存最多、反映最多的内容之一。

不同的明代军事法律，反映出来的问题也不同。由官员个人辑录的军法文献，收录的事例等都是从兵部的原始档案中辑录出来的。这些档案大多是地方或中央军政官员的奏疏，里面既有关于事件过程的描述和判定建议，又有中央部门（如兵部）的批复，最后还有皇帝的钦准，能很好地反映地方和中央各个层面的态度，对于研究明代中央政府、地方政府和官员等对于卫所变革的态度及其采取的措施十分重要。此外，由官员辑录的事例汇编，所收事例时间跨度一般较大，如《军政条例续集》就收录了正德六年到嘉靖三十年（1511—1551年）的兵部和都察院原始档案，《军政条例类考》收录了宣德四年到嘉靖三十一年（1429—1552年）中央颁布的条例和兵部档案等。较长的时间跨度，有助于研究相关制度的变化过程。如《军政条例续集》三卷中保存的"远军改编附近卫所"事例，对于研究中央政府、地方官员等对于远军的态度及其变化，远军政策变化对于卫所制度的影响等都具有重要意义。细致地考察远军政策的变化过程，可以清晰地展现出明代中央政府的态度变化，及其对军户和卫所产生的影响。

由官员个人辑录而成的军法文献中收录的奏疏，保存了许多对于卫所破坏状况的描述，包括军户的大量逃亡，卫所官员贪污腐败、压迫军户等。军户逃亡、卫官堕落，既是卫所制度遭破坏的表现，也是推动因素，而卫所制度的破坏，加速了明代卫所的变革。

此外，这些奏疏的递交者一般长期驻守地方，拥有军政大权，和地方军政两界都有统属关系。他们递交的奏疏也记录了一些地方行政官员与卫所事务的关系，特别是府州县官员对于卫所清勾的敷衍、抵触等。明代分为军民两套系统，军民系统之间存在严格的界限，这个界限随时间的推移而逐渐模糊，这些记录的存在表明行政系统官员通过各种方式介入卫所事务，对卫所施加影响，从而在卫所"民化"进程中发挥了一定的推动作用。

明代遗存下来的地方性军法文献较之由官员辑录的军法文献有很大不同。地方性军法文献多是地方政府和官员立法活动的直接产物，如庞尚鹏的《军政事宜》、胡守仁的《浙江总兵肃纪维风册》、姚镆的《巡抚事宜》等，针对的都是地方军政中出现的问题，在内容上更加细致，针对性强。而由官员辑录的事例汇编虽涉及卫所制度的各个方面，但总体来说，主要内容是军户的清理与勾补。地方性军法文献针对地方军政中存在的问题有的放矢，不仅仅是逃军与清军的问题，还包括卫所的经济问题、军户的生产活动等，特别是对于地方军制的变化，即营兵制的兴起及其对于卫所军制的代替等，记载更为详细。

在卫所衰败之后，营兵制担负起了明王朝国土防御的大任，在抗击倭寇、防御北虏、镇压民变的过程中发挥了重要作用。明代遗存的地方军法文献保存了大量营兵制的史料，姚镆在任延绥巡抚期间颁布的《巡抚事宜》中就有禁止卫所官员贿赂上司以到营兵中任守备的条例，表明可从卫所军中挑选军士到营兵中服役，营兵的官员也可从卫所中挑选，以致卫所指挥等官员贿赂上司，谋求到营兵中任职。由此可以看出，营兵制代替卫所承担军事职能，使卫所沦为营兵制的兵源供应地和军官来源地。胡守仁在杭州东西二营士兵哗变后颁布的《浙江总兵肃纪维风册》记载有军士把持卫所军粮，贻害贫军，表明卫所军户贫富分化达到了一定程度。胡守仁以浙江总兵官的身份整肃军纪，既整肃营兵，也整肃卫所军。庞尚鹏在《军政事宜》里也提到募兵和选兵制度，以填补卫所制度衰败后的福建防御。

地方性军法文献还记载了其他一些反映卫所变化的条文，如《浙江总兵肃纪维风册》中的禁刁讼、禁邪教等，表明卫所中的民事事务逐渐增多，这是卫所"民化"的内部动因。仔细考察这些军事资料，能给明代卫所"民化"研究提供很多新的史料和视角。

二、卫所军户制度的紧与松——以远军改编近卫为例

（一）远军改编近卫问题的由来

明朝的卫所及军户制度源起于元末明初的战争，最初，朱元璋占有的地域有

限,军士多在离原籍不远的地方服役。随着战争范围的扩大,朱元璋统治的地域也不断扩大,军士服役的距离也越来越远,特别是在徐达、常遇春北征残元之后,卫所制度进一步扩展到甘肃、宁夏、辽东等地,卫所军士的服役范围也由原来的江浙地区扩展到北方沿边。其后,随着明代法律制度的完善,充军成为明代处罚罪犯的重要手段,根据罪行的轻重,充军的距离也有"边远"和"极边"之分,甚至还有"烟瘴地面"等。为了防止军士逃亡,又有南北互易之法,即北人戍南、南人戍北。《明史》有云:"定例,补伍皆发极边,而南北人互易。"①南北互易有防止卫所军士逃亡的考虑,但也导致了军户勾补不继等严重的问题,从而影响卫所职能的正常发挥。

谢毓才最早关注这一问题,在《明代卫所制度兴衰考》中就曾提及"定例,补伍皆发极边,而南北人互易"这一充发原则②。王毓铨在《明代的军屯》中,推测明代政府推行"南北人互易"的用意在于"防止容易同谋逃亡和共策反抗"③。于志嘉特地撰文讨论这一问题,在《试论明代卫军原籍与卫所分配的关系》④中,通过梳理大量的方志、族谱等资料,详细地考察了明代卫所军户的分配情况,认为谢毓才、王毓铨二人的说法尚有可商榷之处,所谓"南北人互易"是以"原属南方卫分的北人改编北卫,原属北方卫分的南人改编南卫",对"定例,补伍皆发极边,而南北人互易"提出了新的看法。

"南北人互易",反映了明代政府为防止卫所军士逃亡所做的努力,也反映了明代卫所军户制度的严格,但这一制度未能维系明代卫所制度的稳定,路途遥远、思乡心切、水土不服等原因,反而加剧了卫所军户的逃亡,严重影响了卫所军事职能的正常发挥。

事实上,"南北人互易"只是明代卫所远军的一个方面。所谓"远军",即那些充发目的地离原籍十分遥远的军户。对于远军的弊端,自明代中叶以来,不断有有识之士提出改革意见,希望政府能拿出有效措施来拯救岌岌可危的卫所制度。面对巨大的压力与统治危机,政府也不得不正视这一状况,并试图有所改变。

---

① 《明史》卷九十二《兵志四》,第 2256 页。
② 谢毓才:《明代卫所制度兴衰考》,《说文月刊》1940 年第 2 卷,第 388—424 页。
③ 王毓铨:《明代的军屯》,北京:中华书局,2009 年,第 245—246 页。
④ 于志嘉:《试论明代卫军原籍与卫所分配的关系》,《历史语言研究所集刊》1990 年第 60 本第 2 分。

(二) 变与不变——以《军政条例续集》为中心的考察

明代军户制度中的远军,本是出于防止卫所军户逃亡的目的,这反而导致了军户的大量逃亡,由此成为明代卫所制度的一大弊病。从宣德年间开始,许多有识之士就不断对远军这一制度提出改革意见,以期缓解日益严重的卫所逃军现象,防止卫所制度的崩溃。有关远军改编入附近卫所的讨论,从宣德初年开始一直持续到嘉靖年间,前后持续了130多年。

最初规定远军可以改发附近卫所的主要是"纪录军丁"。宣德三年(1428年)二月,在明宣宗朱瞻基颁发给诸道监察御史的圣旨中说:"七曰纪录军丁,年应赴卫,而卫所离乡千里之外者,于附近卫所收役,有司申达本部,转行原卫所除豁其伍。"①《军政条例》中将此作为条例收录:"今后纪录军丁,年方出幼,当发补役,其原卫所离原籍千里之外者,合照榜例,发附近卫所收役充军,具由申达兵部,转行原卫所开豁原伍。"②但这一条例的使用范围仅仅是"纪录军丁"。所谓"纪录军丁",即那些父母为军但早亡,而听继军役的户丁尚且年幼,暂且纪录在籍,待达到一定年龄后,再发到卫所听继军役。

据《明宣宗实录》载,宣德三年(1428年)夏四月:

> 行在兵部奏:今清理军伍,凡云南、两广、福建、四川、湖广所属及缘海州县应解军士,已蒙圣恩,就留本处附近卫所带管操备。若江西、贵州等布政司、南海等府应解辽东、甘肃等处,山西等布政司、大同等府应解云南、两广等处,计程亦有万里及七八千里者,劳费艰难,宜如前例为便。③

上奏者希望将江西、贵州、南海等南方应该充发辽东、甘肃等北方卫所的军户,以及原籍山西、大同等地应充发云南、两广等南方卫所的军户,按照之前云南等地军户改发附近卫所的事例,将其改编入附近卫所服役。明宣宗同意了这一奏请:"上从之。因谕之曰:'国家用人,彼此则一。若使交互往来,道远无赀,必致逃亡,终不得用。若腹里地方应充军者,离原卫二千里以下,仍赴原卫;二千里以上

---

① 《明宣宗实录》卷三十六宣德三年二月甲寅,第892页。
② 《军政条例》,第8页。
③ 《明宣宗实录》卷四十一宣德三年夏四月癸酉,第1013—1014页。

者,亦留附近卫所收操,庶几两便。'"①这一阶段,明朝最高统治者开始认识到远军的缺陷,并极力支持对这一弊政的改革。

到了宣德六年(1431年),这一政策发生了改变。《明宣宗实录》载,宣德六年(1431年)三月:"行在兵部奏:比者遣官清理军籍,郡县补役军丁,离原卫二千里之外者,收于附近卫所。今清军事毕,其各都司卫所收补役军士,宜如故事归原卫。从之。"②即将原来清军过程中,因离充发卫所在两千里之外而改发附近卫所的军户,重新发回原充卫所服役。如此,宣德三年(1428年)三月经过明宣宗批准的政策,实际上为一个临时性的措施,成了一个完成清军任务的权宜之计。清军开始,中央政府下令原籍离卫所两千里以上的军户可以于附近卫所服役,对于那些畏惧路远而逃亡的军户是很有吸引力的,可以清理出一大批逃军,待清军完毕,之前清理出的军户便须发回原卫所服役。从宣德三年到六年(1428—1431年),有关远军改编入附近卫所政策的变化,表明此时的明政府仅仅是把远军改发附近卫所当作清军的权宜之计,严格的军户制度并未因这一临时性措施而出现松动,积弊甚多的卫所制度,其变革之路依旧曲折。

正统二年(1437年)十二月,少傅兼尚书大学士杨士奇等上书奏请将北人发南、南人发北改为北人发北、南人发南:

> 丁卯,少傅兼尚书大学士杨士奇等言:监察御史清军,有以江北人起解南方极边者,有以江南人起解北方极边者,彼此不服水土,死于寒冻瘴疠,深为可悯。臣等议以江北清出军丁,就发辽东、甘肃一带卫所补伍;江南清出军丁,就发云南、贵州、两广卫所补伍。庶兵备不缺,下人不困。上以为然,即命廷臣议行。③

杨士奇以江南、江北为分界,希望将江北清解军丁,编发到辽东、甘肃等北方卫所补充军伍,而江南清出军丁则编发到云贵、两广等南方卫所。如此改编,军士编发的距离有所减少,但并不能切实解决远军问题。据《明史·兵志四·清理军伍》载:

---

① 《明宣宗实录》卷四十一宣德三年夏四月癸酉,第1013—1014页。
② 《明宣宗实录》卷七十七宣德六年三月丁丑,第1794页。
③ 《明英宗实录》卷三十七正统二年十二月丁卯,第714—715页。

> 正统初,令勾军家丁尽者,除籍;逃军死亡及事故者,或家本军籍而偶同姓名,里胥挟仇妄报冒解,或已解而赴部声冤者,皆与豁免。定例,补伍皆发极边,而南北人互易。大学士杨士奇谓风土异宜,濒于夭折,请从所宜发戍。署兵部侍郎邝野以为紊祖制,寝之。①

杨士奇等人的奏请,最终结果可能只是议论而并没有推行。

正统三年(1438年)二月,时任河南山西巡抚的于谦,上疏奏请将原籍离充发卫所距离在两千里以上的补役军户改发附近卫所收操:

> 巡抚河南山西、行在兵部右侍郎于谦奏:……乞将前次奏准秋成起解并已解未起及未起解而先造册赴部者,除原逃正军候秋成仍发原卫,其补役户丁但原卫在二千里外者,俱照例暂发附近卫所收操……事下行在兵部复奏,从之。②

应注意到,"俱照例暂发附近卫所收操",表明于谦所奏准的事例,仍然是一种临时性的措施,卫所远军制度虽有一些放松的迹象,但这种放松只是暂时的,并不会长久持续下去。

《军政条例·正统三年计议事例》中载有南北远军改编入附近卫所的事例,推测其颁布时间应在于谦奏准事例之后。该事例的主要内容为:

> 一,山东、山西、河南、陕西、北京、直隶人民,原充两广、云南、贵州、四川行都司、福建沿海卫分、湖广五开、铜鼓、宁远等卫军役者,今次清出,俱照今议改补东西北一带边卫补伍。其军人有原系边卫军者,不在改动事例。一,两广、云南、贵州、福建、江西赣州、南安二府,浙江台州、温州、处州三府,湖广辰州、宝庆、卫州、永州四府,靖州、郴州二州,四川重庆、夔州、叙州、马湖四府,潼川州、泸州、嘉定州、雅州、龙州人民,原充辽东、万全、山西、陕西二行都司并宁夏等卫军役者,今次清出,俱照今议改发南方各处边卫补伍。其前项南人,有原系南方边卫军役,俱照旧解补,不在改动事例。③

---

① 《明史》卷九十二《兵志四·清理军伍》,第2256页。
② 《明英宗实录》卷三十九正统三年二月乙卯,第749—750页。
③ 《军政条例·正统三年计议事例》,第19页。

即将山东、山西等原籍为北方而到南方边卫充军的人,俱改编到北方边卫充军补伍。原籍为两广等南方省份而充军辽东等北方卫所的人,俱改编到南方各处边方卫所服役。此事例较之于之前奏准的改编事例要更为全面,对原籍、充发卫分、改编卫所都有较为详细的规定。

成化二年(1466年)四月,巡抚山西右佥都御史李侃奏请将山西土人留用于山西边卫,而南方土人则发南方卫所。李侃认为:"今南方之人来补西北军伍者,怯于风寒,慑于虏寇,惟欲遁逃。而西北之人往补南方军伍者,亦不禁遐荒,不习水土,亦复逃回。彼此之间,俱不得用。"①因此,李侃提出措施:"今欲以山西土人当补南方各卫军伍者,就令补山西边卫;南方之人当补山西各卫军伍者,就移补南方各卫。"②如此改编,可以减少水土气候等地理因素对于不同地区的军户产生消极的影响。李侃的奏疏被发下兵部进行复议,复议的结果是:

> 事下兵部复奏,宜令侃与镇守巡按三司等官详议,先须检阅今年南方各卫发册所取陕西军丁几何,山西各卫发册所取南方军丁几何,若数目相敌,堪以两易,具实奏闻裁处。若山西应补南方军少,南方应补山西军多,不宜以众易寡,自减原额,军数则各依发册取补,仍如旧例。诏可。③

《明史·兵志四》载:"成化二年,山西巡抚李侃复请补近卫,始议行。"④对于具体执行情况,限于材料而难以知悉。

到了成化十三年(1477年),情况又发生了变化。《大明会典》卷一五四载:"(成化)十三年奏准:凡收发附近军士,除天顺六年四月十九日以前编定不动外,以后告投者不许。其在附近处所逃者,依正统二年例,连妻小押解原卫。"⑤以天顺六年(1462年)四月十九日为限,此后告投附近卫所的军士则不许改编,仍回原卫。而据《军政条例续集》卷四载:

> 又一款,附近卫所军士。议得合行都察院转行清军御史,督同有司清军

---

① 《明宪宗实录》卷二十九成化二年四月乙酉,第569—570页。
② 《明宪宗实录》卷二十九成化二年四月乙酉,第569—570页。
③ 《明宪宗实录》卷二十九成化二年四月乙酉,第570页。
④ 《明史》卷九十二《兵志四·清理军伍》,第2256页。
⑤ 《大明会典》卷一百五十四《军政一》,《续修四库全书》第791册,第603页。

委官,即将先年收发附近卫所寄操军士,除天顺六年四月十九日以前定编者不动外,但有以后告投存留者,仍解原卫。其先收发附近卫所若有逃走者,不问正身户丁,发册至日,照依连妻仍解原旧卫所补伍。①

《军政条例续集》卷四所载这一事例并未注明时间,但就文意来看,和《大明会典》卷一百五十四所载成化十三年(1477年)事例近乎完全相同。《军政条例续集》卷四所载事例给出了对"以后告投者"的详细处理方法,"但有以后告投存留者,仍解原卫",从天顺六年(1462年)四月十九日以后到成化十三年(1477年)共15年的时间里,所有投充附近卫所的军士都要发回原卫所服役。从正统三年(1438年)二月于谦奏准暂发附近卫所开始,军户制度在出现了微小的松动后,又被恢复到以往状态。

弘治三年(1490年),吏部尚书王恕奏请:

> 北直隶、陕西、山西、河南、山东人氏,原充云南、贵州、两广、福建军伍,系天顺六年以后清出在官、自来不曾解补者,听所在清军御史等官清查明白,造册申缴兵部。系陕西者,编发甘肃、延绥、宁夏等处;系北直隶、山东者,编发辽东等处;系河南、山西者,编发大同、宣府等处,各着伍差操。其在卫有人应当、不曾发册清勾者,不在此例。②

《大明会典》卷一百五十四《军政一》也有对该事例的记载,并且还包括对"在卫闻例图近逃回"军士的处理办法③。王恕希望将天顺六年(1462年)以后清理出并且尚未解发原卫的人发解邻近卫所,这又推翻了"仍解原卫"的规定。

到了弘治十三年(1500年)五月,监察御史华琏奏请:

> 要将陕西、山西、河南、山东、北直隶人民,原充云南、贵州、两广、福建军伍,见被册勾者,限以年分,照例改编附近。其弘治三年以后清出者,不许朦胧造报等因,本部议拟具题,弘治十三年五月十五日奉孝宗皇帝圣旨是,钦此。④

---

① 孙联泉:《军政条例续集》卷四,第505—506页。
② 孙联泉:《军政条例续集》卷三,第162—163页。
③ 《大明会典》卷一百五十四《军政一》,第604页。
④ 孙联泉:《军政条例续集》卷三,第163—164页。

华琏奏准的事例，似乎是补充了弘治三年（1490年）时王恕奏准的事例，如此则弘治三年（1490年）以前清出上述地区的军士，俱可以改编入附近卫所。弘治三年（1490年）以后清出军士则不许朦胧改编，王恕奏准的事例似乎在执行过程中出现了问题，很可能是有清出军士想援引王恕所奏准事例改编入附近卫所，从而引发了改编事务的混乱。

弘治十五年（1502年）二月，太监张瑄奏请经兵部讨论通过的有关"先为边方缺军调用事"，对弘治十三年（1500年）所奏准事例的成果进行了确认和完善。

> 前件查得见行事例，先为边方缺军调用事，弘治十五年二月初二日，该太监张瑄奏，本部议得：各处清军官员，遇有清出及南北边卫分军人，除弘治三年以前已经改解附近者不动外，其在弘治三年以后清出之数，俱要逐一解发原卫补伍，不许朦胧一概改编。如有误将例后清出远军已经改解附近者，亦要逐一查出，行文取回，仍解原卫取补，立限追并批收。①

张瑄奏准的事例，实际上是进一步确认了弘治十三年（1500年）的事例，即弘治三年（1490年）以前改编入附近卫所的军士保持不动，弘治三年（1490年）后清出的军士则一概发回原卫。在适用范围上，事例的地理范围更加广泛了。

到弘治十八年（1505年）十二月，兵科给事中戴铣上书言事，其中有一条为"便土军事"，希望将各处清出军丁改编入附近卫所，以便人情。但兵部复奏的结果是不许改编："其曰便土军事，谓各处清出军丁欲改编附近卫所，以便人情。然改编不已，恐日久弊生，反致紊乱。请自今年以后清出者，仍照旧例径解原卫。从之。"②

由此，清出军士改编入附近卫所存留下来的成果，仅仅是从天顺六年到弘治三年（1462—1490年）这20多年间清出的军士。但即便如此，也不能对远军改编入附近卫所的成果有过高估计。从上述弘治三年、十三年以及十五年（1490、1500、1502年）的奏准事例来看，弘治十五年（1502年）仍在商议弘治三年（1490年）前后清出军士的改编事宜，可见清军效率低下。清勾之制，卫所发册，由都司呈五军都督府，五府再呈兵部，兵部转发原籍州县，往来动辄数月；且明代

---

① 孙联泉：《军政条例续集》卷三，第180页。
② 《明孝宗实录》卷二百零六弘治十六年十二月乙卯，第3834页。

中后期卫所逃军众多，一卫仅余十之三四，甚而十之一二，勾补到卫的军士远远抵不上逃跑的数量。

整个弘治年间，有关远军改编入附近卫所的事例，在每一次微小的放松之后，必然是更加严格的限制，无法从根基上挽救日益崩溃的卫所，为正德到嘉靖年间更加频繁的"改编"与"反改编"做好了铺垫。

《明武宗实录》正德元年（1506年）五月载："己亥。诏逃亡军伍在弘治十八年清勾者，但离原籍五千里外，俱改编附近卫所。十八年以后清出者，仍解原卫。"① 兵部则认为：

> 该本部议得，各项文册俱要更造，中间未免生弊。况各军卫所、有司散在一方，而于查审之际亦有未便，所据通融之法，似难议行。合无本部通行各处清军御史，各将清出北方卫分军人，若在弘治十八年以前逃故、见今发册清勾者，查勘明白，除系京卫及云贵、甘肃、延绥、宁夏、辽东、宣府、大同极边要害去处，仍解原卫外，其余腹里卫分军人，但离原籍五千里之外者，俱照前例改编相应附近卫所着伍差操，仍行原卫所开除。其弘治十八年以后清出者俱仍解原卫，不许作疑更改，致乱军政等因题。奉圣旨是，钦此！②

这一事例是由浙江清军御史程材的奏事而引出的，程材希望朝廷能通查天下州县卫所的户籍文册，然后依照之前已有的南北改编入附近卫所事例，以千里为距离进行限制。兵部认为程材的办法一方面容易导致新的弊端，另一方面通查文册亦不方便，不适宜通行，因而提出以弘治十八年（1505年）为分界点，必须满足三个条件方可改编入附近卫所：一是弘治十八年（1505年）以前逃故；二是属于腹里卫所；三是充发卫所离原籍距离超过五千里。满足上述三个条件方可改编，实际上这极大地限制了可改编军士的数量。虽设置了种种限制，但弘治十八年（1505年）以前逃故的军人毕竟可以改编入附近卫所，部分远军可以合法地脱离远军之列。

正德八年（1513年），刑科给事中窦明与南京兵部尚书何鉴针对南北改编入附近卫所进行了一场争论，窦明于奏疏中说：

---

① 《明武宗实录》卷十三正德元年五月己亥，第408页。
② 孙联泉：《军政条例续集》卷三，第164—166页。

> 切思小民犯法而免死充军,此固情可矜疑,亦岂非朝廷好生之德之所推及哉。臣于此复有一言,臣闻极南之人有永远充军于极北之地者,极北之人有永远充军于极南之地者,南北相去或几万里,而水陆之程动经半年,朝廷惩恶之法于斯尽矣。但极南之与极北,风景既异,水陆顿殊,曾不数月而染病殒身,或至中途而过忧丧命。且一身之死,固不足惜,而随住家小亦或尽绝,未免行文原籍,清勾本家户丁补伍,然事虽坐于其家,而祸又延及于众。充解户者如充正军,贴盘缠者如征正税。及至起解,或至彼处,或至中途,而户丁解户极多死亡。户丁死而又未免于清勾,解户死而又祸及于家属,往来延缓,历数年而不能着伍,更相起解,戕数命而尚不能毕事,致使军伍久缺而竟无实用,小民抱痛而死于他乡。①

窦明坚定地认为,这一问题是周而复始,极南、极北互易充军对于缺军严重的卫所毫无裨益,反而导致了卫所军伍的长久空缺。

对于上述弊政,窦明提出了他的解决之策:

> 如蒙乞敕兵部查照先年事例,凡有前项永远充军,南人在于极北、北人在于极南死亡尽绝者,除要害边关仍令原籍户丁佥补外,其余不系边关者,正军死绝,移文清勾到日,许令家下应补户丁赴清军监察御史,如无清军监察御史,赴巡按监察御史处告理,即吊查彼处原来清勾文册是的,一行佥补原籍附近卫所着伍,一行原充卫所除名,仍奏该部记录。②

窦明在奏疏中针对极南、极北互易充军这一弊政提出了两方面的改革建议:一是要害边关卫所仍令原籍户丁正常勾补;二是地处非边关的卫所军户,如果正军死亡,正军原籍应补户丁则可以在监察御史调取清勾文册检查核实无误之后,编入附近卫所军伍,另发文册去除原应充发卫所的军役。对于这其中可能出现的舞弊,窦明提出:"如原充卫所有人而朦胧诉辩者,查出治以重罪。"③实际上,将极南、极北改编入附近卫所充军的适用范围限定在了由原籍听继军役的军户中。因为随着卫所设立时间的增加,很多军户在卫所安家立业,繁衍生息,其军役听

---

① 孙联泉:《军政条例续集》卷三,第158—160页。
② 孙联泉:《军政条例续集》卷三,第160—161页。
③ 孙联泉:《军政条例续集》卷三,第161—162页。

继也由在卫所出生的后代继承,和原籍军户的往来很少,甚而完全断绝。且明代中后期,随着卫所制度的崩溃,卫所军户作奸犯科之事经常发生,如《军政条例》中就有"正军在营,已有壮丁就收补伍,不许原籍勾取"①的条例,表明卫所正军有将原籍不应听继军役的男丁勾补到卫所服役,而自己则逃避军役的事情。对"原充卫所有人而朦胧诉辩者"治以重罪,实际上是警告卫所正军,防止其逃避军役。

针对窦明的奏疏,时任南京兵部尚书的何鉴②认为若依照窦明的奏请施行,会导致军籍黄册的大规模变更,对于卫所军户制度并无好处,反而会导致相关官吏乘机作弊,致使卫所军伍愈加空虚③,实际上否定了窦明的建议:

> 本部合无通行浙江等十三布政司,并南北直隶所属各府州县,着落掌印清军等官,今后如有清出递年埋没军户,自前至今不曾到卫所、近因清审得出、方才解发原卫者,许听各该清军监察御史斟酌处置,照依南北附近事例改编。其余若有自洪武年间到今充发各卫所着伍已定,及有户丁节连解补听继、别无埋没情弊者,俱各照旧解补,不许更改。④

何鉴将军户范围限定在了"递年埋没军户,自前至今不曾到卫所",即那些不知所属卫所的无籍军户上。而那些补伍正常,未曾迷失所属卫所的军户,则被排除在外。

从窦明与何鉴在正德八年(1513年)四月的争论中可以看出,此次有关远军改编入附近卫所政策的制定,使原有政策松动。但反过来看,何鉴所奏准的措施对于正常勾补的军户来说毫无意义,而对于无籍军户来说,实际上是将脱离了军户制度的迷失军户重新纳入卫所军户系统。从这层意义上讲,这一事例又是加强了卫所的军户制度。何鉴奏准的措施中,须由清军监察御史"斟酌处置",也就是说,迷失卫所的军户是否能改编入附近卫所,依旧是个未知数。

正德八年(1513年)九月,山西监察御史周伦上书言及"远军"事,希望将远

---

① 《军政条例》,第6页。
② 《军政条例续集》并未明确记录此人为何鉴,查明代兵部尚书资料获知,正德八年(1513年)任兵部尚书且为何姓的官员,只有何鉴一人,何鉴当时加太子太保衔,符合《军政条例集》原文的描述。
③ 孙联泉:《军政条例续集》卷三,第167—168页。
④ 孙联泉:《军政条例续集》卷三,第168—169页。

军改编入附近卫所。周伦提出了两点改革建议：

> 有等惧怕远军，躲避流遗，投托势要，甘心受辱，不敢还乡，见今开做尽绝、及跟捉在册者，原其本心，初非得已。合无许其自首，改编附近。①
> 有等惧怕远军，遗移躲避别处，里甲亦怕远解，明知下落，见今只报尽绝，跟捉在册、不肯捉获者，合无许里甲捉首到官，通免问罪，亦与改编附近卫所，其远军即与开豁。②

周伦的奏疏，是本着充足军数的目的，但兵部并不认同周伦的见解。兵部回复中说：

> 今巡按山西监察御史周伦奏，要将流遗投托、不敢还乡、见今开作尽绝及跟捉在册者，许其自首，改编附近卫分，便于民情，不为无见。但军民版籍已定，难以纷更，及奉有事例，遵行已久，若容其在逃，准其自首，改编附近卫所，则各该远卫军士皆将逃移别处，乘机回籍出首，希图改编近地，孰肯在彼应当，不无远方军伍益加空缺。况各布政司及各府州县俱有清军官员，及每处又差御史提督，正欲其设法清理，痛革前弊，岂可反开其端。③

兵部对远军改编入附近卫所持完全否定的态度。最终的结果是，兵部提出加强清查力度。而那些迷失所属卫所、常年埋没军籍的军户，经清军御史同意方可改编④。

正德八年（1513年）九月周伦所奏事例，同当年四月窦明所奏事例一样，明代政府并不支持放松军户制度的措施，而是要加强卫所军户体制。

正德八年末至九年初（1513—1514年），乾清宫发生事故，朱厚照下诏恩赦天下，诏书中提到：

> 各处卫所军人，自正德九年正月二十八日以前逃故者，许原逃正身或户

---

① 孙联泉：《军政条例续集》卷三，第173页。
② 孙联泉：《军政条例续集》卷三，第179页。
③ 孙联泉：《军政条例续集》卷四，第176—177页。
④ 孙联泉：《军政条例续集》卷三，第177—179页。

下人丁以诏书到日为始,限三个月以里赴官自首,改编附近卫所充军,仍行原卫开豁。其过限不首者,清出照旧解发原卫补伍。钦此,钦遵!①

这份诏书在下发后不久,即陆续有大臣提出反对意见,上书请求朝廷再议。巡抚宁夏地方都察院右佥都御史冯某(具体姓名不详)认为,宁夏镇缺军严重,改编入附近卫所之事对宁夏镇而言"深为未便":

> 今本镇卫所前项逃故军人,许令原逃正身或户下人丁依限自首,改编附近卫所充军,原卫伍固是军数不少,臣愚过虑,腹里卫所有边军可改,极边卫所却将何军改编?腹里军伍日见有余,沿边军伍日见不足。又恐在边见役军人知有前例,仿效成风,冀图后日援例脱役,陆续逃亡,不无边卫,愈致缺军守御,深为未便。②

即改编之例容易导致边卫军人援引此例潜逃脱伍,对边卫军伍的充足十分不利。因此冯御史希望朝廷能下令将自首逃军仍发原卫所补伍。巡抚河南监察御史许完直接提出:"改编之例,埋没军伍之源也。"③他认为:

> 今逃亡军士,略不分别而概得改编,则人情好逸恶劳,孰肯不欲附近也?臣半月之内已收首状一百五十六纸,其他径赴所在官司首改者,尚未查数,自兹以往又不知有几何也!况今限以三月之久,苟有希图改编者,虽见在卫所,亦可乘机逃回。又有军士遗妻在营,或令弟侄代役,暂回原籍取讨盘费。今一闻恩诏,俱作逃军自首。必须行查原籍军伍,方得明白。若不查明,轻易改编,诚恐原籍有人不肯释放,今改附近无人应役,彼此推托,终为后人影射之地。④

许完最后提出只准边远卫所军士改编:"其腹里弯远卫分,有等人丁稀少及见今

---

① 孙联泉:《军政条例续集》卷三,第207—208页。
② 孙联泉:《军政条例续集》卷三,第210—211页。
③ 孙联泉:《军政条例续集》卷三,第216页。
④ 孙联泉:《军政条例续集》卷三,第214—215页。

纪录别无壮丁,或烟瘴地面不服水土、累经病死者,方准改编附近。"①巡按陕西监察御史王佩从恩诏的执行等方面提出了自己的意见,认为恩诏执行中有诸多不明确之处,执行起来问题颇多:

> 本职看得各军首役,多系附近卫所,原行虽止开各处卫所,然谓改编附近,似无附近复改编附近之理;若为远军,但中间并无远军字样,亦无某地方及几千里定限,难以预处。②

经过此番讨论,兵部在保留原恩诏大意的基础上,对恩诏中有关"改编附近卫所"一节进行了调整和补充说明:

> 合无本部通行浙江等十三布政司并南北直隶各清军御史,除本身犯罪新发充军者不在此例外,凡各卫所军人,但在正德九年正月二十八日以前逃故,该卫所见今发册清勾,人在诏书到后三个月以里赴本处抚巡衙门、布按二司、府州县清军官处首告者,方准改编附近。③

总的来说,经过正德年间诸位有识之士的不断争取,远军问题得以松动,而朱厚照的恩诏表明最高统治者对于远军问题有一定的关注,并意识到了问题的严重性;但改革派与保守派有关远军的争论并未就此停歇,政策的执行速度及新的弊病的出现,使得松动的政策并没有真正落到实处,由此揭开了嘉靖年间更为激烈的争论。

嘉靖六年(1527年)八月,巡按浙江监察御史杨彝上书言"移远军以充实用"事。《军政条例续集》中对于杨彝的奏疏并没有明确记载,在兵部回复杨彝的奏疏中提到在杨彝之前,御史朱豹也曾奏有远军事例,朱豹的奏疏获得了兵部的认可:

> 本部题准:各该抚按衙门,今后编发新军,南人发南,北人发北。内有

---

① 孙联泉:《军政条例续集》卷三,第218页。
② 孙联泉:《军政条例续集》卷三,第219—220页。
③ 孙联泉:《军政条例续集》卷三,第227—228页。

该极边字样者,方发极边。如无极边字者,远不过三千里,程限不过一二月,不惟军人易于发遣,而长解亦免无辜累死之苦。①

从朱豹奏准的事例中可以看出,之前南人发北、北人发南,已经变成了南人发南、北人发北,这是一个十分重要的变化,表明在"南北互易"问题上有一定的改变。兵部认为:

> 今御史杨彝又奏前因,大略相同,应合俟命下之日,本部通行浙江等十三布政司,并南北直隶,各抚按衙门,今后凡内外衙门问发充军人犯,俱要斟酌律例,并先年御史朱豹,及今御史杨彝所据事理,从宜编发等因,嘉靖六年八月内题奉。圣旨准议行。②

虽未给出明确的有关远军改编入近卫的字样,但对于改编入近卫这一措施还是给予了极大的肯定。应注意到,杨彝所奏准事例的适用范围为"充军人犯",而朱豹所奏准事例的使用范围为"新军",两者在一定程度上重合。

嘉靖十一年(1532年)正月,巡抚浙江监察御史郑濂奏请"便勾解以实军伍"事。郑濂认为远军充发不仅累及军户,还拖累押解正军赴卫的长解,中途逃跑死亡,连累甚众。即使正军到了卫所,亦多被卫官卖放,对于卫所军伍毫无裨益。因此郑濂希望"本省充发":

> 以臣论之,本省充发,合无编补本省缺军卫所,实为军民两便……除奉钦定卫所及先年编发已经申呈兵部并赦前逃回例应解补原卫外,其以后问该充军人犯,量其远近,各编本省卫所。③

兵部认为郑濂与杨彝所奏事例相同,应予以通行:

> 合俟命下通行各处抚按问刑衙门,除奉钦定卫所,及先年编发已经申呈兵部并赦前逃回例应解补原卫外,其以后充军人犯,若事情极重,例该极边

---

① 孙联泉:《军政条例续集》卷四,第438—439页。
② 孙联泉:《军政条例续集》卷四,第438—439页。
③ 孙联泉:《军政条例续集》卷四,第384—386页。

卫分者,照旧完发。其余情节稍轻,犯该边卫充军,不拘终身、永远,就量本省地里远近编补。①

兵部在郑濂所提出的措施的基础上,补充了"例该极边卫分者"一条,其余均可编补本省卫所。

嘉靖十二年(1533年)九月,巡抚贵州都御史徐某(具体姓名不详)上书奏请将本省逃军就发本省补伍:

> 迩者,贵州卫所军人或因三次逃回,或因为事例应改发、定发边卫与极边卫分充军,正犯身故,子孙替役,清勾发遣,动差军舍管押,沿途应付夫马,骚扰驿递。且至中途,或到卫身故,或随解随逃者,该卫既无实用之军,原籍又多勾补之扰。况贵州已极边垂,军粮折色廉簿,兼放荞豆,征调窎运,身陷危亡,率多逃移事故,所存十无三分之一。若复一例改调,不虑将来求之户籍则愈空,揆之事体又无补。②

徐巡抚认为军士改调边卫和极边卫所,严重影响了贵州卫所的军伍,所以请求将原籍贵州而应充军边卫或极边卫所的军士,按充发距离远近,改发贵州地方相应卫所充军:

> 合今后凡遇勾补三次逃军,及为事应该改发、问发边卫充军者,容令臣等酌量地里远近,俱发本省沿边都匀、普安、乌撒、永宁、毕节等处卫所充军,应该极边卫分者,调发前项沿边卫地方哨堡,常川守哨,永不许更番休息。③

兵部认为徐巡抚的奏请和杨彝等人的奏请"事理略同",因此提出:

> 合候命下本部行巡抚贵州都御史,今后凡遇勾补三次逃军,及边事应该改发、问发边卫充军人犯,俱查照御史杨彝等并今所议事理,酌量地里,从宜

---

① 孙联泉:《军政条例续集》卷四,第386—387页。
② 孙联泉:《军政条例续集》卷四,第436—437页。
③ 孙联泉:《军政条例续集》卷四,第437—438页。

编发。中间若有重大罪犯,留置本省地方,恐贻他患者,仍照旧例发遣施行。①

兵部认同了徐巡抚的请求,因此给予其"从宜编发"的权力。此次徐巡抚所奏准的事例,其实施范围仅限于贵州,适用人群也是那些原籍贵州,需要发到边卫或极边卫所充军的军士,适用的范围比较有限,但对于原籍贵州的军户来说,这仍是一大进步。

嘉靖十五年(1536年)十二月,兵科给事中冯亮奏请将军户改发入附近卫所。冯亮认为导致军户逃亡的原因有二:"贫苦逃亡,一也;将领鬻放,二也。"②军士离家数千里到卫所为军,既缺乏相应的经济来源,又会遇到卫官的压榨,逃跑是必然的事情。因而冯亮请求:

> 臣请自今清出缺伍之军,除系新问发及充发未及五辈者,照常解补原卫外,其查系洪武以来旧军及充发及五辈以上见缺该解者,合无顺其安土之情,改发附近卫所,使之即其生长之乡,以补其缺乏之数焉!③

兵部对于冯亮的奏请并不认同,认为:

> 今本官具奏前因,无非欲充实行伍,禁革奸弊至意。但恐附近之例一开,而安便之徒竞起,原发卫所日就虚耗,旧编籍册必至纷更。④

兵部坚定地否决了冯亮的奏请,甚至连折中的措施都未提出,拒绝的态度较之前任何一次都更为坚决。

嘉靖十八年(1539年)四月,巡按广东监察御史陈储秀上书请求"查寄操以便清补"。陈储秀巡按广东,在任期间,遇到了很多因改编入附近卫所而引发的问题。如:"近审得潮州等府、海阳等县,有大宁等卫故军蔡名俚等单勾军丁,该

---

① 孙联泉:《军政条例续集》卷四,第440—441页。
② 孙联泉:《军政条例续集》卷四,第464页。
③ 孙联泉:《军政条例续集》卷四,第466页。
④ 孙联泉:《军政条例续集》卷四,第472—473页。

县勘称奉例寄操附近海门守御千户等所,在伍如此之类甚多。"①陈储秀认为,既然已经寄操,则原充发卫所则不应该发单清勾;原卫所发单清勾,则被勾军士又不应属于寄操②。解发原来卫所则易导致逃亡,留在原籍附近卫所寄操,又于例不合,两相牴牾,产生了许多问题,对原卫、原籍及原籍附近寄操卫所均不利,极大地扰乱了军政秩序。因此,陈储秀提出了自己的意见——以年限划分,某年以前可寄操附近卫所,某年后须解发原充卫所。对于陈储秀的上书,兵部持认同意见,并制定了更为详细的措施:

> 合行清军衙门,查照《军政条例》,将宣德以后、天顺以前寄操者不动外,其成化元年以后、嘉靖以前寄操者,悉令尽数清出,解发原卫收补。如再逃回,不必佥解,拘连妻小递解原卫。③

陈储秀奏准的事例更像一次集中清算,在这次清算中,成化元年(1465年)至嘉靖年间的寄操军士被解回原卫,而宣德至天顺年间的成果则得以保留。但应该注意的是,历经宣德至弘治年间的政策变更,宣德至天顺年间真正存留的成果并不乐观。

嘉靖二十九年(1550年),兵科给事中俞鸾等上书,请求朝廷准许将发边卫充军的人犯改调相应地方。俞鸾等认为,有关改编入附近卫所的事例,虽屡有奏准,但依然未能解决问题,因此上书请求朝廷将发边卫充军之人从宜编发。

> 除将叛逆子孙及军机人命免死情重者,并律例原有烟瘴地面字样者,俱依律例发遣外,其余军犯并军机原无免死字样而充发者,照嘉靖六年题准事例,南人发南,北人发北,远不过三千里,程限不过一二月。如有极边字样者,俱照嘉靖七年题准事例,北直隶、宣大、山西、河南、山东俱发甘肃地方,其山陕、宣大、河南,合无亦照前例发辽东地方。④

兵部赞同俞鸾的建议,并有所说明和增补。在对待"情轻罪重可矜恤者"上,兵部

---

① 孙联泉:《军政条例续集》卷四,第513页。
② 孙联泉:《军政条例续集》卷四,第513页。
③ 孙联泉:《军政条例续集》卷四,第516—517页。
④ 孙联泉:《军政条例续集》卷五,第23—24页。

规定"边卫配以本省地方,边远酌以隔省地方"①。同时兵部强调:

> 如遇定拟军犯,一体斟酌,除合前律例情重者照旧遵行外,其余边卫于本省拟配,边远于隔省拟配,极边于再隔省拟配。于内省无边方者,该边卫拟于隔省附近边方,其边远、极边依类递配。②

将改调的距离明确化。

嘉靖二十九年(1550年)五月的事例,很大程度上是对嘉靖初年朱豹、杨彝等奏准事例的重申和完善,俞鸾在奏疏中也说道:"奈何月移岁易,更变不常,或行或否,从违靡定。"③在改编距离上,俞鸾等的奏准事例较之原籍附近卫所大为增加,可能是该奏疏只针对充军人犯,并非逃军,唯恐这些充军人犯贻害地方,而在距离上有所改变,但较之原充卫所已大为缩短,这也是该事例的意义所在。

嘉靖三十年(1551年)四月,巡按浙江监察御史霍冀上书言"远军"事。霍冀旧话重提,认为南人发北、北人发南,军士水土不服,或中途身死,或到卫所即逃,导致卫所不能得到实用的军士,因而请求朝廷将远军改编入附近卫所,以充实军伍:

> 如蒙,乞敕该部再加详议,除近日已经解补外,合无通行各处清军御史,将以后清出军丁,查照正统三年事例,及据《军政条例》所载应该改调卫分解补,仍行移原卫明白开豁。④

所谓正统三年(1438年)奏准事例,即将原籍为北方而充发南方卫分的军户,改调东西北一带边卫补伍;原籍为南方而充发北方边卫的军士,俱改南方边卫补伍⑤。

霍冀的上书,实际上是请求朝廷重申正统三年(1438年)的奏准事例,霍冀在奏疏中所使用的标题"申旧例以便远军",即明确地表明了他的目的。对于霍

---

① 孙联泉:《军政条例续集》卷五,第38—39页。
② 孙联泉:《军政条例续集》卷五,第39—40页。
③ 孙联泉:《军政条例续集》卷五,第20页。
④ 孙联泉:《军政条例续集》卷五,第114—115页。
⑤ 《军政条例》《正统三年计议事例》,第19页。

冀重申旧例的建议，兵部认为"系是见行事例，实于军政有裨"，因而同意了霍冀的请求：

> 合候命下通行各处清军御史，除嘉靖三十年以前已经解补难以更改外，合无将今次清出各省逃军，行令各该御史照依见行事例，分配各卫着伍。①

霍冀的奏请虽获得了兵部的认同与通过，但仔细看来，他只是重申正统三年（1438年）的旧例，但立即有人针对霍冀奏准的事例提出异议。嘉靖三十年（1551年）十月，巡按江西监察御史孙联泉上书奏请军政事宜，其中一条即是"限改编以息奸伪"。孙联泉认为：

> 军士甚乐于改迁附近而不便于久处远方，人人能知之，人人所同情也。今既许其改编而不为之限制，臣见南北之逃者，日益纷纭，将希图为附近之改，如是日烦。改编日烦，解发新者未定而旧者复逃，虽日挞之而不能止，将以便民，适以资伪。边卫之行伍日空，国初之版籍日紊，后日军伍之难清又将有甚于今日者。②

从孙联泉的奏疏可以看出，远军改编入近卫并没有获得广泛的认同，仍然有许多人固守旧态，害怕远军改编入近卫之例一开，卫所逃军将会如洪水猛兽般肆虐。

针对孙联泉的建议，兵部提出嘉靖三十年（1551年）正月御史王本国已经奏准将嘉靖二十九年（1550年）清出原系北直隶、陕西、山西、山东、河南须解发云贵、两广、福建等南方卫分的军士俱照例改发，嘉靖三十年（1551年）以后清出者仍解原卫；嘉靖三十年（1551年）六月御史李初元奏准，将嘉靖二十九年（1550年）十二月清出原籍为湖广二省，而应该解发山东、河南、陕西、北直隶、江北以及山西、四川、贵州的军士，改编入湖广本省靠近苗人的卫所服役，以备苗患，嘉靖三十年（1551年）逃故军士不在此例③。两事例一经奏准，"似难改限年月"，因此中和了孙联泉和王本国、李初元的建议，维持王本国、李初元的奏准事例。

---

① 孙联泉：《军政条例续集》卷五，第118—119页。
② 孙联泉：《军政条例续集》卷五，第180—181页。
③ 孙联泉：《军政条例续集》卷五，第183—184页。

从宣德三年到嘉靖三十年(1428—1551年)间(表 2-3),对于远军改近军,有人赞成,有人反对,屡议屡改,朝廷的政策时松时紧,改编的标准由粗略的地理距离变为地理距离、地理位置、地域、时间限定等具体化的内容,改编人员从最初的纪录军丁扩展到逃军、补役军士、充军人犯、寄操军士、新军等,各事例间政策相因,前面的事例都是后世的参考对象。虽然政策时有往复,但总的趋势是在松动,且越来越清晰的改编标准也更有利于实际执行。提出改革的人多是地方上的御史,其职责之一便是清军,他们对远军的弊端有深刻的认识。持反对意见的人多因"军民版籍已定",远军是卫所"军伍之源",改编会引起版籍及所到卫所的混乱,这些人中也有地方御史,他们看到了执行改编后的种种问题。远军改近军并不能彻底改变卫所人口散失的情况,至嘉靖中期,明朝政府也不得不进一步放松限制。

表 2-3　宣德三年到嘉靖三十年(1428—1551年)远军改编事例

产生时间	涉及人员	改编标准	改编人员	改编时限	是否实施
宣德三年(1428年)二月	诸道监察御史	离原籍千里	纪录军丁	—	是
宣德三年(1428年)四月	兵部	离原卫两千里	腹里地方应充军者	—	是
宣德六年(1431年)三月	兵部	如故事归原卫	补役军士	宣德六年(1431年)	—
正统二年(1437年)十二月	杨士奇	江北发辽东、甘肃;江南发云南、贵州	清出军丁	—	否
正统三年(1438年)二月	于谦	两千里	补役户丁	正统三年(1438年)清出	是
成化二年(1466年)四月	山西右佥都御史李侃	山西土人补山西边卫;南方当补山西者,移补南方各卫	山西土人当补南方各卫所;南方当补山西者	成化二年(1466年)	是
成化十三年(1477年)	都察院、清军御史	以天顺六年(1462年)四月十九日为限,之前定编者不动,之后的仍解原卫	发附近寄操军士	天顺六年(1462年)四月十九日	是

续 表

产生时间	涉及人员	改编标准	改编人员	改编时限	是否实施
弘治三年(1490年)	吏部尚书王恕	北直隶等北方人氏原充南方者改充北边各处	天顺六年(1462年)以后清出北直隶等北方人氏在官不曾解补者	天顺六年(1462年)	是
弘治十三年(1500年)	监察御史华琎	弘治三年(1490年)前改编附近,之后不许	北直隶等北方人民原充南方者	弘治三年(1490年)	是
弘治十五年(1502年)二月	太监张瑄、兵部	弘治三年(1490年)前改编附近,之后不许	清出及南北边卫分军人	弘治三年(1490年)	是
弘治十八年(1505年)十二月	兵科给事中戴铣、兵部	弘治十八年(1505年)以后清出者解原卫	弘治十八年(1505年)以后清出者	弘治十八年(1505年)	是
正德元年(1506年)五月	兵部	弘治十八年(1505年)前,五千里	弘治十八年(1505年)前逃故者	弘治十八年(1505年)	是
正德九年(1514年)	朱厚照、兵部等	正德九年(1514年)正月二十八日前逃故者,三个月内自首	正德九年(1514年)正月二十八日前逃故者	正德九年(1514年)正月二十八日	是
嘉靖六年(1527年)	兵部、巡按浙江监察御史杨彝、御史朱豹	南人发南、北人发北,远不过三千里,程限一二月	编发新军	嘉靖六年(1527年)以后	是
嘉靖十一年(1532年)正月	兵部、浙江监察御史郑濂	情节轻重、编补本省	充军人犯	嘉靖十一年(1532年)后	是
嘉靖十二年(1533年)九月	巡抚贵州都御史徐某、兵部	留置本省	贵州充军人犯	嘉靖十二年(1533年)后	是
嘉靖十五年(1536年)十二月	兵部给事中冯亮	洪武以来旧军及五辈以上	洪武以来旧军及五辈以上见缺该解者	—	否

续　表

产生时间	涉及人员	改编标准	改编人员	改编时限	是否实施
嘉靖十八年（1539年）	巡抚广东监察御史陈储秀、兵部	成化元年（1465年）前寄操者不动，成化元年后、嘉靖前寄操者悉发原卫	寄操者	成化元年（1465年）	是
嘉靖二十九年（1550年）	兵科给事中俞鸾、兵部	边卫本省、边远隔省、极边再隔省	军犯	—	是
嘉靖三十年（1551年）四月	浙江监察御史霍冀	依见行事例	清出逃军	嘉靖三十年（1551年）以后清出者	是

资料来源：《军政条例》《军政条例续集》《明实录》《大明会典》。

(三)"更变不常"的政策与卫所变迁

至嘉靖末年，有关"远军改编近卫"的讨论持续了130多年，"远军改编近卫"屡兴屡废，循环往复，不但未能解决卫所的兵源问题，反而加剧军政的混乱，成了卫所崩溃的重要因素之一。根本原因在于卫所制度的基础——军户制度没有从源头上改变。

1."更变不常"与卫所军政混乱

从宣德年间至嘉靖末年，有关"远军改编附近卫所"的讨论共进行了不下20次，平均五到六年就有一次，政策始终处于变化之中。法律规定"更变不常"的原因，主要有两方面：一是政策的不完善，二是针对远军改编事宜，中央和地方都存在着支持和反对的势力。

地方和中央始终拿不出一个较为完善的对策。许多条例针对的对象很难界定，在实际执行中漏洞百出，甚至被利用，反而造成混乱。宣德三年(1428年)有关"远军改编附近收操"的规定颁布，到宣德五年(1430年)以后，就有军士妄自援引宣德三年(1428年)的改编事例，私自到原籍附近卫所投托收操：

> 宣德五年以后，各卫所在逃正军及病故勾取军丁，惧怕原卫所路远，妄比宣德三年清军事例，俱不经由有司，辄自投托附近卫所收伍带操。今原卫

所发册坐勾，附近卫所执称食粮年远不发。①

对于新的事例或政策的出现，很多军丁总是想尽办法钻法律的漏洞，企图改编入近卫，脱离远军之列。有幸改编到附近卫所的远军，到卫之后，有的转而加入逃军行列，再次逃亡，对补充近卫军伍毫无意义。嘉靖二十九年（1550年）闰六月，刑科给事中凌汝志在有关清军事宜的奏疏中提到："查得先年亦有权发附近事例，但一经发卫，受害百端，逼逐流移，所存无几。"②充发距离遥远是远军逃亡的原因，而改编入近卫后，依旧逃亡，则并非远军之故如此简单。中央政府始终拿不出一个完善的方案来解决远军问题，只能不断推行新的条例来亡羊补牢，结果只能使卫所人口逃亡愈演愈烈。

中央和地方政府中存在着反对与支持两种意见。巡按地方的监察御史意见不一，以兵部为主体的中央官员，有的支持改编，有的则以祖制不可变、册籍不可纷更等理由反对改编。嘉靖十五年（1536年），兵部尚书张瓒提出："但恐附近之例一开，而安便之徒竞起，原发卫所日就虚耗，旧编籍册必致纷更。"③当新政策在执行过程中出现问题后，最先发现问题的，也是巡按地方的监察御史等人，因而，当初提出改编建议的一类官员，又会分化出来反对改编近卫。

兵部的态度也始终处于一种飘忽不定的状态。宣德三年（1428年）夏四月上请明宣宗准许远军改编事宜的是兵部，宣德六年（1431年）三月上请明宣宗将收于附近卫所的远军发回原卫的也是兵部④。如果说宣德三年（1428年）和宣德六年（1431年）的改编与发回原卫是兵部为清理军伍而采取的必要措施的话，那宣德年间之后的事例则足以说明兵部飘忽不定的态度。正德八年（1513年）九月，山西巡按监察御史周伦上书请求将远军改编入附近卫所，兵部十分坚决地反对周伦的建议。虽然兵部也认为周伦的建议"不为无见"：

　　但军民版籍已定，难以纷更。及奉有事例，遵行已久，若容其在逃，准其自首，希图改编近地，孰肯在彼应当，不无远方军伍益加空缺。况各布政司

---

① 《军政条例》，第15页。
② 孙联泉：《军政条例续集》卷五，第43页。
③ 孙联泉：《军政条例续集》卷四，第472—473页。
④ 《明宣宗实录》卷四十一宣德三年夏四月癸酉，第1013—1014页；《明宣宗实录》卷七十七宣德六年三月丁丑，第1794页。《明宣宗实录》中记载当事人均为"行在兵部"，当为某位兵部官员，但其意见应该代表兵部。

及各府州县俱有清军官员,及每处又差御史提督,正欲其设法清理,痛革前弊,岂可反开其端。①

有关远军改编入附近卫所政策的不断变化,导致了明代卫所军政的混乱。如宣德三年(1428年)夏四月的改编事例和嘉靖六年(1431年)三月的"归原伍",使已改编入附近卫所的军士又要发回原卫,这些军士在心理上必定接受不了将他们发回距离遥远的原卫的命令,因此,原来乐于改编入近卫的军士,其中的绝大部分会选择加入逃亡的队伍,摆脱发回原卫的命运。而成化末年到弘治年间的以时间节点为依据的改编政策,则会加剧卫所军户的逃亡,已改编入近卫的军士必定不愿意回到原卫,发原卫之军见有军士奉先年事例改编入近卫,必会援例希图改编。政策的不断变化加剧了卫所的逃军情况,进而导致卫所军政的混乱。此外,卫所军政的混乱还表现在由改编入近卫而引发的卫所清军勾补的混乱上。远军改编入近卫后,有的军士离开远卫,却并不到近卫服役,由此导致近卫、远卫都无人服役。如巡按陕西监察御史杨秦在奏疏中认为此类军士"情实可恶":

> 各处调卫军士,有为事调发边卫者,有奉例改调近卫者……奈何一调卫之后,赴卫着伍者固多,两相影射者不少。前卫发勾则应之以调卫,后卫来清则应之以跟捉。间有奸顽之徒,递不到卫附名,则后调之卫从何清勾?一向安闲隐住,两不着伍,情实可恶。②

又有已改编入近卫,而原卫仍行清勾者,这其中既有私自投充附近卫所的军士,也有改调之后原卫军籍未曾除豁的军士。卫所军政混乱的状况持续下去,必然导致明代卫所制度走向崩溃的边缘。制度崩溃,卫所不能发挥军事职能,使设立之初即具有地理单位性质的卫所,演变成为纯粹的地理单位,在这样的演变过程中呈现出由"军"向"民"的转变,从而推动了明代卫所"民化"的发展。

2. 解决远军的困惑与明代卫所"民化"的进程

正统三年(1438年),明代政府颁布了有关远军南北改调的事例,该事例规定原籍为山东、山西等北方地区的人民,原充两广、云南等南方卫所的,可依例改

---

① 孙联泉:《军政条例续集》卷三,第176—177页。
② 孙联泉:《军政条例续集》卷四,第370—371页。

编东西北一带边卫补伍,并对改编的具体卫所作了规定①。但到了成化二年(1466年),巡抚山西右佥都御史李侃上奏朝廷,请求将山西发南方各卫所的军士,与南方发山西各卫所的军士进行对调,山西军士发山西边卫,南方军士改补南方各卫。"今欲以山西土人当补南方各卫军伍者,就令补山西边卫;南方之人当补山西各卫军伍者,就移补南方各卫。庶乎两便,而各得其所"②。正统三年(1438年)的改编事例对山西充发南方各卫军伍者已有规定,但到了成化二年(1466年),山西巡抚李侃复有此奏,表明正统三年(1438年)颁布的事例似乎并没有被很好地执行。嘉靖三十年(1551年)巡按浙江监察御史霍冀"申旧例以便远军",则更直接地表明了有关远军改编政策的执行不力。所谓"旧例"即正统三年(1438年)有关南北远军改编的事例。

对于法律执行不力的情况,巡按浙江监察御史郑濂在奏疏中也曾提到:"臣查得前监察御史杨彝亦曾具奏,已蒙圣允,但今各省尚未奉行。"③嘉靖六年(1527年)杨彝奏有远军事例,但到嘉靖十一年(1532年)尚未奉行,执行状况并不乐观。卫所远军问题长期影响着明代卫所的发展状况,远军改编政策得不到落实,军士只能选择逃亡以保存性命,卫所逃军现象愈演愈烈。

顾诚在《明帝国的疆土管理体制》④中对于明代卫所的"民化"问题作了细致的论述,他认为:"不应把卫所在明代行政化(或"民化")程度估计过高。"远军改编入附近卫所事例的更变无常恰恰说明了这个问题。从宣德年间到嘉靖末年,此项规定经历了由放松到加强、由加强到放松、再由放松到加强的过程。嘉靖三十年(1551年),巡按浙江监察御史霍冀上书请求重申正统三年(1438年)改编事例,嘉靖三十一年(1552年)有:"凡清出军士,若系嘉靖三十年四月二十五日以前逃亡者,许其改编。以后逃亡者,即系捏故希改,清出军户或原逃,仍补原卫,不许改编。"⑤嘉靖三十二年(1553年)又有:"军犯节次改编,贻累军丁,劳及解户。通行十三省及南北直隶各巡按清军御史查照,以后清理军丁,俱不许比例改编,永为遵守。"⑥这一次,明代政府终于认识到了问题的严重性,对反复改编的弊端有了一定认识,因而下令以后清理军丁不许援例改编,并要永为遵守。这似

---

① 参见《军政条例》,第19页。
② 《明宪宗实录》卷二十九成化二年四月乙酉,第570页。
③ 孙联泉:《军政条例续集》卷四,第385页。
④ 顾诚:《明帝国的疆土管理体制》,《历史研究》1989年第3期。
⑤ 《大明会典》卷一百五十四《军政一》"改编调卫",第605页。
⑥ 《大明会典》卷一百五十四《军政一》"改编调卫",第605页。

乎永远关上了远军改编入近卫的大门,但事实并非如此。《明史》载:

> （万历）后十三年,南京兵部尚书郭应聘复请各就近地,南北改编。又言"应勾之军,南直隶至六万六千余,株连至二三十万人,请自天顺以前竟与释免"。报可,远近皆悦。然改编令下,求改者相继。明年,兵部言"什伍渐耗,边镇军人且希图脱伍"。有旨复旧,而应聘之议复不行。①

从宣德年间到嘉靖年间,从嘉靖末年再到万历年间,从明代中期到后期,远军改编入近卫始终重复着"改编—拒绝改编"的过程。明代政府同意改编易引发在卫军士逃亡援例改编,拒绝改编则卫所远军逃亡不止,且累及解户,致使其陷入了一种松不能、紧亦不能的状态,卫所"民化"进程在既不能放松又不能加强的矛盾状态中向前推进。明代政府始终将卫所作为祖制而不进行根本变革,面对卫所制度显现出来的各种问题,只选择修修补补,却无济于事,也就使得卫所"民化"不可能在明代彻底完成。

三、卫所职能的转变与丰富

（一）营兵制与卫所军事职能的变化

明代卫所制度建立之初,军队征讨所到之处即设立卫所镇守,卫所很快遍及全国,在明初发挥了较大的作用。奈何承平日久,国家政治混乱,特别是明代中后期,卫所已经不能很好地承担军事职责,其最主要的表现是出现了严重的逃军问题。

逃军问题贯穿了卫所制度发展的始终,对于明代卫所制度的变革产生了深远的影响。解决逃军问题,维护卫所制度,成为明代士大夫关注的一个重要议题,因而也留下了大量有关卫所逃军问题的资料,为今天的研究提供了丰富的史实。以下试以军法文献为基础,来探讨明代卫所军事职能遭破坏的情况,以及营兵制对于卫所制的取代,从而分析明代卫所制度的变革过程。

1. 卫所军事职能的破坏

《军政条例续集》三卷中收录了正德六年到嘉靖三十年(1511—1551年)间

---

① 《明史》卷九十二《兵志四》,第2257—2258页。

兵部和都察院的原始文件,其中很多奏疏是由巡按地方的监察御史所呈递,保存了极其重要的资料,对于了解明代中后期的卫所逃军状况具有重要意义。

明代政府对北边卫所投入了巨大的人力、物力、财力,但北边条件恶劣,严重影响了卫所军士的生活,特别是对于那些从南方到此服役的军士,无异于投之死地。加上北边卫所官员不思抚恤,对军士任意驱役,导致北边各卫所逃军情况十分严重。据《军政条例续集》卷四载,巡抚陕西监察御史胡守中上书说:"河西十五卫所,原额军士六万八千有余,见今止有两万九千余人,除传塘守哨之外,征战尚不足用,奚暇屯田!"①又如"宁夏右屯卫军共五千六百名,即今见在二千二百五名,逃故三千三百九十五名,俱各缺役。以一卫而言如此,其余别卫所可想而知"②。吕坤在《督抚约》中提到:"三关军士,老弱居半,而缺伍者不啻十三,见在者皆将领役占,不在者皆雇觅点名。"③

在邻近北边的直隶地区,逃军情况并不弱于北边卫所。巡按直隶监察御史金灿在奏疏中对直隶地区的逃军情况进行了细致的描述:"臣钦承敕命,查点军士,各该要害之地逃亡者,十有四五,除上班做工外,存留者十无二三。虽严并各卫所掌印官立限清勾,通无一军解到。"④即各要害地区卫所,逃亡者达到全部军士的十分之四五,除去赴京轮班的军士,各卫所存留的军事力量还不到十分之二三。

据巡按广东监察御史陈储秀奏称,广东诸卫所,"军政久弛,时弊多端,岁日逃移,消亡几尽,卫所旧额十不存三"⑤。广东诸卫所军士逃亡情况也十分严重。

在与广东相邻的广西,缺军情况同样严重。据巡按广西检察御史萧世延奏称:

> 今之广右……良由营伍空虚,鞭策无措,所存老弱,以上守城且不足,尚何望于折冲敌忾耶!臣触目激里,深切愤惋。查得在省桂林中、右二卫,原额旗军通共一万六千五百九十四名,见在食粮旗军老疾纪幼共二千七百一十三名耳!即二卫而各卫可知矣。⑥

---

① 孙联泉:《军政条例续集》卷四,第488—489页。
② 孙联泉:《军政条例续集》卷三,第210页。
③ 吕坤:《督抚约》,《中国古代地方法律文献》甲编第8册,第299页。
④ 孙联泉:《军政条例续集》卷四,第442页。
⑤ 孙联泉:《军政条例续集》卷四,第500页。
⑥ 孙联泉:《军政条例续集》卷四,第541—542页。

另据《巡抚条约》载:"近据都司造报官军文册,通省各卫所官军共一十一万八千八百九十八名,除逃亡事故,实在官军共一万一千九百四十二名,是所存官军仅十之一,则所费俸粮亦仅十之一耳。"①萧世延和郭应聘俱于嘉靖末年任职广西,两人所记文字反映的也是嘉靖末年广西卫所的情况,可见到嘉靖末年,广西诸卫所军士所存无几,较之其他地区更为严重。

在《军政条例续集》中虽没有提到山东、浙江、河南等卫所,但逃军情况也不容乐观。在全国范围内,刑科给事中凌汝志于嘉靖二十九年(1550 年)所呈奏疏中就提到:"况今天下军户,皆因清勾之烦、解发之苦,死绝逃亡十居七八。"②

针对卫所严重的逃军情况,中央和地方想尽办法进行勾补,以维持卫所的正常运行,但并不能解决逃军问题。《军政条例续集》卷五中收录的一份兵部奏疏就提到:"见在京在外卫所,官军俱有定额,一遇逃亡,随即发册清勾。加以每年犯罪充发不下数百,似宜军额日增,而今乃耗损日甚,至不及原额十之二三。"③即使明代政府强力推行清勾政策,并且推行犯罪免死充军等律法,但面对卫所巨大的逃军缺口,根本无补于事。《明英宗实录》载:

> (正统三年九月)丙戌,行在兵部奏……臣等窃惟自遣御史清理之后,近三年于兹矣,天下都司、卫所发册坐勾逃故军士一百二十万有奇,今所清出,十无二三,到伍未几,又有逃故,难以遽皆停止。④

该奏请本是讨论召回清军御史一事,从中可以看出正统初年卫所逃军数量已经如此巨大,卫所制度因逃军问题已经陷入了万劫不复的境地。

卫所逃军严重,营伍空虚,在伍之人又多老弱疾病及纪录幼丁,根本无法进行作战。如在北边卫所:

> 臣等查得各镇原额之兵,自足防御,奈何承平日久,上下因循,逃亡既多,补解绝少,见在食粮军士,又多分散各处,戍守城门,看管粮仓,及有跟官书办,匠作杂差,并冒破卖放等项情弊,俱系富实少壮军士。一遇有警,应敌

---

① 郭应聘:《巡抚条约》,《中国古代地方法律文献》甲编第 5 册,第 14—15 页。
② 孙联泉:《军政条例续集》卷五,第 45 页。
③ 孙联泉:《军政条例续集》卷五,第 77—78 页。
④ 《明英宗实录》卷四十六正统三年九月丙戌,第 889 页。

之兵十无三四,且多老弱参差。是以兵分势寡,遇敌不敢战,战亦不能取胜也。①

卫所缺军严重,不任战事,更有甚者连守御职能都不能很好地完成。

2. 营兵制与卫所军事职能的变化

卫所缺军严重,不能胜任战守,不能很好地承担和发挥军事职能,但国不可一日无守,面对内忧外患,明代政府需要新的军事力量来代替卫所,承担军事职能,由此,营兵制出现,并迅速承担起了原属于卫所的军事职能。《军政条例续集》卷三中就提到了因卫所缺军严重,不能胜任战事,而被营兵制取代的情况:

> 查得宁夏等七卫、灵州等二所,原设军伍俱系洪武等年间腹里、浙江、湖广、山东、山西、云贵等各布政司,并南北直隶府州县民人为事或迁发前来充军,久住防守,相继有百十余年者,有八九十年者。中间逃故数多,递年发册清勾,然避难托故,奸弊百端,解补数少,以致旧伍渐空,缺人防御。先年曾蒙圣恩,念及斯苦,差官前来招募,每新军一名给银五两,招募官旗量数升官,亦曾行文本镇量为抽选,百计加增,至今未复额数。②

此奏疏的时间是正德九年(1514年),招募来的士兵似乎是增补入了卫所军,以恢复卫所原额军数,并未单独立营,但也存在着此奏疏的作者将卫所军和营兵放在一起计算的可能。此外,奏疏还提到了另一种军士来源方式——"抽选",即选取卫所军中的精壮军士补充到营兵中,充实营伍。招募和抽选,都是营兵制的士兵来源方式。

各地由卫所军制向营兵制转变的过程各不相同。在北方边镇地区,明王朝饱受蒙古部落的劫掠骚扰,旧有的卫所体制到明代中后期根本无法发挥出军事职能,因而,营兵制在此大有用武之地。《皇明条法事类纂》载:

> 查得天顺元年八月二十日,节奉英宗皇帝圣旨:朕念辽东、甘肃一带边境人民……今思近边人民禀气强劲,臂力过人,边陲利害,戎虏愤伪,素所谙

---

① 孙联泉:《军政条例续集》卷四,第528—529页。
② 孙联泉:《军政条例续集》卷三,第209—210页。

晓,中间多有精壮好汉、部分军民舍余人等,有肯愿与朝廷出力报效者,于所在官司告报,就收附近卫所寄管,着做土兵名色。①

在天顺年间北边卫所已经开始推行招募,此时的招募范围很广,既有当地军户,也有土人,由附近卫所代为管理,这也是以后上百年卫所制与营兵制的复杂关系的源头。到嘉靖中期"沿边增置,招募渐广"②,营兵制规模大断扩大。

在营兵官员与卫所官员的关系上,据姚镆《巡抚事宜》载:

> 各把总、坐堡官……近访得有等指挥、千百户,遇有各营堡把总、坐堡等官为事革职员缺,闻知推补,就便用幸奔竞,或□嘱本堡官旗,呈保营求,前去管事。③

营兵制中的把总、坐堡官等,是从卫所的指挥使、千户、百户中选拔而来的,成为卫所武官的理想出路。

在京城重地,明王朝主要以京卫拱卫京师,维护皇室安全,但即便在天子脚下,卫所军士仍然逃亡不断,到明代中后期亦根本无力承担护卫京师的重任。《明史》有言:

> 文皇帝设京卫七十二,计军四十万。畿内八府,军二十八万。又有中都、大宁、山东、河南班军十六万。春秋入京操演,深得居重驭轻之势。今皆虚冒。且自来征讨皆用卫所官军,嘉靖末,始募兵,遂置军不用。至加派日增,军民两困。④

京卫推行募兵开始于嘉靖末年。募兵需要明代政府支付巨额银两,这些银两只能由原来的卫所军和民户百姓提供。军民拿不出更多的钱,明代政府就维持不了数量巨大的营兵,由此陷入了恶性循环,影响了明朝的统治。

在位于东南沿海的浙江,明初方国珍败亡之后,其残部退入海岛,伺机登岸

---

① 《皇明条法事类纂》卷十三《兵部类·招募近边精壮子弟》,第1057页。
② 赵炳然:《赵恭襄文集·题为条陈边务以俾安攘事》,《明经世文编》卷二百五十二,第2646页。
③ 姚镆:《巡抚事宜》,第237—238页。
④ 《明史》卷二百五十一《蒋德璟传》,第6501页。

侵扰,为害一方,后又有海盗勾结倭人,形成倭乱,严重危害了沿海人民正常的生产生活秩序。东南沿海卫所一方面缺军严重,不足以对倭寇形成致命一击;另一方面,卫所军定点驻守,防御范围有限,面对飘忽不定、机动作战的倭寇,根本难以防御。茅坤在《条上李汲泉中丞海寇事宜》中言:"若海上之寇,乘潮往来,自温、台、宁、绍以及杭、嘉、苏、松、淮、扬之间,几三千里。东备则西击,南备则北击,决非国家戍守之兵所可平定者。"①营兵制较之卫所则有较大进步,营兵由兵备道总兵官统辖,防守较大的区域,可进行机动作战。总兵之上又有督抚等地方军政大员,可调动营兵跨区域作战。赵炳然在《防海兵粮疏》中对浙江的营兵进行了描述:

> 浙江之兵,原系募用土人,并非卫所尺籍。所用头目,或名把总,或名千总,或名哨官队长。所部各兵,或六七百名,或四五百名,或一二三百名。②

把总、千总、哨官队长等职务,均为营兵制中的领兵头目,其募兵来源则为浙江土人。"并非卫所尺籍"并不表明浙江营兵中没有卫所军,事实上,营兵主要由民人和军户组成,民人为"招募",卫所军为"抽选"。茅坤也提到:"且今之卫所之军与有司所籍民壮,特空名焉而已,善兵者汰而用之,或什之一二,可以约束而作也。"③

在广东地方,维护地方安危则完全依靠招募的营兵。"今北边及四川、云贵等处,用以御虏防番,尽属军士,即浙闽亦有军丁船员,兼同募兵出海御倭,独两广地区,则军丁殊不足用,专恃募兵,至通省水陆募兵共三万余名"④。郭应聘还下令将广东诸卫所军士中的精壮之人,按募兵编立营伍进行训练,利用卫所军士有月粮供应的优势,以节省募兵费用:

> 选其精壮之尤者,照依募兵编立营伍,统于将官,与募兵一同操练。每军丁月粮之外日加银一分,以示优厚。训练即熟,与同募兵一例征调,获功

---

① 茅坤:《茅鹿门文集·条上李汲泉中丞海寇事宜》,《明经世文编》卷二百五十六,第2700页。
② 赵炳然:《赵恭襄文集·防海兵粮疏》,《明经世文编》卷二百五十二,第2654页。
③ 茅坤:《条上李汲泉中丞海寇事宜》,《明经世文编》卷二百五十二,第2706页。
④ 郭应聘:《郭襄靖公遗集所载地方法制资料》卷十五《总督条约》,《中国古代地方法律文献》甲编第5册,第119页。

一体叙赏……诚练军丁一营，即可省募兵一营；省募兵一营，即可养军丁三营。行之既久，行伍日充，募兵日少，饷费日省，一转移之间而数利集焉。①

营兵制的出现及其对卫所军事职能的代替，对明代卫所的变革产生了深远的影响，这种影响表现在两个方面：一是兵源方面，二是经济因素方面。

在兵源方面，营兵制实行招募民人与抽选卫所精锐的双轨兵源制，营兵中既有从民间招募来的民户，又有从卫所抽选出来的军士，军与民混合编立成营兵，这样的编立方法，实际上打破了军事上军与民之间的严格界限。以前是卫所军士守卫家国，如今是卫所军士与民人共同承担此责任。军人被抽选成为营兵，一般都会离开卫所驻地到别处服役，卫所成了军人的"老家"，许多人由此脱离卫所的控制。方逢时有言："洪永以后，边患日棘，大将之设，遂成常员。镇守权重，都统势轻，卫所精锐，悉从抽选，于是正奇参守设，而卫所徒存老家之名。"②

经济因素方面的影响则表现为向卫所军户征收银两以招募营兵。营兵的招募，需要国家强大的财力支持，明代政府无力承担如此数额巨大的支出，遂一方面向民户加派税收，另一方面则是向军户征收银两。康熙《延绥镇志》载：

> 正统初，兵部节议轮班官军，陕西西安左前后右四卫、潼关卫、蒲州守御千户所、河南南阳卫、宁山卫、颖上守御千户所通共轮班操备官军两班，计一万一千六十三员。嘉靖三十一年，奏册尚仍旧。其后南阳、颖上、宁山三卫军免班，南阳等卫军戍榆，岁二月赴边，次年二月放归。嘉靖四十三年，巡抚胡之夔疏议免戍三年，每年每军征银五两四钱，解镇募军之用，限满仍复上班。万历三年，阅边郎中熊秉元、总督石茂华、巡抚张守中会议，照旧征银，以资公费。而班军之制废矣。③

班军免班，即班军不用去戍守，只需要交纳银两，送到戍守之地，用以招募营兵来承担戍守任务。起初，纳银免班还有时间限制，其后则不加限制，因而导致了班军制度的瓦解。班军纳银免班，实际上放松了对卫所军士的人身控制。有一定

---

① 郭应聘：《郭襄靖公遗集所载地方法制资料》卷十五《总督条约》，第120—121页。
② 方逢时撰，李勤璞校注：《大隐楼集·补遗·审时宜酌群议陈要实疏》，沈阳：辽宁人民出版社，2009年，第311页。
③ 康熙《延绥镇志》卷二《军志·军数旧额》，台南：庄严文化事业，1996年，第7b页。

经济基础的富军,可以缴纳银两免班,并利用对人身控制的放松来进行各种经济活动,以进一步壮大自己的经济实力;而没有经济能力的贫军,因其无力缴纳免班银两,有的则被卫所官员、势要豪强人家及富军等役占,隐蔽在其户下,以期脱免军役,更有甚者选择了逃亡之路。

以上所讨论的仅是有轮班戍守任务的班军,所涉及范围毕竟有限,其他不用轮班戍守的卫所军士如何呢?《明神宗实录》载万历三年(1575年)工科给事中徐贞明的奏疏中提到:

> 勾军东南,离其骨肉,而军装出于户丁,帮解出于里递,每军不下百金,东南之民困矣!而军非土著,志不久安,辄贿卫官以私回,卫官利其赂,且可以顶军而冒饷也,而辄纵之。又皆冒支存恤月粮,是困东南之民而无补于军政,宜照班匠事例,免其解补,而量征班银以资招募,将存恤月粮裁革,以杜虚冒,使东南之勾补永罢,而西北之行伍渐充。兵部谓:祖宗定为兵制,与班匠不同,且西北地广人稀,无人应募,补偏救弊,尚有可以持循,因噎废食,恐遂不可救药,宜行各该清军御史勾解军丁务尊见行事例,精选壮丁起解补伍,不许将老弱残疾徒凑名数。上是兵部议。①

徐贞明认为远卫勾军,正军及族属均受其害,到卫即逃,又有卫官冒支月粮之弊,希望能照班匠事例,罢免东南勾补,对到西北服役的军士征银,以作为西北招募军源的资金,以充实西北行伍,以疏东南民困。兵部则认为班匠之制与卫所军制不同,不能混为一谈,不可征银而免解,遂拒绝了徐贞明的建议。由此,纳银以资招募并未扩展到全国卫所,仅仅是在班军之中实行。但我们不能因"纳银以资招募"施行范围小就否定其价值,班军是卫所军的一部分,只不过承担的任务略有不同,班军免班纳银以资招募,实际上是将经济因素引入卫所系统,通过调节经济因素以维持国家军事系统的正常运行。徐贞明的奏请则表明,经济因素对原来仅仅依靠军事强制手段和行政命令来维持运行的卫所系统产生了极大的冲击,经济因素在卫所中的地位逐渐上升,进而逐步影响了卫所的发展与变革。卫所军户经商,买通卫官逃军回乡等都是具体的表现,也是进一步推动卫所变革的动力。

---

① 《明神宗实录》卷四十四万历三年十一月乙酉,第994页。

营兵制代替卫所制的军事职能,实际上是给了卫所充分发展与变革的空间,卫所成为营兵制的兵源供应地,卫所内部民事事务逐渐增多,"民化"的需求越来越强烈。这种变革是卫所内部自发的或被动的变化,由于明朝一直秉承祖制不能废的传统,卫所制和营兵制交织存在,这也导致了卫所的"民化"进程一直在缓慢发展。

(二) 卫所经济活动的丰富

卫所设立之初寓兵于农、自给自足。因地域差异,各地卫所军民谋生手段各有特色。随着卫所屯田体系的破坏,卫所军民生存的需求使其与地方经济关系更为紧密。

在沿海卫所,其经济活动可以分为两类:一类是卫所居民为了维持生计而进行的出海渔猎活动,一方面满足了沿海卫所居民的生存需求,另一方面当居民渔猎活动的产出超出了自己的需求时,多余部分便可以当作商品进入到市场以满足他人所需,由此出现了商品经济活动。另一类是卫所作为海陆交通枢纽进行的沿海与内陆、南方与北方的贸易往来。

卫所居民为了维持生计而进行的渔猎,是卫所最基本的生产与经济活动。山东威海卫"当春夏之交,波静风休,居民渔户,棹楫乘风,撒网索于水底,競泛舟以沉浮。櫓声呕哑,渔众歌讴,鳞跳鱼跃,戏浪优游"①。浙江临山卫下属的三山守御千户所有三浦,"陈家浦,所东一里;眉山浦,所西十里;杨家浦,所东三十里。以上三浦,居民采捕于此,而日本船亦多停泊"②。福建崇武所"卫所守义者固多,而嗜利者亦有之。上焉者,业儒好礼,崇衣冠之雅;次焉者,务田力穑,事耕作之勤;其无所资借者,或专艺樵牧以为生,或采螺蚌鱼虾以为利"③,居民"错列而居,以渔为业"④,"食指千余,俱以出海为业"⑤,"军民有傍岸取者曰拖网,有驾船出洋者曰旋网,浮缝纶绉鱼虾之利,得以瞻家。又海边石礁潮水淹没处,出有螺、蚬、海菜诸物,小厮皆步取之"⑥。明万历以后,崇武所所产鱼类被贩至福建各

---

① 乾隆《威海卫志》卷九《艺文志》,《中国方志丛书》,台北:成文出版社,1983年,第345页。
② 嘉靖《临山卫志》卷一《山川·三山所》,第22页。
③ 嘉靖《临山卫志》卷一《风俗·本卫》,第24页。
④ 《崇武所城志·居民》,《福建地方志丛刊·惠安政书(附〈崇武所城志〉)》,福州:福建人民出版社,1987年,第32页。
⑤ 《崇武所城志·山水》,第34页。
⑥ 《崇武所城志·山水》,第35页。

地,"大要边海捕鱼之鲜者,可贩而走惠安、晋江二处,其腊者可舟载而之三山、兴、漳等处,俱可殖焉"①。靖海卫,"本卫城三面环海,当东南出入要地,地多赤卤,居民仰渔利以自给"②。

除渔业外,部分沿海卫所因其特殊的地理位置和丰富的物产,从而成为南北海运、沿海与内陆贸易往来的重要枢纽。威海卫"系海运必由之路","(万历四十六年)海运复兴,刘公岛、三官营、庙前口俱为泊船之所,避风守冻,多时百余艘"③,"又有海运之船,巨舸大舶,吴越制造,江湖发迹,转水道以浮泗,竟扬波而北逝,樯橹如林,联绵络绎,便道刘公,落蓬住楫。凡百珍奇,载衰载集"④。崇武所"其海路,上通福州、兴化二府,过省可通南京、浙江等处。下通泉州及安溪、永春二县。又至漳州,过省可通广东等府。所城孤悬海上,旗置区外,东西南北仅一面通陆,凡四方商舶之往来,无不停泊于此,可资有无,与惠邑陆用车马不同。遇岁歉,不至米珠薪桂者,此海之利商也"⑤。借着海路运输的便捷,卫所军民亦有以贩卖为生的,崇武所的商人足迹遍布南北,"此间有不渔耕者,挟赀鬻货,西贾荆襄,北走燕赵,或水行广之高琼、浙之温台、处等郡,装载茹榔、米谷、苎麻杂物。富商巨贾,几遍崇中,此大买卖比前得息大不相侔"⑥。

沿海卫所经济的发展,还表现为所在集市经济的繁荣。威海卫经济的发展,最直观的表现就是威海卫集市的发展。据《威海卫志》载,威海卫共有五个集市,"在城四集:初四、十四、二十四东街,初九南街,十九西街,二十九日北街。在乡一集:东仓集,在卫东北二里,明系军营屯聚之所,营裁集废"⑦。明代王悦在《威海赋》中对于威海的集市有充分的描写:

> 论其集市,则在阛阓,外客他商,宝货珍贝,服食之需,水陆之类,或驴马之驮载,或老壮之负背,如蚁之归垤,如川之东沛,百辙千涂,于焉是会……是以一日之间,一霎之内,虽货集丘山,皆旋来旋去,而举不知其所在。又有海运之船,巨舸大舶,吴越制造,江湖发迹,转水道以浮泗,竟扬波而北逝;樯

---

① 《崇武所城志·生业》,第41页。
② 《靖海卫志·增补·屯名》,《中国方志丛书》,台北:成文出版社,1983年,第69页。
③ 乾隆《威海卫志》卷一《疆域志》,第39页。
④ 乾隆《威海卫志》卷九《艺文志》,第348页。
⑤ 《崇武所城志·山水》,第35页。
⑥ 《崇武所城志·生业》,第42页。
⑦ 乾隆《威海卫志》卷三《学校志》,第69页。

橹如林,联绵络绎,便道刘公,落蓬住楫。凡百珍奇,载衰载集。故吾卫之人,不求不劳,坐收坐获,其视彼疲身穷力、走千里而负荷者,奚啻倍蓰而什伯也。①

这段话虽有夸张之处,却也反映了威海卫守卫在南北海运交通要道上的繁忙景象,以及市集经济的繁荣。浙江镇海卫有三个街市,分别为镇海市、铜山市、六鳌市,"明时有市,清时无市"②,明代卫所的驻防推动了集市的出现与发展。

以上仅是沿海卫所的情况,其他地方卫所军民的谋生方式因地域不同而各有差异。北边的卫所与边地贸易的关系非常密切,与边地外族有关的粮食、马匹贸易成为主要交易。姚镆的《巡抚事宜》充分反映了西北地区卫所的经济活动,与当地的农业生产纠结在一起,在这份文献中,可以看到与卫所有关的各种买卖中,涉及粮食的最多。

卫所经济活动的繁荣,不仅是维持卫所居民日常生计的需要,还有利于附近府州县,进而形成区域间的经济交流。这种往来打破了区域中作为军事单位的卫所与作为民事单位的府州县之间的严格界限,密切了卫所与府州县的联系,并且推动了民事行政系统中的诸多因素进入作为军事系统的卫所内部,例如纠纷诉讼等,推动了卫所的变革。此外,卫所一般戍守交通要道,特别是沿海卫所和北边卫所,成为对外交往的前沿地带,起到了中外交流、贸易往来的中转站作用,交通枢纽职能在卫所职能中所占的比重也越来越大。经济职能和交通枢纽职能不断发展,推动了卫所的发展和变革,一些卫所成了地区经济中心,反过来又进一步推动了卫所的变革。

卫所经济的发展,对于卫所及军户的影响是极其深远的。卫所经济获得发展,直接受益的是卫所军户,军户由此分化成为富军和贫军两个阶层。一部分军户或勤恳劳作,或经商致富,跨入富军行列,而后利用自己的经济实力,买通卫官,或脱免军伍,或返回原籍潜住,或纳银充吏,或雇人应役,或在外经商,等等,他们想尽各种办法解除自身担负的军役。河南监察御史许完在奏请中就提到:"窃见天下卫所正军稍足衣食者,转便援例纳银冠带,此岂效顺慕义之实心,盖有以如是以后可免差役之害也。"③《军政条例》中也提到:"在京在外卫所官员,多

---
① 乾隆《威海卫志》卷九《艺文志》,第 347—348 页。
② 乾隆《镇海卫志·方域志下·街市》,第 37 页。
③ 孙联泉:《军政条例续集》卷三,第 306 页。

有将殷实军人占作军伴,冒支月粮,办纳月钱,卖放回家,作放马、取讨衣鞋等项名色,迁延潜住。"①即卫所军户通过向卫所官员缴纳月钱而脱离军伍,躲避差役。有关月钱的明代记录十分丰富,表明这种情况在明代十分普遍。富军利用自身经济实力买通卫官,达到脱免军役的目的,转而通过经商等手段扩大自身经济实力,继续交纳月钱以买通卫官,从而可以长久地脱离军伍。《明史》云:"向者,兵士受粟布于公门,纳月钱于私室。于是手不习击刺之法,足不习进退之宜。第转货为商,执技为工,而以工商所得,补纳月银。"②河南监察御史许完在奏疏中提到:"臣去年七月巡历郑州地方,查出纪录军丁小路儿、刘不礼,各有壮丁张仲得、刘聪经商在外,乃至旷役二十余年不行解补。"③若非纳银买通卫官,他们断不至于旷役经商达20余年。

富军买通卫官脱免军役,军役只能转移到没有经济能力的贫军身上,这更加重了贫军的军役负担。一部分贫军效法富军,通过借债等方式贿赂卫官,以脱离军伍,转而经商致富,一部分贫军选择投靠势要人家充当家奴,隐于其户下,更多的军户只能选择逃离卫所,脱离卫官、富军、势要人家的压迫,由此造成卫所军伍更加空虚。

四、卫所军户贫富分化与"民化"

(一) 成化以后军户贫富分化的加剧

卫所军户分化成贫军和富军两个阶层,对于卫所的发展产生了深远的影响。军户的贫富分化是卫所军户逃亡的重要原因之一,明代遗存的军法文献中有很多反映卫所军户因贫富分化而逃亡的事例,对于展现卫所军户的贫富分化状况具有重要意义。应该注意到,明代军事法律文献所反映出来的卫所军户贫富分化实际状况较为简单,缺乏量化的数据。

在《六部事例:兵律》中有数条成化年间的史料,反映了当时卫所贫富分化已渐成趋势。成化八年(1472年)五月巡按直隶监察御史康骥在奏疏中提到:

---

① 《军政条例》,第12页。
② 《明史》卷一百七十六《刘定之传》,第4693页。
③ 孙联泉:《军政条例续集》卷三,第286页。

> 切见京卫军士，岁支粮米，冬给布花，正当操练闲习以备调用，岂期敢有此等军士，保暖逸居，虚靡粮赏，以十分焉则率止有七八分差操，其余以财买跟势要，隐射清（原文如此，疑有遗漏），不过纸差操而已。①

京卫军士中有十分之二三的军士用钱财买跟势要，不行差操，躲避差役。这表明这些躲避差役的军士具有一定的经济能力，应属于富军。他们贿赂势要，由势要为自己提供保护伞，保护自己免于被清勾回卫服役。

成化十二年（1476年），兵部尚书项忠在有关清理赴京上班军士的奏疏中提到：

> 切照所辖卫所，北方四散，不能亲历，其间多有玩法违限避操，积年买嘱军政官员，或留卫别差，或纵到官首，送法司亦止依律问拟杖罪，恃为得计，习以成风，甚至往回原籍州县乡村，依附亲邻里甲人等住过，军卫移文挨拿，有司置之不理。②

这封奏疏中虽未说明这些躲避军役的军士属于富军，但能贿赂卫所军政官员，表明这些逃避军役的军士是有一定经济能力的。

成化十三年（1477年）二月二十二日，都察院左都御史史琳上书称：

> 该御马监太监汪题，近日累次缉获强盗杂犯之人，多系四方逃军逃民，逃在京师潜住，昼则用功，夜为盗。其间狡诈富实者，投托权要之家，冒认名姓，借势游荡于远方，骗诈财物；居住于近处，易作非为。③

成化年间巡按监察御史夏玑在奏疏中提到：

> 查得杭州等府、仁和等县，自正统年间以前无勾军士计一万九千四百八十二名，中间在营有无人丁，难以概凭军户供报，虑恐军户贫乏而在营有丁，里书因无财物却称伍亦无丁；戍伍久空而军户殷实，里书受有贿赂，反作有

---

① 《六部事例·兵律》，《天一阁藏明代政书珍本丛刊》第5册，第434页。
② 《六部事例·兵律》，第458页。
③ 《六部事例·兵律》，第533页。

丁。似此真伪难辨,府县岂能一一审究。①

夏玑所提到的军户应是原籍军户,原籍军户的贫富分化影响到了卫所清勾的执行,富军贿赂里书谎称在营有丁,从而免除本身军役;而贫军没有经济能力贿赂里书,则只能遭受重复勾补之灾。

成化以后,卫所贫富分化更加严重。《军政条例》中有不少反映卫所富军与贫军的资料。对于富户,"各卫所军士,有等殷实之家,本身并户丁精壮,不行应役,却乃买求官吏,将买到软弱家人小厮并义女、使女、招到女婿人等,冒名顶替,以致队伍不精"②。富军多想方设法通过贿赂官吏脱离军伍,躲避军役。他们也成为卫所官员乐意役使的对象,其中重要的一项即是将富军占作军伴,"在京在外卫所官员,多有将殷实军人占作军伴,冒支月粮,办纳月钱,卖放回家,作放马、取讨衣鞋等项名色,迁延潜住"③,双方都获得好处。

富实少壮的脱逃,严重破坏了卫所军伍的完整性。

富军的逃避军役更增加了贫军的负担,正德年间河南监察御史许完专门就卫所军户贫富分化问题上奏朝廷,希望能"禁正军援例买闲,以惠贫军",切实解决富军贫军的问题。其在奏疏中提到:

臣惟天下之事,利害不同,在人之情趋舍亦异。害有大小,利亦有大小,铢铢两两,夫人权之亦孰矣。苟捐利之小者,而博夫利之大者,何不为也?窃见天下卫所正军稍足衣食者,转便援例纳银冠带,此岂效顺慕义之实心,盖有以如是而后可免差役之害也。然计其纳银二十两,不过军差二三年之费耳,乃得滥沾恩泽,复其终身,其卫所常办之差又能除免,将以加重于贫军矣。所得不足以偿所失,亦何取于此耶!宣武卫正军李还纳银冠带,却将五岁幼男纪录在官,通计十年,纪录月粮连开当得三十七石有奇,纳银之费足以抵偿。富者以小利而成大利,又岂知贫军以富军而反益其害哉!又况有司军户之家畏惧补役,冠带买闲,军伍有缺,无人解补者亦有之,若目国用所系不暇分别,堂堂天朝何有于此!④

---

① 《六部事例·兵律》,第520—521页。
② 《军政条例》,第5页。
③ 《军政条例》,第12页。
④ 孙联泉:《军政条例续集》卷三,第306—309页。

富军援例纳银冠带,充当小吏,由此可脱免卫所差役,差役只能由贫军承担,如此则加重了贫军的负担。军户中存在着贫军和富军两个阶层,并对卫所的发展产生了不利的影响。

在《军政条例续集》卷五所载奏疏中也提到了卫所中存在着贫富分化现象:

> 查得在京七十八卫所,官不下万余员,军不下十余万名,岂谓单丁已乎!官必有舍余,军必有余丁,相帮随住,不当别差,不应力役。贫者游食无赖,富者坐享安闲。①

胡守仁在《浙江总兵肃纪维风册》中作了一条限制卫所军户包粮的规定:

> 严禁包粮以除军蠹。照得沿海官军,多无恒产,惟赖月粮养赡家口,节年多被积恶官舍军余人等惯扰仓场,每遇有司派运上仓粮米,即串通官攒斗级,询访粮户姓名住址,央亲托识前去包揽,而彼粮户思以运纳烦难,希图省费,故将该运粮米任各奸恶高价折银回家私卖乾筹等,贫军无奈,只得依从。每斗无五升实惠,辗转生利肥家,虚出仓串销缴,以致经年累月并无粒米到仓,官军枵腹待哺。及至上司查盘,或被告举,则多方挪移影射,或扳扯无辜,甚至官攒流落异乡,毙于非命。蠹国害军,莫此为甚。②

包揽上仓粮米的官舍人等应属于有一定经济能力的富裕军户,他们通过包揽上仓粮米并转卖来获利;而卫所军士多依靠月粮供应,上仓粮米不能上仓,军户就无法支取月粮,仅能从包揽月粮的官舍人员手中高价买回,没有财力的贫军,其生活只会更加困苦。

其他由明代地方军政大员编纂颁行的法律中,也有不少反映卫所军户贫富分化的法律条文和史实。隆庆五年(1571年)总督漕运兼巡抚凤阳的王宗沐曾提到:

> 照得各卫所管船旗甲,承领钱粮,干系特重,如水次之交兑、沿途之照

---

① 孙联泉:《军政条例续集》卷五,第66页。
② 胡守仁:《浙江总兵肃纪维风册》,《天一阁藏政书珍本丛刊》第16册,第472—473页。

> 管、到仓之起纳,俱责在一人,必需殷实有力者充当,方克济事。近访有等富军畏惧漕运繁难,营求卫所,或掣补别差,或援纳官吏,或别籍归宗,或投托影射,躲避之奸,无所不至,以致在运率多贫窭之人,漕政由此而坏。本院每年虽委有司会选,而正官又以多务不遑,未免委及左贰,各卫掌印所伍官遂得肆为卖富差贫,但以虚数交与运官,便称了事。①

漕运卫所中的富军为了躲避差役而援纳官吏,或承担别项差役等,致使漕运差役多由贫军承担,而贫军无法很好地完成任务,这严重影响了正常的漕运秩序。朝廷虽有所限制,但却阻止不了卫所官吏卖富差贫。

以上讨论的多是卫所军户中的贫富分化现象,在属于卫所上层领导系统的卫所武官中,也存在着贫富分化现象。《兵部武选司条例》中就提到进京比试的卫所官舍中有贫富不等的现象,"切见各处来比官舍,贫富不等,远近不一,俱各轻身赴京"②。贫富分化成为卫所中普遍存在的问题。

自成化以后,军户中的贫富分化更加普遍,富军与贫军共存,富军利用自己的经济能力,为自己谋取利益,例如躲避军役,甚至脱逃军役等,贫军没有经济能力,只能充当受害者,这种恶性循环,对于卫所产生了深刻的影响。

(二) 贫富分化与卫所内部的崩离

卫所军户贫富分化最大的影响在于对卫所体制的冲击,这推动了卫所体制发生变化,进而推动卫所"民化"的发展。

卫所中的富军,拥有一定的经济实力,可以为自己脱逃军役提供方便,脱逃军役的方式有很多种,但基本都是通过贿赂卫所官员。富军也可以借卫官的权力,为自己谋取一些利益。富军充当卫官的军伴、跟班等,承担杂差,以此脱免军伍,躲避战事,保全性命。这样虽可以免于执行战守任务,但毕竟仍然身在卫所,有的富军则直接贿赂卫官,逃回原籍或潜住他处。《军政条例续集》卷三载:

> 或卫所官吏收纳月粮,放回原籍潜住,延捱赦宥,却才去卫,用钱买嘱官吏,不论应否释放,径给帖文执照回家,后又发册原籍勾欠,及至里老拘解,

---

① 王宗沐:《敬所王先生文集·漕政禁约规条》,《中国古代地方法律文献》甲编第5册,第520—524页。
② 《兵部武选司条例》,第484页。

本军执有卫所帖文,以致两难定处。①

这只是富军逃离卫所的一种方式,还有以清勾之名而实为逃军的情况。范济在《诣阙上书》中就提到:

> 凡卫所勾军,有差官六七员者,百户所差军旗或二人或三人者,俱是有力少壮,及平日结交官长、畏避征差之徒,重贿贪饕官吏,得往勾军……是以留宿不回。有违限二年、三年者,有在彼典雇妇女成家者。②

嘉靖年间在东南抗倭的谭纶对浙江沿海一地卫所富户的记载也说明富军极尽所能,百般脱离卫所:

> 卫所官军既不能以杀贼,又不足以自守,往往归罪于行伍空虚,徒存尺籍,似矣!然浙中如宁、绍、温、台诸沿海卫所,环城之内,并无一民相杂,庐舍鳞集,岂非卫所之人乎?顾家道殷实者,往往纳充吏承,其次赂官出外为商,其次业艺,其次投兵,其次役占,其次搬演杂剧,其次识字,通同该伍放回附近原籍,岁收常例,其次舍人,皆不操守。即此八项,居十之半,且皆精锐。至于补伍食粮,则反为疲癃残疾、老弱不堪之辈,军伍不振,战守无资,弊皆坐此。至于逃亡故绝,此特其一节耳!③

卫所作为军事防守单位,不能无人防守,无人应差,于是各种军役只能转移到贫军身上,贫军没有足够的经济能力贿赂卫所官员,只能成为被压迫的对象,成为卫所官员卖富差贫的牺牲品。《明宣宗实录》载兵部右侍郎王骥的奏疏中提到:

> 内外都司衙门军官,惟知肥己。征差则卖富差贫,征办则以一科十,或

---

① 孙联泉:《军政条例续集》卷三,第138页。
② 范济:《诣阙上书》,《明经世文编》卷二十九,第210页。
③ 胡宗宪:《筹海图编》卷十一《经略一·实军伍》,《中国兵书集成》,北京:解放军出版社、沈阳:辽沈书社,1990年,第850页。

占纳月钱,或私役买卖,或以科需扣其月粮,或指操备减其布絮。①

贫军处处受到卫所武官的压迫与剥削,生活困苦,只能选择逃离卫所。胡守仁在《浙江总兵肃纪维风册》中提到:

> 照得沿海卫所,差役繁多,军伍凋敝,盖由该管官员不知存恤,每遇上司往来,不分公差私事,一概滥用夫马。及掌印指挥越例多占军余,买纳月钱。又有以营造农种等项,私役各军,苟图锱铢之利,往往鬻富差贫,以致贫军日无聊生,流移逃窜,良由于此。②

在卫军户的贫富分化还影响到了原籍军户的清勾工作,甚至对地方行政系统中的民户产生了影响。嘉靖、万历年间的王道在《议清军疏》中提到:

> 清勾之始,执事不得其人,官不屑而委之有司,有司不屑而付之吏胥,贿赂公行,奸弊百出。正军以富而幸免,贫民无罪而干连,有一军缺而致死数人之命,一户绝而破荡数家之产者矣,此清勾不明之弊一也!③

导致清勾不明之弊的重要原因便是富军贿赂负责清勾的里胥,可以免于被勾补,不必赴卫服役,但清勾官员必须完成清勾数量,因而妄勾滥勾,将无财无势的贫民勾补到卫所。且妄勾到卫之人多系贫民,本不属于军籍,到卫即逃,对于卫所军伍毫无裨益,反而加剧了逃亡现象。

富军买跟势要,贫军无财,只能充当势要人家的家仆,或被卫所官员役占,为其看庄护院、种田放牧,以体力劳动换取势要官员的庇护。万历时陈有年在《酌议军余丁差以苏疲累事疏》中提到:

> 但查武弁跟随军伴,虽额有定数,然近来各官率为营私,或违例卖放正军,侵夺屯田;或用私滥捉余丁,充役奴隶,甚至一官包占数十。富者坐纳月

---

① 《明宣宗实录》卷一百零八宣德九年二月壬申,第2431页。
② 胡守仁:《浙江总兵肃纪维风册》,第463页。
③ 张瀚辑:《皇明疏议辑略》卷二十二《武备·议清军疏》,《续修四库全书》第463册,第25页。

钱,贫者劳其筋骨,磨累殆尽,漫无优恤。是以尺籍徒存,行伍渐耗,军额日削,职此由也。①

在卫所,军户要忍受卫官卖富差贫,投靠豪强官员也要任其驱使,但为何他们宁肯选择投托势要也不愿意在卫所服役呢？嘉靖《袁州府志》有关袁州卫所屯田情况的记载中提到：

> (袁州卫)所设屯田,类以老弱孥幼耕,牛具谷种弗备,荒落芜废,辄平其直以质诸富豪家,富豪家利其平也,且鲜徭赋输纳,乃屯军又乐为诸富豪家奴役,佃货相踵,久而莫之竟厉矣。②

袁州卫军户将屯田交给富豪之家,并且军户乐于被富豪之家奴役,但并未提及原因。《天下郡国利病书》载：

> (云南)荷戈持戟皆疲癃老弱之卒,而精锐豪猾冒厮役牢步之名。至其散粮也,在各衙门跟役皆得循例告给,而城操各军随大班支散者,多为管屯各官以兑支敷军,空名与之,有终岁而不沾半菽者。劳逸相悬,苦乐顿异,毋怪乎私役愈众,城操愈虚也。③

"循例告给"表明军士虽为官员私役,或投靠势要人家,但都能领取到一定的食粮,在卫军士的军粮则多为卫官侵吞,有军粮之名而无军粮之实,军士根本领不到军粮。王鏊曾说："虽有屯田子粮而不得入其口,虽有月粮而升斗不得入其家,虽有赏赐而或不给,虽有首级而不得为己功。"④在卫军士既要忍受卫官卖富差贫,又要忍受卫官侵占粮饷,较之于受势要官员驱役而有食粮,军户明显更愿意投靠豪强势要官员之家,成为其家仆,以维持生计。

卫所军户出现贫富分化,富军既利用自己的经济条件,也利用卫官的贪婪心

---

① 陈有年：《陈恭介公文集》卷二《酌议军余丁差以苏疲累事疏》,《续修四库全书》第1352册,第635—636页。
② 嘉靖《袁州府志》卷六《武卫志》,第971页。
③ 顾炎武：《天下郡国利病书》原编第32册《云贵交趾·周懋相条议兵粮疏》,《续修四库全书》第597册,第522页。
④ 王鏊：《王文恪公文集·上边议八事》,《明经世文编》卷一百二十,第1148页。

理,贿赂卫官,或纳银充吏,或买闲回籍,脱逃军役,从而将军役负担转移到贫军身上。贫军无力承担,只能选择逃亡,或投靠富豪势要官员之家,千方百计躲避沉重的军役,以图苟活。最终的结果却是贫富分化后的卫所,富军、贫军都千方百计躲避军役。卫所对富军和贫军都失去控制力,卫所制度的崩溃成了不可逆转的趋势。

对于卫所军户贫富分化及其产生的影响,明代政府有一定的认识,也曾设法禁止。《军政条例》载:

> 旗军有逃回原籍,或诈称病故;或更改姓名,于各衙门充当吏卒、主文写发,拨置害民;或出家为僧、为道,投充生员;或于豪强势要官员军民之家作家人伴当、看庄种田等项名色;及冒给文引,在外买卖,并于邻境别都妄作民人,另立户籍。照依榜例,许令出首改正,解赴原卫着役。敢有违者,逃军发边远充军。里邻窝家人等,照依隐藏逃军榜例问罪。①

明代政府虽颁布了禁止役占旗军的规定,但作用十分有限。此外,如富军援例纳银冠带等,朝廷虽设法限制,但纳银是明代政府重要的财政来源,特别是到明代中后期,国家动荡,军费等各种费用开支巨大,明代政府绝不会自断财路。因而,所有的措施都只是以限制为目的,并不能从根本上解决问题,因而也就不能从根本上消除卫所军户贫富分化对卫所制度发展带来的不利影响。例如,河南监察御史许完的奏请,最终兵部答复的处理意见是对纳银冠带进行限制:

> 前件照得各卫所正军援例买闲,以致军伍空缺,遗累贫军,诚有此弊,合无通行在京在外各都司卫所,今后正军遇例告要纳银冠带者,须查本军户下有余丁二名以上,方许准理。若户无壮丁二名,不许纳银冠带,以致躲避差役。②

相关的军法文献中只禁约纳银充吏和卖富差贫,但并没有任何具体的限制军户贫富分化的措施,表明明政府实际上默认了卫所军户的贫富分化。在明代中后

---

① 《军政条例》,第4页。
② 《军政条例续集》卷三,第309页。

期武官违法成风的状态下,禁约所起的作用很小,根本不能限制卫官卖富差贫。

(三) 贫富分化与卫所"民化"

卫所军户中出现的贫富分化,推动了军户身份性质的转变。

富军大多通过经商来提高自己的经济实力。他们贿赂卫官,躲避差役,或者花钱雇人应役,而本人则专心从事生产,经商致富。纳银充吏的军户则摇身一变成了卫所或州县的低级官员或小吏。他们虽然仍保留军籍,但军伍之事与他们相去甚远。经济实力十分雄厚的军户甚至还可以通过贿赂相关人员而改变版籍,由军籍转变为民籍。家道殷实的军户,努力培养子孙于仕途上发力,提高自己的地位,保证脱离军伍的成果不会被破坏。还有家资雄厚者,通过与王侯官员联姻,提高地位,扩大势力,并寻求政治上的保护。这一切,都表明富军的身份发生了巨大变化,逐渐成为商人、官员,甚至豪强大族,这在张金奎、于志嘉等人的研究成果中已多有论述①。

贫军的变化则要复杂一些。逃离卫所的贫军,或因版籍错乱,年久无考,逐渐成为无籍游民,或于某处潜住,或游食四方。那些投靠豪强势要官员之家的军户,为其看庄护院、种田采桑,逐渐成为由豪强大族控制的家仆、佃户,虽仍有军籍,但有赖户主保护,加之清勾执行不力,基本可以免除军役之苦。也有一些贫军,以富军为榜样,努力从事生产,逐渐跨入富军行列,走上富军之路,逐渐转变为商人、小吏等。

卫所官员的身份地位在军户贫富分化的冲击下也发生了变化。武职官员以领兵作战为生,但到明代中后期,卫所武官已严重堕落,《兵部武选司条例》就提到进京考选的卫所官员上马则用交床,出则乘轿,其领兵作战能力可想而知。军户贫富分化,经济因素冲击卫所体制,卫所官员也逐渐成为寄食一族,或依靠富军的贿赂,或克扣军户月粮,或收取月钱卖放军户,仰人鼻息,地位逐渐衰落。《天下郡国利病书》载:"永定卫土田肥衍,亦边境乐地,但官贫兵富,至互相结为婚姻,以长幼为坐次,生徒豪放,卫校畏之。"又有:

---

① 参见张金奎:《军户与社会变动》,《晚明社会变迁:问题与研究》,北京:商务印书馆,2005年,第403—461页。于志嘉:《再论族谱中所见的明代军户——几个个案的研究》,《历史语言研究所集刊》1993年第63本第3分。于志嘉:《明清时代军户的家族关系——卫所军户与原籍军户之间》,《历史语言研究所集刊》2008年第74本第1分。

> 本卫军士有子本家,其亲管官旗至俟门而仰面焉。冠履倒置,无人为救正者。弘治初,大司马始禁各卫所官旗不得预指俸粮贷钱,其富者不得写人俸粮以营利息。欲正名分,意非不善,而贫富偶,俱怨其不便,其禁遂革。①

这表明在卫所军户贫富分化的影响下,军官的身份地位发生了极大地改变,以致形成了军尊官卑的局面。但应该注意到,卫官最大的变化是地位的变化,而非身份性质的变化。卫所官职袭替,时间越往后,卫所官员作为武将的职业素养越低下,其地位也就越低下。

卫所军户的贫富分化,形成了富军与贫军两个阶层,富军利用其经济条件贿赂卫官,纳银充吏,逐渐脱离军伍,逃避军役,由此军役转移到贫军身上,加重了贫军的负担。加之卫所军饷供应不足、卫官压迫贫军,导致贫军大量逃亡。最终的结果是富军、贫军均脱离军伍,卫所对军户失去控制力,卫所营伍空虚,严重破坏了卫所组织的完整性,影响了卫所军事职能的发挥,导致了卫所的崩溃。

军户身份地位的转变,使卫所中的民事因素上升,诸如经济纠纷等民事案件逐渐增多,卫所指挥使等官员多不谙文墨,且索贿受贿,无法有效地处理这些案件,遂为州县行政系统的文职主官介入卫所事务提供了契机,推动了卫所的民事化管理进程。《六部事例》中《兵律》载成化十四年(1478年),陕西西安府邠州知州高庆上《严卫所以清军政疏》②,讨论卫所事务。行政系统文官上书讨论卫所事务,这在明初军民异籍且界限严格的背景下是绝对不允许的。经济因素冲击下的卫所,改变了卫所以军事强制手段调控一切的传统,民事调节手段在卫所中发挥了越来越重要的作用。

张居正推行一条鞭法改革后,一条鞭法也逐渐在卫所中推行,"卫所中推行一条鞭法的目的是遏止军官占役军士、余丁"③。一条鞭法的最大特征是徭役和田赋折银征收,但在卫所中推行时主要是徭役纳银,屯田子粒部分折银征收。这在明代中后期卫所官员对军户失去控制力的情况下,一定程度上减弱了军户与卫所及土地的联系,军户只要交纳一定的银两,便可以免除差役。明代中后期卫所屯田被严重破坏,卫所军粮供给更多地依靠民户来提供,这加剧了军户与土地的分离状态。军户可以雇人顶替军役,卫官也可以雇人暂补军伍,军户只要交纳

---

① 何孟春:《余冬序录摘抄五》,《纪录汇编》卷一百五十二,上海:商务印书馆,1938年,第8a—8b页。
② 《六部事例·兵律》,第547页。
③ 张金奎:《军户与社会变动》,《晚明社会变迁:问题与研究》,第442页。

月钱便可以脱离军伍。在经济因素的冲击下,军户获得了更多的人身自由,他们外出经商,发展工商业,扩大自身经济实力,在这种状态下,卫所已失去了本来的军事职能。如万历《南昌府志》载:"惟军余各输徭以雇役,则武职使令不乏,余军或得脱占,以治生业,则正军听继有人,是豁余军乃以翼正军也。"① 经济因素对卫所的冲击,使卫所中雇役、交纳月钱等现象更加普遍,这进一步腐蚀了卫所制度。

一条鞭法在卫所的推行,也就是将民事行政手段引入了卫所中,卫所武官不谙文墨,迫切需要行政系统官员来帮助其管理日益繁复的钱粮事务。如《军制条例》卷七载:

> 隆庆六年七月内该巡抚郧阳都御史凌云翼题,本部侍郎石等复准,行令各巡抚都御史及清军御史,遇民间审编均徭之年,选委贤能有司官,会同各该卫所掌印官,将各卫所均徭悉照民间事例,参以旧规、人情,酌量人丁贫富清审编派,毋得偏累正军。②

贤能有司官会同卫所掌印官管理徭役,表明地方行政系统的文官通过一条鞭法更加深入地介入卫所事务。

明代军事法律文献保存了大量有关卫所的史料,以其来研究卫所制度,能直观地考察卫所的状况。兵部档案中辑录出来的事例汇编,还保存了中央和地方对于卫所变化的认识与态度,但利用明代军事法律文献来研究卫所"民化"还存在诸多不足之处。

由明中央政府颁布或由官员辑录的军法文献,内容主要以逃军及其勾补为主。逃军问题反映了明代卫所制度的破坏程度,但对于逃亡军士在逃亡之后的状况缺少记载,仅有的记载也十分简单。逃亡的军士,最终是被清勾回卫所了,还是隐蔽为民?明代政府对于隐蔽为民的军户的态度如何?这些都和卫所"民化"关联甚密。

明代军事法律文献,特别是相关官员辑录的兵部档案,其中许多有关清勾的事例中都提及地方行政系统的官员隐藏逃军,或帮助逃军篡改户籍以免除清勾

---

① 万历《新修南昌府志》卷九《军差》,《日本藏中国罕见地方志丛刊》第5册,北京:书目文献出版社,1990年,第172页。
② 谭纶:《军政条例类考》卷七《审编丁差毋得偏累》。

等。在没有卫所的地方,府州县官员因逃军、清勾、屯田等事务也与卫所紧密联系在一起。明代前期由卫所自行清勾,不问军民户籍,弊端甚重。后设清军御史及清军官,由卫所发册兵部,兵部转发至清军御史和地方清军官,按册勾补。在地方上,特别是底层行政机构,如乡里等,由里老等负责跟捉解补,这就为军户躲避清勾提供了便利。军户贿赂里老、书吏篡改户籍,或隐匿不报,或妄指他人为军的情况经常出现。

卫所武官在明代一直形象不佳,到明代中后期地位更加下降,但卫所武官作为卫所的直接领导,与军户直接接触,其所作所为会对卫所"民化"进程产生直接的影响。《军政条例续集》《六部事例:兵律》等明代军法文献中对于卫所武官役占军士、卖放军士、克扣月粮等情况多有记载,这些行为都是导致军户逃亡的直接原因。军户的逃亡又导致了卫所制度的破坏,由此推动了卫所"民化"的进程。

第三章
从万死一生到偷生冗食：明代军人形象变迁

卫所军人的形象在明代中后期出现了较大的转变，嘉靖、隆庆年间徐陟就提到："盖国初见军官军人等，身在行阵，万死一生，以立战功……今之军人偷生冗食，非国初之比甚矣。"①卫所军人由最初戎马倥偬的形象变为远离军事、像一般百姓一样营求生计的形象。军人形象的变化与明代的国防变化以及军制的变化都是分不开的。明代中后期，伴随着营兵制的完善和募兵制的兴起，卫所的军事职能日益退化，民事职能逐渐上升。在这一过程中，卫所相关人口趋同一般老百姓，他们与驻地周围的百姓在经济和文化上的交流日益增多，其军事色彩淡化。这些都对军人的日常生活产生了深刻的影响，使军与民的界限日益模糊。

虽然许多学者都在著述中提过卫所军人形象，但大多只是一笔带过，并未加以详细论述。对于法律文献中卫所的军人形象很少有学者加以关注，此外，族谱、明代小说等资料中都有着各种丰满的军人形象。因此笔者希望借助法律文献、族谱资料以及明代文学作品来解析不同阶层心目中的军人形象。

以不同阶层的视角来探寻卫所军人形象是本章的重点之一。明代有大量的法律文献、案例等，都涉及卫所人口。从地方法律文献及案例判牍中我们看到了在军民融合过程中各种军人形象的产生。在这之中，"奸军"与"贫军"形象最为突出。明代法律文献中的"奸军"一方面指卫所或原籍军户的案件较为复杂，私役军士、争籍、夺役、买卖军产、频繁刁告等，为地方司法官员所厌烦；另一方面，卫所中以武官为代表的豪强多方谋求私利，成为督抚等地方立法的关注之重点，因此多有"奸"的评价。武官中的"奸军"形象在明初就有所显现，普通军士的转变使之更加明显。卫所贫富分化之下，大部分普通军人家族成为被私役的对象，呈现出被欺压的"贫军"形象。这些形象在时间、区域上的差异与卫所"民化"是

---

① 徐陟：《徐司寇奏疏·奏为恳乞天恩酌时事备法纪以善臣民以赞圣治事》，《明经世文编》卷三百五十六，第3827页。

分不开的。通过对明代法律文献以及官员的奏章的研究,可以发现在朝廷眼里,卫所军人由最初的奋勇杀敌的形象,变成后来的偷生冗食;而地方官员眼里,军人从原本的"军卫纵横,民罹暴虐"①的霸道形象变成了"卑躬柔声为揖让,谈说以自贤"②的谦卑形象。在军民争讼的过程中,我们又可以寻找到民户眼中的军人形象,了解军户在与地方的融合过程中遇到的困难与问题,以及当地民户的风俗习惯对于军户的影响。在族谱资料中,我们还可以看到卫所军人的家族发展史,了解他们对自身处境和地位的评价。卫所军人的形象变化同时也反映在文学作品里,从明代文学作品中我们往往看到的是卫所军人低下的地位。成书于明代中后期的小说"三言二拍"中的卫所武职,常常是虚弱、受人欺压的。

一、从判例判牍看明代中后期的卫所军人形象

地方法律文献是各地官员依照中央法律文献,根据地方的实际情况制定的,而地方判牍案例则是地方官员在审理各种军民词讼过程中对案情的分析以及作出的判语。在这两种文献中,军人的形象屡屡出现。在《重刻释音参审批驳四语活套》中就有这么一段批语:"武官不竞,虽在在皆然,而该所尤甚。刁军悍卒,向官阴私,纠众告陷,各官惮惮。富者又往往与官缔联婚,故强军凌上虽在在有之,亦该所为尤甚,益非一日之积也。"③这段批语就表现了武官不竞、刁军悍卒、强军凌上这些军人形象。

(一)军民融合过程中"奸军"形象的产生

在明初的法律文献中,卫所军士普遍是一种老实听话的形象。《大诰武臣》主要记载武官犯罪的案例,从这些案例中可以看到明初武官欺负军士,而军士很少反抗,只有逆来顺受的服从。《御制大诰》中记有平阳守御千户所千户彭友文、谢成克扣军人粮饷事:"彭友文领军五百外出筑城,两个月不支与行粮。那军有些盘缠的,将就过活了。那穷了无盘缠的,又怕法度,不敢去强夺人的吃,把一百军都饿死了。"④军士在面临饿死的情况下都没有去反抗,或通过其他手段去获

---

① 万历《温州府志》卷九《治行·尹宏》,明万历刻本,第9b页。
② 嘉靖《惠州府志》卷十上《兵防志》,明嘉靖刻本,第1a—1b页。
③ 《重刻释音参审批驳四语活套》卷二,《历代判例判牍》第4册,第68页。
④ 《御制大诰·千户彭友文等饿死军人第五》,《历代判例判牍》第4册,第87页。

取食物,可见当时军士是相当老实本分的。其他如金吾后卫百户于保私向军人摊派勒索,"为屯种买牛,科各军钞七十五贯五百文入己",河南卫百户侯显"为盖自己房屋,科各军钞八十贯入己"。朱元璋在案件末尾言道:"那小军每一月止关得一担儿仓米,若是丈夫每不在家里,他妇人家自去关呵,除了几升做脚钱,那害人的仓官又斛面上打减了几升,待到家里,筛过来呵,止有七八斗儿米。他全家儿大大小小要饭吃,要衣裳穿,他那里再得闲钱与人。"①老实军士的月粮少得可怜,只够养家,却还要受武官的剥削,生活处境艰难。除此之外,还有军人被军官活活打死的案例:"豹韬卫百户王德甫,为失去官木,打死军人任良。府军前卫百户王斌,为撑驾征北船只,打死军人伂德旺。羽林左卫百户阚秋,为领军斫竹,打死军人周添。"②在这些案子中卫所武官视军士生命如草芥。在朱元璋的眼里,卫所武官彪悍,而普通军士和家人完全是弱势群体。明初大规模战事刚刚结束,军官对军士还有着较大威慑力,军士普遍逆来顺受。这跟明代中后期的判牍中体现出的形象有很大的差别。

《大诰武臣》反映出的普通军士形象在其他文献中也有。卫所设立之初,人口以兵农为根本,多朴素易治,但在明代中后期的军民词讼过程中,军人形象已非安分守己、逆来顺受,他们通过奸诈的手段获取各种利益,"奸军"的形象不断出现。嘉靖《临山卫志》所记载的沥海所"多朴嚞而执衣安分,号称易治"③的卫所军士形象已经少见,地方官员在审理案件时常称军人为"刁军"或"黠军"。这些军士争籍夺役、买卖军产、频繁刁告,而军官则为私役军士、侵吞公产。武官中的"奸军"形象在明初就有所体现,普通军士的转变更加明显。

1. 户籍关系中的利益角逐

明初建立了卫所勾军册和州县军户户口册来管理卫所军户,到了明宣宗时期,卫所清勾册、卫所军户户口册、州县军户户口册相互补充的军户户籍管理制度最终形成。户籍的造册并非一年一造,有时甚至十几年也不更新,军士为了躲避差役也不具实详报,天顺年间已是"经今年久,多有少者长壮,及新生续有之数,俱各不曾开报。中间亦存奸诈之徒,惧怕余丁差役,隐占不行报官"④。

户籍信息的不及时更新,引发军役应袭、清勾等诸多问题,给了军户隐瞒户

---

① 《御制大诰·科敛害军第九》,第 150 页。
② 《御制大诰·打死军人第十四》,第 154 页。
③ 嘉靖《临山卫志》卷一,第 24 页。
④ 于谦:《忠肃集》卷七《兵部为军务事》,《四库全书》,上海:上海古籍出版社,1987 年,第 242 页。

内人口变化和军人逃亡的机会。到了明代后期,由于募兵制的实行以及屯田买卖的放宽等原因,户籍的管理就更加混乱了。卫所中的军人想尽各种办法脱离军伍,有"父子兄弟各立一籍,父充军役,而子不继承者",有"正军改调别卫,遗下原卫隐蔽为民者",还有"新近问发充军,逃回、买回原籍,遇蒙赦者,而买求帖文影射者"①。到了明代末期,这种混乱现象已积重难返。卫所户籍管理制度的紊乱,这就给"奸军"以可乘之机。

案例一

> 审得倪子贵毒死刘亚相一案。非董推官一为洗发,亚相之冤终不泄矣。查当日冼存业之结亚相以补军伍,证亚相以得军产,岂真忠于亚相哉。不过眼热数亩之产,欲因以为德,而坐收其利耳。亚相吞田不予,恩乃成怨。捏一无赖之倪子贵为刘成举,树亚相之敌,攫亚相之产,而不杀亚相,子贵何縁补军伍而得军产,此存业鸩亚相之本谋也。卑职亲简亚相骸骨,处处黑色,其为毒死无疑,恨存业已就天刑,无从起而讯之耳。子贵呼天吁地,以不知情为辩。职察之,子贵一饿殍耳,存业藉以为囮,用其人而并秘其谋,情或有之。今存业已死,又无旁证之者。若臆而入之,恐死不冤而生又冤也。以矜疑改遣,一死一戍,亦足谢亚相于地下矣。冼道权、卢金平等俱依原案发落,招详。②

这个案件记载于《盟水斋存牍》,发生于崇祯年间的广东。在这场利益的角逐过程中,出现了三个军人形象,即被害者刘亚相、主谋冼存业及他的同伙倪子贵。被害者刘亚相为了数亩之产在补伍之前应该是与冼存业达成了某种协议,而得产之后却欲私吞,贪婪让他最终命丧黄泉。为谋夺其产,冼存业毒杀刘亚相,让倪子贵改姓假冒军籍补伍,推测倪子贵应该是通过篡改军户户口册而获得补伍的机会的。

案例二

> 一名,索轲,年四十岁,系顺庆府南充县水西里民。状告:始祖索如山

---

① 孙联泉:《军政条例续集》卷五,第121—122页。
② 颜俊彦:《盟水斋存牍》,北京:中国政法大学出版社,2002年,第61页。

生已故高祖索荣、索茂二子,分居各灶。宣德八年,索茂以生员充湖广布政司吏役,为去除民害事,将索茂充发北京永平卫军,就彼解卫着伍。讫后索茂回家取讨盘缠,索荣户众议,贴盘缠二十两相助,军役仍是索茂子孙轮当。后索荣传生在官,索廷美、索思兰、索斐、索显禄应当民差。索茂传生在官,索重阳、索汕、索东阳并轲轮流听继军伍。后索茂在卫逃回,奉单清勾,本户将索茂户丁索递全解卫补伍,逃脱。又将索祥解卫,亦逃。又将索金解卫,至嘉靖二十三年二月内逃回家。今嘉靖二十六年六月内,奉本卫发单清勾,比轲明知前项军役系故祖军索茂充发,要得混赖,就不合具状,捏称祖索茂充北京永平卫军一名,宣德八年二祖议处索荣出军丁索仲明、索茂出军妻二香解卫,誓立合约,轮流应伍等项虚情,赴府告理。蒙批:仰县速查处起解,此缴。索显禄不忿,亦将情赴府投诉。蒙批:仰县并行问报。并拘各犯到官,刘知县研审。轲又不合硬执祖军应该二房轮流听继,蒙断令索斐供替。比时,索思兰、索廷美并先在官,今未到。索陶、索正辉执称各祖不同,不服输供。比轲仍要混赖,又不合假写宣德八年帮当文约一纸,仍要攀扯索荣子孙帮当……及查军单历年逃补姓名,具系索茂子孙。断令索轲等照旧轮流应当,索斐等祖索荣与索茂系两兄弟,仍旧帮贴军装,不许混乱。①

  此案件是典型的原籍军户间的诉讼。顺庆府南充县索如山有两个儿子索茂和索荣,宣德年间索茂被充发北京永平卫,由索荣一支帮贴盘缠,索茂一支子孙轮流充伍,但屡解屡逃。嘉靖二十六年(1547年)清勾到索轲时,由于不想到卫中服役,他故意捏造宣德年间索茂、索荣曾商议二支轮流应伍,并且伪造合约,周而复始地诉讼,希望将军役推给索荣一支,但最后被查明是诬告。这个案件中索轲可以伪造合约,反复诉讼,与卫所户籍管理的混乱有很大的关系。与卫所户籍管理相关的有卫所清勾册、卫所军户户口册、州县军户户口册,三种户口册相互配合,为清勾提供依据。按正规的管理,索茂一家应该记载在卫所军户户口册上,而索荣一家应该记载在州县军户户口册,界限分明,一查便知,但是这个案件却反复审理了那么多次,说明嘉靖年间军户户口册已年久失修,记载不明。此外,索茂一支为了逃脱军役,屡逃屡勾,不惜造假,已非明初军士们逆来顺受的形象。

---

① 《四川地方司法档案》,《历代判例判牍》第3册,第353—354页。

案例三

　　孙守节虽保定卫军,实浚民也。凡民之隶属于军者,自其祖父已然,不自今日始也。身充伍符,则业归尺籍,供军地亩,悉在卫中,与民地各不相涉。凡老于戍者皆知之,乃守节不知也。一旦衣短后衣,遂欲举田产交易,稍与孙姓系属者,概名之曰军,而希佐其糇粮之裹,有是理乎? 夫军民产业,辨若苍素,民买军产不得更之为民,乃军置民产且还之民者已二十年矣,独得指之为军乎……此即出塞从戎,尚期与民秋毫无犯,况守节犹是逍遥河上哉? 一杖示警,用杜饕风。①

这个案件发生于崇祯年间,案件中孙守节是在卫军户,在军中有几亩田,但之后由于生活困难,就把田地卖给民户,希望把买下他田地的民户变成军户,以帮衬他的生活。明初是禁止军田买卖的,但明代后期已经无法禁止军民间田地交易,孙守节不但把军田私自卖给民人,还期望把军役转嫁给民人,可见明末户籍管理制度的混乱,使人有机可乘。这与《大诰武臣》中被活活饿死的军士形象完全不同。

2. 田地纠纷中的军人形象

宣德以后,由于操军大量逃亡、国防形势的变化以及漕运的需要,大批屯军被征调操备或转为漕军,又由于贫富分化,富户需要更多的土地来养活不断增长的人丁,贫户人丁寥落,无力耕种,只能将土地典佃,导致正统以后,屯地"转佃"与"民佃"越来越盛行。正统以后,相当多的屯军或者由于改调别差,或者另有生财之路而离开卫所,致使田主不清,纠纷不断。万历《杭州府志》记载杭州屯卫转佃屯田的结果是"久之,佃为主,军为客,不知田之所在",于是发生了"冒乱"的弊端。

正因为有此种弊端的存在,军人就有了乘机获取利益的机会。嘉靖中,卢宁在《清丈事宜》中提到"军刁民顽,年深业变,四至率皆非旧。遂至互相争讦,或以界至不明,或以影射侵占。间有新军不知田所,听凭老佃指报。又或新旧管租,稍有变故,乘机埋没,致军具告"②。明代中后期,黠军欺负愚民的案例也屡见不鲜。

---

① 《谳辞》卷四《孙守节》,第422页。
② 康熙《潋水志林》卷十二《志政·卢宁·杂识六》,清刻本。

案例一

> 审得陈进以左卫旗军与陈妙游告争赡军屯田,三道有词,见批戎厅,未经审决,而即以所争之田得银七两二钱批佃,乡民居兆觉、原中唐秀宇可证也。乃串族元岳诡认新军,夺其佃而并赖其银,觉能默然而已哉。合照数还本银,田听戎厅案结。仍加责拟杖示惩。①

此案来自《盟水斋存牍》,"左卫"应指崇祯年间的广州左卫。案例中没有交代陈进和陈妙游告争军屯的原因,陈进将军屯佃给乡民,后又让族人冒充新军,想要夺回屯田。军人对于军屯可以多次讼告,在卫所的上级部门还未作出判决前即与乡民进行土地租佃,可见卫所对于屯田亦无强硬的管理。比起案件中老实的居姓乡民,这里的军人要奸诈许多。

案例二

> 审得屯田地瘠粮重,故屯种之军有抛荒以逃者。如军余出顶,屯一分即认屯军一名,每恐以输粮殆子孙之累。故屯不易顶,亦有不肯顶者。薛良言之祖军薛孔安原有屯田三十亩,自嘉靖倭变之后,以田久荒无利,遂付郑均玉耕种,而孔安逃回原籍长泰县。均玉人故,田复抛荒,屯乃属之张三矣……良言原系应补之丁,已经长泰县查明,则是良言应早到卫,顶其原屯入籍,乃数十年来何在?今以有尺土之利方始出争耶?此良言之当罪也。百户陈云标原系管屯,薛孔安一军久缺,应蚤清勾,何待今日?且近无勾军之文,而尺土饵之来争,此云标之当罪也。②

此案是祁彪佳天启四年至崇祯元年(1624—1628年)任福建兴化府推官时审理的案件。卫所军人薛孔安嘉靖倭变之后就逃回了原籍,其屯地辗转易主。在这个案件中明末清勾不利,军丁应补未补,屯地隶属不明,使得后补之人可以趁机挑起纠纷。

案例三

> 孙承祚,逃军也。先是有习苟俚者,为宣班戍卒,承祚瞰其绝而谋充焉。

---

① 颜俊彦:《盟水斋存牍》,第375页。
② 祁彪佳:《莆阳谳牍》卷一《屯道一件灭屯异变事》,《历代判例判牍》第5册,第141—142页。

因得有其军产一顷,每年典与钱万敖等三人,而收其入以为践更费,盖有少利而无全害也。乃久而玩矣,既不归伍,复不输粮,逍遥河上,坐食嘉谷。于是千夫长洪守业禁不得佃,承袏非惟不敢出气,且惴惴虑追亡之令,而特以为万敖等愚民,浚又隔邑,可以乘间斗捷,庸知守业之挺身而证也。奴见大家,能无心死乎?军之应除、应补,业之应予、应夺,该卫为政,而至若万敖等既出典价,盼盼西成,总之不任受过矣。①

崇祯年间,一个逃军敢于冒充他人子孙承袭军产,又能把军产转佃耕种,自己却不回卫,而是坐享其成。当千户禁止他出佃军产时,他又向邻近的浚县县令张肯堂诉讼,希望继续让民人收取典价。孙承袏的军人身份比之前案例中的更为特殊,他既不补粮,又不归伍,还继续拥有军产,更是一副"奸军"形象。

3. 刁告之风盛行

明代地方案件的审理注重民事调解,不希望民众屡屡诉讼,因此"刁讼"这两个字常常在明代民事案件中出现。那些通过各种手段纠缠不休、屡讼不止的军人被称为"刁军",到了明代中后期,这一形象大量出现在与卫所人口有关的法律文献中。嘉靖初年颁行的《两广督抚事宜》里就记载武官"妒忌贤能,意图管印管事。一时未遂其谋,辄便买嘱平昔惯讼刁军捏词,暗行告陷。中间幸而遂谋,辄复夺掌印信。侵管别事,非法取钱,克剥军余"②。刁告之风在当时的军队中已经盛行。由于民事与军事日益混淆,"刁军善讼"之名已传遍各地。

案例一

审得何遂福之告陈应春串仓克粮也,平时岂得云无据……即据原证成达、刘清、郎拱珍等,皆同事军也,无一不领粮,无一称克减,而福独有是耶?查福先与应春、姚瑞龙等在所在县,或以告争军户,或以告夺军役,每每套名匿呈,至今原证人等犹以诖累为恨,则福之挟仇,不待其辞之华也。惟是应春构怨在先,致福刁健不已,均属无良,各杖示儆。余审牵连,俱免株求。③

崇祯年间军人何遂福以各种理由引起诉讼,为自己谋利,所告都和卫所有

---

① 《謇辞》卷四《孙承袏》,第338页。
② 姚镆:《两广督抚事宜》,《中国古代地方法律文献》甲编第2册,第339页。
③ 颜俊彦:《盟水斋存牍》,第151页。

关,这已与明代前期老实本分的军人形象相差甚远。

案例二

> 审得军伍正贴轮充,此不易之例也。查祖军黄梁二伍,黄为正,梁为贴。先年正户黄英进交与贴户梁胜祖,胜祖充当多年,以弱查革,应琛可接承,后又以老去之。而堂弟梁弘亮告争,已经琛可诉明,应正户黄福补伍。福因差为事,贴户梁瑞又起而角,而正户例未报满,批弟黄亚长接充食粮,已四载于兹矣。所有所案,县有县案,何物梁志欺亚长之愚蠢,而数鱼肉之无已也。屡告而屡变,其名忽为梁瑞进,忽为梁逢瑞,忽为梁瑞,忽为梁志,其人无良可知已。据指亚长姓彭,而排年黄龙、丁户黄兆泰力证其为嫡伍,县所之案又凿凿可据,岂尽可抹杀乎。合断亚长照旧着伍,梁志法应重拟,以其贪而无赖也。姑杖之。①

梁瑞本为贴军,他为了获得正军的位置,捏造事实,诬告充当正军的黄亚长姓彭。而且他为了混淆视听,每次都以不同的名字诉讼。正军、贴军本应都清晰地记载于册,梁志有可乘之机与户籍管理混乱的漏洞有关。"所有所案,县有县案",而明末梁瑞却将本应由卫所处理的案件告到县衙,且"屡告而屡变",被使司清军道批为"刁恶异常"。

明代中后期,军与民之间的界限已渐趋模糊,各种事务纠缠在一起,军民词讼在实际案件的审理中已很难划定审理机构。卫所的"刁军"多想利用这种机会,寻求更有利于自己的诉讼结果。

(二) 明代中后期"贫军"形象的深化

卫所在设立之初,军人本身家庭条件的差异,就有了贫富的区别。"贫军"在明初主要表现在经济上的贫穷,而到了明代中后期,"贫军"则不仅仅是经济上的贫穷,他们还承担繁重的差役,地位低下受尽欺凌。明代中后期军士贫富分化的加剧,使得"贫军"的形象更为突出。

从明代初期起,军士间就存在贫富差异,这对于卫所的管理会造成大的问题,也是导致卫所内部崩溃的蚁穴。宣德八年(1433 年)八月,行在兵部右侍郎

---

① 颜俊彦:《盟水斋存牍》,第 140 页。

柴车上奏,希望根据辽东各卫屯田军士贫富状况将其分作三等,有丁力牛具者为一等,有丁无牛或有牛无丁者为二等,贫难力单者为三等。第三等的军士依附于一等之家,借他们的牛具、种子,到秋收后再还,"若此则三四年间,人有赢余,可以立产业成家室,免逃窜之患"①。此议难免有"劫富济贫"之嫌,虽然获得朝廷批准,估计也很难实施,无法从根本上解决贫富分化问题。在卫军户的谋生手段首先依靠军屯,而军屯制度在明代中后期面临着种种问题,《军政条例类考》中记载:"各卫远年逃绝,军户屯田多被富豪之家佃种纳粮,或家四五顷者有之,一家十余顷者有之。"②贫军家中"屯田虽设,率以付老弱妻孥,既不能执耒秉锄,又不能具牛种,则佃之他人,否则弃为污莱"③,可见,贫军从事其他生业的能力也较弱。

虽然各地卫所的经济活动因地域差异各有不同,但在明代中后期都出现了大量贫军。万历时汪应蛟在巡视察京畿一带卫所后感慨:"其戴胄荷戈从事于行阵之间者,大半身无完衣,食不充腹,一旦有事,欲责以折冲御侮,臣未敢必其堪用也。"他提到沿边的军士卖妻鬻子的现象:"有损赀鬻产雇一乞丐以应者,有无产可鬻,遂鬻及子女或以应袭儿男代戍者。各卫皆然,保定尤甚。"在他看来,"武官月饷朘于科求,田产侵于豪右,精锐殚于版筑,殷实窜于编氓"④,导致了赤贫军人的产生。

贫困不仅发生于卫所军户中,还会祸及原籍卫户及民户。嘉靖年间史料就记载了绍兴府萧山县:

> 本县有军户一千四百五十户、匠户三百一十户、灶户七百二十五户、民户一万五千四百三十二户,大率为民者多受军匠、灶户之累,何也?军丁起解,递年输差,军贫无妻,递年代娶。而一鄙之内,有军十余户者,军士利于得妻,往往解卫未几,将妻转卖,逃回称死。本卫坐来取,有司又从责,并递年复为代娶。此递年之所由贫也。⑤

原籍军户和民户受卫所军户的拖累,不仅是由于要帮其娶妻,还有其他许多

---

① 《明宣宗实录》卷一百零四宣德八年八月庚戌,第 2338—2339 页。
② 霍冀:《军政条例类考》卷五,北京:北京图书馆出版社,1997 年,第 70a 页。
③ 嘉靖《沔阳志》卷十二《兵戎》,《天一阁藏明地方志选刊》,上海:上海古籍出版社,1981 年,第 348 页。
④ 汪应蛟:《抚畿奏疏》卷九《畿辅根本当培疏》,《续修四库全书》480 册,上海:上海古籍出版社,2002 年,第 514—515 页。
⑤ 张选:《出巡事宜》,《中国古代地方法律文献》甲编第 4 册,第 237—238 页。

因素。经济上的矛盾、军役上的负重，使得双方关系疏离，讼诉不断。缺乏了原籍军户的帮补，卫所军户更加贫穷。

明初军士主要承担与军政事项直接相关的军役，主要有整饬军马、缮修器械、完固城池、屯种等，按规定，明代卫所军差是按军户户等上下来编派的，史料记载在东南各都司，大抵是上等户编派运粮，中等户编派京操，下等户则编派城操、屯田等差役。史称东南军差中"以运粮为苦，而京操次之""城操、屯田又次之"①，其结果是富军也被拖累致贫。除了国家的役使外，军户还要承担军官私役及卖放。虽然洪武初在《大明令》中就已严格禁止军官私役："凡管军百户及总旗、小旗、军吏，纵放军人出百里之外买卖，或私种田土，或隐占在己使唤、空歇军役者，一名杖八十，每三名加一等，罪止杖一百，罢职充军。若受财卖放者，以枉法从重论。"②其后的各类法律中虽屡屡都有强调，却只能说明贫军被私役的情况越来越严重。万历年间宝坻知县袁黄记载：

> （武官）既明扣薪水而收其银矣，又复令见在之军采薪运水，是薪水之外又有薪水也。既扣养廉而收其用粮矣，又复私收买闲贴办之钱，是养廉之外又有养廉也。既占军跟随矣，又复以军而送人，如督抚中军及听用武举舍人、千把总之属，无军可占则各送数名，视其势之炎凉以为多寡，是占用之外又有占用也。凡修城做工、挂名在官者例不应役，而独累贫军，贫军完己之工，又代人做工，常以一人而应三四人之役，奈之何不逃且死也。③

为了逃避军役，卫所中比较富裕的军户或通过合法的手段纳职纳监，或通过非法的手段买闲躲役，而这些富户所逃避的军役则又落到了比较贫穷的军户头上。由于贫穷或不堪役使，军人大量逃亡，甚至在清勾后，随解随逃。在明代案例中，军人逃亡三四次之多的记载很多。"逃"，成为贫军生存的唯一出路。万历中吕坤认为卫所军人的"贫"与"逃"责任都在军官，"一则本管既不存恤，又加凌虐，势难自存；二则本管收财，名准给假讨取衣鞋，其实相约岁有供给；三则恋旧怀归，避差思苦。此三逃者，官居二焉"④。

---

① 《明神宗实录》卷五百零五万历四十一年二月乙巳，第 9596 页。
② 《大明令》，第 524 页。
③ 袁黄：《宝坻政书》卷十，《中国古代地方法律文献》甲编第 6 册，第 437 页。
④ 吕坤：《新吾吕先生实政录》卷四《解送军囚》，《吕新吾全集》，《四库全书存目丛书》经部第 115 册。

军人的困苦给万历年间来到中国的利玛窦的印象极其糟糕,"军队的每个人必定过的是一种悲惨的生活,因为他们应召入伍并非出自爱国心,又不是出自对皇上的忠诚,也不是出自任何想获得声名荣誉的愿望,仅仅是作为臣民不得不为雇主劳作而已。军队中大部分人是皇上的奴隶,他们服奴役,有的是因为自己犯过罪,有的则是为其祖先赎罪。当他们不从事军事活动时,他们就被派去干最低贱的活计"①。

(三) 行政干预与军人形象

《大明律》规定卫所司法有约问制度,与民不相关的情节较轻的诉讼由卫所自行解决,而与民相干或情节比较严重的诉讼则由卫所官员与行政系统的司法官员联合审理。进入明代中叶,文官的地位日渐提高,武官的权力被大量剥夺,原本独立的卫所司法权亦受到挑战。到了明英宗时期,约问制度开始发生变化。《明英宗实录》中记载道:"诸狱原发都布司者,但会都布司官;在府卫者,会府卫官;在按察司及巡按御史者,不必会官,即为问结,当奏请径以闻。如有淹滞,按察司及巡按御史治之。"②不再强制约问,地方官员可以独自审理牵涉卫所人员的案件,这就为刁讼提供了机会。前述案例中的何遂福为了报复陈应春并获得更多口粮而到县官处诬告,以及梁志为获得正军的位置故意捏造事实,屡告屡变,这都发生在卫所独立司法权丧失后,他们乘机到行政官员处诉讼而企图获利。前例中的边国才、杨应全先在卫中告杨三贤而没有得到满意的结果,又到县令张肯堂处告状。虽然张肯堂在案件中认为"军民词讼,截然界限",将他们各处以杖刑,但是边、杨二人之所以会告到张肯堂那里,是因为这之前有过成功案例,他们抱有侥幸的心理。于志嘉曾对《筶辞》中的案例加以分析后认为,由于卫军出典屯田不拘军、民,难免引发军民纠纷。又因为屯地本在禁止典卖之列,民间典卖屯地不能过割,奸猾军士为派粮争地事评讼的案件层出不穷,使得军民杂居地区常常成为军民多讼、军士健讼的地区。

明初,军粮由民户运送到卫,由卫所官员管理。但随着屯政的败坏,民运粮食在军饷中的比重日益增加,损害了地方官员的利益,他们希望夺取卫所的军仓管理权。宣德十年(1435年),原由卫所管理的军仓正式被强制转归地方行政系

---

① (意)利玛窦、(比)金尼阁:《利玛窦中国札记》卷一第九章《关于某些迷信的以及其他方面的礼节》,第96页。
② 《明英宗实录》卷二百五十九景泰六年冬十月丁卯,第5561页。

统管理,卫所军人的粮饷也由地方政府发放。军仓管理权的转移,确实有利于遏制卫所军官侵盗官粮、克扣军士粮饷等腐败现象,但也有许多弊端,其中最大的弊端就是拖欠军饷。军饷是军士生存的主要来源之一,拖欠军饷对富军影响可能不大,但是对于贫军来说就影响到了他们的生存。万历时曾任浙江按察司副使和浙江布政使的范涞在《两浙海防类考续编》中记载:

> 各卫所军人以粮为命,有司岁额钱粮自应及时征解,按月给支。查定海等卫中左并后霩等各所官军多者有十四五个月,少者亦不下十余月无粮,深为可悯。除本司道每月自行提比外,其间奸弊,尚有多端。或各县吏书受贿歇阁缓征,或已运在仓而该仓吏故挭不发,或已征给付解头延不上纳,甚有狡猾之徒串通吏书,粮不入廒,虚出仓收。乘各军日食空乏,暗行兑会。或五折或六折,贫军无奈,只得隐忍。戍守者止蒙虚名,作奸者反获厚利。似此积蠹皆当拿究。①

范涞的这段话就说明了由于军仓管理权变更,导致拖欠粮饷的情况越来越严重,从中可以看到贫军无粮可食的悲惨境地。

明初,户籍管理俨然分明,军籍者世代为军不准脱籍。军田、民田亦是互不干涉,界限分明。卫所军人或防卫或屯田,分工明确。但是到了明代中期以后,卫所户籍经久不造,管理混乱,给一些居心叵测的"奸军"创造了机会。而军屯繁重的赋役以及明代中后期逃军严重,导致大量屯田的抛荒以及屯田转佃现象的风靡。这就使军民冲突不断上升,军民互相讦讼,"奸军"欺负"愚民"的现象频频出现。又由于文官地位的上升,他们开始谋求对卫所的管理,卫所独立司法权的破坏给一些不法军人提供了讦告的机会。他们在卫所的审判中得不到想要的结果便到行政官员处诉讼,以谋得利益。

二、不同阶层眼中卫所军人形象的演变

卫所地域分布辽阔,接触的社会阶层亦多,卫所军人形象在不同区域、不同阶层眼中不尽相同,通过中央官员的奏折可以看出卫所军人的整体形象的转变

---

① 范涞:《两浙海防类考续编》卷六,《中国方志丛书》,台北:成文出版社,1983年,第707页。

趋势,而从地方官员的相关文字记载中,卫所军人的形象又呈现出区域差异。

(一) 从士卒到农氓:官员眼中的卫所军人

明初建立卫所制度,卫所军户户出一丁赴卫当兵,是为旗军。旗军的主要任务为操守或屯种,一余丁随正军到营,辅佐正军,供给军装。随着明代中后期卫所管理的松弛、募兵制的兴起,加之卫所被赋予了移民宽乡、约束奸顽的功能,致使"白面书生有之,老弱疾病有之"①,卫所军事职能退化,逐渐后备役化,卫所军人形象也发生了变化。

明初置卫所时,卫所军人成为各地最主要的防御力量,而到了明代中后期,他们在朝廷官员的眼中却成了"徒享俸粮,了无一分之用"②。实际情况是卫所军士人口被派做各种杂役,以嘉靖时天津三卫为例:

> 天津三卫节年供报正军、余丁三万五千三百二十有奇,其数不可谓不多矣。比因逃亡、老幼贫难残疾例该优免、被贼掳去、哨瞭调卫事故等项,开除一万一千八十余名,见在正军、余丁二万四千二百四十余名。春秋两班京操调去七千四百一十七名,运粮正帮军余七百二十二名,帮军、帮操五千六百三名,近日陆续补军正帮余丁五百九十九名,领太仆寺官马并本卫巡捕小马、吹手正帮余丁七百一十九名,南北修河浅夫正帮余丁一千五百二十二名,官仓斗级正军余丁二百五十五名,指挥、千百户等官例该军伴余丁五百五十五名,禁库看守神木后府、临清遮洋工部等敞正军余丁七百九十五名,办纳军器颜料、黄穰苗、冰窖、芦苇、木炭、儒学斋夫、均徭等项银共三千一百九十三两二钱,用去上中下三等九,则余丁五千三百五十四名。此外止遗余丁七百名在卫守城正操,再无别项区处。夫以襟喉之重镇而仅存数百之余丁,间有他故不能尽数为用,列不成行,聚不成队,何以振军威而摄服奸顽也哉!是亦可以寒心也已。③

三卫仅余七百名余丁负责卫城守备,天津卫南通漕运,是京师东面的门户,

---

① 范济:《范司训奏疏·诣阙上书》,《明经世文编》卷二十九,第210页。
② 海瑞:《备忘集》卷二《申军门吴尧山便宜五事文》,文渊阁四库全书补配清文津阁四库全书本,第36a页。
③ 蒋曙:《竹塘集·兴革利弊疏》,《明经世文编》卷一百七十五,第1779页。

其战略地位极其重要,但是这么一个战略重地却杂役繁重,导致当地"屯守不设,营垒尽废"①。其他地方的卫所军人的情况可想而知。

通过官员奏疏不难发现,明代中后期的卫所中,北方军士多苦于京操,而东南之地则困于漕运,京操亦是以杂役为主。万历时期史部给事中张养蒙曾言:

> 臣窃惟天下之大势,在王畿之重轻。王畿之大防,在武备之强弱。方今治安既久,武备渐弛,勿论天下,即京营之弊已甚,而其所尤甚者,则京操之班军……行之几二百年,沿习故常,弊孔百出,赴班者曾无实伍,操演者徒具虚声,或困于宦竖之侵渔,或苦于工役之伤瘁,以致虚縻粮饷,实效罔收。曩者经正统乙巳、嘉靖庚戌之两大变,至调边兵入卫,而京操之军曾不得匹马半镞之用。②

京操班军徒有虚声、萎靡不振,原来集于京城的操练之军中的精锐者已派遣到长城沿线戍守、修边,老弱者留京师从事修筑差役等。

东南军士则多困于漕运,远离军备,"运粮兵全不知兵,敌器咸成戏具"③。正统七年(1442年)工部侍郎周忱就言:"浙江沿海金乡等卫所官军专为备倭而设,宣德七年以来,摘拨九千四百二十五名里河运粮。缘卫所经隔路远,致将备倭之务废弛。"④漕运的艰难又使运军逃亡严重,正德年间漕运总兵官顾仕隆曾奏:"照得近年以来,各卫运军或遭兵火,或为灾伤,月粮不得救口。又加私债追逼,率多逃亡,每船见军不上五七名,少者止三二名,甚至全船皆无。"⑤其结果不仅使漕运成为不可复的"废政"⑥,也使卫所在人们眼中更加困顿,在明初称为"雄镇"的温州卫到万历时已是"各卫所凋敝,而温州卫尤甚,盖以粮运被累,官军俱困,附卫诸所且鞠为蔬圃。为疆圉计者,是可不一振刷之耶?"⑦

卫所军人与普通自耕农的主要区别在于军人的土地属于官田,通过明代官员的奏疏,我们可以看到随着卫所屯田制度被破坏,屯军的形象也开始发生改

---

① 余继登:《余文恪淡然轩集·新建天津葛沽镇兵营记》,《明经世文编》卷四百三十七,第4783页。
② 张养蒙:《张毅敏集·阁试议处京操班军疏》,《明经世文编》卷四百二十七,第4671—4672页。
③ 马丛骋:《兰台奏疏》卷二《丛书集成初编》,上海:商务印书馆,1936年,第20页。
④ 《漕运通志》卷八《漕例略》,北京:方志出版社,2006年,第116页。
⑤ 《漕运通志》卷八《漕例略》,第169页。
⑥ 《漕运通志》卷八《漕例略》,第169页。
⑦ 万历《温州府志》卷三《建置志·卫所公署》,第18a页。

变,逐渐与自耕农趋同,弘治时期兵部尚书马文升就在奏折中说:

> 洪惟我太祖高皇帝,平定天下之初,法古为治,首定民田,验亩起科,以备军国之用;次定屯田,上纳子粒,以给军士之食。此我朝一代紧要制度,行之万世而不可废者也……所以各卫所仓廪充实,红腐相因,而军士无乏粮之虞。迨我太宗文皇帝,其于屯田尤为注意,创置红牌事例,示以激劝良法,册籍明白,无敢欺隐者。不知始自何年,屯田政废,册籍无存,上下因循,无官查考,以致卫所官旗、势豪军民侵占盗卖,十去其五六,屯田有名无实。①

明代中期由于卫官豪强侵占盗卖,卫所屯田已经开始私有化,屯田的买卖盛行起来。因册籍记载不清,许多土地被多次买卖或转佃,被"流水接买"②。到天启年间,茶陵卫甚至有人家"专买屯种肥膏至数千亩,而其家无民田,不名一差"③。而在九边,"私相典卖者,无地无之。每田一分,盖不啻十易姓矣"④,以至屯田"十不一存"⑤。内地卫所的屯田状况略好于边地,但正如万历时抚治郧阳的凌云翼所说:"腹里屯田与沿边不同,地皆膏腴,子粒不多,但典卖并兼者有之。"⑥在明代法律文献中我们也可以看到大量倒卖屯田的案例。

随着屯田的抛荒和管理的混乱,官员们开始建议屯田与民田统一科则。万历时期甘肃巡抚王璇、巡按吴定议准:"甘肃镇地土瘠薄……屯重科轻,恒称偏累,无力耕种,遗累逃窜,屯额渐亏。今次清丈,实在地四万五千九百九十二顷三十五亩零,定为地额。无论屯科,概拟一则,分别上中下三等征输。"⑦崇祯二年(1629年)八月户部尚书毕自严面对军以民之籍而渔军之利,民借军之产而避民之产的现象,提出:"若开一假借之名,奸民善匿,无不托之于军,势必纷更踏勘,徒成聚讼,不如画一起科之为妥也。无论军种民种,俱照民田之例概行起科。"⑧屯军与民户的区别又缩小了一步,但军屯的性质一直到崇祯仍未发生彻

---

① 马文升:《马端肃集·清屯田以复旧制疏》,《明经世文编》卷六十三,第519页。
② 李腾芳:《李湘洲文集》卷三《绝军粮议·征丁议》,长沙:岳麓书社,2012年,第102页。
③ 李腾芳:《李湘洲文集》卷三《绝军粮议·征丁议》,第102页。
④ 庞尚鹏:《庞中丞摘稿二》,《明经世文编》卷三百五十八,第3855页。
⑤ 魏焕:《巡边总论》卷三,《明经世文编》卷二百五十,第2633页。
⑥ 《明神宗实录》卷二隆庆六年六月庚午,第40页。
⑦ 《明神宗实录》卷一百三十三万历十一年二月戊戌,第2482页。
⑧ 孙承泽:《山书》卷二《屯田起科》,杭州:浙江古籍出版社,1989年,第52页。

底的变革。

屯田的私有化以及军民田科则的变化使明末的屯军与自耕农的形象趋同,而有无军役成了自耕农与屯军的主要差别。嘉靖初年礼部侍郎郑善夫认为"今之屯田其名虽存,其法尽费,守屯之卒与农氓无异。其官亦但知了赋税而已,更不知屯以用兵。"① 虽然屯军的军役也渐渐开始放松,但是卫所军人的"名"还一直戴在屯军的头上,一直延续到清代。

在明初屯田制度有效地解决了军饷供给这一重要问题,尽管即便在屯田最为发达的永乐朝,军队都没有完全实现自给自足,但永乐初年屯田子粒数几乎与户部年收入大体持平,由此可见屯粮的重大意义。国防形式的变化导致屯军远离屯地,因此屯田大量抛荒,许多屯田被重新开垦,从国有转换成了准私有。而贫富不均,使贫军无力耕种,导致屯军大量逃亡,或将屯田卖给势豪,势要占田占军,使屯田进一步私有化。伴随着屯田的私有化,屯田军户亦从卫所正军向自耕农转变。

明初军余随正军到营,辅佐正军,供给军装,主要从事各种杂役;军户在卫所的余丁也成为卫官役使的对象。洪武年间明确规定:"武职随从人数,一品至三品六人,四品至六品四人,七品至九品二人,俱用正军"②,后又一再强调武官只能役使正军③,但实际上军余亦逐渐成为军伴的充任者。卫所余丁被官绅世豪占役,变成私人奴仆的现象屡见不鲜。正德时南京五府掌印官等的军伴俱于本府所属军多卫所空闲余下内拨用④。万历中陈有年的奏折提到武官"滥役军丁,而勒其锱铢,甚有一官而包占数十卒,宴会酒席,坐之军吏,祭祀仪品,派之余丁"⑤。卫所军余已经逐渐失去了原有的作用,而逐渐向私人仆从或杂役的形象靠近,他们不仅在卫所内供武官随便役使,还会被派去服务军外之人。蓟镇官员为了完成买粮的任务,曾"将边卫军余丁家无百金之产者,亦尽数径行拘拿,帮贴商人"⑥。隆庆时辽东卫所的屯田尽由余丁耕种,"耕作之业,率归舍余,屯军已

---

① 郑善夫:《少谷集》卷二十一《田制论》,《四库全书》,第 1062—1063 页。
② 《明太祖实录》卷二百二十九洪武二十六年七月丙寅,第 3347 页。
③ 《明太祖实录》卷二百五十二洪武三十年夏四月癸未,第 3644—3645 页。
④ 乔宇:《乔庄简集·明旧章厘宿弊以图治安》,《明经世文编》卷九十八,第 864 页。
⑤ 陈有年:《陈恭介公奏疏·题为酌议军余丁差等事》,《明经世文编》卷三百七十九,第 4117 页。
⑥ 戚继光:《复政府议军粮改折·全参遵化县拘军充商》,《戚少保奏议》卷四,北京:中华书局,2001 年,第137 页。

尽废矣"①。

天顺、成化年间，王复曾提出将余丁编成操军充伍的建议："访得甘州在城五卫，设置年久，久必多缺额，何以甘州反多？余丁生齿日繁，各家户下正军之一，余六七丁，或一二十丁者有之。除供给听继外，中间多有愿投军者，招集四五千名，亦可编成一卫，立于凉州，填实地方。"②使部分余丁有向正军转变的可能。辽东都司的屯军被征为操军后，军余则获得屯军的土地而成为屯军。嘉靖时，朝廷已经完全认可了这个做法，"正军充伍，余丁拨屯，例也"③。

（二）军人形象变化的区域差异

明初从军事考虑在各个战略要点设立卫所，按地域可以分为沿边卫所、沿海卫所和腹里卫所，各地的防御重点亦各不相同。随着年深日久，各地卫所的生活状况出现了很大的差异，人口形象亦是大不相同。

明朝自建国起，其国防就一直以北方边镇最为重要。沿边卫所生活艰辛，马文升在担任辽东巡抚时曾描述说："在边军士多有衣不遮体，食不充口，瘦损尫羸，形容枯槁。总兵等官略不介意。臣在石城，目所亲睹者如此，而欲望其用命效劳，克敌制胜，盖亦难矣。所以一遇虏寇犯边，多有不能支持。"④嘉靖时曾总督三边军务的唐龙对西北卫所军人极其怜悯："臣因征剿北虏，驻扎本镇日久，每验各军，真有一当十、十当百之勇。但贫困无极之军，衣无完褐，室无完堵，每日止食粥汤三四碗，若得一饭以宿饱者则矜以为难。夫平日有生之乐，则临敌益何以责其有死之心，况饥饿甚则气体羸，瘠损多则行伍缺。此不可不加之念者也。"⑤

边地卫所与腹地卫所的差异，人们体会最深："沿边军士，枕戈待旦，朝不谋夕，其劳苦较之内军百倍。内军或时得赏赐，而边军乃月粮不给，诚为可悯。"⑥腹内官军一碰到要去守边，则视为畏途："官则多方推调，或托病，或营求管事，而不依期领军赴操。军或贿嘱亲管官旗，托故隐蔽，却将本户或另补不堪

---

① 庞尚鹏：《庞中丞摘稿二·清理辽东屯田疏》，《明经世文编》卷三百五十八，第 3861 页。
② 王复：《王庄简奏疏·处置甘肃疏》，《明经世文编》卷九十四，第 827 页。
③ 《明世宗实录》卷八十四嘉靖七年正月丙申，第 1903 页。
④ 马文升：《马端肃集·恤军士以蓄锐气疏》，《明经世文编》卷六十二，第 509—510 页。
⑤ 唐龙：《唐渔石集·大房住套乞请处补正数粮草以济紧急支用疏》，《明经世文编》卷一百八十九，第 1948—1949 页。
⑥ 毛宪：《毛给谏集·言备边患事》，《明经世文编》卷一百九十，第 1964 页。

贫弱军人凑数。及至到边验出，累行坐取，而卫所官因受其贿，反将坐取之人挟制。"①

由腹里或沿海地区调到沿边戍守的军人，既要负担车马劳务费用，还要面对远戍以及与妻子儿女的离别之苦，更要学会适应当地的环境。腹里或沿海卫所军人赴边时"其老稚回还道路，牵衣抱头，哭声震野，观者无不流涕"，而到了"下班回日，则军亡若干矣，马死若干矣"②。腹里卫所官军轮班边地，一是确保边防需要，二是加强训练。腹里军士"一以均劳逸，一以习战守，此制极有深意。非但为边方之助，亦以令腹里官军习知勤苦，不至骄惰"③，但却给轮班军人带来了无尽的苦难。

各军刚开始"犹典衣卖箭"，但是发展到后来则"鬻子卖妻"，起初在还能忍受的时候"犹沿街乞食"，最后没有办法了只能"离伍潜逃"，再后来就"公然噪喊矣"④。在一些因素的诱发下，嘉靖以后渐有士兵哗变，其中尤以大同的两次哗变为甚。有些军士在走投无路之下甚至联络外敌，万历四十四年（1616年），宣府巡抚汪道亨称"本镇缺粮已四五月"，一些军兵"或卖其弓箭衣服，或质其妻子以救旦夕之命"，军兵率相逃亡，"又有奸人勾引亡入虏中，忿怨之余，攘臂思逞。兼以地震连旬不止，讹言繁兴，土著之民咸欲移家关内"⑤。

沿边卫所军人一直生活悲惨，虽然明朝统治者依旧需要他们上阵杀敌，但是由于粮饷不够充足，导致士兵短衣缺食，沿边卫所军人从一开始的逆来顺受，发展到后来忍无可忍并开始公然反抗。

比起沿边军人艰难的生活，腹里的军人似乎要惬意许多。腹里卫所的生活比较安逸，他们在当时是一个比较慵懒怠惰的形象。腹内没有战事困扰，因此军人大多被派到重点防御地区去戍守，因此就导致了内地卫所兵力空虚，而留下来戍守的大多为军余或民兵。万历年间直隶宣州卫"运卒逃亡，军器刓敝，屯田芜莱，转相贸市，见兵操守不过舍余军余而已"⑥。因此腹里卫所老弱者众多，万历

---

① 徐廷章：《徐中丞奏疏·边议疏》，《明经世文编》卷七十，第590页。
② 王一鹏：《总督四镇奏议》卷四《议处卫兵道路疏》，《玄览堂丛书续集》第6册，台北：正中书局，1985年，第459页。
③ 王琼：《王晋溪本兵敷奏·为陈情乞恩分豁奏留官军防守要害事》，《明经世文编》卷一百一十，第985页。
④ 《崇祯长编》卷一天启七年八月丁巳，第6页。
⑤ 《明神宗实录》卷五百五十万历四十四年十月庚子，第10401页。
⑥ 万历《宁国府志》卷十一《防圉志·宣州卫》，明万历刻本，中国方志库，第946—947页。

时《江都县志》中一段关于扬州卫的描述颇能代表腹里卫所军人的基本形象："卫兵自转漕、轮戍之外，厘厘城操二百余人，又皆老弱不可用。所恃以擒境盗者则弓兵，备战守者则民兵、民壮。"①募来的民兵"多市井游食之徒，平生未见之大敌"②。即使有强壮军士留在卫所，也多是不习武艺，懒惰成风，"夫精壮者，在于备兵，盖避车战操习，为偷闲计耳"③。

东南沿海卫所所在地经济比较繁荣，因此卫所军户的生活也相对滋润。宣德年间巡抚江南的周忱记录淮安等卫来自苏州的卫所军人说："其所谓军囚牵引者，苏松奇技工巧者多，所至之处，屠沽贩卖，莫不能之。故其为事之人充军于中外卫所者，辄诱乡里贫民为之余丁，摆站于各处河岸者，又招乡里之小户为之使唤。"④充军是明代一种惩罚罪犯的方式，通常情况下犯人根据犯罪情节轻重发配到极边、烟瘴、边远、边卫、沿海、附近等地方服军役。发配到边远、烟瘴之地充军的通常生活非常艰辛，如云贵两省的充军犯人，一般被分配充实驿递的工作，"昼不得力耕，夜不得安枕，月支米不过数斗，亦良惨矣"⑤。但江南经商之风兴盛，即使是被充军，其人也能利用所到之地的便利发展。东南沿海卫所军人经营多样，并且在当地繁衍，逐渐发展出许多势力之家。对于东南诸沿海卫所，周忱亦记道：

> 其所谓屯营隐占者，太仓、镇海、金山等卫，青村、南汇、吴松江等所，棋列于苏松之境，皆为边海城池，官旗犯罪，例不调伍。因有所恃，愈肆豪强。遂使避役奸氓，转相依附。或入屯堡而为之布种，或入军营而给其使令，或窜名而冒顶军伍，或更姓而假作余丁。遗下粮差，负累乡里。为有司者，常欲挨究矣。文书数数行移，卫所坚然不答。为里甲者，常欲根寻矣。足迹稍稍及门，已遭官旗之毒手。⑥

---

① 万历《江都县志·志一·郡县纪第一》，《稀见中国地方志汇刊》第 12 册，北京：中国书店，2012 年，第 765—769 页。
② 万历《江都县志·志一·郡县纪第一》，第 765—769 页。
③ 魏时亮：《魏敬吾文集·议处兵戎要务疏》，《明经世文编》卷三百七十，第 3994 页。
④ 周忱：《周文襄公集·与行在户部诸公书》，《明经世文编》卷二十二，第 174 页。
⑤ 邹元标：《邹忠宪公奏疏二·敷陈吏治民瘼恳乞及时修举疏》，《明经世文编》卷四百四十六，第 4907 页。
⑥ 周忱：《周文襄公集·与行在户部诸公书》，《明经世文编》卷二十二，第 174 页。

卫所反而成为隐匿人口之地。明代中后期常有倭患,但抗倭多有募兵,沿海卫所军人逐渐后备化。虽然沿海卫所军士减少严重,兵力羸弱,但剩余相关人口的生计更呈现出多样化。明末陈仁锡曾上疏言及浙江沿海卫所的官兵"皆世守桑梓,惟有力作,贸易私贩,挂一名粮上,而把总、哨官受其汛规,帅宪巡历不过以迎送为事,名为出汛,实则在家"①。在海上的水兵则是"虽日出洋,惟知做鱼鲞、贩海味、图往来,取十倍之利,倭从此道来则从彼道而去,倭从东道来则从西道而归,曾不敢以一舟相角逐"②。不再被视为主要军力的卫所军人,就有更多的时间去从事其他生计。

(三) 卫所军人的自我审视

无论是"奸"是"贫",明代法律文献及官员奏疏对卫所军士的评价以负面为主,对于卫所军士而言,他们的生活是多方面的,除了困苦,还有奋争。现存家谱中有部分内容和明代军户有关,从中可以看到一些家族的成功史。于志嘉、张金奎等学者在研究卫所的过程中非常重视家谱资料,他们列举的家族在明代是困苦与奋争并存的。本节以宁波卫万氏家族与天津左卫季氏家族为个案,分析军士对自身的认识及其为改变自身处境和形象所付出的努力。

濠梁万氏在明代是武官世家,其三世祖文质公万斌在洪武时期以"从龙功授爵副千户"③,其子荣禄公万钟"以积功超授世袭宁波卫"④,任宁波卫指挥佥事。《万氏族谱》注重分大宗小宗,里面记载的人物基本上都是万氏的嫡长子,世袭宁波卫指挥,终明一代共经历了九代传承。序中有载,三世祖万斌在洪武中"以从大将军北征,死于阵",四世祖万钟在建文末"以御北平兵死之",死于靖难,而五世祖万武在永乐末征交阯过程中死亡,万武的弟弟万文"以哨海射中一龙没于水"⑤。万家在明朝开国的数十年间都有人为国捐躯,可谓是真正的武官世家。

这样的武官世家到天顺时第六代万全的时候形象就开始发生了变化,关于万全,世传中描述为:"厚一府君,仁二府君子也。讳全,字惟一,号竹窝,晚更号自乐道人。父殁于王事,越五月而生,朝廷给禄优养者十五年。袭父职,性度宽

---

① 陈仁锡:《无梦园初集》漫集二,明崇祯六年刻本,第 87a 页。
② 陈仁锡:《无梦园初集》漫集二,第 87b 页。
③ 《濠梁万氏宗谱》序,清乾隆三十七年。
④ 《濠梁万氏宗谱》序。
⑤ 《濠梁万氏宗谱》序。

简,心乐为善,读书于释老巫卜之学亦涉猎,恂恂儒雅,嘉与士大夫游,日从讲切诗书治道,退则习骑射。"①万全已非传统武官的形象,虽亦习骑射,但却是"恂恂儒雅"的形象。其后弘治中袭职的万椿及万椿子万表都有类似的记载。关于万椿的传记中就写有:"君虽生将门,自其先世皆绩文学,而大父厚一君尤博而攻。故庭训所传服,勤无少懈,兵家书乃其恒业,而经史之学尤究。"②万表世称"鹿园先生",则是"十七袭职,志在经世,不问产业,昼骑射,夜读书"③。这里的万椿、万表还是文武双全的形象。其后万家在儒学上的声名更为显著,其第十一代传人万邦孚的神道碑有载:

> 传七世,南京中军都督府都督同知讳表,学者称为鹿园先生,是谓皇祖。广东督理海防参将讳达,亦以文名,是谓皇考。母黄夫人。自公十世以上以忠节显者三世,自公以上以儒术显者三世。明州万氏无愧为国家之世臣矣。④

万氏家族在明代前期战乱时期多显忠节,而到了明代中期承平之后,多显儒术。明末万家第十二世万泰(万斯同之父)则是"年十九,受知于学宪周公延光,补郡庠生,声名蔚起,天启癸亥孙公昌裔录科居第四,遂廪于庠,丙寅科试第一,樊公良枢所识也","年四十始举崇祯丙子乡试,蔚然为名士,考官色喜,以得一人而榜中也,自此交游日盛,一时三吴诸大老无不以识先生为幸,有过四明者,必造先生之门"⑤。

从万氏族谱中可以看出,万氏家族从明初的武官形象演变到明代末期的儒生形象,从军是他们家的本行,时代相袭,在承袭武职的基础上,他们雅好文辞。到了明代中后期,崇文的风气日盛,出现了一大批附庸风雅的武官,如睢阳卫指挥佥事汤敬,本是武进士,但其文采被文官公认为"当在文士之右"⑥;清远卫指挥使杨宪臣投入名士陈献章门下。明代亦有许多武官努力于科举,争为文官,如《观海卫志》中记载:"邵瑗,字世美。幼有大志,百户应袭,不愿就。以《诗》《经》

---

① 《濠梁万氏宗谱》世传一。
② 《濠梁万氏宗谱》世传二。
③ 《濠梁万氏宗谱》世传二。
④ 《濠梁万氏宗谱》世传五。
⑤ 《濠梁万氏宗谱》世传三。
⑥ 《明武进士昭毅将军跻斋汤公墓志铭》,《新中国出土墓志·河南》(二),北京:文物出版社,1994年。

入慈溪县学,科举七次不遇。"①卫所的颓废、武官地位的低下,使得舍武就文成为许多武官家族的奋斗目标。

以武官为主体,卫所武职和一些经济能力强的家族成为驻地的豪强,他们操控着当地所有事务。姚镆的《巡抚事宜》中记载延绥的卫所豪强:"高抬价值,坐派逼买,及挟势分散军事,收买粮料草束,堆垛候报,纳引盐银,买之时指此作数,或将军士月粮扣除在仓,或又于秋收之时责令采打秋青草垛,逼令各仓储给,实收通关。"②希图厚利,负累贫军。不过,卫所豪强中亦有正面的形象,万氏家族正是如此。

卫所是军人与家属同守,形成在卫军户,根据现存史料可以看到,卫所武职在驻地安家落户的速度比普通军士快,后者的安居往往有一个较长的过程,甚至会是在一两代人之后。《季氏家谱》反映出季氏家族是从普通的军户奋斗成为地方望族的。《季氏家谱·孝睦会序》载:"季氏家族始祖讳祥,江南淮安府盐城县长一二都二图五港口人,洪武间为吏役事,隶籍戎伍。永乐二年从驾北征,留戍天津卫。三年,屯田于沧州运河之西南五里,遂世为天津左卫后千户所人。"③季祥从南京淮安府迁到了天津,后安身于沧州,但并未安家于此,根据七世孙写的《孝睦会序》中记载其太高祖季友才、高祖季德林"皆恋慕乡土,更番应役"④,等到曾祖季荣的时候才开始建庐定居,明代许多卫所军户都经历了这样一个定居过程。

季德林曾屡建军功,升授冠带总旗,世袭。季荣继承了总旗的职位。家谱中记载季荣的儿子"伯祖讳瑄、仲祖讳琮、四祖讳宽、五祖讳亮,相继长成,能以勤俭治家,至弘治末年而产业充裕,然起家以农,但不习儒业"⑤。季家的第五世是由大儿子季瑄一支继承了军役。其中三祖出家为僧,他雅慕儒术,鼓动其诸侄以讲读为事。他的鼓动颇有成效,季琮的儿子季道、季迪,还有季瑄的儿子季远相继补天津儒学生员。季宽和季亮的儿子家谱中没有明确记载,但是家谱中记载嘉靖后续游州卫邑庠者一十七人,所以推断他们的后代可能也有成为庠生的。季瑄共四个儿子,分别为季通、季蓬、季远、季逊。由长子季通继承军役。季通只有

---

① 嘉靖《观海卫志》卷三,《慈溪文献集成》第一辑,杭州:杭州出版社,2003年,第92页。
② 姚镆:《巡抚事宜》,第244页。
③ 《季氏家谱》《孝睦会序》,民国十有二年夏重修,开封二酉山房后印。
④ 《季氏家谱》《孝睦会序》。
⑤ 《季氏家谱》《孝睦会序》。

一个儿子季永和,季永和继承军役,其后成为庠生。永和有两个儿子大田和大智。大田继承军役,大智成为明礼部儒官。季远成为生员,无子。季蓬为明义官,共五个儿子,季永昌为明寿官,季永盛为武庠生,季永祚、季永熙、季永年家谱中没有记载。季逊有三个儿子均无记载职业。与季瑄一样,季琮也有四个儿子,季道和季迪成为生员,季邃和季巡家谱中没有记载。季道以太学生任山东兖州府护卫经历,而季迪以贡生任河南封邱县主簿。季道有两个儿子,季永立为庠生,季永康为嘉靖乙酉举人,癸丑科进士,任山东诸城县知县,改兵部主事迁礼部员外郎。季永康有两个儿子,大韶为太医院吏目,大濩为庠生入监,任国子监典籍。季永立有三个儿子大本、大节和大业。季大本为贡生,任山西绛县知县,季大节为庠生,季大业为武庠生。季迪有两个儿子季永清和季永俭,他们的职业家谱中没有记载。至此已到明末,季家有从农、从医和业儒者,而业儒入仕的人数较多。家谱中叙述:"自永乐至嘉靖农儒兼业,生齿繁衍,而门户徭役悉照例优免。"[①]季家祖先一开始是普通军人,永乐后以军功在卫所中提任低级武官,继而家族繁衍,成功地由普通军户转变为农儒兼业的大家族。

卫所人口的繁衍,产生了大量军余,使各家族在职业的选择上日趋多样化。从族谱中可以看出业儒和科举成为提升家族地位的重要途径。家族中的余丁开始摆脱军役的负担,以耕作为业,与一般民户无异,并通过业儒和参加科举试图有所改变。明代设立卫学或鼓励卫所子弟到邻近州县读书,这也为个人及家族改变命运提供了机会。军籍儒生在科举和仕途上的成功,使有些卫所家族成功转变为当地望族。这一类在卫的军户家族一般位于腹里或沿海等环境相对稳定、经济较为良好的区域。

三、明清小说中卫所军人形象

明代文学作品非常丰富,尤其是拟话本小说风靡一时,小说的情节是虚构的,但是小说中必须具有真实的成分,才能使虚构的部分显得真实,这些真实的成分,可以与其他史料相佐证,成为历史研究的一部分。肖立军曾对《金瓶梅》中所反映的卫所制度进行分析[②],李鹏飞则探讨了"三言两拍"中的军制、文武地

---

① 《季氏家谱》《孝睦会序》。
② 肖立军:《从〈金瓶梅〉看明代的卫所》,《文史杂志》2007年第5期。

位、占役、赏功等①,他们都认为明清小说中与卫所有关的人物或事件"展示了明代军事各个层面的实际情况"②。除这几部小说外,明代乃至清代中期的其他小说中也有许多与卫所相关的描述,生动地为我们勾勒了卫所各类人口的形象,《醉醒石》便是其中的代表(表3-1)。作为明末清初的白话短篇小说集,《醉醒石》中生动地描述了多位卫所军官及军人。虽然小说的背景时代横跨洪武、成化、嘉靖等,但纵观所有和卫所有关的故事,都呈现出明末的特征。另在《西洋记》《型世言》《清夜钟》等小说中都对卫所各阶层的形象有所描写。

表3-1 《醉醒石》中与卫所有关章回的统计

章 回	背景年代	地 域	卫 所 人 口	特 征
第二回	洪武年间	罗源、连江	守御千户所正千户周章、副千户徐玉	才庸怯战
第五回	—	兴化卫	姚指挥佥事	有气节、有识见、谈文做诗
第八回	成化年间	京师	锦衣卫千户王臣	以书画投靠太监,被苏州秀才们殴打
第九回	—	—	军人施材	轮班去昌平皇陵服役,后失踪
第十二回	成化年间	京师	军匠杨道仙、羽林卫百户朱广、小旗王原、穷军甘孝、锦衣卫指挥袁彬、校尉孙贤	卫所豪强及贫军,造反
第十五回	嘉靖年间	京师	锦衣卫指挥使王,其子袭锦衣卫千户;锦衣卫指挥使陆	好文、谋人财产

(一) 武官形象的弱化

明以武功定天下,朱元璋曾言:"内外武臣,昔皆捐躯相从,百战以定天下。

---

① 李鹏飞:《"三言"、"二拍"中明代军事记述之研究》,《黑龙江史志》2012年第23期。
② 李鹏飞:《"三言"、"二拍"中明代军事记述之研究》,《黑龙江史志》2012年第23期。

念其功劳,未尝暂忘。"①因此明初武官地位普遍较高,不仅被委以军职重任,还多以武臣出任重要文职。在地方上卫所武官的地位亦是高于府州县的文官,万历《广东通志》记载:"天下初定,军卫强横,需求百出,佐吏动遭棰楚。"②可见当时武官横行于地方。明末的小说有反映明初卫所武官勇猛威武形象的,《西洋记》中有一段描写郑和下令找一个统领军队的武官,话没说完,他帐下就闪出大将张计,他"身长九尺,膀阔三停,黑面鬈髯,虎头环眼,威风凛凛,杀气腾腾,连声说道:'末将不才,愿领天兵,先取金莲宝象国首,报效朝廷。'"③这位武官带着京军五百人去杀敌,军士们也都训练有素,最后金莲宝象国不攻自破。

但在大部分小说中,明末的卫所武官与军士则是另一种形象。在《醉醒石》第五回中有一段文字对当时世人眼中的武官进行了描述:

> 大凡世职中最多□人,拿定是个官,不肯读书通文理,所以满口鄙俗,举止粗疏,为文官所轻。况这官又不坏,不习弓马,不修职业,剥军冒粮。考察时,不过捱两板,革事不革职,仍旧有俸吃,所以容易怠惰了去。④

《醉醒石》第五回是以成化年间为时间背景,军官不习武艺、慵懒成风的形象与大量史料中记载的明代中后期的军官形象普遍相同,与明初武官英勇神武的形象相去甚远。嘉靖时期吏部尚书李承勋在他的奏折中就言:"洪武时,内外大小军职,载在职掌者,原有定额。其后除授渐多,员数冗滥,遂至带俸官加于原额不知凡几倍矣……今之袭职者,临试率纳赂权贵,虽乳臭小儿无不中格,遂使军职益滥,而材力忠勇之士无由自见。"⑤武官的冗杂、素质的参差不齐以及卫所管理的混乱,更加重了文官对武官的歧视。《醉醒石》第五回借兴化卫姚姓指挥佥事的口,反映了当时文人眼中的武官状态:"如今人都道太平,那文官把我们武职轻渺,武职们也不知自爱,不知我管下有几个军,也不识得那一个是我的军。少一个军,我有一石粮,不去勾补。在的不肯操练,军器硝黄,还要偷卖。"⑥与明末

---

① 《明太祖实录》卷一百八十三洪武二十年七月庚辰,第2755页。
② 万历《广东通志》卷二十一《郡县志八·广州府·名宦》,万历刻本,第35a页。
③ 罗懋登:《三宝太监西洋记》,北京:华夏出版社,1995年,第274页。
④ 东鲁古狂生:《醉醒石》第五回《矢热血世勋报国,全孤祀烈妇捐躯》,郑州:中州古籍出版社,1985年,第54页。
⑤ 李承勋:《李康惠公奏疏二·覆霍韬军职疏》,《明经世文编》卷一百零一,第894页。
⑥ 东鲁古狂生:《醉醒石》第五回《矢热血世勋报国,全孤祀烈妇捐躯》,第55页。

"天下右文,视介胄如奴隶。即将帅子弟平居亦学弄文墨,艺香啜茗,雍容都雅,恐人谓之兜鍪气,竟不复知弓刀为何等物,厮杀为何等事"①的记载完全相同。《醒世恒言》中淮安卫指挥蔡武女儿瑞虹的一句话也反映了世人对武官的轻视:"那游击官儿,在武职里便算做美任,在文官上司里,不过是个守令官,不时衙门伺候,东迎西接,都要早起晏眠。"②《二刻拍案惊奇》中的参将闻确也担心被文官瞧不起,而让女儿女扮男装去读书。在黄宗羲眼里,武官成为文官的役使对象:"国家当承平之时,武人至大帅者,干谒文臣,即其品级悬绝,亦必戎服,左握刀,右属弓矢,帕首裤靴,趋入庭拜,其门状自称走狗,退而与其仆隶齿。"③明朝文武轻重的转移在小说中有生动的反映。

明代小说中的武官除少数是有奋勇抗敌的正面形象外,大多是无知武人形象,他们买官、贪污,上文提到的武官蔡武、闻确都是无知武官。《金瓶梅》反映出的明代后期受贿行贿的武官形象非常普遍,西门庆因行贿蔡京得到金吾卫左所理刑副千户的官职,吴大舅为了感谢西门庆为自己谋得官屯金事,表示即将"到屯所里到任,行牌拘将那屯头来参观,分付分付"④。《古今小说》⑤中则写到贾石原是宣府的一位舍人,能力突出,其哥哥是个千户,先年身故无子,本应由贾石世袭,但是由于贾石没有贿赂相关官员而无法世袭,最后只能以数亩薄田,备农度日。能人不能应袭,而那些通过行贿而上位的武官又不具备武官应该有的素质,多不堪用。嘉靖时期兵部尚书胡世宁对此评价道:"此辈自倚世袭之官,不须才能,不畏罪黜,恣为贪骄,不习武艺,不惜军士。故今军职动辄万计,岁支俸给何啻百万,而其间无一人堪为将领、能出战阵者。此以全盛之天下而坐困于夷虏之跳梁,真可为之流涕也。"⑥

万历中于慎行描绘当时武官的形象为:"兵部除选,则老弱褴褛、言之可叹、状类乞丐者,指挥、千户也;幕府行边,则扛舆控马,形侔台隶者,指挥、千户也。"⑦在他的文字里,卫所武官就是一副破落不堪的形象。虽然通过家谱等史料,我们可以看到明代中后期的武官中不乏自强、习文业儒的人,并非全是负面

---

① 郑廉:《豫变纪略》卷二,杭州:浙江古籍出版社,1984年,第31页。
② 冯梦龙:《醒世恒言》卷三十六《蔡瑞虹忍辱报仇》,北京:中华书局,2001年,第470页。
③ 黄宗羲:《明夷待访录·兵制二》,《黄宗羲全集》第1册,杭州:浙江古籍出版社,1985年,第32页。
④ 刘心武:《刘心武评点金瓶梅》,桂林:漓江出版社,2014年,第836页。
⑤ 刘翠林:《明代拟话本》,济南:泰山出版社,2007年,第24—25页。
⑥ 胡世宁:《胡端敏奏议四·备边千策疏》,《明经世文编》卷一百三十六,第1349页。
⑦ 于慎行:《于文定公文集·练兵议》,《明经世文编》卷四百三十九,第4799页。

形象,但是为什么小说中的武官形象以负面居多？笔者认为,在明代大多数人的眼里,武官的形象与小说中的描述相差无几,现实中个别正面的武官形象并不能改变人们对于破败体制下的军人形象的普遍认识。

(二) 明末的"田亩市井之夫"

成书于万历年间的《西洋记》描写了郑和下西洋时卫所武官带领军士攻打金莲宝象国的场景:"只见一声炮响,擂鼓三通,扯起一面行军旗号,各哨官各按各方,各竖各方旗帜,吹动了惊天声的喇叭,各军呐喊三声。正是:鼓角连天震,威风动地来。竟奔金莲宝象国哈密西关而进。却早有个巡关的小番叫做田田,吓得滚下关去。"①在作者眼里,永乐时的卫所军人训练有素,威声已然决定了战争的胜负,而在其他小说中所描写的明末军人则基本是不堪一击的,与明初的军人形象大不相同。晚明小说《清夜钟》中,皇帝派人去做大同巡抚,没人肯去,最后王宁自告奋勇去了,他来到大同后,"只见烽台也有剩土堆的,边墙孩子跨得过的。军士老老小小,衣破衫穿,问他:'几月没有支粮的。'器械刀卷口,枪折尖,弓折弰,弦将断,盔锈得不堪,甲凋零几片,火药桶面上少少盖些,上面尽是沙土,火器灰尘盖满,也从不曾试,也没个人会放。"②从嘉靖大同军人哗变来看,明末大同一带的军防情况和小说中的描述相差无几。沿海地区也有类似的情况,崇祯年间刊印的《西湖二集》有一章涉及倭寇袭击:"六月,寇嘉兴、海盐、澉浦、乍浦、直隶、上海、松江、嘉定、青村、南汇、金山卫、苏州、昆山、太仓、崇明等处,或聚或散,出没不常,凡吴越之地,经过村落市井,昔称人物阜繁,积聚殷富之处,尽被焚劫。那时承平日久,武备都无,到处陷害,尸骸遍地,哭声震天。倭奴左右跳跃,杀人如麻,奸淫妇女,烟焰涨天。"③嘉靖中后期,苏州府、松江府、嘉兴府一带倭寇侵扰,作为常备军的卫所萎靡不振,无力御敌。明末,卫所的战斗力极弱,以至于在《醉醒石》第二回中一个巡检都瞧不起守御千户所的千户,认为"这干武官,要他则甚？胜则争功,败则先溃,反致坏事",并以"文武官不相统属"为由,拒绝向千户行礼。书中还描写了沿海卫所战备情况:"沿海虽有唬船、沙船、哨船,都经久不修,不堪风浪。信地虽有目兵、伍长、什长,十人九不在船。就是一个要地,先有卫所,所有千人,加二十个总旗,一百个小旗,十个百户,一个正千户,一

---

① 罗懋登:《三宝太监西洋记》,第 274 页。
② 陆云龙:《清夜钟》,《京本通俗小说第五种》,南京:江苏古籍出版社,1993 年,第 68 页。
③ 周清原:《西湖二集》卷三十四《胡少保平倭战功》,南京:江苏古籍出版社,1994 年,第 574 页。

个副千户,一个镇抚,不为不多。平日各人占役、买闲、冒粮,没有一半在伍,又都老弱不知战,也不能战的。"①

明代小说中,普通军人以在军官盘剥下凄苦谋生的形象为主。《警世通言》②中南阳卫中所军士孙九善长年在卫里服役,做木工,也常在卫学中做工,还为南阳卫中所千户王忠提供劳役,几乎成为王忠的家奴。明末清初小说《豆棚闲话》③中记载了一个故事:万历年间流落乡间的工部主事之子刘豹于农忙之际,忽然在镇上遇着十余个凤阳府差来筑修边墙的班军,他们完工后正准备回去,于是刘豹就请他们帮助自己耕作几日,照例算钱,那一伙班军应允了。这些卫所军人已无军事功能,而变成了劳工的形象,"实与田亩市井之夫无异"④。可见,由于各种役使,卫所军士在明代后期更趋同于普通百姓。

在明清小说中,"贫军"的形象也非常突出。典型的如《醒世恒言》中穷困潦倒、客死异乡的龙虎卫军士方勇⑤,《初刻拍案惊奇》中的军士杨化⑥和《醉醒石》中的穷军甘孝,贫穷已经危及他们的生命。甘孝"这穷军委是穷的利害,常时与妻子忍饿",还幻想能够找人疏通,"跟他跑一跑,博得个百户做,一个正七品俸"⑦。《醉醒石》里描写了一个小康的军士施材:"家里有间房儿住,又有两间收租,两名军粮。一名自己当差操,一名每月用二钱四分御马监买闲。一月共支两石糙米,每石卖票与人,也得八百黄钱,值银一两,尽勾买煤烧,买酒喝。"⑧但他被派去昌平皇陵服役后就失踪了,导致家破人散。

小说中也有反映明末卫所武职袭替、勾补、军籍混乱的情形的。《型世言》⑨中胡似庄求徐外郎替他外甥做主,说他外甥史温,是二十三都里当差的。他们都里有一户史官童,为三丁抽一事,在金山卫充军,在籍已绝,行原籍勾补。史温与史官童同姓不亲,各立户头,里长要诈他钱财,他没有钱,便抓他去替补。

小说中的故事虽是虚构的,但是其中的人物形象却比正史更加栩栩如生,向

---

① 东鲁古狂生:《醉醒石》第五回《矢热血史勋报国,全孤祀烈妇捐躯》,第57页。
② 冯梦龙:《警世通言》卷三十四《王娇鸾百年长恨》,北京:现代教育出版社,2005年,第186页。
③ 艾衲居士:《豆棚闲话》,上海:上海古籍出版社,第104页。
④ 王廷相:《王肃敏公奏疏·修举团营事宜疏》,《明经世文编》卷一百四十八,第1470页。
⑤ 冯梦龙:《醒世恒言》卷十《刘小官雌雄兄弟》,北京:现代教育出版社,2005年,第182—183页。
⑥ 冯梦龙:《初刻拍案惊奇》卷十四《酒谋对于郊肆恶,鬼对案杨化借尸》,北京:现代教育出版社,2005年,第206—209页。
⑦ 东鲁古狂生:《醉醒石》第十二回《狂和尚妄思大宝,愚术士空设逆谋》,第164页。
⑧ 东鲁古狂生:《醉醒石》第九回《逞小忿毒谋双命,思淫占祸起一时》,第115页。
⑨ 陆人龙:《型世言》第三十一回《阴功吏位登二品,薄幸夫空有千金》,济南:齐鲁书社,2008年,第273—274页。

我们展示了明末人们眼中卫所军士的种种不堪。无论是军官还是军士,或是卫所的其他人口,在小说中正面形象都很少,这正与明代法律文献中的军士形象吻合。通常我们认为因法律文献的性质与功能,故其中的军人多以负面形象出现,但小说中亦是如此,说明在明代后期人们普遍认为卫所管理混乱、军官贪腐怯战、军人困顿瘦弱。

四、浙江沿海卫所的军人形象

明代浙江经济比较发达,市镇繁荣,卫所与民户交流密切,他地卫所的弊病在此也有,嘉靖以来更遭倭寇之祸,卫所疲态尽显。在募兵和民壮的冲击下,军人作为"劳工"的形象更为突出。

(一) 浙江的募兵与卫所军人

明代建国初期,太祖"深虑倭夷为患,加意海防,建设卫所,战舰鳞次,烽堠星罗。领哨有出海之把总,备倭有总督之都司"①,浙江沿海卫所旗布,嘉靖年间卫所军人通过各种手段摆脱军籍的有很多,使得"一卫不满千余,一所不满百余"②。"因承平日久,海防渐弛,军伍空虚,战舰损坏,以致海贼倭奴乘我无备,互相扇构,犯边得志,渐侵内地"③。随着卫所空虚,募兵普遍地推行开来,见表3-2。

表3-2 嘉靖宁波、定海、观海三卫及附近千户所在卫军人数量④

单位:人

卫所名称	原额在卫军数	嘉靖在卫军数
宁波卫	5 600	1 167
定海卫	4 480	2 994
观海卫	5 600	1 188

① 胡宗宪:《胡少保奏疏·为海贼突入腹里题参各官疏》,《明经世文编》卷二百六十六,第2813页。
② 郑若曾:《筹海图编》卷十一《经略一·实军伍》,北京:中华书局,2007年,第685页。
③ 胡宗宪:《胡少保奏疏·为海贼突入腹里题参各官疏》,《明经世文编》卷二百六十六,第2813页。
④ 嘉靖《宁波府志》卷八《兵卫》,《中国方志丛书》,台北:成文出版社,1983年,第881—885页。

续　表

卫所名称	原额在卫军数	嘉靖在卫军数
昌国卫	4 480	2 732
穿山后千户所	1 120	222
大嵩千户所	1 120	396
霩衢千户所	1 120	452
舟山中中、中左千户所	2 240	1 116
龙山千户所	1 120	515
石浦前、后千户所	2 240	1 421
爵溪千户所	1 120	424
钱仓千户所	1 120	910
合　计	31 360	13 537

万历《温州府志》中记载：“嘉靖间，倭扰海上，卫所卒弱勿习战。郡城守倚重民壮若干人，亦脆不知兵，乃销民壮，议招募邻郡及土著勇敢之士为营兵。”①可见当时由于卫所和民壮不可用，朝廷才被迫募兵。在募兵初期，乡民们对入伍有所畏惧，招募人数相对较少，但是，随着一次又一次的大捷，犒赏颇丰，乡民逐渐对招募趋之若鹜，招募人数亦日益增多。万历《金华府志》中就记载：

  义乌俗勤耕织，未尝知兵，安土重游，未尝应募……及参将戚继光练兵台州及行招募，民犹疑惧。及在白水洋等处幸而屡捷，获受粮犒十倍农务，趋者如市……自流贼至弋阳而募之以取胜，自倭寇至兴化而募之以驱逐，由是调克敌必籍乌兵，而乌兵亦以应募得计。②

---

① 万历《温州府志》卷六《兵戎志·兵营》，第 25b—26a 页。
② 万历《金华府志》卷二十一《军政》，第 1564—1565 页。

正是这样,导致沿海地区的募兵越来越多,而卫所则更加废置不用。据范涞《两浙海防类考续编》可知:嘉靖末隆庆初两浙军队39总,其中募兵27总,占69.2%。以后增加民壮数,募兵数有所下降,到隆庆四年(1570年),下降到42.5%,但募兵和招募的民壮加起来仍占到军队的80%①,成为明朝抵御外敌的主力。

募兵是以募价招募而来,不用世袭,所募均为精壮。《明穆宗实录》记载:"招募之兵与尺籍军异。尺籍军无论老少强弱,饩廪丰给,优恤备至,调遣即有行粮草料;招募之兵非强壮不入选,既无素养之恩,有疾辄汰,又无归老之计。"②浙江募兵多为土著,"守家之役耳,父往子来,亲戚相助,其气尝壮"③。因此在倭寇来袭时,武官将领们大多喜欢自己募兵,而不喜欢利用卫所军。募兵只供作战,用于其他差役的较少,而卫所军则多用于差役。万历《绍兴府志》记载:"入卫者习为工,或不具兵器,闻输作则便,闻营操乃顾,不甚称便也。"④《观海卫志》亦有记载:"见在者差调频繁,月粮减少,而日益流散。是以军额缺少,战守无备,而军政日弛。"⑤因此卫所军人多半是艰苦劳工的形象,而相比卫所军,募兵更像军人。卫所中买闲卖闲的现象十分严重,"防海兵士,多为将领所卖,使之分月更番,互相容隐成凤弊",导致强富者散遣,老弱者哨守。

卫所军与募兵的酬劳差距亦很大,明末陈仁锡的奏折中提到浙江沿海一带"民兵每名食十两八钱",而"军兵每名食六两六钱"⑥。卫所的军士以月粮为生,还常常被拖欠。嘉靖《定海县志》记载:"定海等卫中、左并后、霩等各所官军,多者十四五个月无粮,少者亦十余月无粮,深为可悯。"⑦募兵以募价而留,如果饷额不高便调头走人。除岁发饷银外,在平时、战时和招募时都要有额外开支,即所谓安家、行粮、衣装等费,年例、犒赏等银。募兵可以以募养活一家,因此募兵相对卫军而言会富裕些许。

募兵大多只为钱财而来,容易出现以应募为生的流氓士兵。海瑞曾指出:

---

① 范涞:《两浙海防类考续编》卷二,第201—202页。
② 《明穆宗实录》卷二十隆庆二年五月辛亥,第545页。
③ 戚继光:《戚少保奏议》卷三《兵机十事》,北京:中华书局,2001年,第75页。
④ 万历《绍兴府志》卷二十三《武备志一》,第473页。
⑤ 嘉靖《观海卫志》卷一《军额》,第17页。
⑥ 陈仁锡:《无梦园初集》漫集二,第87b页。
⑦ 嘉靖《定海县志》,《天一阁藏明代方志选刊续编》,上海:上海书店出版社,1990年,第487页。

"二十三年来,闽、广、浙、直之变,大抵生自募兵。召之则为兵,散兵则为贼。"①《两浙海防类考续编》中记载浙江"游手游食之民以兵为生,而使贪使诈之徒驭兵为利,利其包揽,长其骄悍,稍严驱策,动辄脱巾"②。因此当东南倭患稍缓之后,浙江巡抚便减少募兵,尽量打卫所军的主意。嘉靖四十五年(1566年)闰月巡抚浙江刘畿言:"浙自倭寇侵扰,悉增田地、山荡税额,以给招募兵饷。臣自入浙,咸汰所募民兵,补以卫所军丁之骁壮者。"朝廷想重新利用卫所军时,为了安抚他们,往往会给卫军稍加食粮,万历《绍兴府志》中就有这么一段记载:

> 自嘉靖以来,两浙招募陆兵不下十万,逐年渐次汰减,选取民壮、正军抵用……倭乱之后,民财竭矣,减兵而选军,盖取足于正例。原在食粮之额,虽加至一石,比之全给兵饷者,已省矣。③

但是募兵往往很难散去,在小说《型世言》中有一个故事很好地说明了募兵的流氓形象。《型世言》刊于崇祯年间,记载了万历十年(1582年)两浙巡抚张佳胤处理兵变的故事,此故事以真实的历史为背景。其中讲到平倭寇后,要解散募兵,一时难散,便把每月一两兵粮减做一半银、一半钱。原本认为那些兵会因为粮不够吃便散去,不料他们涌到巡抚辕门,鼓噪进去,将巡抚丢在草芥上,故万历时浙江募兵也成为一患。

很多募兵来自军余,大量军余应募,必然要影响到旗军的帮补与卫所的清勾。万历《金华府志》中记载:"虽从事行伍者,亦囊金相庆,人生慕心,莫可遏抑,惟恐上之不招,招之或遗舍耒耜而荷于干戈,弃亲戚而事游惰,以致田土荒芜,风俗剽悍。"④卫所中抽取的精壮和募兵组成的营兵成为战争的主要力量,卫所军退居次要地位,"今俗呼卫者曰军,而募者曰兵,兵御敌而军坐守,兵重军轻……兵日增,军日损;兵日骄,军日懦"⑤。大批的卫所军人不加操练,而倭寇到来时更是无法加以利用,只能借用外援。

---

① 海瑞:《海瑞集》上册,北京:中华书局,1962年,第235页。
② 范涞:《两浙海防类考续编》卷六,第829页。
③ 万历《绍兴府志》卷二十三《武备志一》,第476页。
④ 万历《金华府志》卷二十一《军政》,第1565页。
⑤ 万历《绍兴府志》卷二十三《武备志一》,第473—474页。

(二) 卫所"客"向"土"的转变

随着承平日久,卫所军逐渐在各地安顿,经过两三代的繁衍之后,最初在卫军人的后裔不断增加,长子袭替职位,其余子孙则称为舍人、军余。这些舍人、军余也生活在当地,并且在当地进行婚配,与当地居民不断融合,出现了越来越多的具有血缘关系的小家庭。随着时间的推移,最初的单丁或核心家庭逐渐繁衍成一个同姓的大家族,由移民向土著发展。定海卫有关的三个家族的家谱都反映了这样一个过程。

《镇海清水浦大宗汪氏宗谱》①记载其始祖继芳公,原在方国珍的军中,洪武四年(1371年)充明州卫[洪武十四年(1381年)明州府改宁波府,明州卫改宁波卫]军,洪武二十年(1387年)升小旗,调定海卫。其有两子,思先和思颜。仕芳公是继芳公的亲兄弟,洪武六年(1373年)正月内于明州卫下充军余,因老疾在洪武十六年(1383年)令义男张童代役,洪武二十年(1387年)十月随调定海卫。后继芳公的次子思颜代父从军,由仕芳公的次子思明公供给军装。之后思颜一支无后,军役由思明一支继承。这样,汪家的继芳公和仕芳公就带着他们的妻子及众多儿女从南直隶徽州移居到了浙江定海。发展到明末"尚"字辈的时候,则有尚勤、尚恭、尚质、尚谔、尚讷、尚燮、尚尹、尚宾、尚德、尚仕、尚俊、尚贤、尚愉等十余个后继者,并且建立了族谱,修建祠堂,人丁兴旺。随着军户与非军户家庭的联姻,卫所军户孤立的形象不复存在,正如族谱序言中所说:"汪氏自继芳公于明洪武间调防定海卫,定海即今镇海,思颜公始居清水浦,阅时既久,生齿又繁,代有名人,世清其美,所谓五百年必有王者。"

又如《蛟川樊氏族谱》②序中记载:"自始祖金事公在明初由凤阳临淮原籍官定海,定海即今镇海,宅第名樊衙,子孙居旧宅,盖已十五世矣。"可见樊氏的原籍是直隶凤阳府,定居定海后世代繁衍。樊氏从十三世开始修谱,谱中收有浙江定海卫世袭指挥同知供状,应该是崇祯末年樊氏第九代樊维屏告袭时所提供的供状,记载了樊氏族从一世到八世樊承勋的从军履历。到第九代"维"字辈有维屏、维翰、维城、维新、维桢、维宁六人。从洪武年间樊氏始祖带着妻子及儿子樊远从直隶凤阳搬到定海,至明末也繁衍成为一个庞大的家族。

---

① 《镇海清水浦大宗汪氏宗谱》序,1915年。
② 《蛟川樊氏宗谱四卷》,1911年。

《镇海向氏族谱》序言中记载:"吾家自始祖国桢公官斯土后,世袭卫指挥使,子姓遂聚族于斯,一派相承绵延。"① 可见向氏原来并非定海卫人,只因向国桢到此任官,子孙后代才在定海卫繁衍生息。国桢公有五个儿子,也就是二世"秉"字辈有五人,发展到三世"承"字辈有九人,再到第四代"世"字辈有十四人,第五代"泰"字辈则有三十一人,后面的就更多了。族谱中也记载了家族家大业大,俨然已成为当时的世家大族。

道光《浒山志》记载:"浒山之南昔为虞、沈、杨、叶、朱、马、翁、陆八姓所居。明洪武丁卯建所城,设驻防官军,抽台、温四丁之一以充军伍,陈、高、潘、胡、冀、柳、江、应、姚、戴、解、林诸姓,多抽自温之乐清。居民因是散出,渐以衰微。"② 这说明卫所移民对当地居民造成了冲击,随着子孙的繁衍,军户家族日益庞大和显赫,冲淡了当地居民原先的家族势力。《金乡镇志》③ 中也有类似记载,金乡因金乡卫而有城,城内街巷多以姓氏命名,如王衙巷、包家巷、俞巷、金家巷、伊家巷、杨衙巷、萧衙巷、朱宅巷等,这些巷子基本形成于明代中后期,卫所一姓聚族而居,成为当地的土著。

《明人明事——浙南明代区域文化研究》一书分析了明代宁村所的军户与当地家族通婚的情况,笔者统计了当地大户英桥王氏家族的通婚④,成化以前,王氏家族中女子多嫁于宁村所的千户、百户,此后通婚的人家很少有军官身份,也不明确是军户还是民户,这说明了当地军民生活混杂。婚姻成为外来军户融入当地的重要途径,他们慢慢地被当地居民容纳和接受,居民也愿意同他们通婚。年久,他乡即故乡,军户家族与当地居民便融合了。

---

① 《镇海向氏族谱》,1928 年。
② 道光《浒山志》,《中国地方志集成·乡镇志专辑》,上海:上海书店出版社,2013 年,第 88 页。
③ 民国《金乡镇志》,《中国地方志集成·乡镇志专辑》,第 58 页。
④ 曹凌云:《明人明事——浙南明代区域文化研究》,北京:人民出版社,2012 年,第 88—92 页。

第四章
明代苏松太卫所的"民化"进程

金山卫、太仓卫、镇海卫、苏州卫的"民化"历程既不同于九边卫所,也区别于东南沿海其他的准实土卫所。卫所军户受苏松太重商尚文的影响尤为明显,科举、商业、手工业、农业成为军户"民化"的主要途径,其"民化"的成果是苏松太社会、经济、文化发展的重要组成部分,同时各卫复杂的性质又使其"民化"对地方行政区划的促进和完善作用不尽相同。可以认为,苏松太卫所"民化"史是明代长三角发展史的重要组成部分。

明初,以布政使佐官左右参政、参议分理部分府州县的民政,称为分守道;按察使的佐官副使、佥事分理部分府州县的刑名按察之事,称为分巡道。弘治年间开始遍设兵备道于各要冲之地,整饬兵备,道员多由按察副使或按察佥事充任,是分巡道的一种。正德八年(1513年),苏松兵备道已经设立[①],"驻扎太仓州,整饬苏州、松江二府。兼理粮储水利农务"[②]。此外,朝廷还设置了苏松兵粮道、苏松粮储道等。明代"道"的主要职责为监督控制,故兵备道、分巡道、兵粮道等辖区交错重叠。但是苏松兵备道、兵粮道、粮储道的辖区较为固定,为苏州府和松江府[③]。究其原因,苏松富裕的社会经济和相同的重赋是设置粮储道的主要因素;此外苏松俱为东南门户,将苏松视为一个防御整体,设置兵备道便于控制协调区域卫所、营兵的防御。分巡道、兵备道本为临时职务,后设置逐渐固定,凸显出向介于省和府州县之间的行政组织发展的趋势。

社会经济方面,苏松二府同为吴地,民俗相似,各州县市镇乃至卫所城镇商业经济发展迅速,所以本章把苏松二府放在一起,作为讨论的地域范围,又因明廷于弘治十年(1497年)设置了太仓州,且清代升太仓州为直隶州,故称之为"苏

---

① 《明武宗实录》卷九十八正德八年三月辛卯提到"命苏松兵备副使谢琛",第2055页。
② 《南京都察院志》卷十二《职掌五》,明天启刻本,中国方志库,第238页。
③ 明代太仓州隶属苏州府,所以苏松兵备道、兵粮道、粮储道等的辖区包括太仓州。

松太地区"①。

军事上,明初太仓卫、镇海卫、苏州卫和金山卫四卫及其下(守御)千户所构建了长江入海口军事体系,是东南海防的主要组成部分,对内承担着镇压贼乱、安抚地方的作用,对外则是抵御倭寇、海盗入犯的中坚;至明代中期,卫所的军事能力有所减弱,但依旧为地方军事主体,明代政府围绕着卫所做了许多军事体制上的调整,这又促进了卫所"民化";入清后,这四个卫所陆续被裁并,但清政府在苏松太区域的军事建置仍基于明代卫所的经验。行政上,卫所与府州县本属两个体系,但是建置于地方的卫所与府州县存在密不可分的联系。卫所与地方州县常相龃龉,明代中期太仓州的设置即是军民分治、卫所"民化"与地方行政区划调整的结果,清代卫所或裁撤归并入附近州县,或改设新州县,卫所变革的历史体现了地方行政区划逐渐完善的轨迹。清代松江府的金山县、南汇县即在金山卫和守御南汇嘴中后所的基础上设立。守御青村千户所的"民化"推动了区域社会的发展,奠定了奉贤县治的基础,甚至嘉庆年间设置的川沙抚民厅也与始设于明代中期的川沙堡的"民化"有一定的联系。苏松太分巡道的设置标志着清代长三角地区行政系统的基本完善,同时奠定了近现代长三角地区行政区划的基础。经济上,卫所军户是明代漕运的主要承担者,而漕运直接关系到明代的中央财政;庞大的卫所军户群体的"民化",推动了地域内市镇的发展,一些卫所建置发展成了市镇;卫所人口、土地、商业等的"民化"过程也体现了江南商品经济的发展势头。文化上,军户与民户在民俗、教育等方面相互影响,推动着区域文化的发展。可以认为,苏松太卫所"民化"史是明代长三角发展史的重要组成部分。本章将系统性地研究该地区卫所的"民化"过程,呈现其"民化"变革的典型性,进而为全国卫所"民化"的个案分析提供参考。

苏松太地区卫所研究成果尚不多,严其林的《明代金山卫》②简述了金山卫的历史和金山卫城建设状况,指出了金山卫在东南海防,特别是防倭中的作用,但是文章过于粗略。关于苏松太地区卫所与行政、军户与民户关系研究的代表性论作,当属谢湜的《明代太仓州的设置》③,文章从州、卫、县利益博弈的角度

---

① 严格而论,明代太仓州隶属苏州府,应该称为"苏松",直至清雍正二年(1724年)太仓州升为直隶州,设置苏松太分巡道时,才能称之为"苏松太",但为了统一地域称谓的表述和方便读者阅读,故以"苏松太"称之。
② 严其林:《明代金山卫》,《江西师范大学学报》1993年第1期。
③ 谢湜:《明代太仓州的设置》,《历史研究》2012年第3期。

分析了太仓州的存废问题,结论部分强调源于地域特质,太仓最终由卫转州,同时也反映了明代地方行政演变的一种态势。张金奎在《三个明代卫所军户的个案考察》①中,以《苏州卫选簿》和陶氏家谱为资料,分析了明代苏州卫陶氏家族的发展状态。于志嘉在《明清时代军户的家族关系——卫所军户与原籍军户之间》②第二部分,以苏州卫彭氏等为例,分析了卫所军户与原籍军户的关系。

学者关于明清江南社会、经济、文化研究的丰富成果中,也部分谈及了苏松太地区卫所。樊树志在《明清江南市镇探微》③中对江南市镇的网络分布、经营规模及特色进行了分析,书中虽未直言江南区域卫所与市镇的关系,但其典型市镇的研究对笔者分析"江南富庶地的卫所生活"有借鉴意义。吴仁安的《明清上海地区城镇的勃兴及其盛衰存废变迁》④在考察城镇的嬗变途径时,论及由卫所嬗变而来的市镇。安涛的《朱泾:明清以来江南一个区域中心城镇的发展探析》⑤探讨了金山卫境内典型的江南商业经济市镇——朱泾的发展。青村守御千户所是金山卫以东重要的军事城镇,胡勇军在《清初变革对江南市镇的影响——以青村的变迁为例》⑥中以曾经繁荣的青村为例,分析了清初军事行为对于江南市镇经济的影响。陈凌在《明清松江府进士人群的初步研究》⑦中详尽分析了明清松江府进士人群,金山卫学亦在其比较分析的范围内。冯贤亮的《城市重建及其防护体系的构成——十六世纪倭乱在江南的影响》⑧剖析了嘉靖年间倭乱对江南城市群的影响,其中对于卫所的御倭作用、倭乱对于江南繁荣的市镇经济的影响以及社会力量对于江南市镇发展的促进做了细致的分析,从包括卫所城镇在内的江南城市重建的角度对江南市镇、经济进行研究是独辟蹊径的。日本学者川越泰博的《倭寇、被虏人与明代的海防军》⑨则在分析明代卫所体制

---

① 张金奎:《三个明代卫所军户的个案考察》,《明朝在中国史上的地位》,天津:天津古籍出版社,2012年,第301—321页。
② 于志嘉:《明清时代军户的家族关系——卫所军户与原籍军户之间》,《历史语言研究所集刊》2003年第74本第1分。
③ 樊树志:《明清江南市镇探微》,上海:复旦大学出版社,1990年。
④ 吴仁安:《明清上海地区城镇的勃兴及其盛衰存废变迁》,《中国经济史研究》1992年第3期。
⑤ 安涛:《朱泾:明清以来江南一个区域中心城镇的发展探析》,《徐州师范大学学报》2007年第4期。
⑥ 胡勇军:《清初变革对江南市镇的影响——以青村的变迁为例》,《金陵科技学院学报》2011年第3期。
⑦ 陈凌:《明清松江府进士人群的初步研究》,《史林》2010年第2期。
⑧ 冯贤亮:《城市重建及其防护体系的构成——十六世纪倭乱在江南的影响》,《中国历史地理论丛》2002年第1期。
⑨ 川越泰博著,李三谋译:《倭寇、被虏人与明代海防军》,《中国边疆史地研究》1998年第3期。

的基础上,考证了东南的海防体系,探讨了永乐年间倭患中被虏中国人的命运。文中以正德《金山卫志》和《明实录》等为依据,分析了金山卫军余、舍人麴祥和观音保被虏至日本后的命运,同时指出了东南卫所存在的一些问题。

以上这些研究为笔者的苏松太卫所"民化"研究奠定了基础。

一、明代苏松太的军事体制与卫所

(一) 卫所设置与区域社会

明代苏松太,邻近南京,为"畿辅望郡"[①],既是东南防御之要冲,又是全国财赋重地。洪武年间,区域内卫所建置便基本完成。本节主要分析苏松太区域内卫所设置的具体情况以及卫所设置对区域社会的影响。

1. 军弱民强的苏州卫

明吴元年(1367年),徐达攻克苏州,十月,中书省以所俘张士诚士兵设立苏州卫指挥使司,苏州卫由此建立。苏州卫初立,辖有左右中前后五千户所,统军五千六百人,卫署位于苏州城内饮马桥西[②]。千户所营皆在城内,中千户所营在盘胥门,前千户所营在娄齐门,左千户所营在葑门,右千户所营在阊门。军营与民居分割,"苏州卫指挥使司,六城内沿池濠地,吴元年皆创造营房以栖军士,盖不使杂处民间而缓急易集故也"[③]。洪武九年(1376年),后千户所分立为嘉兴守御千户所,移守嘉兴。

苏州卫和其他卫所一样拨军入屯,屯田主要来源于抄没的军民田,"国初抄没军民田给军耕种,又无主闲荒之地听其开垦"[④]。

宋元以来,苏州一直是江南经济、军事重地。元末,苏州屡罹兵难,但洪武四年(1371年)苏州府已有473 862户,1 947 871口,洪武九年(1376年)增至506 543户,2 160 463口[⑤]。这些还只是政府所掌握的户籍量,不包括隐匿逃逸

---

① 卢传印:《职方考镜》,转引自《天下郡国利病书》,稿本,中国基本古籍库,第357页。
② 正德《姑苏志》卷二十五《兵防》,文渊阁四库全书本,中国方志库,第1433—1434页。
③ 隆庆《长洲县志》卷九《兵防》,隆庆五年刻本,中国方志库,第238页。
④ 隆庆《长洲县志》卷九《兵防》,第238页。
⑤ 洪武《苏州府志》卷十《户口》,明洪武二十年刻本,第403—404页。笔者注:洪武《苏州府志》记载洪武九年(1376年)苏州府户口数为506 543户,2 160 463口,但是七县户口总计为515 243户,2 159 458口,记载应有错误。按515 243户,2 159 458口计算,除去洪武八年(1375年)拨隶的崇明县15 898户,81 374口,洪武四年至九年(1371—1376年),苏州府人口仍增加了25 483户,130 240口。

的人口。除去崇明县、昆山县和嘉定县,长洲县、吴县、吴江县、常熟县均在苏州卫的军事职责之内,洪武九年(1376年),此四县有298 818户,1 296 807口①。洪武九年(1376年)苏州卫后千户所已经移守嘉兴,且洪武三十年(1397年)之前,一直调苏州卫官军守御松江府城,故推测承担苏州四县守御的卫所正军不足五千人。以不足五千官军守卫四县之地,控御近一百三十万人口,和明初军强民弱的总形势相比,显然是"军弱民强"。

苏州曾是张士诚的势力范围,朱元璋对苏州怀有深深的不信任感,除迁苏州富民至临濠、征收重税外,卫所军是朱元璋控制苏州居民的主要力量,且苏州为畿辅望郡,苏州的稳定对于南京也非常重要。朱元璋建立苏州卫主要在于控制地方,苏州卫是苏松太地区的军事重心之一。只是在明初兵强民弱的形势下,相对于控御的人口来说,苏州卫军人数较少。究其原因,一方面府境内太仓地区在海防漕运上更为重要,朝廷将重兵驻守于太仓;另一方面南京驻守重兵,苏州府附近分布较多卫所,调兵协防较为便利。

2. 军民同城的太仓卫及吴淞江守御千户所

太仓东濒长江口,西距苏州,南抵嘉定,北接常熟,元代太仓作为海漕的起运港和昆山州治所在地,曾盛极一时。元至正二十七年(1367年),朱元璋攻下江南,称吴王,改年号为吴元年(1367年),并于此年设立了太仓卫。嘉靖《太仓州志》记载了太仓卫的建置情况:"太仓卫指挥使司,吴元年立,在镇民桥西南,基即元之昆山州治,隶南京中府。始设十千户所,统军万一千两百人,洪武四年并为左右中前后五千户所,有经历、镇抚二司,领吴淞江守御千户所。"②

太仓卫的设立,既是出于防御海上、镇抚地方的考虑,也是为了保障向辽东海运军饷的安全。明初倭寇已经发端,加之流亡海上的张士诚、方珍国旧部都是新建立的明王朝的海上威胁,位于长江出海口处的太仓,其军事防御价值不言而喻,"天兵平伪吴,首建此卫,为保障计急先务也"③。明代政府在江南地区征收惩罚性重赋,设置太仓卫也是为了防范张士诚"旧民"的反抗。同时,江南水乡之地,河湖渊泽发达,易生盗贼,设立太仓卫也是为了整饬地方患息。

朱元璋以所俘张士诚兵,建太仓卫于元代昆山州治,嘉庆《直隶太仓州志》卷

---

① 此处户口、人口数为洪武《苏州府志》记载的四县合数。
② 嘉靖《太仓州志》卷三《兵防》,明崇祯二年重刻本,中国方志库,第205—206页。
③ 嘉靖《太仓州志》卷三《兵防》,第206页。

四《营建上·城池》云："州城旧设木栅,元至正十七年张士诚据苏州,遣将高智广移常熟支塘城,改筑周一十四里五十步,计两千六百十丈,高二丈,广三丈。池周一十五里百七十步,计二千八百七十五丈。旧广八丈六尺,深一丈五尺,年久淤狭,今广三丈,深六七尺不等。陆门七,曰大东,曰朝阳,曰大南,曰大西,曰小西,曰大北,曰小北。旧有小东、竹场二门,今塞。初设大东、大西、小西水门各一,万历初增南水门,在朝阳门西,崇祯间废。"①据此可知,张士诚所筑太仓州城的规模甚为宏大。台湾学者陈正祥依照城周长,将城的规模分为五级。根据他的分级,张士诚所筑太仓州城在规模上与省会城市相同②。明初设立太仓卫之时,太仓城内居住着许多民户,故太仓军民共处杂居的局面在明初即已形成,而根据乾隆《太仓州志》记载:"明洪武元年建太仓卫,专治娄东地……洪武十二年分立镇海卫,同地分司。弘治十年建州治,卫始专管卫事"③,这段记载有两处非常值得探讨:其一,"专治娄东地","娄东"即太仓,也就是说太仓卫设立之时专门管辖太仓,而"专治"的事项可能不仅包括军政,还包括民政;其二,"弘治十年(1497年)建州治,卫始专管卫事",也就是说弘治十年(1497年)太仓建州后,太仓卫才开始专门管辖军事,这也意味着之前太仓卫还兼理民政④。

明初四十余年里,太仓作为海漕起运港,江浙一带大量漕粮聚集于此,太仓也因此繁荣一时。卫所官军担负着保卫海运漕粮安全、收粮归仓的职责,军民杂居的格局,使得地方居民在日常生活中与卫所军士有着诸多联系。卫所军士除了负有军事职责外,还进行屯田以保障卫所的供给。镇海卫未分立之前,太仓卫

---

① 嘉庆《直隶太仓州志》卷四《营建上》,清嘉庆七年刻本,中国方志库,第208—209页。
② 陈正祥按周长分城为五级:第一级的城,城周超过50里或25里,全国只有南京、北京、凤阳三处;第二级的城,城周介于25—50里,包括杭州、苏州、广州等;第三级的城,城周为10—25里,省会城市一般为此规模;第四级的城,城周为5—10里,所有府城为此等;第五级的城,城周不满5里,全国多数县城属于此级。(陈正祥:《中国文化地理》,北京:生活·读书·新知三联书店,1983年,第73页。)按:虽然陈正祥根据现存的城研究并分级,但由于现存古城多为明清所筑,故具有一定的参考价值。
③ 乾隆《太仓州志》卷三《建置·公廨》,太仓市档案馆藏抄本,中国方志库,第50页。按:太仓卫于明吴元年(1367年)设立,而非洪武元年(1368年)。《明太祖实录》记载"吴元年夏四月……壬戌,置太仓卫,以千户朱禹为指挥副使,蒲仲亨为指挥金事",《明史·地理志》谓太仓州"本太仓卫,太祖吴元年四月置"。明代地方志中记载的太仓卫设置时间也均为吴元年,正德《姑苏志》"国朝吴元年立太仓卫",嘉靖《太仓州志》亦载"(国朝)吴元年立太仓卫",由此可见太仓卫立于明吴元年无疑。
④ 谢湜在《明代太仓州的设置》一文中认为"太仓之权责并非仅仅在于卫所防御之事,而是兼摄民政",参见谢湜:《明代太仓州的设置》,《历史研究》2012年第3期。

的屯田约有四百八十顷①,由于资料的缺乏,难以得知这些军屯分布于何处,但是根据金山卫和苏州卫的军屯分布状况推测,这些军屯应是与民田交错分布的。

吴淞江连黄浦通太湖,是东南地区重要的水道,其入海口"为海道咽喉,三吴门户"②。明朝政府在吴淞江入海口西岸设立吴淞江守御千户所,并筑千户所城,以副总兵镇守,统军一千三百五十人,分十个百户所。吴淞所"城周围七百二十丈,凡四里,高二丈四尺,阔二丈九尺"③,有陆门四座、水门两座,规模相当于一个县城。

因此,太仓卫自设立起就不是一个孤立的军事建置。太仓卫矗立于长三角,犹如一个巍峨的地方军事和经济中心,并没有割离于区域社会:卫所军士和地方居民并处一城,在日常生活中相互影响;卫所军士源于所俘士兵,并非完全抽籍于异乡,有着共同的生活习性和风俗信仰;军屯与民田杂处分布,屯田子粒和地方田赋上交一处。

太仓卫初立时,直接承袭了元代的万户府制度,并没有马上划分部伍和确定卫所的具体编制。较之于其他卫所,太仓卫辖有千户所的数量偏多,故于洪武四年(1371年)将其合并为五个千户所,但各千户所的军额又明显偏多,这就为洪武十二年(1379年)分立镇海卫埋下了伏笔。

3. 同守江口的镇海卫及崇明守御千户所

洪武十二年(1379年)分太仓卫官军的一半建镇海卫,统左右中前后五个千户所,隶中军都督府,领崇明守御千户所。《江南经略》记载:"国初镇海卫之设,原分太仓卫军之半屯戍刘家港口,今天妃宫其故址也,后因无城故并入州城耳。"④可见镇海卫初立时在刘家港口,并不在太仓城中与太仓卫同城。史志多记载镇海卫治于"武陵桥西北",可能立卫当年即移治于太仓城内。

分立镇海卫后,长江入海口处多了一个卫所,加强了刘家港口等地的防御,同时改编了太仓卫统十个千户所,使得长三角地区的军事布局更趋合理。两卫

---

① 根据嘉靖《太仓州志》记载太仓卫屯田273顷41亩3厘,镇海卫屯田208顷98亩6分4厘8毫,合计482余顷,此为洪武十二年(1379年)分立镇海卫后的记载,在镇海卫未分立之前,太仓卫屯田可能更多;弘治十年(1497年)析置太仓州时,太仓官田6 899顷55亩有奇,民田2 734顷14亩有奇,官民田合计9 633余顷。以太镇二卫屯田数不计,卫所屯田与官民田的比例约为1∶20。参见嘉靖《太仓州志》卷三《兵防》,第211—212、369页。
② 郑若曾:《江南经略》卷三上《吴淞所险要说》,文渊阁四库全书本,第80b页。
③ 郑若曾:《江南经略》卷三上《吴淞所城池》,第81b页。
④ 郑若曾:《江南经略》卷三下《刘家河险要说》,第14b页。

同城,在明代沿海卫所建置中较为少见,弘治《太仓州志》载"其民与太仓、镇海军士杂居者凡四区"①。镇海卫之于区域社会的影响,和太仓卫相似,兹不赘述。

洪武三年(1370年)立崇明守御千户所,设千户一员,副千户五员,百户十员,兵一千一百二十名,隶中军都督府,所治在崇明县城内惠政坊②。洪武十二年(1379年)后,崇明守御千户所隶属于镇海卫,在镇海卫未分立之前,崇明所隶属于太仓卫。崇明地处长江入海口,四面环水,倭寇海贼入犯较多,且自然灾害频发,崇明守御千户所的设立对于崇明乃至长三角的稳定至关重要。由于崇明特殊的地理区位,在遭受倭寇海贼侵扰时,千户所军士的守御力量有限,明代政府常调附近卫所官军前来防御,对崇明守御千户所的发展演变和地方社会产生了重要的影响。

4. 控御松江的金山卫及青村所、南汇所、松江中所

金山卫设于洪武十九年(1386年)③,辖守御青村中前千户所、守御南汇嘴中后千户所、松江守御中千户所。青村、南汇两所与金山卫同年设置,洪武初年调苏州官军守御松江,洪武三十年(1397年)罢,调金山卫中所来守,即为松江守御中千户所。卫城位于松江小官场,"在府东南七十二里,南滨海,与金山对峙"④,与青村、南汇嘴两所城成掎角之势。金山卫地薄东溟,南濒大海,稍西即至浙江,向西北可通淮扬诸郡,"松江、苏州、嘉兴尤近,盖淮浙喉襟处也"⑤,在军事上控驭东南三百里。

明代国家武备最重北方九边,然而东南沿海倭寇海盗常乘潮出没,民众时被毒螫,明初便在东南沿海设置众多卫所"防倭护民",金山卫及下三个千户所即是其中一部分。金山卫管辖地域东西广三百一十里,南北广一百二十五里,东至南汇嘴二百七十里,西至独树三十六里,北至松江守御中千户所三百一十里,南至

---

① 弘治《太仓州志》凡例,《日本藏中国罕见地方志丛刊续编》第3册,北京:北京图书馆出版社,2003年,第5页。
② 嘉庆《直隶太仓州志》卷二十三《兵防》,第1484页。笔者注:嘉庆《太仓州志》载崇明守御千户所设于洪武二年(1369年),记载时间有误,可能是沿抄正德《姑苏志》所载"崇明守御千户所,洪武二年立"所导致。另外,明代崇明县城在今崇明岛北端,由于海潮侵逼多次迁建,非现今的崇明区治。
③ 正德《金山卫志》上卷一《建置沿革》记载"国朝洪武十九年,命安庆侯等官,沿海置卫,即华亭县馆镇筑城,始有金山",正德《松江府志》卷十四《兵防》载"金山卫……洪武十九年开设,二十年指挥金事李武建",《太祖实录》记录为洪武二十年(1387年)二月立,故金山卫应设于洪武十九年(1386年),至洪武二十年(1387年)二月正式建成。
④ 正德《松江府志》卷十四《兵防》,《上海府县旧志丛书·松江卷》,上海:上海古籍出版社,2011年,第217页。
⑤ 正德《金山卫志》上卷一《边域》,传真社影印明刻本,第2页。

海两里。在这广阔的地域中无险可依,地势平坦,河流密布,易成倭寇流贼之渊薮。所以,金山卫的设置不仅是为了防御,还有强化控制地方的考虑,宏大的卫所城就是一个个控御中心。从表4-1可以看出,金山卫城的规模远大于松江府城,中前所城和中后所城也和县城规模相当。

表4-1 明代松江府境内城池规模比较

城 名	城 周	城 高	陆门(个)	水门(个)	吊桥(个)
松江府城	九里二百七十三步	一丈八尺	四	四	四
上海县城	九里	二丈四尺	六	三	○
金山卫城	十二里三百步	二丈八尺	四	一	四
守御青村中前所城	五里八十九步	一丈九尺	四	○	四
守御南汇嘴中后所城	五里一百四十九步	二丈二尺	四	四	四

资料来源:正德《金山卫志》上卷一《建设·城池》及《江南经略》《上海县城池考》。
注:正德《金山卫志》记载松江守御中千户所城即松江府城,千户所位于府城内。

金山卫城、中前所城、中后所城、中所城是军户集中屯驻的据点。金山卫军户来源较为多样,包括从征军、归附军、谪发投充军。初置时,卫所除正额旗军外,还有大量带管汉达军和奉例投充军[1],"凡官有舍,军有余,又各有老幼"[2],卫所城内除了正伍旗军外,还住有大量军余舍人及其他家属,卫所城内街巷纵横,坊井缀立,俨然构成了一个强大的社会实体,见表4-2。

表4-2 金山卫各所军额统计表　　　　　　　　单位:人

千户所名	正伍旗军	带管汉达军	奉例投充军	总 数
左 所	1 120	265	219	1 604
右 所	1 115	114	292	1 551

---

[1] 《明太祖实录》卷一百八十八洪武二十一年正月至二月丁卯记载朱元璋"命中军、左军二都督府移文所属都司,凡归附鞑靼官军皆令入居内地,仍隶各位所编伍",收编了大量旧元兵归内地卫所带管,即"带管汉达军";奉例投充军指因犯罪充军的军士。

[2] 正德《金山卫志》上卷三《兵政·户口》,第30页。

续　表

千户所名	正伍旗军	带管汉达军	奉例投充军	总　数
前　所	1 165	144	274	1 533
后　所	1 120	217	235	1 572
松江中所	1 120	439	0	1 559
青村中前所	1 221	457	1 361	3 039
南汇中后所	1 120	395	1 146	2 661
合　计	7 881	2 031	3 527	13 439

资料来源：正德《金山卫志》上卷三《兵政·军实》。

明初新立卫所皆分例拨军垦田，屯田子粒供官军俸粮。"洪武间设卫，拨七所旗军屯种上海县二十保长人乡田"①，官军屯田较为集中，七所共有屯田352顷80亩，主要来源为官田，军屯与民田分离。

除松江守御中千户所外，金山卫及青村所、南汇嘴所犹如三个相对独立于地方行政区划的社会实体。金山卫如府城一般立于松江府南，青村所、南汇嘴所也似两座县城，但它们不属于府、县构成的地方行政城市体系；虽然官军居住于卫所城，但生活空间与民人交错，军民日常生活混杂。具有实土意义的金山卫，地域上相对割裂于府县，与东南海防其他实土卫所相似，这一点不同于苏松太地区的其余卫所。

（二）兵制演变与卫所控制权的削弱

区域内的兵制演变，不仅指卫所兵制的变化，还包含营兵制的产生、演变，民兵乡勇对兵制的影响，新职官的设立，文职官员对区域军事职能的渗透等。

明初重武，故形成了太仓卫等地军强民弱的社会局面，但是由于军役繁重，军官役占欺压等原因，卫所军士逃亡情形严重。营兵或源于卫所军，或源于民兵乡勇。明代苏松二府均有民兵，部分民兵编入兵营，成为营兵的一部分。

---

① 正德《金山卫志》上卷三《兵政·屯田》，第42页。

1. 松江府境内的兵制演变

松江府内有一卫三守御千户所,即金山卫和青村所、南汇所、松江所,原数额设正伍旗军并带管不入伍汉达军、奉例投充军,金山卫6 580名,青村所3 039名,南汇所2 661名,松江所1 559名①。正德《金山卫志》和崇祯《松江府志》记载了各卫所军官原额数和正德、崇祯年间实有数,见表4-3。

表4-3 松江府境内卫所军官数变化表　　　　　　单位:人

卫所名	指挥			镇抚			正千户			副千户			百户		
	额设	正德	崇祯	额设	正德	崇祯	额设	正德	崇祯	额设	正德	崇祯	额设	正德	崇祯
金山卫	7	18	18	2	3	2	4	7	—	8	12	—	40	63	29
青村所	—	—	—	1	1	1	1	2	—	2	3	—	10	12	10
南汇所	—	—	—	1	1	2	1	2	—	2	5	—	10	16	6
松江所	—	—	—	1	2	2	1	3	4	2	6	7	10	7	4

注:崇祯《松江府志》载,见在千户金山卫19员,青村(所)堡5员,南汇(所)堡4员,未区分正副千户,故未列入表中。

从卫所设立至正德年间,松江府内卫所军官数额绝大部分呈增加之势。指挥和正副千户增加了一倍左右,除了松江所百户减少3员外,其他卫所百户都有增长;正德至崇祯年间,金山卫指挥数额未变。金山卫和青村所的正副千户数额没有增减,南汇所由7员减少为4员,松江所增加了2员。值得注意的是,所有卫所的百户均大幅减少,金山卫和南汇所更是减少了一半以上,而有明一代,松江府境内负责卫所刑狱的镇抚的数额较为稳定。

据此,松江府内卫所军官数额的变化趋势便明了了:从卫所设立至正德年间,卫所军官数额大幅增加,之后,卫所上层的指挥、千户的数额较为平稳,没有大幅增减,但较为底层的百户则呈现出大幅减少之势,而嘉靖朝是卫所军官数量发生变化的转折时期。

以上分析的是明代松江府内的卫所军官数额的变化趋势,那么卫所军力增减如何,卫所与营堡、民兵的关系又如何呢?

---

① 正德《金山卫志》上卷三《兵政·军实》,第23—29页。

松江府境内多河道湖泽，地势低平，无关隘险要可守，又位居南畿望郡，向外重于海防，向内乃赋税重地，故需要设兵驻守。"带江襟泖滨海，外寇少，内盗多，松非百年无事之国也"①，但实际上嘉靖之前松江府并没有多少纷扰，较大的动乱只有明吴元年（1367年）的上海钱荷皋作乱、永乐戊戌倭乱、成化十八年（1482年）刘通作乱和弘治十八年（1505年）崇明施天泰聚徒作乱海上。一百五十年间海患甚少，仅有三次贼乱和一次倭乱②。

这期间卫所鲜有更制，只在正统至天顺年间新建了五处营堡。正统年间建了胡家港堡和蔡庙港堡，景泰年间建了金山营和江门营，天顺年间又添建了独树营，各营堡坐守百户1名，旗军40名，另有调拨贴守军若干。此时的五营还只是统辖于卫所的军事建置，并非营兵制之"营"③，但作为一种新的军事建置，为松江府境营兵制的形成奠定了组织基础。

承平日久，卫所军士操备渐疏，同时逃亡情况严重。据正德《金山卫志》记载，金山卫逃故行勾2 283名，汉达亡绝411名；松江所逃故行勾515名，汉达亡绝258名；青村所逃故行勾130名，汉达亡绝269名；南汇所逃故行勾247名，汉达亡绝213名。金山卫和松江所军士逃故行勾几近半数！嘉靖年间，倭乱爆发，襟江带海的松江府面临着巨大的考验。嘉靖三十二年（1553年），倭寇直抵府城下，金山总兵战死；嘉靖三十三年（1554年），倭寇攻府城和上海县城，上海县丞战死，拓林、川沙被攻陷，沦为巢穴。朝廷设海防道于松江府城，募兵三千备倭，以指挥佥事董邦政领之。嘉靖三十四年（1555年），朝廷调广东瓦氏领狼兵、永保、永安等处土兵助战，总督会浙直兵会战；嘉靖三十七年（1558年）因倭患减轻，改海防道为海防同知，裁兵一千八百员；嘉靖三十八年（1559年）倭寇始绝，嘉靖三十九年（1560年）又裁去海防同知兵六百员。

嘉靖倭乱促使东南地区营兵制正式形成，营兵制的三个主要特征是：新将领的设置、兵源的变化、指挥体系的变化。明廷出于作战需要，设置总兵、参将、游击、守备、把总等新将官，以卫所精兵和民兵乡勇组成新的区别于卫所的"营"，这些"营"的士兵由新设将领统辖指挥。

---

① 崇祯《松江府志》卷二十五《兵防》，《上海府县旧志丛书·松江卷》，上海：上海古籍出版社，2011年，第491页。
② 详见崇祯《松江府志》卷四十九《兵燹》和正德《金山卫志》下卷二《军功》。
③ 关于营兵制的探讨可参见方志远：《明朝军队的编制与领导体制》，《明史研究》第3辑，1993年；王莉：《明代营兵制初探》，《北京师范大学学报》1991年第2期；毛佩琦、王莉：《中国明代军事史》，北京：人民出版社，1994年；肖立军：《明代省镇营兵制与地方秩序》，天津：天津古籍出版社，2010年。

嘉靖三十二年(1553年)五月甲子,杨博上奏建议"添设金山参将一员,分守直隶苏松等处,防海备倭"①。庚午,南京兵科给事中贺泾奏议添设总兵一员,"整饬上下江洋,总制淮海,并辖苏松诸郡",兵部议复"总兵官如议添设,令驻扎金山卫,节制将领,镇守沿海地方",最终嘉靖帝命"分守福兴漳泉参将汤克宽充海防副总兵,提督金山等处"②。嘉靖三十四年(1555年)七月戊申,"改参将一员驻苏松"③。

设立总兵、参将的同时,朝廷在苏松地区大幅增兵建营。松江府境内新建有拓林堡、川沙堡和宝山堡,金山卫、青村所和南汇所也由卫所建堡。拓林、川沙曾被倭寇据为巢穴,宝山为旱寨,三地均是军事要点,而后建堡,兵力以招募民兵为主。金山堡、青村堡和南汇堡由卫、所成堡,一堡即一营,兵力以卫所旗军、军余为主,有一定比例的民兵。倭乱平定之后,东南又趋平静,苏松参将驻扎金山卫,总辖青村、南汇、拓林、川沙、宝山五堡,金山、拓林堡各分为两营④。各堡兵力也有所增减。各营堡官兵除了卫所选拔的旗军、军余和少量客兵外,大抵由民兵充任。

明初松江府属有上海县和华亭县,华亭县为附郭。正德《松江府志·徭役》记载了明代前期松江府的徭役情况,其中位于府境的各巡检司弓兵750人、各铺司兵211人、递运所防夫24人,他们是最初的职役民兵,共985人。嘉靖朝之前松江府承平日久,武备废弛,连卫所官军皆视操练为赘疣,所以不需要民兵操练备患,只是遇乱偶有民兵参与战事。

嘉靖朝由于卫所军不堪御敌,开始招募民兵补充营伍。嘉靖二十一年(1542年),析华亭、上海两县之地置青浦县,"凡设水路民兵,散布三县及缘海,岁额共四千二百余名"⑤。其中华亭县额设陆兵300人,水兵200人;上海县额设陆兵400人,水兵80人;青浦县额设陆兵230人,水兵70人;其余民兵分于各营堡。实际上,民兵的征募按战事需要,并无定数。崇祯《松江府志·兵防》载金山卫:"本卫原额官军舍余二千二百名,民兵三千余名。后议裁革,今现存陆营民兵六百八十七名,水营民兵四百四十五名,军选锋五百六十名,随又裁去,今现存五

---

① 《明世宗实录》卷三百九十八嘉靖三十二年五月甲子,第6993—6994页。
② 《明世宗实录》卷三百九十八嘉靖三十二年五月庚午,第6994—6995页。
③ 《明世宗实录》卷四百二十四嘉靖三十四年七月戊申,第7349页。
④ 据嘉庆《松江府志》卷三十三《松江图说》,万历年间金山堡有民兵、军余各560名,分为两营,拓林堡分为左右两营。
⑤ 崇祯《松江府志》卷二十五《兵防》,第495页。

百二十七名。"① 根据前文论述,可知金山卫初设时有正伍旗军 4520 人,正德年间除逃故行勾 2283 人,存 2237 人,上述"原额"涉及民兵,而松江府卫所营堡广设民兵在嘉靖朝,故推测上述"原额"应该为嘉靖朝实在的军额。万历年间松江府广裁民兵,裁汰后金山堡存民兵 560 人。至崇祯年间,民乱渐起,金山卫水陆民兵又增至 1132 人。

拓林堡初设民兵 1000 名,万历时只剩 400 名,因民力单弱又加募 160 名,至 560 名,崇祯年间存土客民兵 600 名。青村堡、南汇堡嘉靖朝民兵最多时有 1000 名,倭平后裁汰至 100 名,万历时民兵尽裁。川沙堡嘉靖朝初设民兵 1000 名,倭平后裁减至 400 名,万历年间又募浙兵 160 名。宝山堡初设民兵 500 名,后减至 400 名。

倭乱期间,松江府的营兵制获得长足的发展,卫所虽然仍相对独立,但逐渐向营堡演变,性质已经有所变化。至崇祯年间,卫所军力有差别,由于方志所存资料有限,仅知金山卫有选锋军余 527 名,旗军数量不知,青村所有旗军 1300 名,南汇所有旗军 1400 名。相较于正德年间,卫所旗军数量大幅增加,但此时的旗军数量是否只是正伍旗军,还是包括了军余、舍人,由于资料有限,所知甚少。

2. 苏州府境内的兵制演变

明代苏州府内有三卫两守御千户所,即是苏州卫、太仓卫、镇海卫和崇明所、吴淞所(宝山所)。方志中所存明代苏州府兵制资料十分粗略,所幸《江南经略》载有苏州府境兵防考,冀以结合方志窥探嘉靖朝及之前苏州府的兵制变化。

苏州卫原设指挥使 3 人,指挥同知 6 人,指挥佥事 12 人,镇抚 2 人②。洪武九年(1376 年)分立嘉兴守御千户所后,按每所 1120 人计算,苏州卫四所有军 4480 人。洪武十二年(1379 年)分太仓卫官军之半立镇海卫后,太仓卫指挥使 2 人,指挥同知 6 人,指挥佥事 12 人,镇抚 2 人③。镇海卫指挥使 3 人,指挥同知 3 人,指挥佥事 6 人,镇抚 1 人④。初太仓卫有官军 11200 人,故分立后太仓卫、镇海卫各有官军约 5600 人。洪武三年(1370 年)崇明所建立时有军 1200 人,其

---

① 崇祯《松江府志》卷二十五《兵防》,第 495 页。
② 参见《江南经略》卷二上《苏州府守城官兵考》,第 35 页。
③ 参见《江南经略》卷三下《太仓卫兵防考》,第 11a 页。
④ 参见《江南经略》卷三下《镇海卫兵防考》,第 12b 页。

中千户1人、百户10人①。吴淞所初立时有军1 250人,委镇海卫官更番守御。

囿于方志所存资料,洪武朝以后各卫所军官、军力变化难考。卫所设立后,苏州府始设营寨。营寨既扩展了卫所的职能,也是实际的军事需要。最早设立的营寨是青浦两寨、宝山寨。洪武十九年(1386年),镇海卫指挥使朱永在嘉定县东南七十五里建青浦寨,"镇海卫分委指挥一员、千户两员、百户四员,领军士四百人守备"②,是为前寨。洪武三十年(1397年),太仓卫指挥刘源又建一寨,与前寨对峙,调太仓卫官军守备,兵额同前寨。宝山寨初名江东寨,与青浦后寨同时建立,调拨太仓卫军400人屯守,其中指挥1人、千户2人、百户4人。正统初年,太仓卫军调守崇明,青浦两寨和宝山寨由镇海卫官军兼管。青浦寨与宝山寨犄角而立,目的在于防守吴淞江口。嘉靖三十六年(1557年),太仓卫中千户所驻军千名于宝山寨,宝山寨改名为协守吴淞中千户所。正统初年,巡抚侍郎周忱与都指挥翁绍宗议立刘家河寨,以苏州卫指挥1员、千户2员、百户4员,领军500人驻守。白茆港位于常熟县东北九十里,成化年间建寨守海口。以上五寨均建于苏州府长江口沿岸河浦入江处,倭寇流贼沿着江口河道入犯苏州府腹地较为便利,建寨即为了外向的江防、海防。苏州府同松江府一样,境内营寨在嘉靖朝之前还只是卫所统辖下的军事建置,营兵制的建立和发展要到嘉靖朝平定倭乱时才兴起。

倭乱期间,明朝廷在苏州府境内新建了南沙营、福山堡等营堡,加强各卫所营寨统领及调度,并且向已建营寨增兵,促使了营兵制的建立发展。

苏州民兵之设,同治《苏州府志》云:

> 明初设置卫所屯操守御,仿唐府兵遗意。军省卫民之劳,民无养兵之费,制诚善也。迨乎中叶,承平日久,武备渐弛,兼之兑运法行更番,上下不复知有戎事矣。其后,变故频仍,盗贼蜂起,而军疲戈毳,不堪御敌,于是始开招募,谓之民兵。其于卫所弁卒遴其良者,置之行伍,谓之选锋。虽杂处营垒间,军自军而兵自兵,不相混也。然皆虚糜俸饷,无裨于用,以至于亡而不可救。③

---

① 参见《江南经略》卷三下《崇明县兵防考》,第59b页。
② 正德《姑苏志》卷二十五《兵防》,第1441页。
③ 同治《苏州府志》卷二十八《军制·明军制》,清光绪九年刊本,第36b—37a页。

苏州府招募民兵充营伍在明朝中叶以后,虽然民兵和卫所军同编在营,但是民兵始终没有代替或融入卫所。苏州府各处民兵发展历史难以梳理统计,但可据同治《苏州府志》以窥一二:

> 正德七年,兵备副使谢琛奉旨募民间壮勇,号为民壮。嘉靖十四年,兵备副使李士元添募三百名。自后屡有增益,建立陆营,官军民兵共六百六十四员。天启元年,军门团营抽去民兵十一名,又内河总巡官请去水兵三十四名;二年又请去中军官一员、水兵六十名,分立水营;五年,营又请去二十名;崇祯十年立中权营,抽去兵八名;十四年请复马兵一名。陆营实存中军守备一员、领兵官二员、听用官二员、民兵三百四十四名、太镇两卫军一百八十二名。水营天启二年分立,中军守备一员、水兵一百十四名。中权营崇祯十年立,领兵官一员、兵一百十八名,十四年续补新兵八十一名,抽苏属各营兵六十八名。①

此段所述"兵",根据府志说明俱为民兵,所以至迟在正德年间,苏州已经开始招募民兵以实营寨,各营间抽调民兵频繁。

3. 苏松兵制演变的探讨

卫所编制以日常屯戍和军政管理为基本特征,营兵制侧重于征战戍守。卫所军户实行严格的世袭制度,营兵制对军兵户籍没有明确的强制性规定,所以营兵既可以是卫所旗军、舍人,也可以是招募而来的民兵。明代苏松地区主要威胁来自海上的倭寇流贼,明初海上相对平稳,卫所制占兵制的绝对主导地位,海防能力未凸显多少不足。承平日久,卫所官军安于生活,戍守征战能力下降,临战编制的营伍应运而生。嘉靖倭乱时期是苏松营兵制迅速发展时期,而卫所军士因逃绝而不足以实兵营,苏松两府招募了大量的民兵,于是形成了以卫所军为主、民兵为辅,或民兵为主、卫所军官统领的营兵制格局。这同时也造成了卫所军既属卫所系统又属营兵系统的局面。

营兵制的建立和民兵进入兵营,对卫所兵制的影响是巨大的。控御能力上,营兵成为地方主要的军事力量,严重削弱了卫所对地方的控御能力,卫所成为营兵兵源的提供者。虽然大部分营兵源于卫所军,但在军事指挥方面,都司卫所体

---

① 同治《苏州府志》卷二十八《军制·明军制》,清光绪九年刊本,第36a—36b页。

系逐渐让位于营兵制指挥体系。管理权上,卫所军离开卫所进入军营,统率于营兵将领,削弱了卫所官员对卫所军的控制,一定程度上影响了卫所军对卫所的归属感。生活上,卫所军与民兵同练同守,使军民间的日常生活、习俗逐渐趋同。地理分布上,兵营的广泛兴置,使部分成为营兵的卫所军脱离卫所原有建置,扩大了卫所军的分布范围。这些都是卫所军融入地方的推动力,加快卫所军的"民化"。

终明一代,苏松地区卫所制和营兵制虽分属两个系统,但并非形成泾渭分明的格局,卫所官调任营官是常态,招募的民兵和外籍兵也未取代卫所军。营兵编制大致是营(堡)—哨,武职系统大致为苏松参将—游击—守备—把总—领兵官。实际上,苏松地区的营兵制是既区别于九边又不同于内陆的,见表4-4。

表4-4 明代苏松太营寨设置表

兵营名	设置时间	地点	营官	营兵
金山营	—	金山	守备官1员	军40人
	嘉靖	—	添设游击1员	—
	万历	—	选总练官1员,哨官千百户5员	民兵400人,选锋军余560人
拓林堡	嘉靖	松江府拓林	把总1员,守堡官1员,陆路官1员,练兵官2员	金山卫军余300人,民兵1000人
青村堡	嘉靖	青村	把总1员,陆路官1员,守港官1员	民兵1000人,青村所军兵200人
	万历	—	选委战将官1员	尽革民兵,增军至500人
南汇堡	嘉靖	南汇	把总1员,陆路官1员	民兵1000人
	万历	—	—	尽革民兵,增军至500人
川沙堡	嘉靖	川沙	千户1员,把总1员,守御官1员,陆路官2员,领兵官2员,守洼官1员	民兵1000人
	万历	—	—	裁民兵至400人,镇海卫旗军100人,募浙兵160人

续　表

兵营名	设置时间	地点	营官	营兵
宝山堡	—	—	总练官1员,领兵官1员	官无定员,民兵500人
胡家港堡	—	胡家港	守备官1员	军40人,贴守旗军100人
胡家港堡	—	胡家港	守备官1员	军40人,太仓、镇海两卫贴守旗军352人
独树营堡	—	独树	守备官1员	军100人,嘉兴千户所贴守军101人
江门营	—	江门	守备官1员	军40人
青浦二寨	洪武十九年(1386年)、洪武三十年(1397年)	嘉定县东	每寨指挥1员,千户2员,百户4员	前寨镇海卫军400人,后寨太仓卫400人
宝山寨(协守吴淞中千户所)	洪武三十年(1397年)	宝山	指挥1员,千户2员,百户4员	镇海卫军400人
宝山寨(协守吴淞中千户所)	嘉靖三十六年(1557年)改名	—	—	太仓卫中所1000人
刘家河寨	正统初年	刘家河口	指挥1员,千户2员,百户4员	苏州卫军500人
刘家河寨	嘉靖二十二年(1543年)	—	添指挥1员,百户1员	增调镇海卫100人
刘家河寨	嘉靖四十五年(1566年)	—	设捕盗参将1员,水陆营把总各1员,千户5员,百户10员,水营领兵官3员,陆营领兵官4员	镇海卫中千户所军1000人
白茆寨	成化	白茆港	指挥1员,千户2员,百户4员	苏州卫军400人
白茆寨	嘉靖	—	添游兵把总1员	添水陆至四千余人
南沙营	嘉靖十九年(1540年)	崇明南沙	指挥1员,千户1员,百户1员	太仓、镇海卫军80人

续 表

兵营名	设置时间	地 点	营 官	营 兵
福山堡	洪武	常熟福山	百户2员	—
	嘉靖三十三年（1554年）	—	添把总1员	陆兵500人
长沙营	—	崇明东北海中	千户1员，百户2员	军200人
明威坊营	—	崇明县治内	指挥1员，千户2员，百户4员	镇海卫军400人
兵备道陆营	嘉靖(?)	—	—	军民664人
	崇祯	—	守备1员，领兵官1员，听用官2员	民兵344人，太后、镇海两卫军128人
兵备道中权营	崇祯十年（1637年）	—	领兵官1员	兵118人，崇祯十四年（1641年）续补新兵81人，抽苏属各营兵64人
兵备道水营	天启二年（1622年）	—	守备1员	水兵114人
巡抚陆营	万历十六年（1588年）	—	东陆营守备1员	兵400人
			西路营守备1员	兵400人
巡抚团营	天启二年（1622年）	—	守备1员	抽选陆营兵400人
内河水营	崇祯元年（1628年）	—	东塘内河水营把总1员	兵200人
			东塘内河水营把总1员	兵200人
巡抚标营	—	—	都司1员	兵300人

资料来源：崇祯《松江府志》卷二十五《兵防》，正德《姑苏志》卷二十五《兵防》及《江南经略》，同治《苏州府志》卷二十八《军制·明军制》。

注：另有苏州九折村营、双浜村营、竹箔沙营，建制难考。

苏州卫军事上负责的地域广阔、人口众多，略显"单薄"；太仓卫兼管军民政务，分立镇海卫后，两卫军户与地方居民共处一城，军强民弱的形势体现得十分明显;金山卫和其下的守御千户所犹如屹立在沿海的府、县城一般。这些卫所构成了苏松太地区的军事体系,守卫着一方安全。

嘉靖朝开始,苏松兵制发生巨大变化,出于防倭的需要,明廷战略要地广设营寨,营兵制开始逐渐取代卫所制,营兵成为战斗的主力。营兵多源于招募的民兵,卫所沦为营兵兵源之一。随着地方赋役改革的发展,卫所军役改由银纳之说一度甚嚣于政府民间。明廷恐危急之时无法募集足够兵力,以祖宗之法不可变为由,未加更张。在营中的卫所军、民兵同练同守又加快了卫所军"民化"的脚步。

卫所虽然苟延残喘至明末,但地方政府在司法、赋役、户籍等方面早已渗透卫所,卫所军士也在富庶的江南经济的影响下向民间靠拢。

二、江南的卫所与"民化"

(一)江南富庶地的卫所生活

明代江南商业经济发展迅速,市镇星罗棋布,苏松太作为江南富庶地的区域中心,其区域内卫所官军的生活受繁荣的商业经济的影响巨大。军役负担沉重,卫所军官役占、军饷不足以赡用等,造成了卫所在设立不久,卫所官军便在操练之余从事其他业生,更有甚者逃亡以避军役。明代中后期军强民弱局面的改变,漕运、巡捕、军器制造乃至于诸种杂差都纳入军役范围。卫所官军地位下降而军役负担加重,大量人口逃离以避军役,从内部推动了卫所"民化"的发展。当然卫所并不是纯粹的单向变化,地方民户在某些方面也受到卫所官军的影响,信仰文化方面表现尤显突出。

军户逃匿及逃匿后的生活是卫所"民化"的重要组成部分。至正德年间,松江府内金山卫及其下千户所军士亡匿者近半数,苏松境内卫所的各种环境条件类似,推测苏州府境各卫所的军士亡匿情况很可能与金山卫的相差无几。逃亡军士去向主要有三:其一隐匿府内民间,其二流落他乡邻境,其三落为流贼倭寇。隐匿府内者,或者恃依豪强避役谋生,或者靠技艺屠沽贩卖。恃依豪强者成了"民户",屠沽贩卖者成了"商户"。江南市镇是屠沽贩卖者理想的经营场所,明代苏松太地区有些市镇因卫所军事据点发展而起,这些市镇的发展影响着卫所军户的日常生活。

明朝中前期苏松地区卫所官军迫于生计从事其他生业已经成为风俗,正德《金山卫志》载:

> 凡军练习少暇则治生业,东南城多渔于海,西北渔于河及诸港,稚童即能钩沙耴蚬蛤,易米粟胜负薪者。岁凡秋冬交,率往海滨荡间斫耴草荍,寸许者束之,围可七八余尺,若束翘薪然,人各二束或四束,日凡数百,肩以归。城中㸑薪赖是以给,中前、中后二所渔樵尤众。妇善绩麻为网,织棉布粗不及松人,故纺木棉为纱者,市钱不自织……贾者多不炫肆,以积少囤贮于门。饶裕者多从城外或近乡买田庄,雇农耕耘稻麦及菽。亦有奉例以余丁寄籍民间者。①

军士渔樵、妇人绩麻织棉易于市等,这些和地方居民的日常生活如出一辙,卫所军户不知不觉中与迅速发展的市镇商业经济关联起来。富裕的卫所官军如同地方绅豪,购买农田雇人耕种,以更快的速度走向民间。苏松太地区纺织业发达,市镇因纺织业而博兴。妇人作为卫所中的特殊群体,她们的经济活动与当地纺织业的发展紧密联系在一起。卫所中的妇女受地方纺织业发展的影响,逐渐加入到纺织手工业中,"纺木棉为纱者"成为地方棉纺织业经济链中的一环。卫所的经济活动,从家庭经济方面瓦解了以前主要靠屯田生活的局面,有利于卫所向地方的融合。"奉例以余丁寄籍民间",所奉之例应是景泰元年(1450年)制定的寄籍条例,《大明会典》载:

> 令官军户下多余人丁,有例除存留帮贴正军外,其余俱许于附近有司寄籍,纳粮当差,中间有一家或三五人、十余人,止用一二人寄籍有司,其余隐蔽在家。不分年岁久近,除其该纳粮草仍于有司上纳,其人丁尽数发回军卫。②

奉例寄籍民间,说明卫所军余已经有了融入地方的趋势。余丁寄籍民间,有利于卫所军余、舍人逃避军役,于是寄籍者愈多。余丁寄籍附近府县,置产治业,成为

---

① 正德《金山卫志》下卷二《风俗》,第32—33页。
② 申时行:《大明会典》卷一百五十五《兵部三十八》,明万历内府刻本,第17b页。

"化外之民",逐渐脱离卫所的管理,融入民间。

上述正德《金山卫志》所载内容还涉及卫所军户家庭的形成问题①。苏松太地区濒海临江,"官旗犯罪,例不调伍"②,官军调防协守的范围一般也不会超出苏松常嘉四府,故卫所官军生活较为稳定。在较为安稳的环境下,官军妻儿居住在卫所,军余或居卫所或寄籍民间,以官军为中心,有家庭和屯地的军户家庭逐渐形成了。这是一个非常重要的变化,卫所军户家庭形成以后,随着军户家庭的繁衍扩大、社会关系网的建立,军户家庭成为和民户家庭相似的地方实体,这是卫所"民化"的重要基础之一。

寄籍余丁以外,军户家庭的其他成员有经商者、有业儒者、有购田事农者,这一切在富庶的江南都如此平常。

"商贾所集谓之镇"③,商民贸易是为市。苏州卫官军驻于府城,常来往于府城内及附近市镇,此外苏州卫的福山堡即在常熟福山镇;太仓州城内军民杂处,太镇两卫即在州城及附近市镇与民贸易;正德年间,松江府内与卫所关系密切的市镇有八处:张泾堰镇、漕泾镇、拓林镇、青村镇、陶宅镇、新场镇、下沙镇、八团镇。张泾堰镇距金山卫最近,是卫所官军最常贸易之地;漕泾镇在胡家港堡北,因鱼盐贸易昌盛;拓林镇在蔡庙港堡北,即后拓林堡所在地;青村镇位于青村所西,有三市,是青村所官军与渔民贸易之处;陶宅镇距青村所十八里,设有巡检司税课局;新场镇、八团镇因盐场而繁荣,下沙镇多有巧匠④。

繁荣的市镇经济在潜移默化中影响卫所军户的生活,同时卫所的城池和堡寨,成为当地的政治、经济、文化中心,一些城池堡寨则嬗变成繁荣的市镇,如拓林镇为历代军事要地,嘉靖三十六年(1557年)筑拓林城堡,屯兵防倭,军兵聚集,尔后发展成市镇。金山、青村、南汇、川沙、吴淞、月浦等均如此。

流落他乡的卫所军户和隐匿府内者类似,或买卖或耕种。宣德年间,巡抚江

---

① 张金奎在《明代卫所军户研究》第五章第三节《营房建设与军事社区的形成》中提出明代卫所"军事社区"这一概念:"所谓军事社区,是指在一定地域范围内,以军事活动为中心,以垂直社会关系为主线,以正规武装人员为主体组成的社会实体。就明代而言,分散于全国各地的卫所,特别是部署在农村和边境地区的卫所军事社区性较强。在社区中,卫所军士及其家属构成了社区人员的主体。其次是追随而来的商人、手工业者等为卫所军户服务为主要经营方向的依附人口。"张金奎认为卫所军户的形成直接促使卫所向军事社区转化。笔者认为卫所军事社区的概念十分有利于理解卫所"民化",张金奎提出的军事社区是一种与民户社区有明显区别,但又有诸多相似点的人口聚集区,而且军事社区随着卫所的"民化",不断地向民户社区演变,最终发展成为民户社区。
② 周忱:《与行在户部诸公书》,《明经世文编》卷二十二,第175页。
③ 正德《姑苏志》卷十八《乡都》,第1086页。
④ 正德《金山卫志》下卷一《镇市》,第16—17页。

南、整顿税粮的周忱,曾作《与行在户部诸公书》分析苏松户口问题。从其文中,可以推测流落他乡的苏松卫所军户所事生业:

> 其所谓船居浮荡者,苏松乃五湖三泖积水之乡,海洋海套,无有涯岸,载舟者莫知踪迹。近年以来,又因各处关隘废弛,流移之人,挈家于舟,以买卖办课为名,冒给邻境文引及河泊由贴,往来于南北二京、湖广、河南、淮安等处停泊,脱免粮差。长子老孙,不识乡里,暖衣饱食,陶然无忧。乡都之里甲无处根寻,外处之巡司不复诘问。由是船居之丁口日蕃,而南亩之农夫日以削矣。其所谓军囚牵引者,苏松奇技工巧者多,所至之处,屠沽贩卖,莫不能之。故其为事之人,充军于中外卫所者,辄诱乡里贫民为之余丁;摆站于各处河岸者,又招乡里之小户为之使唤;作富户于北京者,有一家数处之开张;为民种田于河间等处者,一人有数丁之子侄。且如淮安二卫,苏州充军者不过数名,今者填街塞巷,开铺买卖,皆军人之家属矣。仪真一驿,苏州摆站者不过数家。今者连栟接栋,造楼居住者,皆囚人之户丁矣。官府不问其来历,里胥莫究其所从。由是军囚之生计日盛,而南亩之农夫日以消矣……其所谓邻境蔽匿者,近年有司多不得人,教导无方,禁令废弛。遂使蚩蚩之民,流移转徙,居东乡而藏于西乡者有焉,在彼县而匿于此县者有焉。畏粮重者,必就无粮之乡;畏差勤者,必投无差之处。舍瘠土而就膏腴者有之,营新居而弃旧业者有之。倏往倏来,无有定志。官府之勾摄者,因越境而有所不行,乡村之讥察者,每容情而有所不问。由是邻境之客户日众,而南亩之农夫日以寡矣。①

从中可以看出,"轻其乡而乐于转徙"的苏松人户数量不少。然而,无论是船居浮荡者、军囚牵引者,还是邻境蔽匿者,在他乡的生活"胜于土著",至少逃避了粮税赋役,部分人户还愈加富裕,"连栟接栋,造楼居住"正是较富裕人户的生活写照。虽然"官旗犯罪,例不调伍",卫所军人一般不会因罪离开苏松太地区,但因存在卫所军人通过逃匿这种非正常途径脱离卫所,我们也就不能仅在苏松太范围内考量卫所官军逃匿入民间的行为。民户因艰窘不得已而遁逃,卫所军户也因子粒、军役负担过重等逃匿。苏松太地区卫所每军授田12—20亩,宣德年间每年

---

① 周忱:《与行在户部诸公书》,《明经世文编》卷二十二,第175页。

上交子粒 12 石或 6 石，子粒负担本就繁重，在军官役占、军饷时缺的情况下，军户的生活更加困窘。相对于卫所，逃匿军役、隐入民间的生活具有很大吸引力。文中虽未言及苏松太地域范围内的卫所军人，但是我们可以推量卫所军户逃避军役、隐入民间的生活状态，应该与民户相似。

落为流贼倭寇的卫所官军，从事的就是非法勾当了，他们或四处剽掠，或与乡豪勾结，贩卖私盐，进行走私贸易。嘉靖《太仓州志》"平海事"记载：

> 镇海卫小卒刘通，少年服役，为官奴，既壮长，身有勇技，不畏矢石，驾六舟，贩盐江海。他剽掠及贩匿盐者，必曰："我刘长官船。"于是通之名日著。通一日出，偶值二商坐水滨哭，问之，商曰："我商人，钱财尽为刘通劫去，故留此悲恸耳。"通曰："我即通也。"问盗所往，遽追及之，叱盗止舟，悉收缚，按之水，金帛尽以归商……既而遣通至府城，遂执送京师，通悔恨就诛，余悉不问。①

刘通本为镇海卫官卒，后成为地方的威胁之一。我们可以从这则故事窥视苏松太地区卫所官军贩卖私盐、走私海上的事实。明代政府严禁贩卖私盐，卫所军人也同样不得违反盐法，《大明律》规定：

> 凡军人有犯私盐，本管千、百户有失钤束者，百户初犯笞五十，再犯杖六十，三犯杖七十，减半给俸。千户初犯笞四十，再犯笞五十，三犯杖六十，减半给俸，并附过还职。若知情容纵及通同贩卖者，与犯人同罪。②

据此可知，不但贩卖私盐的卫所军人会被严惩，军官也会因管理失责而受到惩罚，甚至还会减俸。卫所军人与盐有关的职责是缉捕贩卖私盐者和起运官盐，在运送官盐的过程中，有部分军人夹带买卖私盐，以获得非法收入。运送官盐的卫所军人，因解运负担沉重夹带贩卖私盐，于情可以理解，但于法不符，因而需要禁止。洪熙元年（1425 年），明廷下令严禁夹带私盐，"凡往来内官、内使、官军人等夹带，皆许应捕官军盘拿"③，可见卫所军人夹带贩卖私盐较为常见，以至于朝廷

---

① 嘉靖《太仓州志》卷三《兵防》，第 228—230 页。
② 《大明律》卷八《户律五·课程·盐法》，日本景明洪武刊本，第 24b 页。
③ 《钦定续文献通考》卷二十《征榷考》，文渊阁四库全书本，第 24b 页。

屡令禁止官军夹带。卫所军人从贩卖私盐中获利颇丰,使得部分军人,特别是贫困军人敢于违反盐法进行私盐交易。万历年间,明廷在重申严禁私盐的同时,规定"贫难军民将私盐肩挑背负易米度日者,不必禁捕"①,在法律上部分确认了卫所军人交易私盐的权力。卫所军人通过私盐交易,接触市镇商业经济,无形中影响着其原有的生活方式。

苏松太南临两浙盐场,北近两淮盐场,水路交通便利。至明代中后期,时常有卫所军人为经济利益贩卖私盐,更有甚者,有如刘通脱离卫所,贩卖私盐入海为盗。"余悉不问",刘通的部众之中未必没有其他卫所军人。贩卖私盐虽是非法活动,但也从一个侧面反映了苏松太卫所军人脱离卫所走向民间、从事经济活动的趋势。

张金奎的《三个明代卫所军户的个案考察》②、于志嘉的《论明代的附籍军户与军户分户》和宋昌斌的《中国古代户籍制度史稿》③等利用家谱对明代一些卫所军户作了研究,苏州卫彭氏和陶氏都以"善治生,家赀财雄里中"④,继而重文,追求科举。虽然彭氏源自江西临江府,陶氏源自凤阳府,但定居苏州后浸淫于苏州尚文重商氛围。发展至四世时,两姓的家族成员思想已经发生转变,不再执着于武职军功这一条道路。彭氏四世祖淳"善治生",并怀有"子孙当以文显"的愿望。陶氏四世陶英附于府学,陶芳补吴县博士弟子员。彭、陶两个家族都有部分成员转向其他生业,并有脱离军籍、成为民户的家族分支。迟至成化年间,苏州卫的彭、陶两氏已经开始"民化"。彭氏和苏州的士人来往频繁,"亲戚交游,皆绅士大夫;清白承家,文墨相继"⑤,成为当地大族。陶氏有经商、科举者,亦有依旧务农者,虽无彭氏显扬,但也已融入当地,除世袭武职一支外,其余与民户并无多少差异。

苏松太地区卫所军户的"民化"在明末已经接近完成,入清以后,除了部分承担漕运、屯田职责的旗军外,大部分军户已经彻底"民化"。总体来说,彭氏、陶氏的发展历程直观地展示了区域内卫所普通军士和武官家族的"民化"轨迹。

---

① 《大明律附例》卷八《户律五》,明嘉靖刻本,第5a页。
② 参见张金奎:《三个明代卫所军户的个案考察》,《明代在中国史上的地位会议论文集》,2010年,第308—328页。
③ 于志嘉:《论明代的附籍军户与军户分户》,《顾诚先生纪念暨明清史研究文集》,郑州:中州古籍出版社,2005年,第80—104页。宋昌斌:《中国古代户籍制度史稿》,西安:三秦出版社,1991年。
④ 《彭氏宗谱》卷四《彭至朴墓表》,民国十一年衣言庄刻本。
⑤ 《彭氏宗谱》卷十一《养素翁寄江西原籍家书》。

由彭、陶两族家谱可知,经商、科举、从事手工业已经成为苏松太卫所军户务农之外的主要生活手段,苏松太的经济形态为他们提供了多样化的发展途径。通过对比可以发现,承袭武官职务的陶氏家族在"民化"演变的速度和程度上,都略逊于普通军士家族的彭氏,这说明卫所官职对军户存有较大的黏性或者说是吸引力,在某种程度上延缓了他们的"民化"。

(二) 府州县与卫所

明代中后期,军事系统发生巨大变化,民事行政系统与卫所的关系愈趋复杂。

1. 卫所与行政区划变迁

明初,苏松太地区分两府七县。明吴元年(1367年),朱元璋改元江浙行省平江路为苏州府,松江府仍设为府,隶江南行省,后隶南京。苏州府仍领平江路下的吴县、长洲两县及吴江、昆山、常熟、嘉定四州,洪武二年(1369年)四州降为县,洪武八年(1375年)崇明来属。松江府仍领华亭、上海两县。

在苏松太地区兵制演变的同时,州县行政区划也发生了变化。弘治十年(1497年),析昆山、常熟、嘉定三县之地,建立了太仓州;嘉靖二十一年(1542年),松江府析华亭县和上海县地新设青浦县。地域开发是新行政区析置的基础,但不足以支撑新行政区的析置,具体考察太仓州的析置,军政力量的此消彼长和关系的变化,卫所向州县发展的趋势,国家政府对地方行政体制转变的态度,才是太仓州的关键所在;青浦县于嘉靖三十二年(1553年)废,万历元年(1573年)复置,青浦县的设置主要出于社会经济发展的需要,但是与防倭和地方军事亦有着一定的关联。谢湜在《明代太仓州的设置》一文中,详细分析了太仓由镇成卫,又因卫建州的过程①。本部分笔者在该研究的基础上,以太仓州的设置及发展来探讨卫所"民化"与行政区划的关系。

太仓因海漕而兴,明初立卫,卫兼管军民政务。永乐废罢海漕后,太镇两卫的军政和附近的民政需要整顿,军民间的紧张关系需要调和,然而卫所兼管民政,缺乏有效的民政体制。

太仓城内军民杂居,军情和民情都不容乐观,"洪武十二年分卫镇海,并治一

---

① 参见谢湜:《明代太仓州的设置》,《历史研究》2012年第3期。

城,荷戈与操耒者游居,岁久芒顿弗伦,怯膏喂强"①。一方面两卫官军强悍,民人常被欺凌,"军士先颇悍,轻争善骂,见儒衣冠,则指而诽"②;另一方面,卫所将领军官兼理民政多有不法和偏袒:

> 今访得太仓等卫千百户、镇抚、经历、仓官、斗级及官下舍人,递年包揽各县秋粮,侵克入己,不行上仓,以致通关不给,揭出欠数甚多。设若粮里纳户不从勒要,筛扬日久,囤住在仓,不与收受,百般刁蹭,掯诈财物,民被其害不可胜数。③

在漕粮征解之外,民人入城买卖也易受官军欺压,发生冲突乃至诉讼,而受理诉讼的又是卫所将领军官,在审判时难免会偏袒卫所官军。

在太仓周遭复杂不稳定的社会中,卫所官军"民化"的趋势也逐渐凸显。太镇两卫的每军授田12亩或15亩,军屯散布于昆山、嘉定、常熟三县,每年每军上交子粒6石,负担较重。军豪权势科索、克扣军饷、滥用酷刑、舞弊作恶使得卫所军士也穷困不堪,只得寻找其他谋生途径。一些军士铤而走险,贩卖私盐,甚至落为倭寇流贼;一些军士买通军官,隐入民间,从事屠沽贩卖。虽然朝廷意识到太仓地区存在的问题,作出了一些调整,如周忱曾量编"官军居冢地"39顷43亩多,作为两卫官军俸粮,以五升起科,俱免耗米民差,以优恤军士,然而这只不过是杯水车薪。

在内有钱粮积弊、军官役占军士、军士时常缺饷、民户苦于征输,外有倭寇流贼威胁的情况下,整个太仓处于不稳定之中。针对太仓地区的治理问题,一些官员、士大夫开始谋划太仓建州之事。成化十五年(1479年),巡抚王恕提议太仓建州,但并无下文。弘治七年(1494年),御史刘廷瓒重提太仓建州之事,但因当年饥荒而搁浅。弘治十年(1497年),都御史朱瑄上梳朝廷,提出建立太仓州的六点便利:

> 如昆山管辖唐茜泾等处,常熟管辖直塘、双凤、涂松等处,嘉定管辖刘家

---

① 嘉靖《太仓州志》卷一《建置沿革》,第91页。
② 崇祯《太仓州志》卷五《风俗志·流习》,康熙十七年补刻本,第5a—10a页。
③ 况钟:《况太守集》卷十二《禁粮长各弊榜示》,南京:江苏人民出版社,1983年,第130—131页。

港等处，各离县远若干里，到太仓各近若干里，若将附近乡都分割，则纳粮当差不致远涉，一也；又太镇二卫，本备倭寇而设，近年官军俸粮俱往别县关支，犹为不便，万一寇发城闭，何恃以守！若立州，则粮积充足，有备无患，二也；又城郭内外军民杂处，大率军多刁横，欺凌民户，兴讼委官，不得约会，以致监禁日久。若立州，则民有宗主而不致受欺，军知畏惧而不敢纵恶，设有词讼，可以旦夕狱成，三也；又附近人民每将货物入城变卖，有等光棍用强挽买，寻闹抢夺，以致乡民别处市集变卖，路远费多。若立州，庶免前弊，四也；又崇明离苏州府若干里，太仓城若干里，其民到府必经太仓，而守御千户所又属镇海卫所辖。若立州，统领崇明，则远近相制，五也；又卫学军生例有岁贡，三县民生附近卫学肄业，既无粮廪之资，又无岁贡之路，科第虽不乏人，奈鲜额有定，不无淹滞，以致皓首穷经，无由补报。若立州，军民生徒均有廪贡之沾，实为后学之幸，六也。[1]

这六点主要针对钱粮征解和调整军民关系，切合太仓整治的需要。考察太仓地区的社会发展，可以看出海漕废罢以后，太仓地区逐渐难以治理，在卫所兼管民政的体制下，各种矛盾逐渐激化且得不到有效的解决，军民关系难以调和。这些都说明卫所兼管民政的体制已经不能满足治理的需要，由卫立州，建立民事行政体制已经势在必行。最终，太仓建州之疏得到朝廷的批准，割昆山、常熟、嘉定三县之地置，领崇明县，属苏州府，太仓建州成为现实。

太镇两卫虽非实土却兼管军民政务，由卫建州，太仓地区的管理体制从卫所一元走向了州、卫二元。建立民事行政体制解决钱粮积弊和难以调和的军民关系问题，既是州县卫利害关系的调整的结果，也是完善地区管理体制的结果，反映了军民同城的太仓地区卫所"民化"、军民分治的趋势。

2. 府州县对卫所管理的渗透

卫所与府州县本分属于两个互不相统的体系，但是发展到明代中后期，不管是中央还是地方，地方行政官员渗入到卫所管理中已成事实。

地方行政官员对卫所管理的渗透最初是从屯田子粒的收储和军饷发放开始的。朱元璋曾设想卫所以军屯自养，并夸口"吾京师养兵百万，要令不费百姓一

---

[1] 嘉靖《太仓州志》卷十《遗文·奏立以安地方疏》，第72页。

粒米"①。军屯在明初的确取得了一定的成效,部分地解决了政府的军饷问题,就连隆庆年间户部官员也认为"各镇原自有屯田,一军之田,足以赡一军之用"②。事实上,军屯的作用是被夸大的,至少在苏松太地区屯军所纳子粒远不够支给官军俸粮。正德《金山卫志》载金山卫七所共屯田352顷80亩,纳子粒9488石7斗5升,实在正伍旗军并带管汉达军、奉例投充军11 297名,按每军月粮3斗计算,每年要消耗军粮米40 000余石③;太镇两卫屯田482余顷,纳粮13 651石5斗3升,官军11 200人,每年消耗军粮40 000余石④;苏州卫的情况亦相差无几。屯田子粒不足军粮需求的三成,军粮须有其他来源,在苏松太地区,军粮缺额由民户提供,例如《金山卫志》明确记载金山卫"官军俸粮并出于松江府及屯田子粒……今民转输军储南仓并广盈、广积二仓"⑤。

明初,民户直接将军饷交至军储仓,在军强民弱的形势下,卫所仓官刁难民户、诈索财粮的事情时有发生。军储仓本由卫所仓官管理,但在屯政败坏、民粮占军饷比例越来越大的情况下,地方官员对获得军储仓管理权的要求也日益强烈。宣德十年(1435年),户部右侍郎王佐奏称河南军卫收受税粮,奸弊百出,宣德帝命廷臣集议,结果"复奏宜通行天下司、府州县,原有仓分者,以卫仓并属之,原无仓分者,就以卫"⑥,军储仓的管理由此转入地方府州县手中。同时,地方官员也参与到官军月粮的发放中。

苏松太地方官员介入军粮征收、军仓管理的时间稍迟。金山卫军粮"初各设仓贮给,后易府支","仓"包括军储南仓、军储北仓、广积仓、广济仓和屯田仓,"后"不知具体指哪年,但因为在正统十一年(1446年)周忱调拨卫所军粮之前,故肯定在此之前。此时,地方官员已经介入到军粮发放中,"军士月粮,署印官按月会同府委官唱名放给"⑦。迟至成化二十二年(1486年),松江知府已经完全掌握了军粮收放权和军仓管理权,这年知府樊莹按华亭县耆老沈廷璧之请,规定军仓"各拨附近地方民粮,如数输纳。每岁府委官,率斗级,同各仓官攒收贮,按月

---

① 尹守衡:《皇明史窃》卷十二《军法志第四》,明崇祯刻本,第10b页。
② 《明穆宗实录》卷三十九隆庆三年十一月乙亥,第970页。
③ 正德《金山卫志》上卷三《饷给·屯田》,第39—44页。
④ 嘉靖《太仓州志》卷三《兵防》,第211—212页。
⑤ 正德《金山卫志》上卷三《饷给》,第39页。
⑥ 《明英宗实录》卷七宣德十年七月己卯,第135页。
⑦ 正德《金山卫志》上卷三《饷给·抚恤》,第39、50页。

散给"①。太镇两卫的军粮收支,最初由太仓卫管理,卫所屯田子粒交于太仓州仓而非军储仓②,军储仓收贮的是苏州府各州县起运的粮米,但是两仓都支放官军俸粮。太仓州仓于正统八年(1443年)改属昆山县,太仓州分立后归太仓州,并且开始收纳全州军民粮。太仓军储仓最初就由嘉定县管理,但官军俸粮的发放权在太仓卫手中,后来管理权和军粮收放权尽归太仓州。苏州卫官军俸粮支取于苏州府永丰仓,而永丰仓的管理权一直掌握在苏州府手中。崇明县永丰仓"初属军卫,正统二年改属本县,收粮支给官军俸粮"③。由此可见,正统年间苏松太地区府州县官员已经介入卫所军粮收放权和军仓管理,行政系统已经以此为突破口渗透入卫所管理。

明代中后期,苏松太地区军民田地互相混占、边际不清的问题日益严重,同时军户寄籍民间者日益增多,军民生活交融越来越多,府州县和卫所的利益交织越来越深。在文官地位上升、武官地位下降的背景下,当地方利益受到卫所侵害时,地方官员开始谋求更多的卫所军屯的管理权。行政官员介入苏松太地区军屯管理较早,最早的是周忱,他巡抚江南、总督粮税的内容包括整理卫所军屯、军粮。明代政府早就注意到军屯管理的弊病,思考改变军屯管理体系。嘉靖四十二年(1563年),明朝中央政府下令:

> 各州县掌印官将坐落本境屯田,不拘军旗余丁,俱听提调。但遇夏秋起征之时,照依民粮事例,督催完纳。如有屯头旗甲人等恃顽不服,军官故行阻挠及违慢者,俱参呈重治。④

至此,明朝中央政府以政令的形式确立了地方官员对军屯的管理权,但是军民始终分属两个系统。明代财赋出于东南,苏松尤重,假若苏松太地区军屯确实划由州县管理,所征屯田子粒在整个苏松太税粮中也只占很少一部分。相对于军屯、军粮的管理,地方官员更关心的是漕粮起运和军民纠纷及引发的社会治安问题。

苏松太地区四卫皆涉漕运,漕军能否按时完成漕粮北运,事关地方官员的官运前途。倘若漕军未按时完成北运任务,地方官员很可能受到惩罚,官运也将受

---

① 正德《金山卫志》上卷三《饷给》,第39—40页。
② 正德《姑苏志》卷二十六《仓场》,第1482页。
③ 正德《姑苏志》卷二十六《仓场》,第1483页。
④ 《嘉隆新例》《户例》,《玄览堂丛书续集》第101册。

到阻滞,地方官员因此更想介入卫所的管理。苏松太地区运军大多抽调自屯军。例如,金山卫漕运任务由松江千户所承担,宣德年间抽调松江所屯军350名参与漕运,占了500名漕军的七成①。地方官员以介入军屯管理为抓手,介入卫所漕军的抽调佥派和屯地的清丈。苏松太地区卫所军屯的清丈并非易事,成化十七年(1481年),给事中王某、御史李澄奉命清查金山卫军屯②,是较早的也是为数不多的有记录的事例。究其原因可能和军屯占苏松太地区田地比例较小、屯田子粒相对苏松重赋显得微少有关。卫所正伍旗军之外,军余和地方人丁一样需要承担徭役。弘治元年(1488年),均徭法通行于全国后,卫所均徭和地方均徭一样逐渐发展成"银差"和"力差"两种。明代《军政条例类考》中最早关于卫所均徭的记载,见于《审编丁差毋得偏累》:

> 本部侍郎石等复准,行令各巡抚都御史及清军御史,遇民间申编均徭之年,选委贤能有司官,会同各该卫所掌印官,将各卫所均徭,悉照民间事例,参以旧规、人情,酌量人丁贫富,清审编派,毋得偏累正军。③

嘉靖年间,苏松太地区开始推行一条鞭法,"巡抚海瑞将均徭、均费等银,不分银力二差,俱以一条鞭征银,在官听候支解"④,但是明末卫所实行条鞭并不彻底。

在军民纠纷中,发生次数最多、影响最大的是田地纠纷。明代中后期苏松太地区军户寄籍民间置买民田者日益增加,这些寄籍军户隶属卫所和行政两大系统的身份,为其逃避粮差提供了便利。当卫所佥派差役时,他们称已经附籍地州县,承当民差;当州县征派粮差时,他们又谎称隶属卫所。一些租种军田的民户也用类似的办法逃避差役。错杂的军民田地,在军民争利的情况下,极易产生纠纷,这也为行政官员介入卫所管理提供了机会。嘉靖太仓《前存州勘案》中记载了这样一段论述:

> 前任知州等官因见民贫役烦,将寄庄军户一概照田编当粮长,似此军豪

---

① 正德《金山卫志》上卷三《屯田》《饷给》,第43—44页。
② 正德《金山卫志》上卷三《饷给》,第44页。
③ 谭纶:《军政条例类考》卷七《审编丁差毋得偏累》,转引自于志嘉:《明代江西卫所军役的演变》,《卫所、军户与军役:以明清江西地区为中心的研究》,第186页。
④ 乾隆《金山县志》卷六《田赋二》,清乾隆刊民国重印本,中国方志库,第277页。

结勾民间狡黠之徒,造捏妖妄不便之说,动摇民业,煽惑民心。①

"粮长"乃民户职役,嘉靖年间太仓州官员已经掌握了对寄庄军户的赋役管辖权,但是寄庄军豪编造种种理由逃避赋役。嘉靖十一年(1532年),明朝政府对军户置买民田不肯当差、累及地方的问题,做出指示:"抚按衙门并管粮等官,明白榜谕,今后一体坐派粮差,不许抗拒。违者,原买民田追夺入官。"②明确了州县官员的管理权。州县官员也因此在处理军民田地纠纷时,有了更多的话语权,能更好地维护民户的权利。

卫所官员会同州县官员审理军民词讼,成为地方行政系统渗透卫所司法的孔道。笔者尚未查到明代中后期苏松太地区军民词讼判牍,但是《前存州勘案》中载有关于太仓军民词讼的论呈:

> 昔谓太仓军民杂处,军刁横而民善良,兴讼害民。委官约问,经年不得归结,立州则民有宗主,约问旦夕可以成狱,此三便也。今之说者,以为军民同一词讼,有司并不移文,径自拒问,不便于事。殊不知军未必皆横恶,民未必皆良善,同词合拘,事无回护,无冤枉,何不便于事乎。③

抛开"废州"和"存州"的争议,从论呈中可以看出太仓州军民交叉词讼,在立州前后,由卫所官员受理词讼变为州官会同卫所官员审理,甚至还出现州官撇开卫所官员径自审理的现象。卫所掌管刑狱诉讼的镇抚在律例学识和官阶方面不及州县官员,也成为州县官员渗透卫所司法的有利条件。明代中后期,地方官员甚至在军民词讼中处于主导地位。

明代后期,苏松太地区行政官员已经渗透到卫所管理的多个方面。日趋深入地介入卫所管理,使地方官员逐渐转变了对军户的态度:从因利益纠纷造成的敌视态度逐渐转向平和,乃至认同,甚至开始将军户和民户同等对待。这在身份和感情认同方面,无疑有利于卫所军户的"民化"。

从总体上讲,明代中后期苏松太地区卫所"民化"的趋势已经非常明显。卫

---

① 钱谷:《吴都文粹续集》卷十《公廨》,文渊阁四库全书本,第4a—4b页。
② 《明世宗实录》卷二百十八嘉靖十七年十一月,第4486页。
③ 钱谷:《吴都文粹续集》卷十《公廨》,第5a—5b页。

所军户家庭的形成奠定了"民化"的基础,在富庶的江南社会经济生活的影响下,承受较大生活压力的卫所家庭成员纷纷自治生业,他们或务农、或经商、或入学、或投身手工业和服务业,打开了通向民间的一条条道路。府州县与卫所的关系发生了巨大的变化,地方行政官员由点及面对卫所管理进行渗透,从屯田子粒、军仓管理,逐渐拓展至漕运、军屯的管理等方面,进入乃至主导卫所的司法审判。太仓州的析置是地方行政系统与卫所系统博弈、妥协的结果,在一定程度上反映了卫所"民化"的发展趋势。

明末,卫所军户与民户已无多少差异,但是卫所"民化"距彻底完成还有一定距离,这既与统治阶层祖宗之制不可变革的思想有关,又和明末动荡、地方卫所"民化"无法也没有条件继续进行有关。因而,卫所彻底"民化"的任务也就落到了明王朝的继承者——清王朝身上。

三、卫所与清前期苏松太行政区划的调整

明代中期以来,苏松太地区的卫所"民化"已经发展到相当成熟的程度。明清鼎革后,清政府对卫所进行陆续的裁撤。

清承明制,卫所制在清初继续保留。根据光绪《清会典事例》记载,清初江南省设掌印都司一人,操捕都司佥书一人,屯局都司佥书一人,仍设苏州卫、太仓卫、镇海卫、金山卫、崇明守御所、宝山中守御所、浏河守御所、松江守御所、吴淞守御所、青村守御所、南汇守御所,并设苏州、松江府白粮领运千总①。虽然卫所仍存,官员仍为武职,但是卫所职能发生巨大变化。顺治二年(1645年),清廷改南京为江南省,应天府为江宁府,暂留掌印指挥、管屯指挥等官,其余指挥俱行裁去,汰各卫所为州县。顺治三年(1646年)奏准:

> 指挥、千百户民色虽已尽裁,而卫所必不可裁。应每卫设掌印官一员,兼理屯事,改为卫守备;千户改为卫千总,每所设一员,俱由部推;百户改为卫百总,每所设一员,由督抚选委。其不属卫之所,俱给关防。卫军改为屯丁。凡卫所钱粮、职掌及漕运、造船事物,并都司、行都司分辖,皆宜照旧。②

---

① 光绪《清会典事例》五百五十六卷《兵部·官职·卫所》,北京:中华书局,1991年,第217页。
② 《清世宗实录》卷二十八顺治三年十月乙未,北京:中华书局,1985年,第238页。

卫所将领被大幅裁减,并由世袭制转为任命制,而卫所屯田漕运则由于牵涉到政府财政和京城粮食供应,加之清朝初立根基未稳,故未敢轻易裁撤。但是卫所已与军事无涉,卫所军也改为屯丁,官员专理屯田漕运。

卫所"民化"至清初已经接近完成,卫所军事职能丧失,军户屯丁化,屯田管理渐趋"民化",这些都是卫所"民化"发展的宏观表现。实土和准实土卫所改为州县,非实土卫所裁并,是"民化"发展的最终结果。苏松太地区卫所改制始于顺治四年(1647年)。这年苏州卫、金山卫、太仓卫、镇海卫"汰卫所兵防"①,废卫所世职,裁卫所冗军。每卫设掌印守备一员,千总一员,专理屯田漕运,千总即领运千总。既然屯田漕运成了卫所的主要职责,那么不涉漕运又无军事职责的卫所就面临着被裁撤的命运。顺治十五年(1658年),裁撤了不涉漕运的崇明守御所、宝山中守御所和浏河守御所。

康熙年间,清政府对卫所做了进一步的改裁。康熙六年(1667年),改所为帮,各帮设领运千总二员。苏州卫改为前后二帮,金山卫改为金山卫帮和松江所帮。康熙十九年(1680年),改松江所帮为金山卫二帮②;太仓卫左右二所为前帮,中前所为后帮,裁后所千总;镇海卫改为一帮。康熙二十四年(1685年),改为前后二帮,又设随帮千总一员③。卫下各所已改为帮,仅剩的守御千户所也没有了存在的必要。帮是单纯的漕运屯田单位,改所为帮,淡化了卫所的概念。康熙十七年(1678年),裁松江守御所、吴淞江守御所、青村守御所、南汇嘴守御所。至此苏松太地区守御千户所裁汰已尽,所存千户所也尽改为帮。

卫所官员的职责、任命方式,与州县文官愈加相似;卫所军户在赋役、生活状态方面,与民户也愈加趋同。在清政府根基已稳、社会经济繁荣的背景下,改卫所为州县,完善地区行政区划也就是大势所趋了。雍正二年(1724年),"改并各卫所归于州县管辖……今除边卫无州县可归,与漕运之卫所,军民各有徭役,仍旧分立外,其余内地卫所悉并州县"④,开始大规模地改卫所为州县。苏松太地区的卫所在改设州县的过程中情况是有所不同的:苏州卫位于苏州城中,不辖民户,管辖区域较小,归并苏州府管辖。正如雍正五年(1727年)江苏巡抚陈时夏所奏,"江南省二十三卫,向隶都司管辖,今都司已裁,其征收钱粮、盘查仓库应

---

① 嘉庆《直隶太仓州志》卷二十五《漕政》,第1614页。
② 光绪《重修华亭县志》卷十《兵防》,清光绪四年刊本,中国方志库,第735页。
③ 嘉庆《直隶太仓州志》卷二十五《漕政》,第1614页。
④ 《清世宗实录》卷十九雍正二年闰四月甲申,第313页。

归近附之府州专辖结报。请将……下江之苏州等卫,归苏州府管辖"①。明代前期,太仓卫可以算是准实土卫所,但太仓州设置后,太仓地区的行政区划已经基本稳定,突出的军民矛盾在明代中后期已经被较好地化解了。清代,太镇两卫的情况已经与苏州卫很相似了。准实土性质的金山卫及其下的青村、南汇两守御千户所,管辖区域广阔,清代金山卫及其下守御千户所虽未直接改为州县,但其"民化"成果为金山、南汇、奉贤等县的设立奠定了基础。

乾隆十五年(1750年),裁金山卫,屯田漕运并归镇海卫兼管。至此,苏松太地区仅存漕运组织性质的三卫九帮,卫所"民化"基本完成。咸丰年间,由于太平军运动,长江流域的漕运基本停顿。同治八年(1869年),江苏省裁苏州前后帮领运千总各二人,太仓卫前后领运千总各二人,镇海卫前后帮领运千总各二人,金山帮领运千总二人,苏州府白粮帮领运千总二人,松江府白粮帮领运千总二人②。苏松太地区领运千总尽裁,苏松地区的卫所制度基本废止。

政区是国家实行行政管理的区域,受政治变革、社会经济发展、风俗变迁、人口分布等多种因素影响发展演变。明代实土卫所作为特殊的军官型政区,成为地方行政区划的一种;而准实土卫所和非实土卫所,与州县错杂分布,其"民化"发展与州县行政区划的发展紧密相连。清前期,苏松太地区新设州县或以卫所"民化"成果为基础或与其密切关联,州县的析置,苏松太道的确立、调整,使得区域行政区划渐趋完善。

县是地方行政区划的基本单位。历代郡州府置罢无常,辖境盈缩不定,而县随着地方的开发而增置,比较稳定。创制县治表明地方开发已经臻于成熟,其析置县之前所隶属之县或其他基层行政区划,则是新县析置的源泉或根源。将明清时期苏松太地区县的析置与卫所"民化"、地方开发的进程结合起来,在把握卫所"民化"成果对地域开发影响的同时,也可以对新县与卫所的区划关联、生活联系、族群关系等进行讨论。谭其骧认为:"一地方至于创建县治,大致即可以表示该地开发已臻成熟。"③明清苏松太地域开发程度已经相当成熟,清朝初期特别是雍正年间,仍然有析置新县,其中缘由不仅仅是经济的发展,还因苏松赋役繁

---

① 《清世宗实录》卷五十二雍正五年正月丁巳,第793页。
② 光绪《清会典事例》五百五十六卷《兵部·官职·卫所》,第153—154页。
③ 谭其骧:《浙江省历代行政区域——兼论浙江各地区的开发过程》,《长水集》,北京:人民出版社,2009年,第422页。

重,已有州县设置难以周全地完成赋役征收和地方管辖的任务①。

明末,苏州府领长洲、吴、吴江、昆山、常熟、嘉定六直辖县、太仓州及其所辖崇明县,松江府辖华亭、上海、青浦三县。较之明初,新增了太仓州和青浦县,行政区划调整幅度并不算大。

明末虽然卫所制度"僵而不死",但是卫所"民化"接近完成已是事实。苏松太地区的卫所均为非实土卫所,部分军户"民化"融入民间,仍隶军籍的军余的生活和民户也无多少差异,卫所越来越依附于州县。清初的卫所改制是苏松太地区卫所"民化"的第二个契机,也推动了区域行政区划的发展。顺治二年(1645年),清军定江南,改南京为江南省,置左、右布政使司,基本继承了明朝的府州县区划。苏松太地区仍然是两府一州十县,苏松两府领于江南右布政使司。顺治十三年(1656年),松江府分华亭县枫泾、胥浦两乡及集贤、华亭、修竹乡之半立娄县,县治附郭。析置娄县的原因,乾隆《娄县志》记载因"华亭田赋多,一令不能经理"②。金山卫位于娄县辖区之内。康熙六年(1667年),江南分省,左布政使司改为安徽布政使司,右布政使司改为江苏布政使司。苏松两府隶于江苏布政使司。

雍正年间,全国进行了大规模的行政区划调整。雍正二年(1724年),两江总督查弼纳提出苏松分县的请求,理由是赋税繁重,政务繁杂难理:

> 窃照江南赋税甲于天下,苏松所属大县,额征地丁漕项杂税银米,多者至四十余万,是一县粮额与四川、贵州一省之额数相等。况州县钱粮纳户零星,款项繁杂,民情巧诈,百端诡隐,征比倍难,加以人情好讼,盗贼窃劫,刑名又极纷繁。县令征比钱粮,办理钦部案件,日夜匆匆,不得休息,力既疲惫,才难兼顾,安有余力除弊。③

据此,查弼纳指出应该将大县一分为二,"上有益于国课,事简易从,下有裨于民生"。苏州之吴江、长洲、常熟、昆山、嘉定五县,太仓一州,和松江府之上海、华亭、青浦、娄县四县皆应分为两县;而苏州府有同知三员、通判一员,松江府有同

---

① 参考谢湜:《清代江南苏松常三府的分县和并县研究》,《历史地理》第22期,第111页;周振鹤:《中国行政区划通史·总论》,第187页。
② 乾隆《娄县志》卷一《沿革志》,清乾隆五十三年刻本,中国方志库,第103页。
③ 乾隆《长洲县志》卷一《建置》,清乾隆十八年刻本,中国方志库,第80页。

知二员、通判二员,应每府留同知、通判各一员,其余统摄新设之县。吴江、长洲、昆山、华亭、上海、娄县、青浦七县有县丞二员,应各留一员,其余供新县之用。这样既解决了苏松太冗官问题,又满足了新设县的官员需求,不失为一创举。至于新设县城池问题,查弼纳提出两种解决办法:

> 如常熟所分之县应驻福山,嘉定所分之县应驻吴淞,上海所分之县应驻川沙,华亭所分之县应驻青村,娄县所分之县应驻金山卫,皆现有城垣,无庸兴筑……此外,长洲等七县,应各择县境内地方紧要、人民殷庶之市镇居住。查江南属县亦有未经建城之处,此新分之七县,应否即行建城,统听部议遵行。①

常熟、嘉定、上海、华亭、娄县五县所分之县驻于卫所城,一方面考虑到使用已有城垣仓库,省去浩繁的工费,另一方面也是因为卫所"民化"至清初,大部分已经和县镇无异,"华亭之金山卫,自有学宫仓库,虽系卫所,实与一县无异"②。

查弼纳的奏议经过九卿会议后,批准了大县各分为二,以府县冗官分任新县的提议,但是对于县治和城池的修筑问题,却认为所城形制狭小、人烟稀少,不适合作为县城:

> 至常熟之福山、嘉定之吴淞、上海之川沙、华亭之青村,虽有城垣,系分汛驻防之地,其规模狭小,不称建设大县,又居民寥寥,藉欲所居成邑,非数年迁徙不能,恐滋烦扰,且沿近海边,兵民杂处,亦有未便。③

在江南重赋、分县烦扰的背景下,新修城垣耗费财力,于民不便。将新分之县与旧县同城而治,是较为合适的做法。卫所在清代丧失军事职能后,沦为屯田漕运的组织。城池成为新设县县治所在,或演变成地方市镇的一部分,这也是卫所"民化"的历史规律使然。

新县分治,是关系地方发展的标志性事件。苏松太地区,沿海沿江区域广阔,这些区域明代置县较少,设置卫所主要考虑到沿海沿江防御,不单考虑省俭

---

① 乾隆《长洲县志》卷一《建置》,第84—85页。
② 乾隆《长洲县志》卷一《建置》,第91—92页。
③ 乾隆《长洲县志》卷一《建置》,第91页。

工费,地方防御和于民便利更为重要。雍正三年(1725年),江苏巡抚张楷在分县建城的城址问题上认同前布政使司鄂尔泰的观点,认为分县一事事关利国便民,县城选址应该因地制宜。松江府华亭、上海、娄县三县辖地大半在黄浦江东,如果新县附郭于旧县,民户往来输粮不便,而且黄埔江东地近海滨,匪类潜藏,只有地方官就近弹压,才能肃清。金山卫、青村所、南汇所居于浦东适中之地,所分新县应该驻于卫所城。苏州府嘉定县民风刁顽,县治偏居西北东南一带,难以兼理,吴淞所城又居于东南半邑之中,故所分新县应该设于吴淞所城;而且卫所"城郭完固,民居鳞比",适合作为县治①。经过部议,雍正认可了这一题疏。最终,卫所虽未被彻底裁撤,金山卫、青村所、南汇所、吴淞所城池却被改为县治所在。

理清了清中央政府和地方要员对苏松太地区分县,乃至是否置县于卫所城的意见,接下来就需要从地方层面分析分县的经过与卫所的关系。苏松太分县的情况是:苏州府析长洲县置元和县,析吴江县立震泽县,析昆山县置新阳县,析常熟县置昭文县,析嘉定县置宝山县,析太仓州置镇洋县,升太仓州为直隶州,分崇明、宝山、嘉定、镇洋四县来属。松江府析娄县置金山县,析华亭县置奉贤县,析上海县置南汇县,析青浦县置福泉县,并隶于松江府。鉴于分县内容复杂繁多,此处以金山县为例分析卫所"民化"对分县的作用。

正德《金山卫志》记载了部分卫所营堡所处乡保:

> 东十九都,独树营在其地,隶浙江嘉兴府平湖县郭吴字圩。仙山乡六保七保云间乡九保,卫并金山营在其地。云间乡十一保十二保,胡家港堡在其地,去卫东一十里至二十里。白沙乡十四保十五保,蔡庙港堡在其地,去卫东三十里。长人乡十七保十九保二十保,青村、南汇嘴等所在其地,去卫东北一百里至一百五十里。②

除金山卫所营堡由卫所管理外,其周围均属松江府乡保,可以说准实土的金山卫各城堡被行政系统的乡保里甲包围着。然而双方的相互作用,又促成了地方行政区划怎样的发展趋势呢?正德《金山卫志·乡保》的按语颇值得玩味:

---

① 光绪《宝山县志》卷一《舆地志·张楷分城题疏》,清光绪八年刻本,中国方志库,第101页。
② 正德《金山卫志》下卷一《乡保》,第19—20页。

> 乡镇皆松江府属,盐场皆浙江运司属,若无与于卫者。然环匝海上,凡农得耕于野,商贾得藏于市,盐灶得煮于海,晏然生养兹土,不复知有海患者,伊谁之力欤?……国朝置卫屯戍,委寄远重,固不止此,而海乡密迩者,蔽扞为先。今诸乡保出税以供其馈饷,诸镇市来货财以通其贸易,诸场灶煮盐以滋其食用,盖将有以报之也。然则兵民亦相资哉,岂惟农末。①

金山卫准实土卫所的性质,致使虽然卫所周围皆为隶属地方行政系统的乡保,但实际上卫所对这些乡保有着一定的管辖权。"将有以报之"只是站在道德制高点上的理想化呈述,"兵民亦相滋哉,岂惟农末"说明明代中期卫所军不仅仅从事屯田防守,还有向市镇居民发展的趋势。市镇吸引军户"民化"并融入地方,这也是市镇发展壮大的过程。经过明代中后期的发展,金山卫城附近产生巨大的变化,乡保越分越多,市镇愈加繁荣,只是碍于祖制,各级政府未敢更改。

从乾隆《金山县志》的记载可以看出,入清后,金山卫已经不再被清廷视为军事单位,为了笼络民心,加之金山卫牵涉屯田漕运,清廷并未马上裁撤金山卫。金山卫城成为建置金山县治的基础,金山卫本身成为行政区划的一部分,曾经对附近乡保的管辖权更是丧失殆尽。其下辖营堡要不成为绿营驻所,要不彻底变化为乡保市镇的一部分。在雍正帝认可了苏松分县的奏议后,地方上便开始紧锣密鼓地进行分县工作。

乾隆《金山县志》所载"雍正二年,分华亭置奉贤,分上海置南汇,分青浦置福泉,寻废,分娄县置金山"②,是指雍正二年(1724年)九卿会议议准了查弼纳的奏议,并非指雍正二年(1724年)已经分县。金山县县丞、典吏、儒学训导等官均设于雍正三年(1725年),"知县一员,雍正二年总督查弼纳奏请分析大县,以娄县额赋繁多,一官难以治理,另行题设,雍正四年颁印"③。实际上分置金山县之事,始于雍正三年(1725年),初步完成于雍正四年(1726年)。金山县以金山卫城为其治所,其境东西广四十五里,南北袤六十三里,下辖风泾、胥浦、仙山、集贤、修竹等五乡十三保,其中除胥浦全属金山县外,风泾分隶金、娄两县,仙山分隶金、华两县,集贤分隶金、青、娄三县,修竹分隶金、青、华三县④。析县工作之

---

① 正德《金山卫志》下卷一《乡保》,第20页。
② 乾隆《金山县志》卷一《建置》,第71页。
③ 乾隆《金山县志》卷二《职官》,第116—122页。
④ 乾隆《金山县志》卷一《疆域》,第75—80页。

繁巨，乡保分隶之复杂，由此可见一斑。明清鼎革之际，江南市镇遭受严重破坏，经过几十年的发展，市镇又繁荣起来。乾隆《金山县志》载金山县内有朱泾、张泾、吕巷、于巷、松隐五镇，和韩家坞、杨家坞、杨巷、北仓、西仓、旧港、南陆、姚家庙、二龙等九市。此外金山县（卫）城也是一座繁华的商业经济市镇。

金山卫的"民化"不同于北边实土卫所，它的准实土性质，在分析其对金山县设置的影响时略显尴尬：其"民化"的成果无异奠定了金山等县分立的基础，但其准实土性质使得史料多从行政区划演变的角度记载雍正年间松江府分县的过程，致使难以清晰地作出论证。

明代，苏松两府境内卫所棋布，卫所与州县虽处于同一地域却分属两大体系。随着卫所的"民化"，卫所军户在经济生活方面融入民间外，卫所也有了融入州县行政系统的趋势。入清后不久，清廷对卫所进行大量裁并。雍乾年间，苏松太区域内卫所"民化"完成，苏州卫、太仓卫、镇海卫虽然未被彻底裁撤，但绝大部分军户已经"民化"为民户，仅存的卫所军户也只以屯田漕运为主要职责，社会生活方面和民人无异。雍正年间苏松大量析置新县，部分新置县明显受到卫所"民化"的影响，或者说卫所"民化"成果为部分县的析置奠定了基础，金山县的析置是为典型。

四、卫所与苏松太区域文化

区域的文化形态与区域的地理生态条件和人文历史密切关联，它在特定的地理环境和社会经济发展中逐渐形成、演变。苏松太地区有着悠久的信仰发展史和繁荣的民俗文化，作为独特的军事群体，苏松太地区卫所官军及其家属，在教育、信仰、风俗习尚等方面与地方居民密切联系。随着卫所的"民化"，卫所官军与地方居民相互影响，推动区域文化的发展。

苏松太地区卫所官军驻守于卫所城和苏州、崇明等府县城，驻地稳定，军余、家属聚居于卫所官军驻地周围，居住集中，故卫所初立时，是一个相对独立于地方的组织。然而正是由于驻地的稳定，加上卫所屯田制的束缚，卫所官军、军余、家属又和地方社会紧密相连。明朝政府为卫所制定了一系列的制度以维持卫所群体的稳定，在军事职责以外，苏松太地区的卫所居民实际上与地方民户无异，一样要履行对国家的赋役义务，一样享有教育、祠祀、经营生活的权利。太仓州未设立之前,太仓卫职能与州县相似,金山卫、苏州卫对其所辖人口的管理与府州县差异并不大。除了苏州卫驻于苏州城中,松江所驻于松江城中外,苏松太地区其他卫所实际上形成了一个个区域中心,从而使得卫所居民这个相对独立、集中的社会群体,在文化发展方面对地方社会产生深远的影响。

苏松太地区卫所军户大多是从征军和归附军,源于现今的江浙皖地区,卫所军户的风俗习尚与地方民户较为相似。对苏松太地区文化发展影响较大的,或者说在卫所"民化"过程中与地方文化发展较为紧密的是卫所军户的教育和神灵信仰。

(一) 江南重文之风与卫所教育

卫所子弟的教育问题在明初便受到明代政府的重视,洪武十四年(1381年),明代政府首先在辽东诸卫设立卫学,明太祖谕令礼部:"武臣子弟久居边境,鲜闻礼教,恐渐移其性。今使之诵诗书,习礼仪,非但造就其才,他日亦可资用。"①此后各地卫所次第设学。

唐宋以来苏松地区教育文化发达,苏松太卫所初立时,卫所武生皆附于府县学。正统元年(1436年),明代政府采纳兵部侍郎徐晞的建议:"凡天下卫所之附于郡县者,其武弁子弟皆令就教于郡县之学。若其他居边裔,与郡县相远者,俾得建学立师,如郡县之制。"②此后苏松太地区卫所开始建学。按照徐晞的建议,苏州卫符合"就教于郡县之学",故苏州卫武生附于苏州城内府县学;太仓、镇海两卫同莅一城,距苏州城百里之遥,东西距嘉定、昆山两县亦远,两卫官员上奏礼部,请两卫共建一学;金山卫偏居松江东南,也应建学。太仓、镇海卫学和金山卫学的建立与周忱有密切的关系:太仓、镇海卫学创建所费经费,由周忱改革镇海、太仓两卫军士僦耕民田的输租方式,将省下的舟车之费三千余石,用于建造卫学;在筹建镇海、太仓卫学的同时,周忱奏建了金山卫学。正统四年(1439年),镇海太仓卫学和金山卫学建成。需要指出的是,镇海、太仓卫学由卫所官军和地方官民共同督建,嘉靖《太仓州志》载:"(周忱)命太仓卫镇抚张赟、镇海卫百户王端、昆山县士民姜埙董其事,复命主簿何寅总督之工。出雇募力,各自效财以估易,所致皆良经。"③

---

① 《明太祖实录》卷一百六十八洪武十七年十一月庚午,第2567页。
② 嘉靖《太仓州志》卷九《新建镇海、太仓卫学修撰张益记》,第661页。
③ 嘉靖《太仓州志》卷九《新建镇海、太仓卫学修撰张益记》,第662页。

苏松太地区卫所官军重视教育，明显受到了区域教育文化传统的影响，卫学建立后又推动了区域教育文化的发展。苏松太卫学生员分为军生、武生、民生，军生指普通军士子弟，武生指武官子弟，民生就是民人子弟，其中军生、武生记载中多统称为军生。卫学设置的目的，最初便言明是为了使官军子弟兼修文事武备，不局于武功一途，针对的是卫所俊秀。民生与军生、武生相对，就卫学设置初衷而言，并未包括民生，但在实际情况中，"凡武臣及军士子弟皆许入学，其隶郡县者，从入郡县学，民生隶卫者，亦从入卫学"①，卫学也承担着教化地方居民的作用。儒学教官，苏松太各卫学设学管教授一人，训导一至两人，教官多源于浙江、江西、福建和本地。

弘治十年（1497年），随着太仓州的设置，镇海、太仓卫学改为太仓州学。总体来说，卫学的教育成果还是相当显著的：在改为太仓州学之前，太仓卫学培养出29名进士，改为太仓州学后，军生、武生所出进士也占太仓州进士相当比例；至明末，金山卫培养出11名进士，其中还不含松江中千户所附于松江府学的军生、武生进士②。就卫学乡举、进士、岁贡、应例军生及民生具体数额来说，以正德十二年（1517年）之前的金山卫为例：乡举16人，军生12人，民生4人；进士3人；岁贡31人，全为军生；应例26人，军生4人，民生22人③。从具体数额来看，军生占乡举、进士、岁贡的大部分，民生占了应例的大部分。

无论是就教于卫学，还是附学于府县学，卫所官军子弟都可以通过科举进入文官体系。虽然相对于整个卫所群体来说，就学任官的人数只占很小的一部分，但是毕竟科举成了卫所军户脱离世代相袭的军役的一条途径。同时，卫所教育的"成功者"也激励着其他军户积极尝试教育这条途径。所以说，卫所教育在一定程度上推动了卫所的"民化"。事实上，卫学的最后消失与卫所"民化"的过程是基本同步的。明代后期，金山卫学成为苏松太地区唯一的卫学，入清以后，金山卫学保留了一段时间，甚至还出了一位状元、三位进士，雍正年间金山县设置后，金山卫学撤销，在其基础上设置了金山县学。

苏松太原本就是教育发达地区，军户又多源于附近区域，所以卫所子弟多被地方重文之风所感染。卫学教育作为一套不同于府州县学的完整教学体系，其作用首先体现在推动地方文化的发展方面，教育卫所子弟，使军生"咸尚文学，久

---

① 正德《金山卫志》下卷一《学校志》，第21页。
② 参见嘉庆《松江府志》和嘉庆《太仓州志》。
③ 参见正德《金山卫志》下卷一《学校志》。

而寖盛顷"①,部分卫所军士成为可资之才,奠定了卫所"民化"和地方行政区划完善的教育基础;其次在于形成风俗,教化卫所军余、家属,拉近卫所军余、家属与民户的文化差距,增强民间对军户的文化认同感。正德年间金山卫"质朴尚俭,男女皆勤作自给……士知厉于学"②,反映了江南卫所军户在教育文化上的追求与民户无异。

(二) 丰富的民间信仰

明代中前期,卫所官军是区域军事力量的主体、地方安全环境的维护者。苏松太地区襟江带海,卫所官军不管是抵御倭寇流贼、保境安民,还是漕运钱粮,都具有相当的危险性,信仰神灵、祈求庇护便成了卫所官军的一种精神寄托,或者说是精神希望。卫所官军的神灵信仰是多元并存的,既有来自外地的神灵信仰,也有在苏松太地区被赋予区域信仰色彩的全国性的神灵信仰,同时也不乏具有本土特色的神灵信仰。明代苏松太地区卫所官军信仰的神灵较多,主要为天妃、城隍、关公、晏公、忠烈昭应公、金总管等。其中天妃和城隍为军民共同信仰之神,关公和晏公的信仰主体为卫所官军,忠烈昭应公和金总管是具有苏松太区域信仰特色的神灵。

妈祖信仰最早传入苏松太地区是在南宋年间,据嘉靖《上海县志》记载:"顺济庙,即圣妃宫,在县东北黄浦上……元至元十八年册命为护国明著天妃。国朝洪武永乐两加封号,是庙宋咸淳中建,后有丹凤楼。"③苏州府境多称天妃宫为灵慈宫,苏州府天妃庙在府城报恩寺东,太仓天后宫在城州泾桥北,建于元至元二十九年(1292年)。明代,沿海区域建立了更多的天妃宫,多与卫所的设置有关。洪武二十年(1387年),指挥佥事李武在金山卫城内横浦桥西建造了天妃庙,洪武三十年(1397年),指挥佥事徐广在卫城南海上小官浦另建一庙。另外,洪武二十年(1387年),千户陈叙在守御青村中前千户所城东南建一座别庙。洪武二十八年(1395年),千户陈斌在守御南汇嘴中后千户所城南建一座别庙④。整个松江府辖地内七座天妃庙有四座建于卫所城内或紧邻卫城。卫所官军是信仰天妃的重要群体。有明一代,倭寇始终是中国东南沿海边防的一大问题,襟江带海

---

① 正德《金山卫志》下卷一《学校志》,第21页。
② 正德《金山卫志》下卷二《风俗》,第32页。
③ 嘉靖《上海县志》卷三《祠祀》,民国二十一年传真社影印本,中国方志库,第16页。
④ 正德《金山卫志》下卷二《祠祀》,第5页。

的地理位置使得苏松太沿海地区成为抵御倭寇的前沿阵地之一,一旦倭寇入侵,卫所官军就必须履行奋勇杀敌之职责;卫所官军和地方居民一样会遭受源自海洋的自然灾害,每年汛期江口海上常有飓风骇浪,于此会哨巡护,其危险性可想而知,而在当时的航运技术条件下,船覆人亡时常发生。在种种危险面前,能够渡海救难的天妃无疑成为卫所官军寻求庇护的重要海上保护神之一,所以官军在城中为其建庙,供奉祈福。

城隍属于地方神,一般具有守护地方、惩恶扬善的职能。根据研究,苏松太沿海地区的城隍按信仰来源主要分为抚慰地方型、抵御外侮型、为民请命型、神灵显佑型等①。卫所官军和地方居民一样信奉城隍,苏松太地区与卫所有直接关系(由卫所将领建立或在卫所城址建立)的城隍庙有以下几处:

据正德《金山卫志》记载:金山卫"城隍庙在卫治东小官场,洪武二十年指挥佥事李武建……别庙二:一在守御青村中前千户所城西北隅,洪武二十五年百户吴士景建;一在守御南汇嘴中后千户所城西南隅,洪武二十年千户陈盟建。"②

光绪《川沙厅志》载:"川沙城隍庙不载建造年月,人亦莫知其由来。自昔地隶上海,为川沙堡,前明恒为倭寇扰累。上海观察熊公建议筑城,事在嘉靖三十六年,或者庙于是建焉。"③川沙堡建于嘉靖三十一年(1552年),是卫所防御倭寇重要据点之一,嘉靖三十六年(1557年)筑城,城隍庙可能同时建立。

民国《宝山县续志》载:"嘉靖三十六年以韩公讳成从征陈友谅代王捐躯,追封君侯,立庙吴淞所域,以阴郡歼倭寇,晋封镇海威灵公。清雍正三年于所城分设县治,即奉为城隍神。"④可见后来宝山县境内之城隍庙在嘉靖年间应该已经建立了。

苏州城隍庙在武状元坊内,太仓城隍庙在太仓城东南隅。崇明、嘉定两地城隍庙的建立虽然与卫所无直接关系,但是城隍信仰与军人的海防抗倭却有着一定的关系。"正德间,流贼猖獗,官军磨敢谁何,既而谋据崇为窟。一日夜半,磷火遍海,涛声若雷,贼船几百艘覆狼山侧殆尽。厥明,神舟悬庙栋者,底咸濡湿,

---

① 具体内容参见朱梅:《上海地区城隍:变迁中的民间信仰(1369—1930)》,复旦大学硕士学位论文,2009年。
② 正德《金山卫志》下卷二《祠祀》,第2—3页。
③ 光绪《川沙厅志》卷五《祠祀·官祀》,《上海府县旧志丛书·川沙卷》,上海:上海古籍出版社,2011年,第269页。
④ 民国《宝山县续志》卷三《营缮志·坛庙》,民国十年铅印本,中国方志库,第365页。

人甚异之。后武宗皇帝昼寝,梦神踉陈伐,因敕封护国威灵候。"①嘉定城隍庙修葺与防倭战争亦有着一定的关系,"嘉靖甲寅……时彝兵交警,远近震骇弗暇。至是,逆颈授首,战血销洗,中外相庆,以为神明之助"②。

明朝统治者"立卫以奠安海陲",试图通过卫所来维护沿海的安定,然而"有卫则有城、有隍"③。城隍信仰并非一成不变,他随着人们的信仰需求发生转变,对于苏松太地区卫所官军来说,城隍是退可以护地方惩恶扬善,进可以靖海难的保护神。

关帝被人推崇为集"义""勇""忠""武"于一身的圣人,被尊称为"关公""关王""关圣",明神宗更是晋封关羽为"三界伏魔大神威远镇天尊关圣大帝"。苏松太地区关帝信仰的传播与卫所官军抵御倭寇密切相关,卫所官军推崇关公之忠义勇武,信奉关帝可以佑护其在抵御倭寇和漕运时的安全。见于明代方志中由卫所建立的关公庙有:金山卫关公庙及青村所关公庙、南汇所关公庙,"义勇武安王庙即关王庙,洪武初横浦盐场所立,在小官镇西街,既立庙,徙其场于西城外,庙存。别庙二:一在守御青村中前千户所城西南,洪武三十年千户陈钦建;一在守御南汇嘴中后千户所城南,永乐八年千户张敏建"④;苏州城关王庙在苏州卫教场内⑤,永乐年间苏州卫官军又修建了吴县的专诸巷关帝庙;崇明所关帝庙,"庙在教场演武堂左偏,把总焦靖改创也。庙貌轩敞,焚修祝里者如市"⑥。关帝信仰具有浓厚的军事色彩,承担军事职责的卫所官军是关帝信仰的主体,并随着军事活动推动关帝信仰的传播。

晏公信仰起源于江西,元朝晏公被封为"平浪侯",晏公信仰开始向东南地区传播。传说朱元璋进攻张士诚时,朱元璋的战船遇难,晏公救了朱元璋,朱元璋得天下后,册封晏公为"神霄玉府晏公都督大元帅"。明代苏松太地区晏公信仰较为兴盛,卫所官军常与江海打交道,是晏公信仰的主要群体。苏州府城阊、胥两门军营内有多座晏公庙,苏州卫官军不但为晏公立庙祭祀,还定期进行迎神赛

---

① 万历《崇明县志》卷四《坛庙·庙祠》,《上海府县旧志丛书·崇明县卷》,上海:上海古籍出版社,2011年,第97页。
② 万历《嘉定县志》卷四《营建考·庙宇》,(台北)成文出版社影印本,中国方志库,第252页。
③ 正德《金山卫志》下卷二《祠祀》,第1页。
④ 正德《金山卫志》下卷二《祠祀》,第5页。
⑤ 正德《姑苏志》卷二十八《坛庙下》,第368页。
⑥ 万历《崇明县志》卷四《坛庙·庙祠》,2011年,第97页。

会祈求护佑①。金山卫四十个百户营内建有晏公庙,因"卫初设哨船巡海,相传晏公神能显灵于江海中"②,故卫所官军多有私立庙祭祀。洪武二十四年(1391年),千户陈盟在守御南汇嘴中后千户所城内又建一晏公庙。

金总管信仰与苏州卫所官军漕运密切关联。相传金总管姓金名昌,有子名元七,死后皆为神,常显灵异,元朝至正年间阴翊海运,皆封为总管。明代金总管庙在苏州台乡真丰里(今周庄),别庙有四,一在阊门外,一在盘门外,一为元王积翁祠后,称总管庙,一在嘉定安亭。苏州金总管信仰形成于明成祖迁都时期,迁都北京后,繁重的漕运负担催生了金总管的信仰。卫所官军信仰金总管,祈求金总管在漕运时的护佑。

此外,卫所官军还有诸如土地、观音等信仰。万历后,天主教在江南的军籍人口中亦有传播,利玛窦《中国札记》第三卷第九章《南京最初一批新信徒受洗》中所记南京第一位中国皈依者即一位老年军籍人士,其家世袭武职,儿子为南京都指挥,一家人都成为天主教信徒。据黄一农考证,此家的儿子即南京龙江卫指挥成启元③。

苏松太地区卫所官军与地方民户的信仰是综合的、互动的。卫所官军的神灵信仰一方面源自地方居民的海洋信仰,另一方面和卫所官军的军事生活息息相关。对于卫所官军来说,只要是能保佑他们安全的神灵都可以被信仰,所以来源于外地的妈祖、晏公成为官军的信仰,具有全国普遍性的关帝和城隍被卫所官军信仰,区域内特有的神灵也被官军所信奉,这无不体现了卫所官军信仰的包容性。实际上,卫所官军的神灵信仰和地方民户的信仰并无多少区别,只是在卫所官军那里,神灵信仰多了一些和军事职责相关的含义。

信仰上的趋同,推动了地方民户和卫所官军文化上的认同,有利于卫所"民化"的发展。入清以后,卫所官军的神灵信仰为绿营兵所继承,同时和地方民户仅有的信仰区别也消失殆尽。可以说,卫所官军的信仰是苏松太区域信仰重要的组成部分,卫所官军神灵信仰方面的创造性丰富了区域信仰文化。

明代,苏松太既是全国经济最发达的区域,也是文化最繁荣的地区。卫所官军作为区域人口的组成部分,其生活自然离不开区域社会文化。受吴地尚文风

---

① 正德《姑苏志》卷二十七《坛庙上》,第1564页。
② 正德《金山卫志》下卷二《祠祀》,第5页。
③ 黄一农:《两头蛇:明末清初的第一代天主教教徒》,新竹:台湾清华大学出版社,2005年,第74页。

气影响,戎马出生的卫所官军逐渐重视子弟教育,苏松太区域的卫学教育成果显著。神灵信仰在卫所官军的日常生活中扮演着重要的角色,其崇奉忠义勇武的特点,使得官军的神灵信仰与苏松太民户信仰之间存在一定的差异,但在日常生活交往中,军民间的信仰相互影响,推动区域信仰文化的发展。文化信仰上的认同构成了军民间的心理认同,减少了卫所军户"民化"的阻力。

金山卫、太仓卫、镇海卫和苏州卫作为明代苏松太地区基本的军事组织,构成区域军事体制的主体,承担明代区域军事职责。以嘉靖倭难为契机,苏松太兵制发生巨大变化,卫所的区域控制力削弱,营兵制崛起。区域内各卫所城既是军事据点,又成为商业活动的聚集点,对地方市镇经济和乡保里甲的发展产生重要影响。卫所设置不久,受江南重商尚文风气的影响,负有生活压力的卫所军户就开始经商、务农、业儒,或投身手工业,军户家族逐渐形成。卫所在管理、土地、人口、职能方面开始向民事转移,军民系统间的分际渐趋模糊。明代后期,府州县官员已经渗透到卫所的诸多方面,军户与民户在日常生活、文化信仰等方面已无多少差别,卫所"民化"趋于完成。清政府对苏松太卫所的裁撤,以"民化"成果为基础设置部分县级行政单位,是卫所"民化"最终完成的标志。

迥异的性质也使得金山卫、太仓卫、镇海卫、苏州卫的"民化"历程和结果存在一定差异。作为准实土卫所的金山卫,管辖着松江府内辽阔的土地,其"民化"对地方社会和行政区划的影响最为巨大深远,金山、南汇、奉贤等县烙有金山卫、南汇所、青村所的烙印。太、镇两卫同城,在太仓州未立之前,太、镇两卫为准实土性质,卫所官员掌控着太仓城内的军政、民政,军民杂处使得太、镇两卫的"民化"发展较快。太仓州设立后,太、镇两卫变为非实土卫所,后来的"民化"多围绕着太仓州。苏州卫为非实土卫所,在设置之始就显得"军弱民强","民化"发展成果多淹没于苏州府的发展之中。

第五章
明代贵州卫学与地域文化

卫学,产生于明代卫所之中,是明代儒学教育体系中的一部分。其设置初衷在于教习地方武臣子弟,使之明教化、习礼仪。在客观上,对各卫所的文化教育、民风民俗均有积极的作用,尤其在广置卫所的边疆地区,意义更为重大。贵州原先教育基础薄弱、社会经济发展落后,在明代统治之下,首先进行的是卫所的设立,其数量之多、地域之重使得卫学在贵州卫所演化、文化地理的形成过程中的作用不可忽视,因此以卫所为单位的研究对于贵州区域文化的探索亦有着深远的意义。

对于贵州教育史而言,明代是一个相当重要的时期。在明以前,贵州教育十分薄弱,至明代朱元璋倡导教化,学校才在贵州得以普遍兴起,其中尤以卫学为特色。其在数量上较之府州县学更多,设置时间也更早,生员在科举中成绩斐然,文化名人辈出,使得贵州教育在很大程度上需要仰仗卫学的教育功能;在卫所中,尽管社学和书院在与卫学共同构成的卫所的教育体系中具有不可忽视的教化功能,但卫学由于其官学化的性质、建置的相对稳定,在卫所教育中始终处于中心位置,进而在卫所保持其内部文化的稳定性与组织的紧密性上作用突出。此外,卫学也有着更为优越的地理优势,其依卫所主要存在于贵州通往周边省份的驿道上,便利的交通区位有利于文化的传播,再加上受到卫所军事功能的屏障,教化功能更能持续呈现,显示出优于府州县学的特点,使得卫所易得开风气之先,而卫学也成为贵州教育的先导。因此卫学是明代贵州教育研究中的主要方面。

贵州的卫所在明代卫所制度中具有典型性:一方面在明代的卫所制度中,与地方关系最为紧密的是边疆地区的实土卫所。而贵州作为边地,实土卫所众多,即使是无实土卫所,在当地的行政管理、教育等方面也扮演着重要的角色,地位甚至逾于府州。另一方面贵州原有的基础较为薄弱,元代仍是湖广行省西部的偏僻一隅,为羁縻之地,明代先设卫所,后设府州,卫所在贵州文化地理的形成过程中起着重要的作用,这是其他地域卫所无法比拟的。同时,贵州卫所所处的环境又相对较为复杂,府州、土司、卫所并存,在地域分布、地方管理等方面俱是相互交错的。相应的,贵州卫学也因为卫所的这些特性而表现出异于当地府州县学的重要特点。贵州也是明代卫学设置最多的省级区域。

本章以明代贵州疆域为背景进行卫学的考察。在明代,贵州因军事需要在卫所的设置上呈现犬牙相制的特点,如偏桥、清浪、镇远、平溪、五开、铜鼓等卫虽在行政上隶属湖广布政司,治所却在贵州布政司境内;乌撒、永宁两卫则虽在四川布政司境内,却隶属贵州布政司,由于这几个卫或附学或附试于贵州①,在就学、科举方面与贵州有密切联系,故相关卫学均在本章探讨范围之内。

洪武十五年(1382年),明代政府在初占贵州的过程中,设置了贵州都司和分布于几条交通要道上的一系列卫所,这是贵州形成一个独立的高层政区单位和极具特色的文化地理单元的肇始。至永乐十一年(1413年)始设贵州布政司,当时所置的八府都在贵州与湖广接壤之地,贵州大部分地域仍由卫所及土司控制,即使在八府之内,卫所也是地方的主要角色。虽然永乐十二年(1414年)之后,贵州布政司的府州县时有调整,但至明末都未改变地方行政由都司卫所与布政司的府州县相兼控制的形势。

贵州都司及其下卫所的设置,对于明清贵州经济、文化的发展有着重要的影响。以往卫所与贵州文化的相关研究,鲜有关注卫所学校的教育情况。实际上,卫所下的学校教育也是贵州文化形成与发展的主要影响因素之一。贵州卫所数量众多,其设学数量相应占有很大比例,即表明贵州教育的发展在很大程度上依仗卫学的教育状况,事实上,通过史料的堪比,亦可证实这一点;贵州卫所移民多来自中原、江南等地,原先教育基础良好,在卫所各类学校的启蒙、训导下,教育成效在科举中很容易得以体现,在明代贵州出现的文化名人中,查其籍贯,多与卫所有关,明代贵州文化较繁荣的地区也大多处于那些设有卫所的地方。

由于贵州卫所驻地原为少数民族聚居的边地,卫所与土司地方杂处,这就使得卫所的学校教化作用泽及更广,在发展地方教育的同时,也使得该地区土俗得以改变,加强了不同民族之间的联系,推动了当地的社会文化进步,使得贵州少数民族地区逐步由羁縻之地变为政府的正式政区统治地,当然这种变化在地域

---

① 嘉靖《贵州通志》卷六《学校》,《天一阁藏明代方志选刊续编》,上海:上海书店出版社,1990年,第832—835页。

上是不平衡的。对于卫所教育的分析也有助于了解明朝贵州民族地区的发展状况。

一、贵州卫学的设置

(一) 贵州卫学的创设

贵州在明代以前一直为中央的羁縻之地,直至元代对西南用兵,贵州因地处云、鄂、川三省交界,"重岩设险,众水归流,指滇蜀以争奇,望荆吴而遥赴"①,扼守三省交通之要道而成为兵家必争之地,军事作用逐渐凸显。尽管此时"元人始起而疆理之",但仍"大抵同于羁縻异域"②。明代的贵州尽管仍地处偏远,人口不多,幅员不广,经济实力远逊于内地各省,但由于明初朱元璋需要夺取当时为元朝梁王所控制的云南,贵州恰为其军事取道的必经之途③,作为巩固西南地区统治的重要战略地位开始为中央所看重,并着手经营。

朱元璋对贵州的统治策略主要是在其重要交通要塞遍设卫所,以大量兵力控制各路驿道,从而保证军事路线的畅通,由于卫所数量众多,占据优势地理位置,卫所官兵又携带家属入黔,带来大量的中原、川、陕、江南等地移民,起到移民实边的作用,边地驻军皆寓兵于农,实行屯田,使得卫所在明代贵州的发展中表现突出,推动了贵州的发展。此后卫学的设置又为贵州的文化发展起到重要的作用。

贵州的教育文化,基础向来十分薄弱。在宋代以前,仅《华阳国志》中有东汉桓帝时毋敛人尹珍回乡教学,使得"南域始有学"④的记载。南宋建立后,贵州教育稍有发展,播州土官杨粲袭位后,大修先庙,建学养士,并作《家训十条》以遗子孙,其子杨价请命于朝,使得播州地区得以每岁贡士三人⑤。元朝,统治者也仅

---

① 康熙《贵州通志》卷六《山川》,康熙三十六年刻本,上海图书馆藏。
② 顾祖禹:《读史方舆纪要》第十一《贵州方舆纪要序》,《中国古代地理总志丛刊》,北京:中华书局,2005年,第5232页。
③ 郭子章《黔记》中有记:"我朝但因云南而从此借一线之路,以通往来。"见《黔记》卷十三《止権志上》,贵州师范大学藏明万历刻本,第9页。
④ 常璩:《华阳国志》卷四《南中志》,成都:巴蜀书社,1984年,第380页。
⑤ 宋濂:《文宪集》卷十《杨氏家传》,《四库全书》集部第1223册,第542页。

在今贵州的贵阳、安顺、遵义地区设立了顺元、普定、播州三路儒学①。直至明朝,在朱元璋提出"治国以教化为先,教化以学校为本",并倡令各"郡县皆立学校,延师儒,授生徒,讲论圣道,使人日渐月化,以复先王之旧"②,将办学视为与农桑同等重要的王政之本③,贵州儒学在此背景下逐渐发展起来。

朱元璋对贵州地区施行的教育政策实与中央对西南一隅的统治政策是息息相关的。西南地区自古多崇山峻岭,地形复杂,少数民族繁多,且叛服不常,统治者多以羁縻之地治之,朱元璋对于此种情形有着清醒的认识。在对西南地区的控制中,其将教育作为一种统治的策略先于"政刑"而存在。洪武四年(1371年),朱元璋就驳斥过礼部尚书陶凯对于整齐风俗要求"以政刑为先,然后教化可行"的观点,认为"教化必本,诸礼义政刑岂宜先之,苟徒急于近效而严其禁令,是欲澄波而反泊之也"④。随后在洪武二十三年(1390年),播州、贵州宣尉使司并所属宣抚司官各遣其子来朝请入太学时,朱元璋又敕国子监官说:"移风善俗,礼为之先,敷政导民,教为之先,故礼教明于朝廷而后风化达于四海",并要求国子监官善为训教,使其"俾有成就,庶不负远人慕学之心"⑤,此后,这种政策理念一以贯之于西南之地。洪武二十六年(1393年),户部知印张永清上奏云南、四川边夷等地宜设学校以教其子弟时,朱元璋欣然允之,认为如此可使"土官之孙弟俱俊秀知君臣、父子之义,无悖礼争斗之争",更将教育深化为一种"安边之道"⑥,具以行教化为移风易俗、敷政导民的先决条件。

对于卫所的设学,洪武十四年(1381年)十一月首立了辽东诸卫学,并谕礼部:"武臣子弟久居边境,鲜闻礼教,恐渐移其性。今使之诵诗书,习礼仪,非但造就其才,他日亦可资用。"⑦此后各卫次第建学。贵州卫学的设立始于洪武二十七年(1394年),在元置普定路儒学的基础上,首置普定卫儒学⑧。论及设学缘由,《布政司参议李芳记略》有载:"贵藩僻在边檄,卫学未设,大参山东李睿以地

---

① 参见《贵州通史》编委会:《贵州通史》第2卷《明代的贵州》,北京:当代中国出版社,2002年,第337页。
② 《明史》卷六十九《选举志一》,第1686页。
③ "足衣食者在于劝农桑,明教化者在于兴学校,学校兴则君子务德,农桑举则小人务本"。参见《明太祖实录》卷二十六吴元年冬十月癸丑,第387页。
④ 俞汝楫:《礼部志稿》卷一《厚风俗之训》,《四库全书》史部597册,第13页。
⑤ 俞汝楫:《礼部志稿》卷一《敦教化之训》,第16页。
⑥ 《明太祖实录》卷二百三十九洪武二十八年六月壬申,第3475页。
⑦ 《明太祖实录》卷一百六十八洪武十七年十一月庚午,第2567页。
⑧ 《明太祖实录》卷二百三十一洪武二十七年正月壬寅,第3371页。

虽夷域,而武弁戎行子弟俊秀英发者多,非建学校殆变于夷者也,乃请于上而允焉,贵阳军卫学校之设,肇于此矣。"①可见贵州卫学之设立,其一由于各卫地处偏远,未建有学校,使得王化虽行,却礼教未备,中原的礼乐制度、典章文物鲜为人知,不利于中央王朝的教化;其二各卫戍守的军卫子弟俊秀英发者多,如不建学校加以教化,将有可能反被"夷化",且其中亦不乏人才,因此执政者若能皆以学校为心,则"何忧于教化之不兴,风俗之不丕变,人才之不倍出哉"②,卫学之设立正好达到"行教化""正风俗""兴人才"的目的。

终明一代,贵州境内共有二十七卫③,大多为洪武年间所设,其中隶属贵州都指挥使司、按设置时间先后分别为:贵州卫、永宁卫、普定卫、平越卫、乌撒卫、毕节卫、赤水卫、兴隆卫、安庄卫、普安卫、新添卫、都匀卫、龙里卫、清平卫、威清卫、平坝卫、安南卫、贵州前卫,洪武以后设置的主要有敷勇卫、镇西卫。隶属湖广都指挥使司的有:偏桥卫、清浪卫、平溪卫、镇远卫、五开卫、铜鼓卫。隶属四川都司的则有威远卫。大部分卫所均设置了卫学,以史料为见,各卫学设置情况如下:

普定卫:洪武二十七年(1394年)置普定卫学④。儒学在卫治内东北隅,宣德八年(1433年)布政司参议李睿建,正统元年(1436年)毁于火,正统二年(1437年)佥事屈伸重建。嘉靖十年(1531年),兵备副使王俊重修⑤。嘉靖二十六年(1547年)巡按王绍元重修⑥。万历三十一年(1601年),改普定卫学为安顺军民府学⑦。

平越卫:儒学在卫治内西南,宣德八年(1433年)参议李睿建。成化二年(1466年)迁建察院右,嘉靖二十一年(1542年)巡按御史赵大佑、副使蒋信重修⑧。万历十二年(1584年)改建东南仓基内,万历十九年(1591年)复迁察院左

---

① 嘉靖《贵州通志》卷六《学校》,第804页。
② 嘉靖《贵州通志》卷六《学校》《布政司参议李芳记略》,第803页。
③ 可参见《贵州通史》编委会:《贵州通史》第2卷《明代的贵州》,第88—97页;陈国安、史继忠:《试论明代贵州卫所》,《贵州文史丛刊》1981年第3期。其中层台卫、古州卫设置不久即废,黄平卫降为所,尾洒卫改安南卫,水西卫治所记载不详,故不列入。
④ 《明太祖实录》卷二百三十一洪武二十七年正月壬寅,第3371页。
⑤ 嘉靖《贵州通志》卷六《学校》,第820页。
⑥ 万历《贵州通志》卷六《普定卫·学校》,《日本藏中国罕见地方志丛刊》,北京:书目文献出版社,1991年,第137页。
⑦ 《明神宗实录》卷三百八十八万历三十一年(1601年)九月甲寅,第7293页。
⑧ 嘉靖《贵州通志》卷六《学校》,第811页。

旧基之上①。万历三十一年(1601年)，改平越卫学为平越军民府学②。

威清卫：儒学在卫治东北，宣德八年(1433年)建。弘治元年(1488年)署学事宣慰司训导罗鼎西徙一百步重建③。嘉靖三十三年(1554年)改建西南，万历十八年(1590年)改建北城外④。

平坝卫：儒学在卫治内西，宣德八年(1433年)建。寻徙稍北，弘治十年(1497年)都指挥张泰、指挥刘文复迁于故址，嘉靖二十九年(1550年)巡按御史张雨迁建⑤。万历二十二年(1594年)改东门外⑥。

安南卫：儒学在卫治内西，宣德八年(1433年)建⑦。嘉靖十八年(1539年)迁建城西⑧。

清平卫：儒学在卫治内西北，正统八年(1443年)指挥使石宣以其蔬圃建。正德十三年(1518年)参议蔡潮拓地改建，嘉靖十三年(1534年)巡按御史王杏重修，嘉靖三十二年(1553年)副使赵之屏重修⑨。

兴隆卫：儒学在卫治东，宣德九年(1434年)副使李睿、指挥常智建。弘治二年(1489年)指挥狄俊、经历李文祥、郡人周瑛改建于城南旧仓址，嘉靖七年(1528年)巡按御史陈让复迁于城西，嘉靖二十六年(1547年)巡按御史萧端蒙改复原址⑩。万历六年(1578年)巡按御史马呈图、提学副使李学改建于卫右⑪。

安庄卫：儒学在卫治内东北隅，正统八年(1443年)建于卫治东，正统九年(1444年)按察司佥事屈伸、本卫指挥陆京迁建于此，成化二十年(1484年)指挥黄京，弘治五年(1492年)千户丁正、卫镇抚吴晟相继重修⑫。

毕节卫：儒学在卫旧治左，正统三年(1438年)都指挥康谏建⑬。嘉靖二十

---

① 万历《贵州通志》卷十二《平越卫·学校》，第262页。
② 《明神宗实录》卷三百八十八万历三十一年(1601年)九月甲寅，第7293页。
③ 嘉靖《贵州通志》卷六《学校》，第816页。
④ 万历《贵州通志》卷五《威清卫·学校》，第116页。
⑤ 嘉靖《贵州通志》卷六《学校》，第818页。
⑥ 万历《贵州通志》卷五《平坝卫·学校》，第124页。
⑦ 嘉靖《贵州通志》卷六《学校》，第824页。
⑧ 乾隆《贵州通志》卷九《学校》，《四库全书》史部第571册，第224页。
⑨ 嘉靖《贵州通志》卷六《学校》，第813页。
⑩ 嘉靖《贵州通志》卷六《学校》，第814页。
⑪ 万历《贵州通志》卷十三《兴隆卫·学校》，第285页。
⑫ 嘉靖《贵州通志》卷六《学校》，第822页。
⑬ 此处嘉靖《贵州通志》卷六《学校》中毕节卫条下载为正德三年(1508年)，但《本学教授孙隐记略》中则为："正统改元初都指挥世箴唐公分镇到卫，封章上请建学，立师报下从之……载于正统戊午三月十有八日卒工。"(第825页)从史料记载的完整性看来，疑正德三年(1508年)为误，当为正统三年(1438年)。

三年(1544年)兵备佥事施昱,嘉靖二十四年(1545年)兵备佥事朱文质重修[①]。隆庆六年(1572年)兵备沈闻迁于东门外,万历十八年(1590年)兵备陈性学迁于南门外,虎踞山前[②]。

乌撒卫:儒学在卫治内西,正统八年(1443年)建[③]。万历十年(1582年)迁于城隍庙,万历十八年(1590年)迁复旧地[④]。

赤水卫:儒学在卫治内西,正统五年(1440年)建[⑤]。隆庆六年(1572年)兵备佥事沈闻改迁城东,万历十年(1582年)兵备佥事胡宥徙于卫站[⑥]。

龙里卫:儒学宣德八年(1433年)副使李睿建,嘉靖三十一年(1552年)巡按董威、副使赵之屏迁建[⑦]。万历八年(1580年)改建于卫南仓山,万历二十一年(1593年)改建于卫治前,万历二十四年(1597年)驻镇推官李珏捐俸修[⑧]。

新添卫:儒学在卫治内西,宣德间副使李睿建[⑨]。成化十八年(1482年)指挥陈琳、训导周凤改建今址,嘉靖三十一年(1552年)副使赵之屏修建[⑩]。

都匀卫:宣德八年(1433年)贵州按察司副使李睿、都指挥陈原建,成化六年(1470年)贵州按察司副使吴立重修,弘治十年(1497年)兵备副使阴子淑重修[⑪]。弘治七年(1494年)改都匀府学[⑫]。

敷勇卫学:崇祯三年(1630年)建[⑬]。

平溪卫:儒学在卫治西,先年无学,生儒寄思州府学,唯科举则赴湖广贡,亦属贵考,嘉靖元年奏准设学校,制仍前,至嘉靖二十二年(1543年)改隶贵州考较而科贡俱附之[⑭]。

偏桥卫:儒学在卫治中,洪武初未设学,尚寄镇远府,成化十八年(1482

---

① 嘉靖《贵州通志》卷六《学校》,第825页。
② 万历《贵州通志》卷十《毕节卫·学校》,第198页。
③ 嘉靖《贵州通志》卷六《学校》,第827页。
④ 万历《贵州通志》卷十《乌撒卫·学校》,第208页。
⑤ 嘉靖《贵州通志》卷六《学校》,第828页。
⑥ 万历《贵州通志》卷十一《赤水卫·学校》,第218页。
⑦ 嘉靖《贵州通志》卷六《学校》,第808页。
⑧ 万历《贵州通志》卷十二《龙里卫·学校》,第242页。
⑨ 嘉靖《贵州通志》卷六《学校》,第809页。
⑩ 万历《贵州通志》卷十二《新添卫·学校》,第251页。
⑪ 嘉靖《贵州通志》卷六《学校》,第802页。
⑫ 《明孝宗实录》卷八十八弘治七年(1494年)五月戊申条,第7页,总第1633页。
⑬ 乾隆《贵州通志》卷九《学校》,第218页。
⑭ 嘉靖《贵州通志》卷六《学校》,第839页。

年)建①。嘉靖二十二年(1543年)改迁南向,嘉靖三十年(1551年)重修②。

铜鼓卫学:天顺元年建,后圮,嘉靖三十四年(1555年)重建,崇祯十六年(1643年)改建③。

至于未有建学的诸卫,也有附学④:

贵州卫:附学于贵州宣慰司学。

贵州前卫:因卫治在宣慰司城,军生附宣慰司学就读。

清浪卫:寄思州府学。

五开卫:寄黎平府学。

镇远卫:寄镇远府学。

普安卫:寄普安州学。

永宁卫:寄永宁宣抚司学。

镇西卫:寄威清卫学⑤。

另:乾隆《贵州通志》卷九《学校》清镇县学下条出现"旧为清镇卫学",但《大清一统志》中记有"清镇县学:在县西,旧为威清卫学,明洪武中建。本朝康熙二十六年(1688年)改为县学",又有"清镇县城:即威清卫旧城"。乾隆《贵州通志》卷三《建置》中亦记有:"康熙二十六年(1688年),改威清卫为清镇县,省镇西卫及赫声威武二所入焉。"因此此处清镇卫学当为威清卫学。

从各卫学的设置时间可以看出,贵州卫学的大规模设置主要集中在宣德、正统年间。明初,云贵地区政局还不稳定,明代政府在对贵州经营的过程中,注意力主要集中于军事控制方面,经营学校的时机尚不够成熟;且当时各地卫所初设,又多处于僻陋之地,无才无文,经济落后,也还不具备建学的条件。到宣德年间,这时的贵州作为省级政区已经单独划立有一段时间,在明代政府的直接行政管理之下,发展渐趋稳定;且天下军卫建学也已经开始得到重视,章潢在《图书编》中即有云:"宣德十年,从兵部尚书徐河之请,令天下军卫独一城者皆立学。正统以来,天下军卫延至边檄,各建学,设教授、训导,品秩俸禄如府学之制。"⑥表明此时卫学设置开始得到规制,而"天下军卫独一城者,皆立学"的要求

---

① 嘉靖《贵州通志》卷六《学校》,第836页。
② 万历《贵州通志》卷十八《学校》,第413页。
③ 乾隆《贵州通志》卷九《学校》锦屏县学条,第223页。
④ 嘉靖《贵州通志》卷六《学校》,第750—835页。
⑤ 莫与俦:《贵州置省以来建学记》,《黔诗记略》卷一,贵阳:贵州人民出版社,1993年,第3页。
⑥ 章潢:《图书编》卷八十四,《四库全书》子部第971册,第504页。

正符合贵州卫所多府(州)、卫不同城的情况。故此后贵州凡有条件的卫所皆置卫学。

在卫学的设置中还有一种附学(也称寄学)的情况。卫所附于府州学主要存在于贵州卫、贵州前卫、清浪卫、五开卫、镇远卫、普安卫、永宁卫、镇西卫中,其中贵州卫、贵州前卫、普安卫分别与贵州宣慰司,普安州属府(州)、卫同城①。而镇远卫、清浪卫、五开卫则为嘉靖《贵州通志》中所提到的"五边卫"中的三卫②,地处湘黔交界地;永宁卫亦处于当时贵州与四川交界的边地上,上述情况看来,附学现象主要存在于边地卫所与府(州)同城的情况中。此外,还存在有州县附学卫学的情形,依据莫与俦《贵州置省以来建学记》,分别有安顺州附普定卫学,镇宁州附学安庄卫,永宁州附学安南卫,施秉县附学偏桥卫,贵定县附新添卫学,敷勇建卫学后,开州移附敷勇卫学③。

明代贵州境内各卫,凡有条件者皆设立有卫学,未建学者也以本地府州县或司学寄之,从而使得各卫所内军民子弟皆有受教育的机会,客观上促进了卫所教育得到相应发展,也保证了卫所移民内部文化的稳定性。

(二) 卫学生员的种类与规制

1. 生员种类的泛化

就卫学设置的初衷来说,其招收的生员主要是卫所中的武臣子弟,但在实际的运作过程中却并不仅如此。

据蔡嘉麟考察,卫学的生员主要有军生、官生、民生、文职官吏子弟、土官嫡子、商人子弟、武生等④。

就贵州卫学而言,由于其地区特点,生员的种类主要为军生、官生、武生、民生、土生。依据卫学本身的教育体制,其设置之目的,是针对"武弁戎行子弟俊秀英发者"⑤,解决此类人等的教育问题,军生、官生、武生通常统而包含其中。这

---

① 贵州、贵州前二卫卫治即在贵州宣慰司城中(见嘉靖《贵州通志》)。普安州与普安卫虽为二城制,但二城仅一里之遥,由于州城规模狭小使得州的部分机构实设于卫城之内,因此二城类似一城。(见钟铁军:《释明代贵州之"州卫同城"》,《中国历史地理论丛》2004年第1期。)
② 另两卫为:偏桥卫、平溪卫,实也曾分别附学于镇远府和思州府,后偏桥卫因旧有学校,平溪卫因生儒渐多而奏准建学。参见嘉靖《贵州通志》卷六《学校》,第835—836页。
③ 莫与俦:《贵州置省以来建学记》,第2页。
④ 蔡嘉麟:《明代的卫学教育》,《明史研究丛刊》第3辑,台北:乐学书局,2002年,第96页。
⑤ 嘉靖《贵州通志》卷六《学校·布政司参议李芳记略》,第803页。

三者关系较为复杂。其中,武生与官生均属武官子弟,不过官生是指武官之应袭舍人入学者,而武生则为武官之庶子即舍余入学者;而武生与军生的区别则在于一为武官子弟,一为军士子弟①,即如明人陆容所言:"武官子弟曰武生,军中俊秀曰军生。"②一般说来,这三类生员均已包括在史料中通常提及的与"民生"相对的"军生"之中。

民生,在出身上主要表现为以"民籍"著录户口的生员,就卫学的设置初衷而言,并未包括有这部分名色,但在实际中,卫所学校在贵州的设立,也承担着教化当地土民、进化风俗的作用。洪武二十八年(1395年),监察御史裴承祖就曾上奏:"四川贵、播二州,湖广思南州宣慰使司及所属安抚司州县,贵州都指挥使司平越、龙里、新添、都匀等卫,平浪等长官司诸种苗蛮不知王化,宜设儒学使知诗书之教。"③可见贵州各地的设学,包括卫所学校,均以考虑苗民教化的问题为前提。贵州地区少数民族数目众多,汉夷杂处的现象在各卫中比比皆是,若只许军生入学,尚远远达不到明代政府兴教化以化风俗的目的。对于此种地理条件、社会环境的复杂性,地方官在奏请建学时也有所考虑,《教授杨懋记略》中便记有:"副使李睿先任本司参议,怜军民子弟未有学校,奏请边卫立学。"④李睿考虑的不仅有"军",还有"民";且卫所周围部分未有建学的州县也开始附学其中,再加上明初贵州卫所尚属初设,人才鲜少、生员不足,也还需要其他生员进行补充,因此通常"黔中府州县与卫同城者,强半有府学,则军卫子弟寄之,有卫学,而州县子弟寄之,此黔之定制也"⑤。对于土生,基于以上宗旨,也不应当排除在教化之外,一并收之,以行教化夷民之实。正统九年(1444年)规定:各处土官衙门应袭儿男,俱照军生例送官学读书、乡试,其地相隔远者,可就近在府州县学或卫学就读⑥。生员招收的宽泛程度保证了贵州各卫所周围的各类人等的受教育权利,同时也使得卫所学校的教育功能达到最大程度。

2. 生员学额、等级与府州县学的比差

卫学生员的额数,至成化三年(1467年)订立,规定:"卫学,四卫以上军生八

---

① 三者关系参见陈宝良:《明代儒学生员与地方社会》,北京:中国社会科学出版社,2005年,第184—185页。
② 陆容:《菽园杂记》卷六,《四库全书》子部第1041册,第286页。
③ 《明太祖实录》卷二百四十一洪武二十八年九月甲辰,第3502页。
④ 嘉靖《贵州通志》卷六《学校·教授杨懋记略》,第809页。
⑤ 刘锡玄:《黔牍偶存·黔南学政》,《中国西南文献丛书·西南史地文献》,兰州:兰州大学出版社,2004年,第27页。
⑥ 《明英宗实录》卷一百十九正统九年闰七月辛丑,第2410页。

十人,三卫以上军生六十人,二卫、一卫,军生四十人,有司儒学军生二十人。"①然而随着卫学的发展,卫学之中,生员种类并不仅军生一种,成化十六年(1480年)时,定卫学岁贡不分军生、民生,俱由提学官考试②。

在生员的等级划分上,卫学与府州县学略有不同,其并非按照府州县学的廪膳生员、增广生员、附学生等级来设立,而是仿其制划分为优等生、次等生、附学生三个等第③。至于具体额数,正德十年(1515年)对此有明确规定:"凡都司卫所学原定一年一贡者,许设优等、次等生员各四十名,原定三年二贡者,各三十名,二年一贡者,各二十名,通行提学官考补以后,于优等内选取充贡,有多余者,俱作附学。"④

卫学在设置之初不同于府州县学之处,除了等级的名称,更重要的是其并无廪膳⑤,入贡主要依照入学年深作为参考标准,使得军生一旦得以入学,多不读书,只要岁考免于黜废,便等着计日以应贡。后陕西按察司提学副使王云凤呈上奏议言此状况,建议天下都司卫所学校俱照府州县廪膳名数,并从提学官考定储养,再挨次起贡,可使军生有阶级渐进,从而发奋读书,而应贡者也可取到勤学可用之人⑥。此奏议有无采用不得而知,但可见卫学军生不廪膳的状况已为地方官员所重视。嘉靖二十一年(1542年),贵州卫学开始供给生员廪膳,"提准贵州普定等十二卫各设廪膳生员二十名,各该衙门通融处给廪米"⑦。卫学生员廪膳的解决,对于贵州卫所学校来说,较之他省更有着深远而特殊的意义。一方面,贵州经济落后,生员贫困者甚多⑧,尽管宣德七年(1432年)准许卫所官舍军余俊秀者入附近府州县学,景泰三年(1452年)又许各处军生考补廪膳照例科贡⑨,但毕竟仅是附学之资,数量甚少,且军生附学考补廪膳,极易发生军生、民生互争廪

---

① 《明史》卷六十九《选举志一》,第1686页。
② 《明会典》卷七十六《礼部》三十五《贡举》,《四库全书》第617册,第729页。
③ 参陈宝良:《明代儒学生员与地方社会》,第185页。
④ 俞汝楫:《礼部志稿》卷二十四《议制司职掌·学校·卫学》,第439页。
⑤ 据陕西按察司提学副使王云凤呈:"照得各府州县儒学,岁贡皆于廪膳年深数内考选,惟都司卫所学校,原无廪膳,直于阖学。"参见杨一清:《关中奏议》卷六《巡抚类》,第146页。关于此问题,蔡嘉麟的《明代的卫学教育》在第104—105页中亦有探讨,陈宝良的《明代儒学生员与地方社会》在第185页上也有提及。
⑥ 杨一清:《关中奏议》卷六《巡抚类》,《四库全书》史部428册,第146页。
⑦ 俞汝楫:《礼部志稿》卷二十四《议制司职掌·学校·卫学》,第439页。
⑧ 据陈宝良统计万历年间贵州贫生数达810名。见陈宝良:《明代儒学生员与地方社会》,北京:中国社会科学出版社,2005年,第210页。
⑨ 《钦定续文献通考》卷五十《学校考》,《四库全书》史部第627册,第397页。

贡的情况①，并不能解决问题。卫学廪膳生员的设立，很好地缓解了贵州数量众多的卫学中穷困生员的求学难题；同时廪膳的给予，还可刺激学生发奋读书，以求成为优者而获得廪米，进而走上仕途。另一方面，贵州卫学较之他省而言，数量最为众多②，而贵州省境内，卫学又多于府州县学，数量上的优势，使得朝廷这一举措的影响力更为宽泛而有力。

与生员额数紧密相关的还有岁贡额数，朝廷对此虽有定制，但屡屡更改③。各地岁贡额数还存在着差异，贵州的历年事例为：宣德二年(1427年)令贵州府学照县学例，三年一贡；弘治十三年(1500年)奏准贵州等处除军民指挥使司儒学，军民相间一年一贡，其余土官及都司学各照先年奏准事例，三年两贡；嘉靖二年(1523年)又奏准贵州宣抚司儒学生员，一年一贡；万历十四年(1586年)，又查得起贡事规：贵阳、思州、思南、宣慰、普定等十府司卫，一年一贡；普安州、宣抚司，四年三贡；威清等十二卫，三年两贡；平溪、偏桥、婺川等三卫县，两年一贡④。实际上在宣德二年(1427年)以前，朝廷规制的岁贡为：府学一年一贡，州学两年一贡，县学三年一贡⑤，但在这年十月，新化府蛮夷等六长官司奏请："贵州各处学校新立诸生，皆自童蒙入学，蛮性未除，学业难就。若比内地府学每岁选贡，实无甚人，请比县学三年一贡。"⑥宣宗对此也十分体谅，言："边郡立学，欲其从化耳，岂可遽责成材？宜令所司随宜选贡。"⑦遂使贵州府学按照县学标准进行岁贡，足可见明初贵州人才短缺，每岁的贡额常无法达到国家要求。但从宣德到弘治、嘉靖、万历，岁贡额数发生了变化，从三年一贡、三年两贡，到一年一贡，可以窥见贵州人才逐渐兴盛的发展过程。到万历年间各卫学具体岁贡额数的规定，也表明了卫学人才同样遵循这一渐变原则。弘治十二年(1499年)"学校至二十四处，生徒至四千余人"⑧，万历年间巡抚林乔相、巡按薛继茂在上奏要求增加贵

---

① 如成化十八年(1482年)镇远府即出现过军生、民生争廪贡的现象，后巡抚都御史谢昶遵照贵州宣慰司儒学事例，将食廪额数分为民生十名，军生十名，才得以解决。参郭子章：《黔记》卷十七《学校志下》，第14—16页。
② 据蔡嘉麟统计，贵州卫学数量为全国之冠，见蔡嘉麟：《明代的卫学教育》，第175页。
③ 《明史》卷六十九《选举志一》，第1680页。
④ 郭子章：《黔记》卷十六《学校志上》，第2页。
⑤ 据《明史》卷六十九《选举志一》：明永乐十九年(1421年)"令岁贡照洪武二十一年例。宣德七年又复照洪武二十五年例"，因此宣德二年(1427年)以前依洪武二十一年(1388年)例：定府州县学以一、二、三年为差。
⑥ 《明宣宗实录》卷三十二宣德二年十月庚午，第823页。
⑦ 《明宣宗实录》卷三十二宣德二年十月庚午，第823页。
⑧ 《明孝宗实录》卷一百五十二弘治十二年七月丁丑，第2690—2691页。

州解额时也提到:"分科之始,贵州生员通省止一千余人,今至七千有余。"①到万历二十五年(1597年),贵州布政司所属的各府州县学及贵州都司所属各卫学,统共有贡生2 331名,其中各府州县1 388名,各卫所943名②。从万历年间的岁贡事规中的普定卫为一年一贡,威清等十二卫为三年两贡;平溪、偏桥两卫的两年一贡,不同岁贡额数的制定,也表明贵州各卫所存在着等级差异。

3. 卫学教官的设置与部分职能的缺失

明代的儒学教官,包括教授、学正、教谕、训导,其与生员一起构成地方儒学的基本成员。至于各自职掌,略有分属,教授、学正、教谕主要教诲所属生员,而训导则佐之③,他们均肩负着传道授业的职能。其责之所重,明人丘浚言之:"天下不可一日无师儒之功,国家不可一日弛学校之教。"④

明代的儒学教官,府学设教授一人,训导四人;州设学正一人,训导三人;县设教谕一人,训导两人⑤。卫学则制为"学官教授一员,训导二员"⑥。据蔡嘉麟考证:卫学教官除岷州卫军民指挥使司等七学设教授一人、训导四人外,大部均以教授一人、训导一至二人为常制⑦。贵州卫学因地处边方,交通险阻,经济落后,人才鲜少,故"博士员较他方特减,即郡学率多设一员"⑧,在平越等卫还设有教授一员、训导一员;而威清、平坝等卫学确仅设有教授一员⑨,未有训导,教官并不足员。此种设置并不稳定,兴隆卫本教授、训导皆有,但在万历二十九年(1601年)时,巡按直隶监察御史肖重望题称:"兴隆卫生徒止数十人,乃教授、训导兼设,殊属冗员,合与裁革,该卫训导改设印江县教谕"⑩,被允以实施。《毕御史三才疏略》中也提到,万历二十九年(1601年),在改平越、普定两卫学为平越、安顺两府学,增设黄平州、新贵县两学时,即裁平越卫训导改为黄平州学正,裁宣慰司学训导改新贵县学教谕⑪,表明了教官的额数因增设、裁改、减额,实际常常

---

① 万历《贵州通志》卷十九《修文》《再广解额疏》(林乔相、薛继茂),第444页。
② 参见《贵州通史》编委会:《贵州通史》第2卷《明代的贵州》,北京:当代中国出版社,2002年,第350页。
③ 陈宝良:《明代儒学生员与地方社会》,第106页。
④ 丘浚:《大学衍义补》卷六十八《设学校以立教上》,《四库全书》子部第712册,第775页。
⑤ 《明太祖实录》卷四十六洪武二年冬十月辛卯,第925页。
⑥ 陆容:《菽园杂记》卷六,《四库全书》子部第1041册,第286页。
⑦ 蔡嘉麟:《明代的卫学教育》,第112页。
⑧ 郭子章:《黔记》卷十六《学校志上·申饬学校事略》,第5页。
⑨ 郭子章:《黔记》卷十七《学校志下》,第40—41页。
⑩ 《明神宗实录》卷三百五十九万历二十九年五月乙丑,第6717页。
⑪ 郭子章:《黔记》卷十六《学校志上》《毕御史三才疏略》,第17页。

是变动不拘的①,在具体的设置过程中,通常因各地情况的不同而有所变化。

在教官的委任方面,明初取会试举人的副榜,授予教职,但举人厌其卑冷,多不愿就,到正统年间,天下教官多缺,愿就教职者仅十之三,于是各地儒学只好退而求其次,从贡生中选补教官,致使成化十三年(1477年)御史胡璘上奏:"天下教官率多岁贡,言行文章不足为人师范,请多取举人选用,而罢贡生勿选。"②礼部议后的结果是岁贡选取教官如旧,而举人教官则许其会试,此后就教者才渐渐多了起来③。贵州由于其恶劣的生存环境,使得"士人闻命,有投牒不往者,有既赴郁郁死者"④,即便单设一名教官,也常常"暮年荒学者,十居七八"⑤,教官的缺员情况十分严重。地方官员纷纷想出办法,以求解决。嘉靖十二年(1533年),贵州巡抚徐问在儒学教授、学正、教谕有缺员时,就提出"将本省科贡出身、选在别处儒官升补,训导有缺,于本省贡生内择其盛年绩学者,照缺诠注,给凭前来管事。庶学校不致缺人,而文风亦稍振矣"⑥。万历二十六年(1598年),提学沈思充又请乞"以后贵州教职有缺,悉择新选贡生补之,久任责成效,则特为优叙"⑦。各地方卫学也就近用人,以期解决,如清平卫学初创之时,教官也尚未命下,"惟自延师劝课"⑧,直到正统七年(1442年)文儒吴林来司其训。弘治三年(1490年),麻城李文祥被谪兴隆卫经历,当时的提学官以文祥为进士,有文名,遂委之署学事⑨。此种教官缺员的现象导致了教官部分职能的丧失。

对于贵州圣化大行,青衿日广,提调者却"多系介胄之辈"的现象,郭子章认为对待"名宦、乡贤、乡饮、节孝诸关大典,尤宜慎重",因此请"今后凡卫司学校,定派文职各以其方,就近管理"⑩,并将教职贤否作为核查开报的项目之一。诸多举措,无外乎为了提振文风,以兴教化。

明代一世贵州共设有卫学十八所,未有设学的卫所也均有附学,其数量为各

---

① 蔡嘉麟:《明代的卫学教育》,第112页。
② 《明史》卷六十九《选举志一》,第1680页。
③ 《明史》卷六十九《选举志一》,第1680页。
④ 万历《贵州通志》卷十八《学校·吏治民瘼疏》(邹元标),第456页。
⑤ 郭子章:《黔记》卷十六《学校志上·申饬学校事略》,第5页。
⑥ 徐问:《山堂萃稿》卷六《议处地方事宜疏》,《四库全书存目丛书》集部第54册,第230页。
⑦ 郭子章:《黔记》卷十六《学校志上·申饬学校事略》,第5页。
⑧ 嘉靖《贵州通志》卷六《学校·教授王训记略》,第813页。
⑨ 弘治《贵州图经新志》卷十三《兴隆志》,传抄本,第2页。
⑩ 郭子章:《黔记》卷十六《学校志上·申饬学校事略》,第6页。

省所设卫学数量之首,而在省内官学设置的数量上,同样占有优势。明代的贵州在"开设初只有卫所,后虽渐渐改流,置立郡邑,皆建于卫所之中。卫所为主,郡邑为客,缙绅拜表祝圣皆在卫所,卫所治军,郡邑治民。军即尺籍来役戍者也,故卫所所治皆中国人。民即苗也,土无他民,止苗夷,然非一种,亦各异俗"①。这段史料一方面表明卫所先于府州县学设立,性质重要,另一方面则说明了卫所内既有随军戍役的汉族移民,又有地方上通晓礼仪、有着一定文化素养的缙绅,从而利于卫学的发展。所设的十八所卫学除有教化卫所移民的军民子弟的责任外,也承担着教化卫所周边少数民族地区的民生及土生的职责,体现其"用夏变夷"的教育功能。在地理位置上,由于贵州卫所多设置于贵州通往周边省份的交通要道,与之相应的是卫学也主要分布于这些地区。设学位置交通的相对便利,使得文化传播在这些卫学中能够首先得以接受和体现。

就制度体系来讲,尽管卫学与府州县学同属官学,朝廷将其纳入教育体制中共同进行规制,但其毕竟是有明一代特殊军事形态下的产物,较之源流悠久的府州县学来说,仍有着细微的差别。额数上,无论卫学的生员还是教官,均没有严格规制,所定之制通常难以施行,变置不常,如成化三年(1467年)所订立的卫学生员额数,仅针对军生,而在卫学实际的生员种类之中,除了军生还有民生、土生,此种仅有军生的额数订立在卫学中实是难以依制实施的;岁贡的额数也是如此,在贵州订立的岁贡事例中,时常有所变置,且各卫学的额数还出现了差别,表现出卫所等第的不同。教官额数也无常置,中央订立卫学设教官依府学,但在实际情况中,多数仅能保证各卫学有教授一名,至于训导,则额数不定。因此,卫学具体的学制规制,通常由各地出台地方政策,依据各自具体情况来订立,而贵州由于卫学众多,这方面的要求就显得尤为重要和突出。在廪膳生员的订立上,卫学也较府州县学更晚,贵州卫学至嘉靖年间才开始给予生员廪膳,对于本身贫生众多,读书、科考以及其他社会活动均需钱粮为支持的卫学生员来说,至嘉靖后期才得到这一优待,对其发展不能不说是一劣势。在教官的委任方面,贵州卫学较之他处也更难,其地偏远,经济条件也很落后,使得教官通常不愿意赴地就教,导致学官时常缺员,从而影响了学校的教化功能。如此种种,可以看出贵州卫学的发展充满着重重阻力,尽管如此,其在明代贵州的相当一部分时间里,发挥着大于府州县学的作用。

---

① 王士性:《广志绎》卷五《西南诸省》,《元明史料笔记丛刊》,北京:中华书局,1981年,第132页。

二、卫学与贵州卫所内其他教育形式

在贵州卫所之中,除了卫学之外,还存在社学、书院等其他的教育形式,卫学与这些教育形式共同承担着教化卫所之民的重要职责,既存在着差异,又相互补充。

(一) 社学与卫学的基础教育

社学的设置,最早始于元朝。至元七年(1270年)元政府颁布立社法令,规定农村中五十家为一社,每社设学校一所,择通晓经书者为教师,于农隙时令子弟入学,读《孝经》《小学》《大学》《论语》《孟子》,务要使各知孝悌、忠信,敦本抑末①。明代继承此制,洪武八年(1375年),上谕中书省臣曰:"昔成周之世,家有塾,党有庠,故民无不知学,士以教化行而风俗美。今京师及郡县皆有学,而乡社之民未睹教化,宜令有司更置社学,延师儒以教民间子弟,庶可以导民善俗也"②,诏立社学。洪武十六年(1383年)又诏"民间立社学,有司不得干预",同时要求"有过之人不许为师"③,此后社学在全国开始迅速推广,卫所之地也不能免。

明代贵州社学开始设置的时间已难以判定,据已有史料记载来看,最早可见于《本卫训导胡祯记略》中记有安庄卫在前镇国将军陆东征南,武功告成后,留守其地,"择卫治左隙地设社学,进子弟,举师儒教之,且劝且励,闾阎颇振……宣德四年(1429年)季冬,具实奏请建立学校。诏命未下,正统改元,三月,祯援是学训导"④,从中可以推断安庄卫地至少在宣德四年(1429年)以前就已设有社学。《贵州图经新志》中则明确记载了贵阳已建有社学两所:"俱在都察院门外之东西",其建置源于弘治十三年(1500年)巡抚都御史钱钺"以治城素无社学,散教民家,课肆不笃,无以为治,乃市民居,各建室十余间,聚子弟教之,闾里文化,勃然兴起"⑤。正德年间的王守仁时有《寓贵诗》云:"村村兴社学,处处有书

---

① 《元典章》卷二十三《户部九·农桑·劝农立社事理》,《四库全书存目丛书》史部第263册,第552页。
② 丘浚:《大学衍义补》卷六十九《设学校以立教中》,第787页。
③ 《明会典》卷七十六《礼部》三十五《社学》,《四库全书》史部第617册,第737页。
④ 嘉靖《贵州通志》卷六《学校·本卫训导胡祯记略》,第822页。
⑤ 弘治《贵州图经新志》卷一《贵州志》,传抄本,第30页。

声。"①可以想见此时贵州社学的发展已相当普及。到了嘉靖年间,却又有"贵州省城虽设有社学,而倾圮者多间,能修复聚读亦少,至于各属乡村地方,又岂能振起者乎?"②的记载,可知嘉靖之前,贵州社学至少已经历了一场由兴建到逐渐停废的过程。嘉靖二十四年(1545年)二月时,提学副使徐樾针对社学凋敝的状况,将"建社学变夷俗,以敷教化"的提议上呈,得到巡抚都御史王学益的批复:"朝廷敕谕每乡每里俱设社学,原未分别土流衙门,正以人性皆善,习乃相远,凡系纳粮当差,俱为赤子,岂有弃而不教之理,该道所呈正遵奉"③,从而掀起了贵州建立社学的小高潮。此时平坝卫共建了社学七所:"二在城内东街,一在南街,一在西街,一在北街,二在关外,俱嘉靖二十五年(1546年)提学副使徐樾建";普定卫:"社学四所,在卫治内,俱副使陈赞建";安庄卫:"社学四所";安南卫:"社学三所,一在卫治前,一在卫治东门外,一在卫治南门外"④。但在万历年间,郭子章巡历各处时,还是发现儒童绝少,认为"若州县未设学宫者,其民绝不知学,而非不欲学也,学焉而无从进也。且以司民牧教者而朔望庙谒之礼废焉不讲,亦岂化民成俗之意哉? 为今日计,学固难顿增,宜令各有司悉心经理社学。无者,议建;有者,增廊之"⑤,再度倡导兴建社学,社学在贵州设置的数量、地域上又有了扩展,卫所所设社学也随之增加:普定卫在嘉靖间原有四所社学,现增至五所:"一在城东大街,一在关王庙左,一在南门外月城下,一在北门内,一在东关";威清卫:所属五千户所各设一所社学;安南卫社学有三所,所处位置与嘉靖志所载同,但"俱万历二十二年御史薛继茂建",揣测可能在原有基础上重振之;新添卫有二所:"一在仓左,万历十四年建,一在卫左街,万历二十四年推官李珏建"⑥。社学在贵州卫所的广泛兴建,使其与卫学共同形成了卫所中关系密切的教育体系。

　　社学的招生对象主要针对民间十五岁以下幼童,其教授内容,洪武二十年(1387年)有规定民间子弟要学习《御制大诰》,兼读律令。弘治十七年(1504年),又规定社学要教习冠、婚、丧、祭等礼仪⑦。作为孩童蒙训教育的基础学校,

---

① 嘉靖《贵州通志》卷三《风俗》,第320页。
② 嘉靖《贵州通志》卷六《学校》,第761页。
③ 嘉靖《贵州通志》卷六《学校》,第761页。
④ 资料皆来自:嘉靖《贵州通志》卷六《学校》,第819—825页。
⑤ 郭子章:《黔记》卷十六《学校志上·申伤学校事略》,第7页。
⑥ 资料皆来自郭子章:《黔记》卷十七《学校志下》,第20—32页。
⑦ 俞汝楫等:《礼部志稿》卷二十四《仪制司职掌·学校·社学》,第450页。

社学一方面承担着基础教育的作用,"凡子弟年六七岁以上,即令就蒙师,为之句读,稍长则就讲师,教之文义典故"①;另一方面,又有着"导民善俗"的社会功能,未冠者送入社学后,不仅要教其"念书对句",更重要的是"要教其爱亲敬长,隆师亲友,习礼乐、养性情、守教法、禁游逸、远玩好、戒骄纵,如此教之,斯可变化气质,为大学之基本"②。弘治年间,兵部尚书马文升上奏所言的"子詈其父习以成风,弟殴其兄恬不为异"的状况,即是"社学久废,人不读书以致如斯"③的结果,因此"教子弟以孝悌忠信之行,使毋流于恶"④,是社学教化的侧重点,陈献章在《程乡县社学记》中即言:"社学之兴,在今日正淑人心、正风俗、扶世教之第一义也,胡可少哉?胡可少哉!"⑤由此,社学在贵州卫所的兴建,一方面承担了在卫所中基础教育的职能。对卫学来说,社学招收十五岁以下幼童,而卫学所收生员则年及十五以上,已读《论语》《孟子》等四书者,方许入学,"土司、武职应袭者令自幼在社习学,年长学进,方请衣巾"⑥,使得社学与卫学上下相承,衔接了起来,社学俨然已成为卫学的基础教育阶段;而对于其中学业优秀者,提调官通过考试,"试其可进者,取结类送,一体考校,取入附近儒学"⑦,其间俊秀向学者可补儒学生员⑧,亦可为卫学提供已有一定教育基础的优秀生员。另一方面社学"导民为善,使化成俗"的社会功能,对地处蛮夷之地、移风善俗之责更重的贵州卫学来说,无疑也会起到辅助的作用。

贵州一省地形复杂,山路险阻,交通不便,即便卫所治地建有学,对于卫所周边居住较为分散的村寨居民来说,求学就读仍有诸多不便,一些未有建学或是附学他处、就学颇远的卫所,更是如此。社学的设置地点多选在各衙门相近以及村寨居民稠密之地,"苗寨向风者,即或彼置社,遣师为教,或听赴城社就学",使得"学宫未备,如清浪等处,或以渐议增,俟后士子渐兴,人文渐盛"⑨。村寨中社学的设置在一定程度上已然弥补了此种缺憾,在一些未有学的卫所

---

① 郭子章:《黔记》卷十六《学校志上·申伤学校事略》,第7页。
② 黄佐:《泰泉乡礼》卷三《乡校》,《四库全书》经部第142册,第621页。
③ 马文升:《马端肃奏议》卷六《灾异事》,《四库全书》史部第427册,第760页。
④ 黄佐:《泰泉乡礼》卷一《乡礼纲领》,第595页。
⑤ 陈献章:《白沙子全集》卷一《程乡县社学记》,《景印岫庐现藏罕传善本丛刊》,台北:商务印书馆,1973年,第39页。
⑥ 郭子章:《黔记》卷十六《学校志上·申伤学校事略》,第8页。
⑦ 郭子章:《黔记》卷十六《学校志上·申伤学校事略》,第7页。
⑧ 《明会典》卷七十六《礼部》三十五《社学》,第737—738页。
⑨ 郭子章:《黔记》卷十六《学校志上·申伤学校事略》,第8页。

中(如清浪卫),其甚至取代了卫学的部分教化职能。依贵州的经济条件,卫学的建置并不容易①;社学则不同,相对卫学的建学,其建学要简单、容易许多,因此数量众多,发展也更为迅速,废置后也易于恢复。此种特点,为卫学所不及。

至于社学的师资,地方官员主要任用当地生员,将"有行生员分发各社学为师,教之读书、写字、歌诗、习礼"②,而由于贵州情况特殊,卫学的教官本身就时有缺员,相较之,社学数量更为众多,亦会面临同样的问题。因此,对社学教师,政府采取了一系列鼓励措施,使所有教读生员"饮馔、官舍均备",凡教有成效的,"生员不拘增附,该道俱以封廪"③,从而保证了社学中师资的供应。师资的保证,可使社学顺利运行,各卫所童生得到良好教育,又可输送优秀生员至卫学,这一循环链得以良性运作。至于各卫中社学所属的长官司也有要求,对其所属的土民,应尽到"父母之责",使其"教化渐孚,皆知礼仪",如有自甘鄙俗、玩忽职守的行为,将"从重参治",赏罚并进,双管齐下,从而使得贵州社学"一时兴起,而文风为之丕作矣"④。

(二) 卫学与书院的并行

书院是中国古代特殊的一种教育组织形式,通常认为其介于私学与官学之间。在书院发展的各个时期,因社会历史条件的不同,书院的性质与功能呈现出不同的特征⑤。明代初期,政府对书院并没有具体的制度措施,不似宋元,将书院纳入了官办的地方教育系统。其对书院"无令无禁,学者藏修息游,不于学校则于书院"⑥,致使明初的书院一度沉寂,但由于政府对书院也没有明令禁止,因此也有部分书院仍有活动,只是并未得到官方认可,直到成化年间,明代书院才开始步入恢复性的发展轨道⑦。

---

① 万历年间安顺府曾有另立卫学之请时,刘锡玄即云:"该学诸生欲另立一卫学,即贵阳、平越等府俱应比例设学矣,况时事多艰,谈何容易,此万万所难允行也。"见刘锡玄:《黔牍偶存·黔南学政》,第27页。
② 嘉靖《贵州通志》卷六《学校》,第761页。
③ 嘉靖《贵州通志》卷六《学校》,第761页。
④ 嘉靖《贵州通志》卷六《学校》,第762页。
⑤ 书院制度的具体研究可参见邓洪波的《中国书院史》等。
⑥ 张凤翩:《夹江县平川书院记》,同治《嘉定府志》卷四十四《艺文志·文二》,《中国地方志集成》,成都:巴蜀书社,1992年,第506页。
⑦ 邓洪波:《中国书院史》,上海:东方出版中心,2004年,第278页。

明代贵州书院的设置，在时间上与明初对书院的政策相印证。成化以前，贵州仅有零星书院的建置记录，直到弘治年间才逐渐有所发展，史料记载也开始详尽起来，先后有知府汪藻于弘治初年在程番府中建中峰书院①；提学副使毛科在弘治十七年（1504年）于省城中择地建文明书院，于正德元年（1506年）七月书院始建成②；正德二年（1507年），毛科又命郡守刘君瑜在铜仁府新建铜江书院，正德三年（1508年）九月完工③。后王守仁被谪贵州龙场驿，又于正德年间建龙冈书院，"居职之暇训诲诸夷"④，使得讲学之风大盛，此后先生门人纷纷继承先师之学，建立书院，传播师学⑤，使嘉靖之后，贵州书院迅速发展。

贵州卫所在对书院的建置上，重视较早，洪武、永乐年间，指挥叶凤邕就已在新添卫捐资创办了魁山书院⑥，曾任广西布政使的兴隆卫人周瑛也于弘治元年（1488年）在兴隆卫建立了草庭书院，只是史载不详，无法得知建立的具体情况。嘉靖年间，卫所建置书院数量增多，呈现出繁荣之势，此时平越卫建有书院两所：一为石壁书院，嘉靖七年（1528年）佥事朱佩建，一为中峰书院，嘉靖十三年（1534年）谪官新添驿驿丞陈邦敷建；偏桥卫建了南山书院，在卫治南，嘉靖十五年（1536年）先任云南宜良县知县王溥建，"号舍皆覆以茅，年久倾圮，嘉靖三十年卫学官生易以陶瓦焉"；兴隆卫有月潭书院，建在东坡寺；普定卫书院建在棂星门前左；安庄卫书院建在列峰寺内⑦。隆庆间，又有郡人孙应鳌在清平卫建学孔书院⑧，万历十八年（1590年），兵备道陈性学在毕节卫将旧儒学改建书院⑨。据张羽琼考证，明代在今贵州境内所建书院约有38所⑩，尤以嘉靖万历年间为建置的高峰期。就贵州卫所而言，从数量上看，其建立书院的高潮主要在嘉靖年间。嘉靖以前，明代贵州共建有书院18所，卫所所建即有9所，占到总数的1/2，可见此时贵州卫所文教之兴，见表5-1。

---

① 嘉靖《贵州通志》卷六《学校》，第799页。
② 嘉靖《贵州通志》卷六《学校·郡人都御史徐节记》"文明书院"条，第764页。
③ 嘉靖《贵州通志》卷六《学校·都御史徐节记略》"铜江书院"条，第792页。
④ 嘉靖《贵州通志》卷六《学校·巡按监察御史王杏记》，第772页。
⑤ 王路平：《王阳明与贵州明代书院》，《贵州社会科学》1994年第4期。
⑥ 民国《贵定县志稿（二）·学校书院》，贵州省图书馆油印本，1964年，第41页。
⑦ 资料均来源嘉靖《贵州通志》卷六《学校》，第811—838页。
⑧ 胡直：《衡庐精舍藏稿》卷十二《学孔书记记》，《四库全书》集部第1287册，第383页。
⑨ 郭子章：《黔记》卷十七《学校志下》，第29页。
⑩ 张羽琼：《论明代贵州书院的发展》，《贵州社会科学》2002年第5期。

表 5-1 明代贵州卫所书院建置情况表①

书　院	建　置　情　况	地　点
魁山书院	洪武、永乐年间,指挥叶凤邕捐资创办	新添卫
草庭书院	弘治元年(1488年)卫人周瑛创办	兴隆卫
石壁书院	嘉靖七年(1528年)佥事朱佩建	平越卫
中峰书院	嘉靖十三年(1534年)谪驿丞陈邦敷建	平越卫
南山书院	嘉靖十五年(1536年)王溥建	偏桥卫
安庄书院	嘉靖十五年(1536年)建	安庄卫
月潭书院	嘉靖年间建	兴隆卫
平溪卫书院	嘉靖年间建	平溪卫
普定卫书院	嘉靖年间建	普定卫
学孔书院	隆庆年间郡人孙应鳌建	清平卫
青螺书院	万历十八年(1590年)兵备道陈性学建	毕节卫
东西书馆	万历年间建	黄平千户所
郑氏书院	创办年代无考	平溪卫

从地域上看,卫所中书院的分布有无规律可循尚无法论定,原因在于书院的设置通常与当地官员对教育的重视程度以及当地是否存在主持书院的能人志士有关,人为因素较强,但可以看出的是,文教颇盛的几个区域都有书院的分布,如普定卫、清平卫、平溪卫,一定程度上这也是书院与卫学相辅相成、共同作用于卫所教育的结果。

由于贵州卫所中所建书院的资料颇阙,政令上也缺乏具体的规制,因此难以

---

① 此表为张羽琼《论明代贵州书院的发展》中所统计,此处只选取了卫所设置的书院。为照顾文章前后统一性,略去表中今地,因万历二十九年(1601年)以前平越尚为卫所建置,故改表中两处嘉靖年间平越府为平越卫,列入统计中。

考证其细节,仅能参以贵州府州的几个主要书院的史料记载,从中间接窥见卫所中卫学与书院关系的大体状况。

对于明代书院的设置意图,王守仁在《万松书院记》中即已表明:"惟我皇明,自国都至于郡邑,咸建庙学,郡士之秀,专官列职而教育之。其于学校之制,可谓详且备矣。而名区胜地,往往复有书院之设,何哉? 所以匡翼夫学校之不逮也。"①表明书院之设,可以用于匡补学校的部分教育功能。此情形在贵州一省中表现得尤为明显,明代贵州无论府、卫、州,教化虽有所起步但尚不兴,书院的建立及运作可以弥补地方教育之不足。《郡人都御史徐节记》便记有毛科修建文明书院,即是"念贵阳士子,虽涵濡圣化之久,人才未底其盛。况初学小子,立志不确,问学罔进,深以为虑。乃建书院,择师儒以陶镕之"②,之后毛科在铜仁府兴铜江书院,亦是感叹其"地僻民夷,人鲜知学,乡村市镇虽各立有社学,然皆星散耳"③,才命郡守刘君瑜择郡城迤东得一隙地而建。此两地在书院建立之后,确实使得教化有所发展,"贵之一省自兹而往,教化大行,风俗丕变,人才为之倍出,人文为之宣朗"④。嘉靖年间程番府中峰书院的重修亦同样如此,郡人陈文学认为,程番府之俗经历了三次变迁:"国初草创,王泽未覃矣,而礼乐衣冠之化,盖未之及,是故一程番也;成化间改郡治,王泽覃矣,而礼乐衣冠之化,尚未之丕变,是又一程番也;今公因旧为新,因略致详,因朴示文,因夷而进之中国,所谓礼乐衣冠之化,沨沨乎遍八方矣,是又一程番也。"⑤尽管陈文学在此书院记中主要是颂扬知府陈则清在程番府的兴教之举,但间接地亦表明了中峰书院重修之后,程番府教化得以振兴的事实。

在书院的教学对象上,书院肄业学子主要选择"聪俊幼生及各儒学生员之有志者"⑥,一方面,其由社学中选入聪俊童生,可以肯定的是在卫所的教育系统中,书院在教育的阶段性上高于社学,而在社学与卫学的教育衔接中,由于童生由社学肄业后直接进入书院,使得书院又部分地取代了卫学的功能;另一方面,书院还从儒学生员中选取优秀的有志之士肄业,嘉靖年间所建的"正学""文明"

---

① 王守仁:《王阳明先生全集》卷六《万松书院记》,《四库全书存目丛书》集部第50册,第436页。
② 嘉靖《贵州通志》卷六《学校·郡人都御史徐节记》"文明书院"条,第764页。
③ 嘉靖《贵州通志》卷六《学校·都御史徐节记略》"铜江书院"条,第792页。
④ 嘉靖《贵州通志》卷六《学校·郡人都御史徐节记》,第763—765页。
⑤ 嘉靖《贵州通志》卷六《学校·郡人陈文学记》,第799页。
⑥ 嘉靖《贵州通志》卷六《学校·郡人都御史徐节记》,第763—765页。

两书院,亦皆"择士秀者养于之中,以示趋向,使不汩没于流俗"①,又体现出书院在择士入学上优于卫学。

在明代初期,由于书院尚未被列入国家学制的教育机构之中,因此其教学方法及形式也更为自由,开放式的讲学即是其一大特色,通常使得听者甚众,王守仁在龙场驿讲学时,当地就出现了空前的盛况:"士类感慕者云集听讲,居民环聚而观如堵焉"②,此种教学方式打破了官学程式化规制的教学形式,往往教化作用更为明显,尤其不拘听者数量、人群,在文化传播方面,优势会超出卫学。在王守仁讲学之后,至嘉靖年间巡按监察御史王杏奉命出按贵州,闻里巷歌声"霭霭如越音",遂询问当地土民,回答曰"龙场王夫子遗化也",且虽时过已久,但"岁时思慕,有亲到龙场奉祀者",有的路途险阻,也要"遥拜而祀"③。教化之深入人心、泽及面之广,以卫学的传统教学方式,盖难以达到。

在师儒的选择方面,与卫学中教官由朝廷任命不同的是,书院的师儒多由创建人自己物色聘任,而通常情况下,由于创建者本着教化一方、传播学术的宗旨创建书院,因此学术气息更为醇正,对于教习的师儒也会慎重选择,多以品高的名师、地方学官等聘入讲学,如嘉靖年间贵州宣慰司人马廷锡弃官归乡后,提学万士和、巡抚阮文中、布政蔡文、按察冯成能相继请其主讲文明、正学书院以及其后的阳明书院,其讲诲不倦,"听者常数百人"④,兴起成就者甚众。以师资质量来说,并不低于卫学。

但是书院也有缺点,由于其缺乏政令的规定,建置通常不能稳定,旋置旋废,如毛科建立文明书院后,一度使得当地文教大兴,但是毛科调任之后,书院蒙师也各自散去,遂使书院一度废置,幸而其教化已开,仍有学子"远近日集,人自僦舍以居"⑤,于是又谋之重修书院。

在明代贵州的卫所之中,大多置有社学和书院。明见于史的,在社学的设置上,有平坝卫、普定卫、安庄卫、安南卫、威清卫、新添卫,建有书院的则有新添卫、兴隆卫、毕节卫、清平卫、平越卫、偏桥卫、普定卫、安庄卫、平溪卫,由于

---

① 唐树义、黎兆勋、莫友芝等:《黔诗纪略》卷四《内江马心庵先生廷锡三首》,贵阳:贵州人民出版社,1993年,第160页。
② 嘉靖《贵州通志》卷六《学校·巡按监察御史王杏记》,第775页。
③ 嘉靖《贵州通志》卷六《学校·巡按监察御史王杏记》,第775页。
④ 《黔诗纪略》卷四《内江马心庵先生廷锡三首》,第161页。
⑤ 嘉靖《贵州通志》卷六《学校·蒋信重修文明书院记》,第766页。

史料的残缺，无法窥见当时卫所设置社学与书院的全况，但以社学的设置特点以及政府的重视程度来说，在卫所中应当普遍设有社学，而书院在文教相对颇盛的几个地区也均有分布。尽管难以寻见其在贵州卫所区域分布的特点与规律，但可以肯定的是，社学、书院在卫所的设置，必定对卫所的教育有着积极的促进作用。

社学、书院以及卫学是明代贵州卫所儒学教育体系中重要的组成部分，三者共同构成了卫所中的教育网络体系。在卫所之中，社学可以称为卫学的基础阶段，其主要针对民间十五岁以下蒙童，卫学则主要招收十五岁以上，已读《论语》《孟子》等四书，具有一定教育基础的生徒，依明制，社学中的童生"俊秀向学者"通过提调官的考试可以补儒学生员，使得两者形成上下相承的关系；招收此种已有一定基础且学业优秀学生对于教育落后、民鲜知向学的贵州卫学来说，无疑也更有利于贵州卫学的发展。在这个教育网络中，书院的地位显得有些复杂，其所收肄业学子一方面来自社学中的"聪俊幼生"，使得其与社学也出现了教育上的衔接，另一方面其还从儒学中择取优秀的有志之士肄业，又表现出优于卫学的特点，与卫学产生既互补又竞争的关系。

在三者的关系中，不可否认社学与书院对贵州卫所中部分教化功能起到了补充作用。由于贵州经济条件落后，卫所之中一地设一学已属不易，而地理条件的恶劣，又使得卫所周边居住相对分散的村寨居民就学又显险远，存在诸多不便，此时设置社学就显得尤为必要，对于未设学的卫所，社学与书院的存在，皆可以部分地取代卫学发挥的教育功能，从而开启卫所之教化。师资方面，由于社学主要任用当地有德行的生员，且采取一系列鼓励措施招来教师，尽管师资质量恐无法与卫学比拟，但在师源方面，由于一地生员数目众多，有选择的空间和余地，其在一定程度上更易保证社学中教师来源的充足；书院中师儒的任用与卫学也有所不同，其多由书院创建者自行聘用，由于创建者通常将"教化一方边民"作为己任，因此在选择书院师儒时，更多地倾向于选择当地品高德重者为师，而卫所之中因多为中州移民，不乏学高之人，故在教学质量上与卫学可相媲及，甚有优于之势。此外，书院在教学方式上，以开放式的聚众讲学为其主要特色，使得受众人群更广，惠及面更大，且其传授内容更多为明伦之学，采取的教学方式灵活而不受制约，易于百姓接受，更凸显其面向下层社会的教化功能。社学、书院、卫学三者相互补充、相辅相成，共同作用于卫所，促进卫所教育的发展。但是也需注意的是，社学与书院在设置上均有很大的不稳定性,旋置旋废①,因此功能与作用也不可夸大,而由于卫学的官学性质、建置的相对稳定性,在卫所的教育网络中始终处于中心地位。

三、卫学与科举

在明代,科举出身是生员步入仕途的主要途径,《明史》中规定"中外文臣皆由科举而进,非科举者毋得与官"②。卫学中的军民子弟亦是如此,在未有科举之前,卫所中官军子弟只能世袭为军,承担朝廷繁重的徭役,若想升迁,需要通过武举而进武职;但在明代"重文轻武"风气的蔓延下,军户亦纷纷投向科举,由儒学而仕进,以求摆脱世袭为军的命运③。因此对于卫学中的军生来说,科举中试同样迫切。贵州一地穷山恶水、经济落后,迁谪之人来到此地时多不情愿,其后人虽已入籍贵州,但在文化上亦难以认同④,科举便成为其摆脱此地、改变命运的途径,从而使得贵州卫学与科举发生密切的联系。

(一) 卫学在贵州科举中的地位

贵州自设省以来,开科取士经历了一个从附搭到独立开科的艰辛的发展过程。明朝洪武三年(1370年)正式下诏开始设科取士,贵州至洪熙元年(1425年)才开始开科,且当时"附湖广就试"⑤。宣德二年(1427年),贵州布政使司奏请"缘去湖广路远,于云南为近,宜就近为便"⑥,又改附试云南。乡试云南,亦存在有诸多不便,首先地理上,"以贵州至云南,相距且二千余里,如思南、永宁等府卫,至云南且有三四千里者,而盛夏难行,山路险峻,瘴毒侵淫,生儒赴试,其苦最

---

① 参见张羽琼:《贵州古代教育史》(贵阳:贵州教育出版社,2003年版,第126页)中有归纳了书院的此种特点。
② 《明史》卷七十《选举志二》,第1696页。
③ 此问题周致元的《明代武学探微》(《安徽大学学报》1994年第3期)和顾诚的《谈明代的卫籍》(《北京师范大学学报》1989年第5期)均有提到。《明实录》中也有一例:宣德年间,武昌推官姜詧在其祖充五开卫军死后,其父老病,家中无余丁,需要姜詧前去补役,其遂向兵部请求免役,兵部尚书许廓无法定夺,于是上奏,宣宗的批复为:"太祖皇帝于生员尚不忍弃,况詧为官,岂止一卒之用?其除之。俾修职自效。"(《明宣宗实录》卷八十八宣德七年三月戊辰,第8页。)可见军户投身科举进而为官,确是摆脱军役的有效途径。
④ "乃士生其间,亦谬亦陋,通籍后往往籍其先世故里,视黔若将浼焉",参见丘禾实:《黔记》序。
⑤ 《明宣宗实录》卷九洪熙元年九月乙卯,第245页。
⑥ 《明宣宗实录》卷二十八宣德二年六月己未,第741页。

极"①。其次,贵州经过明一百五十余年的治教之化,"衣冠所濡,礼仪渐同,科目人才往往辈出"②,人才已如"在山之木,得雨露之润而日有生长,固非昔日之比矣"③,人才的兴盛使得附试云南已经不能满足贵州生徒们科举入仕的需要。基于以上的认识,贵州历任关注地方教育的官员纷纷上奏,要求贵州独立开科,以"拯救士子无限之苦,转移夷丑昏悍之俗"④,但朝廷皆因涉及各地增解额比例以及钱粮欠敷、人才未盛等问题,均一一驳回⑤,直到嘉靖十四年(1537年),巡抚御史王杏再次上奏,经礼部勘议,贵州独立开科之事才得以允应⑥。此例开后,莫不鼓舞人心,科举入仕更成为贵州生员勤学苦读、孜孜以求的最终目标。

由于科举的成功很大程度上依赖于士子的知识水平,其所受教育质量的高低就成了科举成功与否的重要因素之一⑦。学校在此当中,又成为体现教育质量的决定性因素,从这个层面上讲,科举的中试情况实反映了学校的教育情况,更为宽泛地说,也可以表明一地的教育状况。要考量贵州一省中卫学在官学中的教育状况,此种指标同样适用。

在科举中试的数额统计中,通常主要包含举人和进士。尽管在历史人才地理的研究中,进士分布研究往往是其中的一个重要方面,但对于贵州而言,情形略有不同。由于贵州自古为化外之地,到了明朝,文教初开,虽然此后渐有发展,但较之文教基础一直较为深厚的中原、江南等地远不能及,进士人数也远远不能相比。终明一代,贵州进士仅有104人,进士人数之少使得其地域分布不够突出,特点不够显著,且由举人到进士的会试中,学校起到的作用不及乡试那么直接,因此,考量贵州学校教育状况时主要以举人为例,进士则作为参考。

随着贵州独立设科取士,生徒们受到激励,愈加发奋勤学,文风为之丕振,其中举人数量也逐渐增长。根据《贵州通志·选举志》的统计,至明末,贵州共有举人1 719人⑧(包含分科未详及舛误者9人),其中,卫学占有562人(包含因舛误未记入的平越、清平两卫共3人),占到了总数的1/3有余,而各个时期里,卫学

---

① 乾隆《贵州通志》卷三十四《艺文·请开贵州乡科疏》(田秋),第192页。
② 嘉靖《贵州通志》卷五《公署·请增解额疏》(王学益),第641页。
③ 嘉靖《贵州通志》卷五《公署·请增解额疏》(王学益),第641页。
④ 嘉靖《贵州通志》卷五《公署·贡院》《礼部覆议贵州开科取士疏》,第632页。
⑤ 嘉靖《贵州通志》卷五《公署·贡院》《礼部覆议贵州开科取士疏》,第631—636页。
⑥ 嘉靖《贵州通志》卷五《公署·贡院》,第637—639页。
⑦ 吴宣德:《明代地方教育建设与进士的地理分布》,《教育学报》2005年第1期。
⑧ 据民国《贵州通志·选举志》中统计,共得举人数1 723人,但其中包含有平远2人、威宁1人、桐梓1人,由于明代这些地区还未纳入贵州境内,故暂略去不计,共得1 719人。

举人数量占到的比例还有所变化,见表 5-2。

表 5-2 明代贵州官学举人数对照表　　　　单位:人

年号\官学	卫学	府州县学	司学	总数
永乐	0	0	3	3
宣德	1	6	4	11
正统	7	5	16	28
景泰	18	5	9	32
天顺	5	14	9	28
成化	60	19	44	123
弘治	48	16	44	108
正德	43	17	42	102
嘉靖	135	113	146	394
隆庆	13	40	7	60
万历	148	351	28	527
天启	33	69	2	104
崇祯	51	139	2	192
总计	562	794	356	1 712[①]

需要说明的是,中试人物在著录时多注明的是其籍贯,并不表明其出自何地学校,而贵州卫学草创之初,移民较多,科举之中冒籍问题时有发生[②]。因此,政

---

① 因分科未详的 6 人无法依年代记入,成化年间籍贯不详 1 人无法归入分类的官学中,故表中总数统计仅 1 712 人,实际为 1 719 人。
② 郭子章的《黔记》中有贵州"往往有假冒籍以阻后进路者,其则乘此要挟素之贿"的记载;刘锡玄的《黔牍偶存》中也有《严禁妄攻冒籍详文》一篇,尽管记录的均是妄攻冒籍的行为,但一定在有冒籍之事存在的情况下才会有"妄攻"的出现。

府对于着籍问题有着严格的规定,至少需要居住三十年以上,方"不为冒籍"①,而一旦久居于此,也很少移居;此外,由于贵州山路险阻,交通不便,通常情况下士子也会选择就近入学就读,因此,基本上籍贯所在地与入学所在地存有很大的一致性。在具体的统计中,由于贵州卫、贵州前卫附贵州宣慰司学,永宁卫附永宁宣抚司学,故其中举人数算入司学之中,清浪卫附思州府学,故其中举人数算入府州县学中,施秉县学附偏桥卫,安顺州则在万历三十年(1602年)以前附普定卫学,故其中举人数算入卫学之中。都匀卫学弘治七年(1494年)改府学,平越、普定卫学万历三十一年(1603年)改府学,故此时间点后中举人数算入府州县学中,综合上述条件,得出该表。

从表5-2中,可以看到卫学的中举人数在宣德以前颇低,仅有一人,但从正统年间开始有所增加,能够占到总数的1/4;景泰年间,更是占据官学中的优势,甚至超过府州县学与司学之和;天顺中稍有回落之后,在成化至正德间数量一直保持着高于府州县学及司学的优势;嘉靖之后,较之而言,比例上相对走衰。实际上,卫学中举情况的发展与卫学的发展情况是相应的。在明初,卫学还未引起朝廷重视,贵州各卫学的建置也尚未展开,因此宣德以前,举人中试情况并不乐观,到了宣德、正统年间,此时是各卫学建立的高潮时期,中举人数稍有发展,但由于尚属建制初期,各方面制度还不完备,且教育的实效性需要一个较长周期才能体现,因此较之府州县学及司学,中举数量上并不占优势。景泰年间,出现一个小高潮之后②,从成化到正德年间,卫学体制逐渐完善,发展开始步入正轨。此时卫学在地方官学的中举人数上一直占据着优势地位,数量甚至高于了文教颇盛的贵州宣慰司、永宁宣抚司两司学。到嘉靖年间也还保持这种态势,中举数量仍高于府州县学,隆庆之后,虽然卫学中举人数也不少,但较之府州县学已逐渐处于衰退阶段,这也与明末改土归流、卫学的衰落密切相关。

若是以登科录为参考,也能体现卫学科举的优势状况,其史料价值更为翔实和具体。在《明代登科录资料汇编》中,共汇编有贵州乡试录两卷,一为《嘉靖十六年贵州乡试录》,一为《万历元年贵州乡试录》。嘉靖十六年(1537年),贵州乡试中举共25人,其中卫学生10人、府州学生7人(包含1名训导)、司

---

① 郭子章:《黔记》卷十六《学校志上》,第6页。
② 盖在景泰元年(1450年)朝廷正式下令各卫官军余曾送入学者,允许入试。《明会典》卷七十七《礼部》三十六《学校二·科举》),第742页。

学生 2 人①；万历元年(1573 年)中,贵州乡试中举共有 30 人,卫学生 13 人(包含 2 名监生),府州县学生 11 人(包含 1 名监生),司学生 6 人②。在这两年的乡试中,卫学生所占数量均高于府州县学及司学。

至于其中原因,一方面由于卫学设置普遍,数量上占有一定优势,另一方面在于卫学招生对象尽管相对宽泛,但主要针对的还是卫所中的军士子弟,这批人多来自中原、江南、川陕等地区,如平越卫"卫中军士多中州缙绅之裔",龙里卫"卫人多楚、吴、闽之裔",兴隆卫"卫之士率来自湖湘",清平卫"卫人皆江南迁谪"③,他们原先教育基础好,使得卫学有着相对良好的办学基础,并能迅速发展,故考取举人及进士人数亦颇多。明代中后期,尤其是万历以后,卫学的科举数呈现衰落之势,一方面在于改流之后卫学数量上的减少,如都匀卫学在弘治七年(1494 年)后改都匀府学,普定、平越二卫学改安顺、平越府学;另一方面也在于随着中央对贵州经营的日趋成熟,府州县学在数量上开始增多,且经过一定时日的开化,府州县的文教呈现兴盛之势,尽管卫学仍在发展,但较之而言,突出的优势已不再。

对于中试人才中的精英阶层——进士,是从大量举人中所考选出的佼佼者,可以说他们是"中国古代人才中最杰出、最有代表性的人物集团"④,尽管贵州因文教落后使得这一阶层数量较少,不够典型,但对于考量贵州文化人才的发展来说,仍是一项重要的参照指标,见表 5-3。

表 5-3 明代贵州府州县、卫、司进士数对照表⑤　　　　单位:人

年号\类别	卫　所	府州县	宣慰(抚)司	总　数
正统	2	1	2	5
景泰	2	0	1	3

---

① 涂勋等:《嘉靖十六年贵州乡试录》,明嘉靖间刻本,《明代登科录汇编》第八册,台北:学生书局,1969 年,第 4291—4293 页。
② 周保等:《万历元年贵州乡试录》,明万历间刻本,《明代登科录汇编》第十八册,第 9623—9626 页。
③ 均出自嘉靖《贵州通志》卷三《风俗》,第 17—20 页。
④ 多洛肯:《明代福建进士研究》,上海:上海辞书出版社,2004 年,第 171 页。
⑤ 由于进士一级与学校关系不甚密切,因此进士人数统计主要依据籍贯进行,亦是依据民国《贵州通志·选举志》统计。

续　表

类别 年号	卫　所	府州县	宣慰(抚)司	总　数
天顺	2	0	3	5
成化	8	0	0	8
弘治	1	1	0	2
正德	1	1	3	5
嘉靖	9	9	3	21
隆庆	1	1	1	3
万历	9	22	6	37
天启	0	2	0	2
崇祯	3	10	0	13
总计	38	47	19	104

终明一代，贵州共有进士 104 人，其中卫所进士数为 38 人，占了总数的 1/3 有余，尤其在嘉靖以前，卫所教育正值发展兴盛之时，全省进士总数为 49 人，卫学占到了 25 人，超过总数的 1/2，而在成化年间，表现更为突出，全省 8 名进士均出自卫所，论其原因亦同样在于卫所移民的进入，不必赘述。此时的进士几乎均由卫所出，体现出卫所在明代初期贵州精英教育中的重要地位，而卫所的教育状况也体现着这一地区卫学的教育状况，这在文教初开的贵州起到了很好的典范作用，并能带动一省文风的发展。

(二) 卫所科举的地域差异

明代贵州的科举中试情况，除了能够一定程度上体现卫学在贵州教育中的总体发展状况外，由于各地区之间的科举中试情况还存在差异，也可从中窥探其中各卫所文化发展不平衡的情况。现根据《贵州通志·选举志》将明代各卫所科举中试情况统计如下，详见表 5-4、表 5-5：

表 5-4　明代贵州军卫举人统计表　　　　　　　单位：人

籍贯	永乐	宣德	正统	景泰	天顺	成化	弘治	正德	嘉靖	隆庆	万历	天启	崇祯	总计
普定卫	—	—	2	6	—	20	17	15	33	2	23	2	—	120
平越卫	—	—	1	—	1	4	1	5	7	—	3	1	2	25
清平卫	—	—	1	—	—	2	5	9	29	2	19	1	2	70
毕节卫	—	—	1	4	—	7	—	2	1	—	7	2	3	27
赤水卫	—	1	—	4	5	16	3	2	4	—	8	—	1	44
平坝卫	—	—	—	2	—	1	1	—	2	—	7	3	4	20
兴隆卫	—	—	—	1	—	2	4	2	6	—	7	1	3	26
贵州卫	—	—	—	1	1	2	1	—	1	—	3	—	—	9
贵州前卫	—	—	—	1	1	2	1	—	—	—	—	—	—	5
乌撒卫	—	—	—	1	4	2	8	4	12	—	3	1	2	37
安庄卫	—	—	—	—	—	4	4	—	18	3	9	4	7	49
龙里卫	—	—	—	—	—	1	1	—	4	—	5	1	—	12
新添卫	—	—	—	—	—	—	2	2	6	3	30	8	8	59
安南卫	—	—	—	—	—	—	—	2	6	2	5	1	4	20
威清卫	—	—	—	—	—	—	—	—	3	—	5	3	2	13
平溪卫	—	—	—	—	—	—	—	—	4	—	17	7	6	34
偏桥卫	—	—	—	—	—	—	—	—	—	1	4	1	6	12
清浪卫	—	—	—	—	—	—	—	—	—	—	1	—	—	1
五开卫	—	—	—	—	—	—	—	—	—	—	2	—	—	2
敷勇卫	—	—	—	—	—	—	—	—	—	—	—	—	3	3
总　计	—	1	5	20	12	63	48	43	136	13	158	36	53	588

表 5-5　明代贵州军卫进士统计表　　　　　单位：人

籍贯	永乐	宣德	正统	景泰	天顺	成化	弘治	正德	嘉靖	隆庆	万历	天启	崇祯	总计
普定卫	—	—	—	—	1	—	—	—	2	—	1	—	—	4
平越卫	—	—	1	—	—	1	—	—	—	—	—	—	—	2
清平卫	—	—	—	—	—	—	—	—	4	1	1	—	—	6
赤水卫	—	—	1	1	1	—	—	—	—	—	—	—	—	4
兴隆卫	—	—	—	1	—	—	—	—	—	—	—	—	—	1
贵州卫	—	—	—	—	—	2	1	—	1	—	3	—	—	7
贵州前卫	—	—	—	—	—	2	—	—	—	—	—	—	—	2
乌撒卫	—	—	—	—	—	1	—	—	1	—	—	—	—	2
新添卫	—	—	—	—	—	—	—	—	1	—	1	—	1	3
平溪卫	—	—	—	—	—	—	—	1	—	—	1	—	1	3
偏桥卫	—	—	—	—	—	—	—	—	—	—	—	—	1	1
五开卫	—	—	—	—	—	—	—	—	—	—	2	—	—	2
敷勇卫	—	—	—	—	—	—	—	—	—	—	—	—	1	1
总　计	—	—	2	2	2	8	1	1	9	1	9	—	3	38

需要说明的是，由于《贵州通志·选举志》中著录模糊，其通常仅在人名条下注明该人为何地人，在碰到籍贯如镇远、普安、永宁之类府（州）、卫同城又同名的情况时，并不标注其为卫人还是府（州）人，致使统计时无法辨别该人出自卫或是府（州）；而府（州）、卫同城异名的城却不存在这种情况，可见是史料著录的问题而非这些卫没有产生过举人或进士。当需要讨论此类卫所的科举情况时，工作常无法开展，只能将其忽略或算入府州县司中。此外，由于都匀卫弘治六年（1493 年）即改都匀府，其进士、举人大多在改府之后产生（改府之前仅有 5 名举人），难以说明问题，故不计入此统计之中。普定、平越两卫虽然在万历二十九年

(1601年)分别改为安顺府、平越府,由于此时已是明代中晚期,两地的科举中试的成绩主要在其尚为卫所的时候产生,因此必须探讨。

尽管此种研究忽略了部分卫所,对象不够全面,但已可通过这部分卫所的人才分布情况,窥探到其所被浸染的卫学的大体发展状况。

终明一代,举人数在20人以上的卫所共12个:普定卫120人、清平卫70人、新添卫59人、安庄卫49人、赤水卫44人、乌撒卫37人、平溪卫34人、毕节卫27人、兴隆卫26人、平越卫25人、平坝卫20人、安南卫20人,单就这其中的12个卫所来看,清平卫、新添卫、平溪卫、兴隆卫、平越卫均处在由湖广经贵州通往云南驿道的东段上,而普定卫、安庄卫、平坝卫、安南卫处于这条驿道的西段上,至于毕节卫、赤水卫、乌撒卫则处在四川经贵州到云南的川黔滇驿道上,可见举人产生较多的区域主要集中于这三条重要的驿道之上;在进士的分布中,进士数在3人以上的卫所主要有:贵州卫7人,普定卫4人,清平卫6人,赤水卫4人、新添卫3人、平溪卫3人。综合两者,可以在卫所集中分布的三个区域内分别得出三个文化发展相对突出的中心区:黔西南由湖广到云南驿道西段上的普定卫,黔西北川滇黔驿道上的赤水卫以及黔东南湖广到云南驿道东段上的清平卫。普定卫在卫所中的科举优势尤为明显,盖在于普定卫开化较早,元时在贵州所置的三处学中已有普定路学,明代又在其原有基础上建立普定卫学,故而有着良好的教育基础,且普定卫地处冲要,"襟带三州之区,控引百蛮之城"①"估人云集,远胜贵阳,昔尝议立省会于此"②。再加上"城郭坦夷,物产富庶,甲于他处"③,较之其他卫有着更好的地理、文化、经济条件,教育条件也更为优越。清平卫处于湖南入贵州至云南的交通线上,"众山环拱,二水交流"④,地理交通条件便利,卫人又多自江南迁谪,"语言平顺,敦尚礼仪","卫人与夷民杂处,敦质务本,男以耕读为业"⑤,"巨儒"孙应鳌的出现亦带动了一地的文风。赤水卫则"联络滇黔,藩屏川蜀"⑥,"当滇贵孔道"⑦。御史王鉴之有诗云:"白崖西去开罗甸,

---

① 嘉靖《贵州通志》卷二《形胜》,第308页。
② 许缵曾:《滇行纪程摘钞》,《中国西南文献丛书·西南稀见丛书文献》,兰州:兰州大学出版社,2004年,第262页。
③ 郭子章:《黔记》卷十七《学校志下·廖驹普定卫学记》,第23页。
④ 嘉靖《贵州通志》卷二《形胜》,第306页。
⑤ 弘治《贵州图经新志》卷十二《平越志》,第12页。
⑥ 顾祖禹:《读史方舆纪要》卷一百二十三《贵州四》,第5347页。
⑦ 嘉靖《贵州通志》卷二《形胜》,第310页。

赤水东来入蜀川。"①赤水卫是贵州西北部的防守重点,尽管其科举优势总体相对前两卫稍弱一些,但在明初发展势头十分迅猛,出现了明代贵州的第一位进士张谏,而此后正统至成化间,每代均有一名进士产生,为其他府州卫所不及,但其地处高寒,"卫之四境菁深土瘠,居人生计萧条"②,蛮夷众多,到明代后期有衰落之势。

依卫所进士数与举人数的比照,还可得出文教相对次一级发达的几个地区。新添卫:举人59人、进士3人;平溪卫:举人34人、进士3人;乌撒卫:举人37人、进士2人;平越卫:举人23人、进士2人;兴隆卫:举人26人、进士1人。通过其地域分布,可发现,除乌撒卫外,这几个卫所均处于自湖广通往云南驿道的东段上。

此外还有一批卫所,尽管举人数量较多,却没有产生过进士,如安庄卫举人49人、毕节卫举人27人、平坝卫举人20人、安南卫举人20人、威清卫举人13人,此类卫所则主要分布于湖广通往云南驿道的西段上。上述的两种情形存在于由湖广经贵州到云南的驿道的东西两段,就表面现象来看,难以辨别其事出有因还是纯属偶然,但可以肯定的是,从整体上看,东段的教育状况好于西段。

通过以上各卫所人才分布情况的分析,大体可知这些卫所各自的文化发展状况,尽管卫所中文化发展的成因并不由卫学独自体现,但其一地仅设一学,"科举必由学校"③使得卫学与科举情况密切相关,使卫所军民的儒学教育、科举入仕在很大程度上需要依附于卫学。

(三) 卫所名人与当地教育

自贵州独立开科并增解额以来,贵州从先前的"读书者尚少"到嘉靖中已是"会省风教大行,向道知方,人文益彬彬矣"④。嘉靖、隆庆年间之后,更是"代不乏人,或铁石之衷,耀奇于御侮;或瑶华之藻,展采于天庭;亦有却金茹淡,继美关西之请;迁客硕儒,讲明洙泗之学。是皆质于之前而有光,俟之于后而可法"⑤,

---

① 嘉靖《贵州通志》卷二《形胜》,第310页。
② 弘治《贵州图经新志》卷十七《赤水志》,第1页。
③ 《明史》卷六十九《选举志一》,第1675页。
④ 嘉靖《贵州通志》卷三《风俗》,第320页。
⑤ 江东之:万历《贵州通志》序。

其间虽有过于夸溢之词,但仍可见贵州人才之兴盛,涌现出了如田秋、谢三秀、李渭、易贵等俊秀之才。

各卫所在开科增额之后亦是人才辈出,根据康熙《贵州通志·人物志》统计,得出明代贵州著名人物共 322 人,其中着籍卫人者 130 人①,出现了不少文化名流,如平越卫人黄绂,为正统十三年(1448 年)进士,历任刑部郎中、陕西巡抚、都察院右都御史、南京户部尚书等职;清平卫人孙应鳌,嘉靖三十二年(1553 年)进士,曾官至南京工部尚书,著有《淮海易谈》等;普定卫人赵侃,天顺八年(1464 年)进士,官至都给事中,曾陈时政八事②。这些卫所名人中,大多是在先祖之时便因各种原因举家迁至贵州,而其后人亦从此定居下来并随之籍于此,如赤水卫人张谏,即是"其先自应天句容来籍"③;清平卫人孙应鳌,"其先自南直隶如皋来,为清平卫官,遂世为清平人"④;普定卫人王祚远,"其先自应天句容来为卫官,遂籍焉"⑤。此外也有土生土长的贵州人,如平越卫学生金凤,其为杨仪司副长官金鳌弟,"金氏之先世雄于其土",其随陆粲习《春秋》,为诸生之冠⑥。这些卫所中的或通过科举已入仕,或生性淡泊、没有功名的文人儒士,除了在仕途与学术上成就突出外,对贵州卫所乃至贵州的文教也发挥着积极的贡献。

他们中一部分人重视当地教育,如兴隆卫人周瑛,自小聪慧好学,景泰五年(1454 年)进士,由部郎出知临安、衡州两郡,后转太仆卿参广东省政,升广西右布政使。回到贵州后,热衷于当地文教,弘治年间兴隆卫学欲重建学舍时,周瑛参与协成其事。归乡之后,其好学之志亦不衰,著有《草庭存稿》若干卷及《兴隆卫志》两卷⑦。平坝卫人谭先哲,举万历四十年(1612 年)乡试,累官户部郎中,后告归乡,十余年间"一以植人材、维风教为己任"⑧。普定卫人孙铎"学博经史,尤善训诂,屡辞征辟。尝典卫学,训迪勤恳,士以科第进者多出其门"⑨。兴隆卫人

---

① 康熙《贵州通志》卷十八《人物》,《中国西南文献丛书·西南稀见方志文献》,第 378—397 页。因清朝政区兼并改制,难以恢复明朝府州县卫状况,故以着籍进行统计,明代由卫改府的都匀、平越、普定(安顺)中未明确标注卫人者均未列入,故此数目为保守估计。
② 资料均来源于《黔诗记略》,第 54、181、69 页。
③ 《黔诗记略》卷一《张京尹谏一首》,第 10 页。
④ 《黔诗记略》卷五《文恭孙淮海先生应鳌一》,第 181 页。
⑤ 《黔诗记略》卷十二《王尚书祚远一首》,第 504 页。
⑥ 《黔诗记略》卷九《金秀才凤一首》,第 353 页。
⑦ 嘉靖《贵州通志》卷九《人物》,第 344 页。
⑧ 《黔诗记略》卷二十二《烈愍谭郎中先哲一首》,第 886 页。
⑨ 嘉靖《贵州通志》卷九《人物》,第 345 页。

常智,宣德年间任本卫指挥,其"修创学宫,营善城垒,劳绩多著"①。清平卫人王聚,"当卫学初设,士罕得书籍,德舆(王聚的字)走闽中,备购经、史以归,人文为之一振"②。安庄卫人张继宗,其由明经任教职,"倡正学,严课程,归家教训子弟,成就甚多"③。赤水人吴济,素乐隐居,学行为一时所推重,后正统间卫学缺官,"御史征之,以布衣署学事,凡五年克尽厥职,士类悦服"④。一部分人在学术上造诣颇深,以清平卫人孙应鳌最为突出,其为嘉靖三十二年(1553年)进士,曾官至南京工部尚书,学识出众、著述宏富,有《淮海易谭》四卷、《学孔精舍汇稿》十六卷、《律吕分解发明》四卷、《论学会编》八卷、《学孔精舍诗稿》等,对后世影响很大,被誉为"贵州开省以来人物冠"⑤。此外他还致力于教育,隆庆年间在清平卫开创学孔书院,著书讲学,传播儒学文化,带动了清平一地的文风。新添卫的丘禾实,万历二十六年(1598年)进士,为一代名士,著有《循陔园》八卷、《诗集》四卷及《经筵进讲录》⑥。普定卫人汪大有,举正德十一年(1516年)乡试,知金华县,居官廉慎,后以疾归,著有《普定卫志》《宋元品藻》《陶陶亭集》⑦。威清卫人蒋劝善,举万历四十三年(1615年)乡试,官至河间府同知,因不善逢迎与当道左,后拂衣归,著有《春游草》《峨石斋集》⑧。清平卫人汪良,为万历二十五年(1597年)举人,初为陕西环县教谕,后迁路南知府,天资旷达,刚毅敢为,文章亦劲古,与同岁王瑛撰有《清平志》⑨。还有一部分人则为当地科举中试之始,无形中带动了一地文风。如赤水卫人张谏,正统四年(1439年)进士,是为贵州进士之始,"自是人物汇起,而赤水为盛"⑩;五开卫人龙起雷,万历十七年(1589年)进士,官至大理寺少卿,其为黎平进士之始,"尤足以式乡里云"⑪。

这些乡贤人才均由卫所出,在仕途或学术上作出一番成就之后,仍不忘回馈于乡,出省做官之人引归后仍热衷于当地教化,发展当地教育,不愿出仕之人亦

---

① 嘉靖《贵州通志》卷九《人物》,第344页。
② 《黔诗记略》卷三《王金事木四首》,第109页。
③ 乾隆《贵州通志》卷三十《人物志·文学》,第107页。
④ 乾隆《贵州通志》卷三十《人物志·文学》,第109页。
⑤ 《黔诗记略》卷五《文恭孙淮海先生应鳌一》,第184页。
⑥ 《黔诗记略》卷十一《邱庶子禾实十四首》,第437页。
⑦ 乾隆《贵州通志》卷三十《人物志·文学》,第107页。
⑧ 《黔诗记略》卷二十二《节愍蒋郡丞劝善七首》,第891页。
⑨ 《黔诗记略》卷十一《汪府丞良一首》,第455页。
⑩ 《黔诗记略》卷一《张京尹谏一首》,第10页。
⑪ 《黔诗记略》卷十一《龙评事起雷二首》,第432页。

在卫所之中传播儒学文化。他们大多著书立说,开启了一地的文风,于有形与无形中发展着当地卫所的文教,进而又培养出一批有识之士,于卫学形成良性循环。

尽管一地的教育状况并不完全由科举中试情况呈现,但对于学校而言,从科举的中试情况确实能够看到学校的发展状况,而学校的教育质量又体现着这一地区的文教风气,从而使得地域文化面貌得以部分地呈现出来。

明代贵州开科取士起步较晚,从明王朝下诏开科到贵州的执行,其间间隔了55年,且最初尚还附搭湖广,后又改搭云南,直到嘉靖十四年(1535年),在贵州地方官员持续不断的努力下,贵州独立开科之事才得以实现,并间有增加解额,当地学子受到如此激励,更奋发读书,使得嘉靖之后的贵州"人士争相磨砺,以笃佑文化,翼赞皇猷,与多为焉"①。

由于明代科举与学校间存在着密切关系,因此可以将科举的中试情况作为一项指标,用以衡量卫学的教育状况。从全省科举中试情况来看,明代贵州共有举人1 719名,其中卫学占到562名,尽管总体上难以看出其绝对优势,但就时间段来说,尤其在成化以后嘉靖以前,其举人数量一直保持在府州县学以及司学之前,教育成效斐然。此中,若不论贵州宣慰司由于处于政治文化中心而在科举数量上占有极大优势,卫学在全省的官学中的重要性则更为明显。通过此种卫学、府州县学以及司学的对比,可以看出卫学在贵州教育中曾一度发挥重要作用;此外,从成化到嘉靖年间,卫所的进士数均保持于府州县、司之前,更有成化年间进士皆由卫所出的盛况。这其中的原因,主要在于贵州卫所军士子弟多来自中原、江南、湖广、川陕之地,其原先教育基础良好,从而保证了卫学生员的质量。

科举的中试情况还可用于讨论各卫所中存在的文化发展不平衡的情况。通过各卫所举人数、进士数的比照,可以得出三个文化较为发达的中心区:黔西南滇黔驿道上的普定卫,黔西北川滇黔驿道上的赤水卫以及湘黔驿道上的清平卫,而次一级的文化发达区如新添卫、平溪卫、平越卫则密集地分布于湘黔驿道。

由于科举的发展,使得贵州一省人物联袂而起,卫所之中亦不乏文化名流,他们有的关注当地教育,有的因学术上的建树而开启一地文风,有的则因为当地科举之始而为乡里所效法,成为一地的楷模。这些文化名人由卫所而出,在学术

---

① 杨慎:嘉靖《贵州通志》序,第4页。

与仕途上作出一番成就之后,仍不忘回馈故里,为当地的文化教育事业作出积极贡献,进而培养出新的一批人才,与卫所中的主要教育机制——卫学形成良性循环。

四、卫学与贵州文化

(一) 卫学与贵州教育

在明代贵州地方官学的体系中,包含有府学、州学、县学、司学及卫学,而卫学在其中占有重要地位。

在明代贵州,府一级均设有学。永乐十一年(1413年)置贵州等处承宣布政使司时,贵州领有府八、州一、县一、宣慰司一;后领府十、州九、县十四①。这其中各府州县、司虽还略有变置,在明末基本稳定下来。各府州县、司学的设置亦存在一个变化的设置过程:贵州宣慰司儒学置于洪武二十五年(1392年)②,永乐五年(1407年)时设有湖广思南、思州两宣慰司儒学③,由于永乐十一年(1413年)时将两宣慰司地改置八府,隶属贵州④,于是分别于永乐十一年(1413年)设思州府学,永乐十三年(1415年)设思南府学⑤,至于八府之中的剩余六府:镇远、石阡、乌罗、铜仁、新化、黎平,于永乐十二年(1414年)十月下诏设六府儒学⑥,但宣德九年(1434年)时,新化府废,将其所领俱属黎平府⑦,正统三年(1438年)又革乌罗府,所属归入铜仁府⑧。此后在剩余六府基础上又增四府,分别为:程番、都匀、安顺、平越。程番府学于成化十一年(1475年)设⑨,后改贵阳府学⑩;都匀、安顺、平越三府学则分别由原都匀、普定、平越卫学改置而来。至于州一级,永乐十三年(1414年)将贵州普安安抚司改普安州,隶贵州布政

---

① 《明史》卷四十六《地理志七》,第1197页。
② 《明太祖实录》卷二百二十二洪武二十五年十一月癸卯,第3248页。
③ 《明太宗实录》卷六十七永乐五年五月丁巳,第935页。
④ 《明太宗实录》卷一百三十七永乐十一年二月辛亥,第1661—1663页。
⑤ 嘉靖《贵州通志》卷六《学校》,第782页。
⑥ 《明太宗实录》卷一百五十七永乐十二年冬十月乙亥,第1797页。
⑦ 《明宣宗实录》卷一百十四宣德九年十一月庚子,第2574页。
⑧ 《明英宗实录》卷四十二正统三年五月庚寅,第815—816页。
⑨ 嘉靖《贵州通志》卷六《学校》,第792页。
⑩ 郭子章:《黔记》卷十六《学校志上》,第9页。

司①，永乐十五年(1417 年)亦将原普安安抚司儒学改为普安州儒学②；定番州则先为程番府学，在程番府移入省城改贵阳府学之后，万历年间于其原中峰书院故址上另建州学③；黄平州学则于万历三十一年(1603 年)增设④。其余六州：镇宁、永宁、广顺、开州、麻哈、独山均为附学⑤。十四个县中，婺川县于嘉靖十九年(1540 年)建学⑥；印江县学由郡人御史萧重望万历二十七年(1599 年)题，郭子章会同御史宋兴祖覆题建⑦；新贵县学则于万历二十八年(1600 年)由郡人御史李时华题，万历三十一年(1603 年)增设⑧；永从县儒学隆庆间建，但在万历六年(1578 年)时巡抚都御史严清、巡按秦时吉题革⑨；湄潭县学于万历四十八年(1620 年)建⑩。其余九县：瓮安、安化、镇远、施秉、龙泉、贵定、清平、铜仁、余庆则没有建学。可见在明代贵州境内，府学教育发展尚属良好，十府中均有设学，而州学及县学则发展较为落后，九个州中仅有三处设学，十四个县中即便加上后被废置的永从县学，也仅有五县有学。卫学相较之而言，总数上与府州县学相当，在明代贵州都指挥使司所属的二十个卫中，除贵州卫、贵州前卫附学贵州宣慰司、永宁卫附学永宁宣抚司、普安卫附学普安州、镇西卫附学威清卫外，其余各卫均设有学，所占比重大。州学及县学大多在万历年间所设，而卫学则多设于宣德、成化年间。若以万历年间为分界线，在此以前，贵州官学中卫学的数量实多于府州县学数量。

设学的比重较大，数量占有一定优势，再加上卫所中迁戍的军士多来自中州等教育状况相对良好之地，生徒具有一定教育基础，使得卫学的教育状况更为良好，在科举中试中亦有突出表现。除已统计的有明一代的科举状况外，还可参照明代贵州编纂的一部通志——万历《贵州通志》中的科举中试情况。在该书成书以前，贵州共有举人 1 145 人，其中贵州宣慰司学占了 286 人，为全省之冠；永宁卫附永宁宣抚司学，占了 109 人；其余各卫学共有举人 401 人，占到总数的

---

① 《明太宗实录》卷一百七十一永乐十三年十二月丙戌，第 1906 页。
② 《明太宗实录》卷一百九十永乐十五年六月甲辰，第 2014 页。
③ 郭子章：《黔记》卷十六《学校志上》，第 23 页。
④ 郭子章：《黔记》卷十六《学校志上·毕御史三才疏略》，第 17 页。
⑤ 莫与俦：《贵州置省以来建学记》，第 2 页。
⑥ 嘉靖《贵州通志》卷六《学校》，第 784 页。
⑦ 郭子章：《黔记》卷十七《学校志下·子章疏略》，第 8 页。
⑧ 郭子章：《黔记》卷十六《学校志上》，第 15 页。
⑨ 郭子章：《黔记》卷十七《学校志下》，第 18 页。
⑩ 乾隆《贵州通志》卷九《学校》，第 220 页。

35.1％，科举优势也十分明显。

在地理位置上，卫学也具有优势。其依卫所而分布于省内的主要驿道上，交通相对便利，更利于文化的传播。贵州驿道在元代时就已开始构建，明代主要是在其基础上加以维护增修，洪武十五年(1382年)朱元璋谕水西、乌撒、乌蒙、东川、芒部、沾益诸酋长曰："今遣人置邮驿通云南，宜率土人随其疆界远迩，开筑道路，其广十丈。准古法以六十里为一驿。"① 洪武二十一年(1388年)在"湖广五开至靖州置驿十二"②，洪武二十四年(1391年)又"遣官修治湖广至云南道路"③。这其中最为重要的为由湖广经贵州到达云南的驿道，"云南、湖广之间，惟恃贵阳一线"④，其由湖广辰州过镇远经贵阳、安顺斜跨贵州全省，由亦资孔驿入云南。若以贵阳为中心，又可被分为湘黔和滇黔两段。平溪卫学、偏桥卫学、兴隆卫学、清平卫学、平越卫学、新添卫学、龙里卫学、威清卫学、平坝卫学、安庄卫学、普定卫学、安南卫学均密集的分布于这一干道之上。赤水卫、毕节卫、乌撒卫则控扼由四川经贵州到云南的通道，其由"云南沾益州而北，道乌撒，越七星关，趋毕节，而后臻赤水、永宁"⑤，到达四川，这三所卫学亦分布于这条驿道之上。由贵阳经都匀到达广西的驿道上则分布有都匀卫学(后改府学)。五开、铜鼓卫学则位于由五开到靖州所置的驿道上。最后设置的敷勇卫学亦处在龙场九驿上。设于驿道之上的卫所可以保障驿道的畅通，而驿道的畅通则又为卫所间文化的传播提供良好的交通条件，利于卫学的发展。府州县学略有不同，由于府州县主要针对当地改土归流而设，地理位置上多位于苗民众多的山区，王杏对此有概括性描述："卫所衙门设居冲路，而府州县司则当山豀深峻之间、林菁蒙翳之处。"⑥ 其深入苗区，远离交通要道。如黎平府"中有九股黑苗，聚落于古州……自古不服中国，今为仲家诱出，焚略边境，黎平受害特甚"⑦；石阡府"万山包裹，独处诸郡之中，不与他省接壤，旧志所谓地非四达，鲜有贸易者也"⑧；独山州更为严重，"荒凉触目，四面苗彝，凡州中所行，辄皆棘手。钱粮、讼狱无一不问之土司也。宪章

---

① 《明太祖实录》卷一百四十二洪武十五年二月癸丑，第2232页。
② 《明太祖实录》卷一百九十洪武二十一年四月丁巳，第2867页。
③ 《明太祖实录》卷二百零九洪武二十四年六月甲申，第3123页。
④ 顾祖禹：《读史方舆纪要》卷一百二十〈贵州一〉，第5243页。
⑤ 顾祖禹：《读史方舆纪要》卷一百二十〈贵州一〉，第5242页。
⑥ 嘉靖《贵州通志》卷十〈经略·又议条陈军民利病事略〉，第448页。
⑦ 陈鼎：《黔游记》，《丛书集成初编》第3184册，北京：中华书局，1985年，第1页。
⑧ 爱必达：《黔南识略》，《贵州古籍集粹》，贵阳：贵州人民出版社，1987年，第144页。

典故,毫无足征也,州牧惟尸位而已"①。嘉靖年间的思南、石阡等府尚还"道理迂远,原无驿递衙门",后才因抚巡官议题才添设兵备一员于思南府驻扎②。区域的不便对学校的设置和发展也产生了障碍,府州县中多数未有设学,即便设置有学也可能废置。如黎平府属永从县学,隆庆年间建成之后旋而被废,广西的荔波县学(今属贵州),亦因生员"皆苗蛮、瑶、獞、鴂舌之徒,教养无成,不堪选贡,徒费民供,无益国家"而请罢学③。卫学较之而言,由于处于交通要道之上,更容易与外地进行联系,尤其在卫学主要分布的湖广通往云南的驿道,为省内主干道,"往来者多"④,其间不乏谪戍文人,使得这些地区有更多机会接受中原文化浸染,再加上卫所本来即是外地汉人迁谪的主要接收地,办学基础更为良好,易得风气之先。

此外,卫所本身所具有的戍卫功能使之较府州县而言更能保障卫学的持续发展。明代于边疆要害之处设置卫所主要出于军事的考虑,而在贵州这一苗民众多、屡叛不定的区域,卫所的镇戍作用就显得尤为重要,如镇远府"无城郭,依山为卫,隔河有卫城,今省卫入县,实以守兵,诚控御良策也"⑤;安顺、镇宁、永宁三州在明代中期分别迁入普定、安庄、安南三卫之中。徐霞客评论:"考《一统志》,三卫三州,旧各有分地,卫俱在北,州俱在南。今州卫同城,欲以文辖武,实借武卫文也。"⑥表明卫所军防对一城控御的重要性。王杏《又议条陈军民利病事略》亦有言:"惟民之安危无定,故设军以护之……军也者,防护藩篱也"⑦,卫学在其中可以得到相对安全的屏障。府州县的职能则有所不同,其主要在于管理当地子民,军事护卫功能较弱,一旦发生苗变,城不能抵御而周边卫所军士又无法及时赶到时,学校较容易遭到破坏,洪武年间广西荔波县儒学即因蛮寇作乱而致使学舍被焚毁⑧,思州府学也曾在正统年间"毁于兵"⑨,石阡府学则在正统

---

① 莫舜鼐:康熙《独山州志》序,见乾隆《独山州志》旧叙,《故宫珍本丛刊》第 225 册《贵州府州县志》第 4 册,海口:海南出版社,2000 年,第 130 页。
② 嘉靖《贵州通志》卷十《经略》,第 454—455 页。
③ 《明太祖实录》卷二百二十四洪武二十六年正月戊辰,第 3277 页。
④ 《明宣宗实录》卷五十七宣德四年八月壬寅,第 1370 页。
⑤ 陈鼎:《黔游记》,第 1 页。
⑥ 徐弘祖:《徐霞客游记》卷八《黔游日记一》,北京:商务印书馆,1986 年,第 25 页。
⑦ 嘉靖《贵州通志》卷十《经略·又议条陈军民利病事略》,第 448 页。
⑧ 《明太祖实录》卷二百二十四洪武二十六年正月戊辰,第 3277 页。
⑨ 嘉靖《贵州通志》卷六《学校》,第 780 页。

末"毁于寇(苗燹)"①,铜仁府学在正统十四年(1449年)"毁于苗"②,尽管这些学校此后有所重建,但均在十几年,乃至三十年之后,学校教育的持续性被打断,并不利于当地文教。

(二) 卫学与贵州地方风俗

在明代,教育的一项重要职能在于化风俗。洪武八年(1375年),朱元璋命御史台选国子生分教北方时,即谕之曰:"致治在于善俗,善俗本于教化。教化行,虽闾阎可使为君子,教化废,虽中材或坠于小人。"③沈炼在《清丰风俗论》中也曾探讨这两者的关系:"然则倡明教化,令风俗淳美,其道何由? 风俗者,譬人之气质也,教化者,譬人之问学也,变化气质则莫如道问学,变化风俗则莫如明教化,故为人上者之教化不可一日不明,犹君子之问学不可以一日而不道。"④在教化的诸多因素中,学校显得尤为重要,正所谓"治国以教化为先,教化以学校为本"⑤。嘉靖《贵州通志》中提法更为具体:"国家化民成俗之本,不可一日废者,学校也。世儒弗达于斯乎? 泮宫作而采芹之颂出,学校废而教化之意荒。薄书奔走之烦猥,狱讼征科之严急,视诸治化本源,轻重何如也?"⑥从中可见学校之兴对化一地之风俗的重要性。对于贵州来说,由于其地处偏远、少数民族众多,学校在当地化风俗的功能就尤显重要。清人田雯亦感叹:"臣非敢过读宸聪,实以黔省穷荒固陋,必崇文治,而后可以正人心、变风俗,非如他省化行俗美者比。"⑦在明代贵州卫所之中,卫学也承担着此种化导风俗的职责。其设置之后,确实使得地方教化有所进步与转变,入明以来"建置军卫,播移中土,设立学校,慎择师儒,衣冠所浸,礼仪渐同"⑧。

贵州卫学主要承担着对两类对象的教化:其一为卫所内的移民。贵州卫所中的戍守军士主要由外地迁入,其多来自中州、江南、湖湘等地,尽管文化基础优于贵州,但由于职责以戍守为重,在夷多民少的边地与少数民族广泛接触的过程

---

① 嘉靖《贵州通志》卷六《学校》,第787页。
② 嘉靖《贵州通志》卷六《学校》,第790页。
③ 谷应泰:《明史纪事本末》卷十四《开国规模》,《四库全书》史部第364册,第260页。
④ 沈炼:《青霞集》卷八《清丰风俗论》,《四库全书》集部第1278册,第125页。
⑤ 《明史》卷六十九《选举志一》,第1686页。
⑥ 嘉靖《贵州通志》卷六《学校》,《参议蔡潮记略》,第780页。
⑦ 田雯:《黔书》卷一《设科》附《请建学疏》,《丛书集成初编》第3182册,第5页。
⑧ 嘉靖《贵州通志》卷五《公署·巡抚都御史王学益请增解额疏》,第641页。

中,有着反被"夷化"的可能①。如安庄卫"卫士卒皆中国之(人?),久戍边境,习其风土之气,性颇强悍"②,乌撒卫亦是"卫之士卒皆谪自中州,既久处边幅,皆强悍桀骜"③,对于此种已然有了"夷化"现象的边地,卫学的教化功能尤能彰显。安庄卫自朝廷建学立师化导之后,得以"反其淳朴,衣冠礼乐亦彬彬矣"④。对于中原文化仍保持较好的卫所,亦需要以卫学敦务其教化,以使之能保持原有知晓礼仪的文化状态,预防其反被"夷化",如普安卫"郡城军民多自中州迁戍,风俗可观,士事诗书,农勤稼穑,然尚文重信,尤胜他郡"⑤;毕节卫"戍此者皆中州人,其冠婚丧祭之礼能不混于流俗"⑥;赤水卫"守御官军多中州之人,讼简而盗稀"⑦;新添卫"卫城附郭河西民曰旧人者,盖前代中州之裔,读书尚礼,亦颇富庶,家或百丁,父慈子孝、兄友弟恭,其俗最善"⑧;平越卫"卫中军士多中州缙绅之裔,崇文尚礼,不失其旧"⑨;清平卫"卫人皆江南迁谪,故其语言平顺,敦尚礼仪,词讼亦寡"⑩;普定卫"汉夷杂居,风俗各异,汉尚文义,夷习鄙陋"⑪。此类卫所占绝大多数,卫所之中移民多保持有较好的中原文化习俗,学校教化之重在于保证其俗不变,从而强化文化优越性。此情形亦为当时的贵州按察司副使李睿所意识到,其请建卫学的一个重要因素即是在于担忧"武弁戎行子弟俊秀英发者多,非建学校殆变于夷者也"⑫。除此之外,部分卫所中迁谪而来的外来之民本身还需进一步的教化,如威清卫"卫军士皆湖湘人,俗诈而健讼,仍其素焉"⑬,兴隆卫的士卒亦多来自湖湘之地⑭,这些迁谪之民来到当地之后,虽未反被"夷化",也未见带入先进的中原文化。兴隆卫即是在成化间经历李文祥左迁此地后,协助当地办学,才"革去淫祀,遏绝浮屠",继而郡人布政周瑛又采用"朱氏家礼,冠婚丧祭悉

---

① 参见郭红、靳润成:《中国行政区划通史·明代卷》,上海:复旦大学出版社,2007年,第523页。
② 弘治《贵州图经新志》卷十五《安庄志》,第2页。
③ 弘治《贵州图经新志》卷十六《乌撒志》,第13页。
④ 弘治《贵州图经新志》卷十五《安庄志》,第2页。
⑤ 弘治《贵州图经新志》卷十《贵州志》,第2页。
⑥ 弘治《贵州图经新志》卷十六《毕节志》,第1页。
⑦ 弘治《贵州图经新志》卷十七《赤水志》,第1页。
⑧ 弘治《贵州图经新志》卷十一《新添志》,第11页。
⑨ 弘治《贵州图经新志》卷十二《平越志》,第2页。
⑩ 弘治《贵州图经新志》卷十二《平越志》,第12页。
⑪ 弘治《贵州图经新志》卷十四《普定志》,第7页。
⑫ 嘉靖《贵州通志》卷六《学校·布政司参议李芳记略》,第803页。
⑬ 弘治《贵州图经新志》卷十三《威清志》,第11页。
⑭ 弘治《贵州图经新志》卷十三《兴隆志》,第2页。

举行之,观感之余多仿效"①。郡人皆由四川迁调的都匀卫中,亦存在"丧皆供佛饭"之俗,后"兵备副使阴子淑谆切教谕,幡然悔悟,冠婚丧祭一用朱氏礼"②。

另一类则是卫所周边夷民,由于贵州"四顾皆苗"③,即便卫所主要设置于贵州交通要道之上,仍与苗民相杂而居,如普定卫附郭有"夷民五种,风俗习尚各不相同"④;安庄卫"环城百里之间皆诸夷巢穴,风俗粗鄙,异言异服"⑤;平越卫"其郊外之民乃苗、佬(仡佬)、仲家,性凶狠好斗,轻生易死,不知礼仪"⑥;平溪卫"宋元以前土彝杂处"⑦;毕节卫亦"居乌蛮巢穴"⑧。这些地方的卫学还需要教化当地夷民,使其风俗有所转变。在卫所学校设立之后,"苗蛮"逐渐开始受到浸染,风俗有所改观。如普定卫周边夷民,受卫之熏陶而"渐染中原衣冠之俗,亦尚义而重文,服食器用、婚丧之礼皆可观矣"⑨;安庄卫环城周围夷民与卫人错居后"近亦颇为汉俗"⑩;平越卫郊外原不知礼仪的苗佬仲家"迩来渐革其旧,服役公庭,衣服言语稍如华人焉"⑪;平溪卫自明后"语言服习大类中州,俗尚淳厚,民耻健讼,有太古之遗意焉"⑫;毕节卫则渐能"读书循理,用夏变夷"⑬。一番教化之后,卫所周边苗民的生活习性均逐渐体现出受儒学浸淫的文化面貌。

在卫学的化风俗功能上,由于卫所的特殊性使其与府州县学颇不相同,作用尤为突出。一方面,贵州卫所多处于通往周边各省的几条主要交通要道之上,其分别贯通了由四川到云南、湖广到云南、贵州至广西、贵州至靖州的通道。驿道对于中央治理贵州又起着举足轻重的作用,尤其在明代初期,朝廷在解决云南问题时必取道贵州,而贵州本省内的苗民又屡叛不定,也需要朝廷不断派兵镇压。因此保持驿道的畅通,无论对于经略云南还是贵州均显得至关重要。在中央与地方就黔地的军事状况的对话中,多次提到此问题。洪武十五年(1382年)朱元

---

① 嘉靖《贵州通志》卷三《风俗》,第347页。
② 弘治《贵州图经新志》卷八《贵州志》,第15页。
③ 谢圣纶《滇黔志略》卷二十一《贵州·学校》,《中国西南文献丛书·西南史地文献》,第489页。
④ 弘治《贵州图经新志》卷十四《普定志》,第7页。
⑤ 弘治《贵州图经新志》卷十五《安庄志》,第2页。
⑥ 弘治《贵州图经新志》卷十二《平越志》,第2页。
⑦ 康熙《平溪卫志书·风俗》,抄本。
⑧ 弘治《贵州图经新志》卷十六《毕节志》,第1页。
⑨ 弘治《贵州图经新志》卷十四《普定志》,第7页。
⑩ 弘治《贵州图经新志》卷十五《安庄志》,第2页。
⑪ 弘治《贵州图经新志》卷十二《平越志》,第2页。
⑫ 康熙《平溪卫志书》《风俗》,贵州省图书馆油印本,1964年,第13页。
⑬ 弘治《贵州图经新志》卷十六《毕节志》,第1页。

璋得知讨击苗叛的云南守御驻军粮饷不足后,即谕曰:"兵卫相属,道路易通,无事则分兵驻守,有警则合兵剿捕。若分兵散守,深入重山,蛮夷生变,道路梗塞,则非计也。"①洪武三十年(1397年),黔阳、辰溪等处蛮民叛乱并欲梗阻饷道,以阻官军行进,朱元璋意识到此问题,即敕楚王桢,令其与都督汤醴、宁忠驻营黔阳、辰溪之地,"如蛮人复来,就擒捕之,以通驿道"②。驿道的畅通不仅为军事所需要,亦是保障省外物资能及时运送至省内的前提条件,在贵州独立开科以前还是士子赴湖广、云南就试的重要交通途径。保证驿道的畅通除了惯常的军事镇压外,采取教化手段以改变当地风俗亦是重要的一项手段。使夷民受中原文化之影响而渐知中原礼仪,则更可从根本上改善苗民屡叛而阻塞道路的情况。正如李介立在《论贵省事宜》中言贵州苗民多事时,也提议到:"若宣教化,尚文治,则高枕有余矣。"③从这个层面来讲,卫学的化导风俗功能就显得十分突出。另一方面则在于卫所内移民有其自身优势,其在迁入贵州之前,已具备了一定的教育基础,迁入贵州之后,通常又居住于卫地治所,就学方便,成为学校的主要教育对象,相对夷民来讲,卫所内移民对于儒学的接受程度更高;且其迁入之后,"群聚而成都邑"④,形成相对独立、集中的社会群体⑤。卫学的教化使其更易保持文化的优越性,从而成为黔地化导风俗的前沿阵地。

需要说明的是,由于风俗形成的长期性与稳定性,再加上贵州相对闭塞落后的地理环境,卫所中夷民的教化过程实际是缓慢而艰难的⑥。尤其对于地处偏远山区的少数民族,更是如此,如龙里卫平伐司的花仡佬,其"性犷戾,居深山,言语莫晓;婚嫁论牸牛,大者为上;死则置于山洞。务农为本,不知交易,柴薪水米俱以背负,轻命重财,易惑难化"⑦。清人陈鼎也有言,黔省三十余种苗民中,"惟宋家、蔡家、马镫龙家为战国时楚伐宋、蔡、龙三国,俘其民放之南徼,流而为苗者,知中原礼仪……而花苗、东苗、西苗、牯羊苗四种淳朴外,其余皆不可礼法教

---

① 《明太祖实录》卷一百四十六洪武十五年七月己巳,第2292—2293页。
② 《明太祖实录》卷二百五十四洪武三十年八月辛巳,第3668—3669页。
③ 附于周宁霞、石在:《从〈黔游日记〉到〈论贵省事宜〉》,《徐霞客研究》第4辑,北京:学苑出版社,1999年,第108页。
④ 郭子章:《黔记》卷十六《学校志上》,第6页。
⑤ 参见郭红:《明代卫所移民与地域文化的变迁》,《中国历史地理论丛》2003年第2期。
⑥ 此问题在郭红的《明代卫所移民与地域文化的变迁》中亦提到:由于卫所移民与偏远少数民族之间风俗习惯"差异太大,再加上他们和当地少数民族隶属于不同的管辖体系,所以接触并不多,互相的交流少,文化浸染速度相当慢"。
⑦ 嘉靖《贵州通志》卷三《风俗》,第344页。

育者,惟土司官威刑,使得以治之"①。郭子章也有"黔固夷薮也,俗难顿化"的感叹②。此种情形亦使得卫所移民首先保持其本身文化上的优越性,进而浸染苗地的教化更成为要事。

"移风易俗在于教化之熏陶"③,而一旦风俗得到开化,必然又开启"向学"之心,从而使得学风兴盛,与卫学形成良性循环。

(三) 卫学与贵州地域文化的开发

贵州一隅至明永乐十一年(1413年)才始设布政司而成为独立的省级行政区划,从而初步具有了地方行政制度的空间组成形式,也有了形成独特文化地理单元的条件,但由于尚属建置之初,中央还无法顾及省域内大部分地区,地方行政区划的建置还未能遍及全省,而已有的地方府州县的政区又还不稳定,行政区的整合迟迟未能实现,加之贵州一省地形复杂,多崇山峻岭,交通不便,内部之间不易联系与交流,因此尚难以形成具有独立性的贵州文化形态。在此种背景下,亦难以判定其中特色鲜明的区域文化的特征。但是,随着贵州原先支离破碎的地缘政治结构在明代被纳入统一的行政区划管理之中,中央对此地的开发日渐重视,大批移民的进入、文教的兴起,使得汉文化在各区域内部开始缓慢发展,并与当地少数民族文化在交往之中渐趋融合,使贵州文化的形成成为可能。尽管此时的区域文化特征还不够突出,但各地域已开始逐渐吸收先进文化的因子,文化水平在原有基础上开始发展,并呈现出不平衡的发展状态。

在地方文化的发展中,学校教化是其中的一个主要方面。"作为教育制度化的一个代表,学校直接标志着教育发展的规范程度和水平。因此,学校的设立和分布状况,就可以成为评价特定区域教育发展水平的重要参照物,并且也是在不同区域之间进行比较的一项指标。"④鉴于此,可以依据学校在各地的设置情况,大体窥见各区域文化水平的发展状况。从片区来看,各类官学主要分布在明代贵州境内的黔中、黔东北、黔东南、黔西北、黔西南、黔南几地,具体情况如下:黔东北地设置有思南府学、铜仁府学、石阡府学、思州府学、镇远府学、印江县学、婺

---

① 陈鼎:《黔游记》,第6页。
② 郭子章:《黔记》卷十六《学校志上》,《申饬学校事略》,第5页。
③ 乾隆《独山州志》卷三《地理志·风俗·序》,《故宫珍本丛刊》第225册《贵州府州县志》第4册,海口:海南出版社,2001年,第194页。
④ 吴宣德:《中国区域教育发展概论》,武汉:湖北教育出版社,2003年,第5页。

川县学、湄潭县学、平溪卫学、偏桥卫学；东南部则分布了黎平府学、永从县学、铜鼓卫学；黔西北有毕节卫学、赤水卫学、乌撒卫学；黔西南分布有普安州学、安南卫学、安庄卫学；黔中一线有贵州宣慰司学、程番府学（后改贵阳府学）、定番州学、新贵县学、黄平州学、兴隆卫学、清平卫学、平越卫学（后改平越府学）、新添卫学、平坝卫学、威清卫学、龙里卫学、普定卫学（后改安顺府学）、敷勇卫学；至于黔南则仅有都匀卫学（后改都匀府学）。从当时学校的分布状况大致可看出，各区域的教育状况发展中存在差异。

相对而言，黔中一线及黔东北部的学校分布最为密集，教育状况也更为良好。其中，黔中地区的地势较为平缓，山区之中多分散有一些小型的盆地和坝子，从而成为人口稠密的地区，交通较为便利，由湖广至云南驿道的中段即在于此。地处腹里，苗民叛乱情况不致太严重，有着相对稳定的社会环境，学校中，除了文教状况最好的贵州宣慰司学设置于此外，卫学中教育情况良好的普定卫学与清平卫学也分布于此，从而带动了这一地区文化的发展。黔东北部是卫学分布相对较少的一个区域，其官学设置较多主要得益于该地开化较早，府州县设置较多，又多具备办学的条件，文教得以兴起。尤其该地文化发展最盛的思南府，唐代时就已置犭州，元时又置思州军民安抚司，地理形势上还有乌江贯穿其间，得水路之便利，"人文亦可观，较之石阡、思州有天壤之隔矣"[1]。这一区域地接湖广、四川两省，由湖广通向云南的驿道东段经过此处，分布的卫学虽少，但平溪卫"自建卫来，地灵人杰，户诵家弦，书香喷墨"[2]，文教亦颇盛。其地靠近文化更为先进的中原、江南等地，与外界接触更早，机会也更多。西南部的教育状况较之前两个区域薄弱一些，仅设有官学三所，其与云南、广西毗邻。湖广通往云南驿道的西段横贯此地，还有北盘江贯流其间，交通条件良好。这一片区开化亦相对较早，元时普安州已有普安路，永宁州及镇宁州在当时也已有建置，学校设置虽不多，但所设三学均处于交通线上，文教已有一定发展，尤以普安州学为突出，徐霞客亦感叹："是城文运为贵竹之首，前有蒋都宪，今有王宫詹，名祚远，非他卫可比。"[3]至于黔西北、黔东南地，教育状况均较弱。黔东南地仅分布了三所官学，其中的永从县学存在一段时间后被废置，此地与广西、湖南接壤，向来为苗民

---

[1] 陈鼎：《黔游记》，第12页。
[2] 郑蓬元：《平溪卫志书》序。
[3] 徐弘祖：《徐霞客游记》卷八《黔游日记二》，第41页。

众多之地,尤在都匀以东、黎平以西,还夹有一片生苗区,"名曰古州八万,地大苗众"①,一直未纳入中央区划之中。尽管如此,但由于五开卫寄学黎平府,其中多有迁谪之人,亦使得文教颇兴。黔西北亦仅有官学三所,其地土司众多,"为蛮夷草穴,臣服不常"②,仅设有三卫控守,发展亦相当迟缓,但由于四川至云南驿道经过此处,时有移民进入,充实学校生员,教育状况渐有发展。至于黔南一地,最为落后,仅在靠近中部地区的都匀卫(后改都匀府)设有一学。

在上述几个大的区域中,各地建学情况不一,但是每一区域内均有卫学。除东北部、东南部卫学所占比重较少,南部情形较为特殊外,其余各处卫学均占到官学的多数。在黔中一线分布的官学中,卫学数量占到一半以上,设置时间大多早于府州县学,从地域来讲,在明代的大部分时间里此区域的文化发展主要依赖于卫学的教育。至于西南部,虽然文教最盛为普安州学,但卫学作用也不可忽视,尤其此区域内的镇宁州、永宁州均附学于卫学,使得卫学还承担了对当地州县子弟的教化责任,镇宁州亦"日久渐更务学"③。至于西北部则更为突出,仅有的三所官学均为卫学,其文化发展由卫学的教育状况体现,而各自卫所学校设立之后,当地文教渐兴,赤水卫产生了贵州第一位进士张谏,毕节卫亦"文风武略可观"④,卫学的存在更是俨然成为明代贵州西北部教育开发的先行者。

但由于贵州一省学校设置尚未遍及,各地域的学校数量并不多,再加上贵州一地崇山阻隔,交通不便,使得上述地域文化发展的状况更多的是一种点上的呈现,尚难以达到面上的展开。由湖广通往云南横贯贵州的驿道之上,学校密集分布,再加上驿道本身的交通功能,各区域间文化传播交流相对便利,更能集中反映出这一片区的文教状况,呈现出带状特征。在这条驿道之上,分布有平溪卫学、思州府学、镇远府学、偏桥卫学、兴隆卫学、黄平州学、清平卫学、平越卫学、新添卫学、贵州宣慰司学、新贵县学、龙里卫学、威清卫学、平坝卫学、普定卫学、安庄卫学、安南卫学、普安州学。依《一统路程图记》所记的道路情况来看⑤,两学之间多相距六十里,偶有差池也是五十到七十里。就路程来说,各学之间的分布

---

① 爱必达:《黔南识略》卷二十一《黎平府》中所记总督高其倬疏言,第174页。
② 嘉靖《贵州通志》卷六《学校》,第825页。
③ 万历《贵州通志》卷七《镇宁州·风俗》,第150页。
④ 万历《贵州通志》卷十《毕节卫·风俗》,第197页。
⑤ 黄汴:《一统路程图记》卷一《北京至十三省水陆》之五《北京至贵州云南二省路》,《四库全书存目丛书》史部第166册,第491页。

较为均衡而密集,如同一条"贯珠"①,此种设学状况利于分布于这一线各府州县卫司生员的入学就读,不致造成教育的空白区,从而能够保持驿道之上文教的持续发展,进而以整体的区域特征带动周边地区文化的发展②。卫学在这一线上,数量众多、分布平均,且学校本身教育发展状况良好,因此成为地域文化开发的重要因素。

教育在一地文化的发展过程中起着推动作用。作为官学体系中的一种教育形态,卫学与贵州文化之间有着密切的联系,这首先体现为其在贵州教育之中占有重要的地位,一方面,在省内所设的官学中,经过勘比,卫学无论在数量、比重上均占有相当的优势,设置时间又大多早于府州县学,在具体教化功能的运作中,亦会更早作用于当地卫所,从而使卫所文教先行得以开发;另一方面,在地理位置上,卫学依卫所主要分布于省内的几条主要交通线上,在由湖广经贵州通往云南,四川经贵州通往云南以及贵州至广西、五开至靖州的驿道上均有各卫学的设置,学校所处之地交通便利,从而更利于文化的传播,使得卫所之地更易受到来往其间的中原文化的浸染;此外,由于卫所在设置之初即是出于军事上的考虑,因此具有较强的防御戍守功能,而在苗民众多且叛服不常的贵州,卫所的此种镇戍功能更能保障卫学的稳定发展,进而保持了卫所之地教育的持续性。正是由于卫学在贵州教育中所体现出来的这些优于府州县学的教育特征,使得明代贵州一省的教化在很大程度上需要仰仗卫学的教育功能。

其次,由于贵州之地苗夷众多,风俗异于中州,因此化导风俗就成为一件要事,在卫学对当地风俗的教化方面,主要针对两类对象:其一为卫所内迁谪而来的移民,这类人大多来自中原、江南、川陕等文教盛于贵州之地,他们通晓中原礼仪,因此教化之责在于保持其原有风俗而不反被"夷化";其二为卫所周边的"苗蛮"之民,其大多习俗鄙陋,卫学之责在于使其渐知向学,而变其风化。在化导风俗的过程中,由于卫学多位于中央治理贵州极为重要的驿道之上,从而使得驿道附近的苗民在卫学的教化下渐知向学,进而可减少驿道之地的苗乱,保证驿道的

---

① 嘉靖《贵州通志》卷十《经略·萧端蒙议处驿站事略》,第472页。"舆地之势仅通一线,而驿站沿布垒若贯珠"该条史料主要形容驿站,而实际卫学依卫所的分布也是如此。
② 郭红在《明代卫所移民与地域文化的变迁》中亦提出:"由于贵州卫所驻地基本沿湖广入云南的交通道路呈线状分布,并不与少数民族混居,又有自身的文化优势,这种优势又能够长期保持下去,是贵州今日之文化地理分区的源头。"(《中国历史地理论丛》第18卷第2辑,2003年,第152页。)

畅通。卫所本身内部组织结构的相对稳定性与紧密性、文教的相对兴盛亦使得卫所成为化导周边夷民的先导之地，卫学的教化功能恰在于保持这种文化上的先进性以及与社会群体的紧密性。

地域文化的讨论对于明代的贵州而言，处于一种颇为尴尬的境地，因为此时的贵州刚刚具有了形成独特文化地理单元的条件，区域的文化特征似乎也有了探讨的空间条件，但文化的形成需要一个漫长的整合过程，卫学草创之初的贵州尚还难言其已有了独立的贵州文化形态，自然也还没有鲜明的区域文化特征，但不可忽视的是，贵州各地域的文化随着学校的设置，已开始有所发展。在明代贵州狭长的地形中，每个区域中均有卫学，尤其在西北部，卫学俨然是当地教化中的先行者。在更能集中体现当时文化状况的湖广至云南驿道上，卫学的重要性无论从数量、分布、教育状况等方面都体现了这一点。

卫学仅存在于明清两季，明代晚期已出现衰落之势，尽管其存在时间短暂，但教育功能对一地的影响并不因其消亡而消亡。事实证明，即便因卫所改流使得卫学消失，改流后的府州县学多是在卫学的基础上建立的，从这个层面上讲，卫学对贵州影响更加深远。

第六章
明代卫所"民化"的启示

一、卫所"民化"的根源与区域性

明代卫所之所以在设置之初就显露出"民化"的萌芽,和卫所制度是分不开的,在明代中后期,"民化"成为卫所衰落的主体变迁趋势。

本书所讨论的"民化"反映于在卫军户,在明代有两种途径:一种是驻地"民化"。军籍、家属同守、屯田这三大制度本意是将卫所军人牢牢束缚在驻守之地,成为相关人口与当地紧密结合的纽带。随着时间的推移,除去军事有关的役使之外,卫所人口和当地土著并无二致。另一种是逃亡"民化"。清勾不尽的逃军和其他匿藏的卫所人口在他地谋生,相伴而生的是军籍的淆乱、屯田的民地化以及管辖权的转移,卫所稳固的基石被动摇。

可以说,从朱元璋设置卫所之始,就把它作为非常理想化的军事制度,以军籍保证军数,以军屯实现卫所的自养,以家属同守来安定军心,内地卫所驻防为主,边地卫所除守御边疆外,还能保障交通,开发地方。但是这并不符合如此庞大群体的发展需求。加之外患频仍、军政腐败、杂役诸多,理想很快就破灭了。洪武年间《大诰武臣》中的种种现象已经开始展现卫所的前景。因此,朱元璋的理想军事制度并不完善,为后来卫所的衰落埋下了伏笔。《剑桥中国明代史》言:"这种把世袭军官、世袭士兵和军事管理下的农田结合起来的办法是不适合中国社会性质的,而且在军事上也是无效率的。它到头来摧毁了这整个制度的军事性质。"[①]尽管明代中后期对卫所制度作了小修小补,但是终究没有改变其整个形态。

仅从行政区划制度而言,都司卫所为明代政区的重要组成部分。在历史上,

---

① (美)牟复礼、(英)崔瑞德编:《剑桥中国明代史》,张书生等译,北京:中国社会科学出版社,1992年,第115页。

行政与军事的合二为一大多只是某一时期少数区域的制度,只有明朝将其在全部国土内推行(虽然区域差别较大)。如此实施军管型的管理在中国历史上明朝是唯一的,难度可想而知。

墨守祖制使卫所制度到明代后期虽未废除,但也已无法挽救颓势。洪武初在各个层面不断调整军事制度,最终确立卫所体系,洪武中期以后对于卫所在制度层面缺乏主动的改革,所有的调整都是被动的禁止或妥协。卫所制在明初确立后,一直没有实质性的变革措施,始终是力图维持,最终被"民化"的趋势所裹胁,犹如温水煮青蛙。这也是尽管明朝的"民化"一直在进行,至明之却未能彻底实现的根本原因。

如果要列举明代后期在卫所体制上最重要的改革尝试,即万历年间,湖广行都司、福建行都司的短暂废除或提议废除①。这种尝试既与当地流民啸聚、卫所凋敝和督抚体制下管理不便有关,也是明代政府在局部地区对卫所管理进行改革的一种尝试。在湖广行都司兵额不足、无战斗力的情况下,万历九年(1581年)行都司被废,卫所并入湖广都司,实设参将以便弹压②,但卫所军民并不愿意,加之改革时并未解决粮食问题,遂在郧阳府试图将行都司衙门改为学宫时发生了暴乱③,甚至新任的郧阳巡抚李材因"日惟讲学自喜,优青衿而严武弁,积不能平"④而激起卫所兵变被罢免。朝廷官员将其列为与辽东努尔哈赤一样棘手的事⑤,被迫于万历十六年(1588年)恢复行都司建置。许孚远在万历二十年(1592年)出任福建巡抚后,提出"今卫所之军十耗六七,见隶尺籍疲弱不堪,而军职几为冗员,非一日矣。况福建旧无抚臣今有抚臣,旧无总兵今有总兵,事权既有所归,控制无所不及,设或闽浙之间一旦有矿徒之警,剿捕在兵而不在军,督调在抚臣与总兵而不在都司,其事理明甚,然则何取于行都司之重设也?"⑥奏请

---

① 参考万历《郧台志》及明代万历朝福建巡抚许孚远《抚闽稿》中有记载湖广行都司在万历年间的短暂废除和福建行都司的废除建议。杨园章:《明代福建行都司的设置与裁撤缘由探析》,《中国历史地理论丛》2017 年第 3 期。
② 《明神宗实录》卷一百十六万历九年九月壬午"壬午吏部上《郧阳善后事宜》,谓郧阳抚治既革行都司,经历、断事等官及郧、均二驿地僻差简,俱宜省革,止添设参将一员及下荆南道参政兼宪职改驻郧阳,以便弹压。疏上,允行",第 2195 页。
③ 《明神宗实录》卷一百九十二万历十五年十一月戊子,第 3608—3609 页。
④ 《明神宗实录》卷二百三十万历十六年九月,第 3793 页。
⑤ 《明神宗实录》卷一百九十六万历十六年三月"户科右给事中胡汝宁奏:……加今四川之剿除未宁,郧阳之悍军攘臂,辽左之属夷正在议处,火为兵象,乞敕当事诸臣毋贪功以轻动,毋妄杀以伤和,务酌抚剿之宜,期为万全之举……",第 3696 页。
⑥ 许孚远:《参劾武职并议革行都司疏》,《敬和堂集·抚闽稿》,万历刻本,第 25b 页。

废除行都司。明代其他史料对福建行都司万历年间是否被废缺乏记载，有待进一步考证，但至少可以断定许孚远的建议并未引起更多的支持，也未引起其他设有行都司的地域的连锁反应。由两个行都司在万历中期的新动向可以看出，在明末督抚已经试图改变都司卫所体质，但是由于积重难返，各方面牵扯过多，其努力基本以失败告终。在这两地改革尝试中，虽然在行都司废除后，卫所名义上都划归湖广、福建都司，但更多的是受督抚体系的控制，这种改革并不彻底。内地尚且如此，边疆以实土、准实土卫所为主的地区更难改易。在清代裁卫的过程亦体现出了区域差异。

因此，如果说在明代中后期中央政府在被动的情况下也在不断调适卫所的相关制度，如在法律上支持府州县官员在一定程度上渗入卫所屯田和司法，一条鞭法在卫所推行等，但在一些问题上也有反复，如在远军改编入近卫、卫所军官和军人与营兵体系之关系上，其变化之多让人有眼花缭乱之感。在这之中除祖宗之法不可变的因素外，卫所地域大、人口多、情况复杂也是难以变革的主因。即使到了清朝，尽管性质发生变化，卫所的改革与裁并也是一个漫长的过程，始于顺治，终于宣统，与王朝相始终。

作为全国性的驻防体系，卫所在明朝辽阔的疆域中所面临的区域性差异明显。无论是按行政区划将其分为实土、准实土、无实土，还是以疆域管理分为沿海、沿边、内地，仍是从某一角度的大致区分，卫所的实际区域差异则更为复杂。加之明朝历经近三百年的漫长时间，"民化"的进程与表现也就各不相同。在边地的实土卫所，由于缺少府州县行政系统的渗透，卫所的形态保持得更为完整，"民化"进程较慢；沿海与沿边的准实土卫所由于府州县力量的加强，人口与土地的错杂，"民化"更为复杂，区域差别大；而在内地的一般卫所，军民混杂，"民化"得更快。从卫所人口而言，除农业外，可业儒、经商、走私、做海盗等，凡诸民可为皆可为，与驻地的地理环境紧密结合在一起。

卫所与明朝的国防、屯田、运粮体系和行政区划紧密相连，卫所"民化"进入清代后也不是简单的废除卫所、卫所人口转为民众，它的历程仍非常复杂。清朝对卫所并不是简单的裁革，其在嘉庆前还有新设，各个地区的卫所变革也不尽相同，利用、新建、改变、废除并存，"民化"与卫所的完结既有关联，又有区别。明代的"民化"削弱了卫所的特性，但并没有彻底完结卫所。清代卫所变革有"民化"的因素，但同时又掺杂了其他内容，清政府考虑得更为复杂。

不能否认的是，卫所的设置与"民化"在许多区域的明清发展历史中也有过积极意义。卫所及其"民化"对明清边疆地区的稳固和发展有重大意义,尤其在西南、西北、东南沿海更为突出。这些地区人口的增加、中央控制的加强、行政区划的发展与成熟、文化的加强都与卫所密不可分,卫所带来的军事、行政、人口、土地、文化等方面的影响相当深刻与持久。即使在内地,由于区域内的不平衡性,同一都司或行都司偏远地区的卫所对当地影响亦很大。直到今天,卫所的物质与文化影响依然存在。

清朝卫所的裁撤顺序也说明了明代卫所在不同区域中地位,顺治年间所裁以直隶、江南、盛京、河南、福建、浙江、广东的卫所为主,这些地方或是明代的政治中心,或是清政权的中心,或是卫所"民化"程度最深的,这一时期卫所之地被改为府州县的极少。康熙、雍正年间开始大规模裁撤西北、西南、东部沿海原在明朝为实土与准实土的卫所,此时段大量卫所改设为府州县。

作为明代最大规模的移民及流动人口群体,卫所驻军以及"民化"不仅促进了边疆及内地偏远地区的开发,也使明清时期人与人交流增多,促进了区域间的文化接触与融合,区域差别减小,对明清以来中国文化、地理的变迁有重要影响;同时也使一些文化现象至今仍有远距离跳跃式分布,如贵州贵阳一带的汪公信仰就是由明初来自皖南的卫所人口移植而来的。

二、法律文献中的"民化"倾向

卫所是明代前期军事制度的主体,即使是在明代中后期随着营兵制、募兵制、总督巡抚体制的发展,卫所依然是基层军事驻防组织。因此,自明初开始明代的法律文献中有关卫所的内容就非常丰富,卫所的各种变化、"民化"的各种因素在其中都有体现。同时法律文献又具有特殊性,除《大明令》《大明律》、诏令及部分军令等外,我们所能看到的明代其他法律文献中关于卫所的记述以案例判牍为主。在明代的军法文献中,存在大量"逃军"和军民争讼的记录,加重了对"贫军""奸军"等的认识。明代中后期的实录、奏疏、笔记小说所记述的亦多是此类形象,说明卫所在明代中后期问题颇重,已经成为严重的社会负担。

法律文献,尤其是中央颁行的军法文献,更注重远军、逃军等的记载,一方面这些一向为政府所重视,军人被认为是维持卫所的根本。另一方面,军人本身也具有复杂性,尤其是逃军,涉及府州县系统、在籍军户、在卫军户,成为明代地方上的沉重负担之一。但是除此之外,法律文献还可以给我们更多的研究角度,如研究屯地的"民化"、人口的"民化"、行政系统的渗入等。

地方公布的法律文献，则更能体现卫所是基层社会的特殊组成部分。在研究陕西沿边卫所的"民化"时，离不开姚镆的《巡抚事宜》，其中虽然基本都是由禁令组成的，但是我们可以观察到当地卫所与北边息息相关的经济生活；在探讨明末卫所屯田的种种变化时，《嶲辞》是最好的资料来源；胡守仁的《浙江总兵肃纪维风册》则有助于研究嘉靖万历年间倭变下的浙江卫所及军制变化。在地方的判牍中，则有很多小军与民众纠纷的记录，成为卫所"民化"研究的鲜活案例。

与明代法律文献中丰富的卫所资料相比，清代法律文献中虽亦有关于卫所的记载，但是清前期文献记载较多的是卫所的裁撤，乾隆以降卫所数量减少，职能、地位与影响更远逊于明代，已不是政府与地方关注的重点，因此清代法律文献对卫所各方面的记载较少，不能成为研究清代卫所"民化"进程的主要参考资料。

明代法律文献中有关卫所的案例记录，如《问刑条例》《军政条例续集》等，反映了卫所在不同时期职能的变化，但是缺乏对个人、家族和群体正常的生活及其变迁的持续性描述。近年为于志嘉、张金奎等学者所重视的明代家谱、《武职选簿》等资料在一定程度上弥补了这种不足，使我们能够更细腻地观察到卫所人口的"民化"过程。

三、对清代卫所研究的启示

谈及卫所必从明代入手，但是从卫所制的确立，到清代顺治、康熙、雍正朝的裁撤、改革，乾隆以后卫所性质已与明代不同，但卫所名目却一直存在到清末。在明清五百余年里，"民化"是卫所变迁的主线。明代的卫所"民化"对于政府而言是被动的，对于卫所而言是被动与主动并存的，清代前期基本是适应卫所"民化"的趋势，结合自己的需求对卫所进行调整。卫所"民化"研究少有涉及清代，但是卫所的终结是在清代，而且在清代经历过复杂的变迁，因此，卫所"民化"在清代的历史亦值得关注。

卫所在明代中后期的"民化"是清代卫所改革、裁废的基础，但是对于清政府而言，废革卫所是"兴利除弊之大政，而亦富国安民之第一着也"[1]。在关外，顺

---

① 魏裔介：《兼济堂文集》卷二《奏疏·兴利除弊之大疏》，《文津阁四库全书·清史资料汇刊》集部八，北京：商务印书馆，2005年，第377—378页。

治元年(1644年)的卫所尽裁,关内的卫所则要"俟天下大定,从容定夺"①,但这个过程并不简单,顺治至雍正年间陆续共裁革了89%的卫所,还有一些卫所因漕运或特殊地理位置而存在到清末。雍正年间才是实土卫所改为府州县的高潮期。虽然清初整顿卫所屯田、革除杂役、裁减军官、废除原籍军户与在卫军户之关联和清勾,但是军籍制度并未被彻底废除,就法律角度而言,明代中后期的弊病到雍正时依然存在,"卫所官弁类皆武夫⋯⋯而文武各相统辖,词讼交涉,兼多袒护掣肘之弊"②,加之清代前期的复杂形势,清代卫所变革经历时间很长。

明代中后期卫所相关人口与管理的混乱,使得清初对卫所的措施主要表现在两个方面:一是地理分布及数量的减少,卫所被裁或改为府州县,卫所人口亦随着编入民籍而急剧减少,仅顺治年间已废除近半,从而大幅度降低了国家与地方的负担,这也使得对剩余卫所的裁废更加从容;二是职能、人员、屯田等制度层面的改革,使乾隆以后所留少量卫所大多只具有漕运功能。乾隆时期虽然还废除了二十余卫所,但相比卫所总数来说数量已经很少了,可以说至乾隆之前,明清的卫所"民化"已经基本完成。

清代的卫所改革并不是一废了事。明代卫所"民化"主要表现在人口、土地和府州县行政系统的渗入上,清代则主要表现在卫所裁撤并入府州县或改立府州县以及卫所职能的变化。困扰明代卫所的军籍制度在清初仍然存在,但人口数量却在大幅下降,清初"凡民之著籍,其别有四,曰民籍,曰军籍,亦称卫籍,曰商籍,曰灶籍。其经理之也,必察其祖籍。如人户于寄居之地置有坟庐逾二十年者,准入籍出仕,令声明祖籍回避"③,对于明末大量卫所寄居他地的人口而言,可以借机进入民籍。随着清朝前期大批卫所废除,又有大量人口脱离军籍。清初强调军籍以在卫军户为主,渐不关注在籍军户④。清初卫所裁撤过程中的细致变化更值得关注,如乾隆《威海卫志》中有关于裁卫时的种种议论与争执,是研究清代卫所"民化"的极好资料。

卫所变革贯穿清朝,在乾隆之前是国家政治、地理中的重要方面,但是以前往往只被当作明代卫所的余绪,为人所忽视。20世纪80年代顾诚的《卫所制度

---

① 《清世祖实录》卷十九顺治二年七月庚戌,第167页。
② 《皇朝文献通考》卷十《田赋考·屯田》,《文津阁四库全书·清史资料汇刊》史部六八,第90页。
③ 《清史稿》卷一百二十《食货志一》,北京:中华书局,1977年,第3480页。
④ 关于明代军籍与军户的区域性研究成果可参考于志嘉:《卫所、军户与军役:以明清江西地区为中心的研究》,第237—289页。

在清代的变革》①发表后,学者逐渐关注到卫所制在清代的变迁,2000 年后更多的学者将卫所的研究重点转至清代,成果迭出,其中既有区域性的研究,也有就某一方面的探讨。清代卫所的研究成果也为我们探讨明清卫所的"民化"奠定了基础。在研究卫所,尤其是卫所"民化"时,明清是不可割裂的,卫所"民化"与地方社会、从万历一条鞭法到雍正的摊丁入亩、明清军籍制度、卫所在边疆的演变、卫所与民间宗教等方面,都值得放在一起讨论。

近年,谢湜等学者从人类学角度对湖南、广东部分卫所进行调研,贵州省屯堡文化研究中心从历史学、社会学、民俗学、文化遗产保护等多学科角度对贵州卫所遗存的调研,以及部分学者对明清档案史料的挖掘,为明清卫所研究提供了新的方法与思路,也使得卫所"民化"研究更加细致化。通过卫所"民化"研究,期望明清卫所制度能引起更多学者的关注,并且深入解析卫所在明清历史中的地位。

---

① 顾诚:《卫所制度在清代的变革》,《北京师范大学学报》1988 年第 2 期。

参考文献

一、普通史料

万历《大明会典》,台北：文海出版社,1964年。
张廷玉等：《明史》,北京：中华书局,1974年。
赵尔巽等：《清史稿》,北京：中华书局,1977年。
《嘉隆新例》,《玄览堂丛书续集》第101册,台北：正中书局,1985年。
《清实录》,北京：中华书局,1986年。
《清会典事例》,北京：中华书局,1991年。
《清国史》,北京：中华书局,1993年。
《大明律》,北京：法律出版社,1999年。
《大清律例》,北京：法律出版社,1999年。
《通制条格》,北京：中华书局,2001年。
正德《大明会典》,扬州：广陵书社,2007年。
《大清五朝会典》,北京：线装书局,2007年。
程宗猷：《单刀法选》,明天启耕余剩技本。
陈仁锡：《无梦园初集》,明崇祯六年刻本。
尹守衡：《皇明史窃》,明崇祯刻本。
海瑞：《海忠介公集》,清刻本。
钱谷：《吴都文粹续集》,文渊阁四库全书本。
陈建：《治安要议》,民国刻聚德堂丛书本。
马丛骋：《兰台奏疏》,《丛书集成初编》,上海：商务印书馆,1936年。
沈节甫编：《纪录汇编》,上海：商务印书馆,1938年。
龙文彬：《明会要》,北京：中华书局,1956年。
沈德符：《万历野获编》,北京：中华书局,1959年。
陈子龙：《明经世文编》,北京：中华书局,1962年。
谷应泰：《明史纪事本末》,北京：中华书局,1977年。

王士性：《广志绎》，北京：中华书局，1981 年。
王圻：《续文献通考》，台北：文海出版社，1981 年。
孙承泽：《天府广记》，北京：北京古籍出版社，1982 年。
况钟：《况太守集》，南京：江苏人民出版社，1983 年。
郑廉：《豫变纪略》，杭州：浙江古籍出版社，1984 年。
于慎行：《名山笔麈》，北京：中华书局，1984 年。
东鲁古狂生：《醉醒石》，郑州：中州古籍出版社，1985 年。
黄宗羲：《黄宗羲全集》，杭州：浙江古籍出版社，1985 年。
蒋廷锡等：《古今图书集成》，北京：中华书局，1986 年。
王直：《讼经历序》，《文渊阁四库全书》，台北：台湾商务印书馆，1986 年。
孙承泽：《山书》，杭州：浙江古籍出版社，1989 年。
张萱：《西园闻见录》，《明代传记丛刊》，台北：明文书局，1991 年。
贺长龄等：《清经世文编》，北京：中华书局，1992 年。
王士性撰，周振鹤校：《王士性地理书三种》，上海：上海古籍出版社，1993 年。
陆云龙：《清夜钟》，《京本通俗小说第五种》，南京：江苏古籍出版社，1993 年。
周清原：《西湖二集》，南京：江苏古籍出版社，1994 年。
吕坤：《实政录》，上海：上海古籍出版社，1995 年。
罗懋登：《三宝太监西洋记》，北京：华夏出版社，1995 年。
徐学聚：《国朝典汇》，北京：书目文献出版社，1996 年。
怀效锋点校：《中华传世法典·大明律》，北京：法律出版社，1998 年。
雷梦麟：《读律琐言》，北京：法律出版社，1999 年。
霍冀：《军政事例》，《北京图书馆古籍珍本丛刊》，北京：北京图书馆出版社，2000 年。
戚继光：《戚少保奏议》，北京：中华书局，2001 年。
冯梦龙：《醒世恒言》，北京：中华书局，2001 年。
顾炎武：《天下郡国利病书》，《续修四库全书》，上海：上海古籍出版社，2002 年。
郑若曾：《江南经略》，《四库全书》，上海：上海古籍出版社，2002 年。
徐贞明：《潞水客谈》，《续修四库全书》，上海：上海古籍出版社，2002 年。

颜俊彦:《盟水斋存牍》,北京:中国政法大学出版社,2002年。
(意)利玛窦、(比)金尼阁:《利玛窦中国札记》,北京:中华书局,2005年。
冯梦龙:《警世通言》,北京:现代教育出版社,2005年。
冯梦龙:《醒世恒言》,北京:现代教育出版社,2005年。
冯梦龙:《初刻拍案惊奇》,北京:现代教育出版社,2005年。
郑若曾:《筹海图编》,北京:中华书局,2007年。
陆人龙:《型世言》,济南:齐鲁出版社,2008年。
方逢时:《大隐楼集》,沈阳:辽宁人民出版社,2009年。
王守仁:《王阳明全集》,上海:上海古籍出版社,2011年。
李腾芳:《李湘洲文集》,长沙:岳麓书社,2012年。
兰陵笑笑生:《金瓶梅》,桂林:漓江出版社,2014年。

二、资料汇编

郑川水:《明代辽东残档选编》,沈阳:辽宁大学历史系,1979年。
辽宁省档案馆、辽宁省社会科学院历史研究所:《明代辽东档案汇编》,沈阳:辽沈书社,1985年。
《中国兵书集成》,北京:解放军出版社、沈阳:辽沈书社,1990年。
杨一凡、刘海年:《中国珍稀法律典籍集成》,北京:科学出版社,1994年。
《新中国出土墓志·河南》,北京:文物出版社,1994年。
北京图书馆古籍出版编辑组:《北京图书馆古籍珍本丛刊》,北京:北京图书馆出版社,2000年。
中国第一历史档案馆、辽宁省档案馆:《中国明朝档案总汇》,桂林:广西师范大学出版社,2001年。
杨一凡、田涛:《中国珍稀法律典籍续编》,哈尔滨:黑龙江人民出版社,2003年。
杨一凡、徐立志:《历代判例判牍》,北京:中国社会科学出版社,2005年。
王长林、易行,等:《大清五朝会典》,北京:线装书局,2006年。
杨一凡:《中国古代地方法律文献》,北京:世界图书出版公司,2006年。
杨一凡:《古代榜文告示汇存》,北京:社会科学文献出版社,2006年。
杨一凡:《中国律学文献》,北京:社会科学文献出版社,2007年。

历史语言研究所:《明清史料》,北京:北京图书馆出版社,2008年。
虞浩旭:《天一阁藏明代政书珍本丛刊》,北京:线装书局,2010年。
杨一凡:《历代珍稀司法文献》,北京:社会科学文献出版社,2012年。

三、方　志

洪武《苏州府志》,明洪武十二年刊本。
《大明一统志》,西安:三秦出版社,1990年。
弘治《吴江志》,明弘治元年刊本。
弘治《嘉兴府志》,清抄本。
弘治《太仓州志》,《日本藏中国罕见地方志丛刊续编》,北京:北京图书馆出版社,2003年。
正德《姑苏志》,清文渊阁四库全书本。
正德《金山卫志》,传真社影印明刻本,1932年。
《两浙海防考续编》,《中国方志丛书》,台北:成文出版社,1983年。
嘉靖《浙江通志》,《中国方志丛书》,台北:成文出版社,1983年。
嘉靖《昆山县志》,明嘉靖刻本。
嘉靖《临山卫志》,《中国方志丛书》,台北:成文出版社,1983年。
嘉靖《观海卫志》,《慈溪文献集成》第一辑,杭州:杭州出版社,2003年。
嘉靖《太仓州志》,明崇祯二年重刻本。
嘉靖《常熟县志》,明嘉靖刻本。
嘉靖《浙江通志》,明嘉靖四十年刻本。
嘉靖《上海县志》,民国二十一年传真社影印本。
《漕运通志》,北京:方志出版社,2006年。
嘉靖《宁波府志》,《中国方志丛书》,台北:成文出版社,1983年。
嘉靖《定海县志》,《天一阁藏明代方志选刊续编》,上海:上海书店出版社,1990年。
嘉靖《惠州府志》,《天一阁藏明代方志选刊》,上海:上海古籍出版社,1981年。
隆庆《长洲县志》,明隆庆五年刻本。
万历《金华府志》,台北:成文出版社,1983年。

万历《郧台志》,台北:台湾学生书局,1987 年。

万历《宁国府志》,明万历刻本。

万历《江都县志》,《稀见中国地方志汇刊》第 12 册,北京:中国书店,2012 年。

万历《温州府志》,明万历刻本。

万历《新修南昌府志》,《日本藏中国罕见地方志丛刊》,北京:书目文献出版社,1990 年。

万历《绍兴府志》,宁波:宁波出版社,2012 年。

《南京都察院志》,明天启刻本。

崇祯《吴县志》,明崇祯刻本。

崇祯《太仓州志》,清康熙十七年补刻本。

康熙《漱水志林》,清刻本。

康熙《浙江通志》,清康熙二十三年刻本。

康熙《常熟县志》,清康熙二十六年刻本。

康熙《靖海卫志》,《中国方志丛书》,台北:成文出版社,1983 年。

雍正《浙江通志》,清乾隆元年刻本。

乾隆《威海卫志》,《中国方志丛书》,台北:成文出版社,1983 年。

乾隆《江南通志》,四库全书本。

乾隆《长洲县志》,清乾隆十八年刻本。

乾隆《娄县志》,清乾隆五十三年刻本。

乾隆《太仓州志》,太仓市档案馆藏抄本。

乾隆《震泽县志》,清光绪重刊本。

乾隆《吴江县志》,民国年间石印本。

嘉庆《直隶太仓州志》,清嘉庆七年刻本。

道光《浒山志》,《中国地方志集成·乡镇志专辑》,上海:上海书店出版社,2013 年。

同治《苏州府志》,清光绪九年刊本。

光绪《重修华亭县志》,清光绪四年刻本。

光绪《吴江县续志》,清光绪五年刻本。

光绪《宝山县治》,清光绪八年刻本。

民国《宝山县续志》,民国十年铅印本。

民国《金乡镇志》,《中国地方志集成·乡镇志专辑》,上海:上海书店出版社,2013年。

民国《重修浙江通志初稿》,民国三十七年铅印本。

《福建地方志丛刊·惠安政书(附〈崇武所城志〉)》,福州:福建人民出版社,1987年。

《上海府县旧志丛书·奉贤卷》,上海:上海古籍出版社,2009年。

《上海府县旧志丛书·南汇卷》,上海:上海古籍出版社,2009年。

《上海府县旧志丛书·松江府卷》,上海:上海古籍出版社,2011年。

《上海府县旧志丛书·松江县卷》,上海:上海古籍出版社,2011年。

《上海府县旧志丛书·崇明卷》,上海:上海古籍出版社,2011年。

《上海府县旧志丛书·川沙卷》,上海:上海古籍出版社,2011年。

《上海府县旧志丛书·宝山卷》,上海:上海古籍出版社,2012年。

《上海府县旧志丛书·嘉定卷》,上海:上海古籍出版社,2013年。

四、家　　谱

《陶氏宗谱》,陶氏义庄自刻本。

《濠梁万氏宗谱》,清乾隆三十七年

《彭氏宗谱》,衣言庄刻本,1912年。

《镇海清水浦大宗汪氏宗谱》,1915年。

《蛟川樊氏宗谱四卷》,1911年。

《镇海向氏族谱》,1928年。

五、研 究 著 作

杨开道:《中国乡约制度》,济南:山东乡村训练服务处,1937年。

赵泉澄:《清代地理沿革表》,北京:中华书局,1955年。

韦庆远:《明代黄册制度》,北京:中华书局,1961年。

王毓铨:《明代的军屯》,北京:中华书局,1965年。

谭其骧:《中国历史地图集》,北京:中国地图出版社,1982年。

陈正祥:《中国文化地理》,北京:生活·读书·新知三联书店,1983年。

于志嘉：《明代军户世袭制度》，台北：台湾学生书局，1987年。

周振鹤：《体国经野之道——新角度下的中国行政区划沿革史》，香港：中华书局，1990年。

牛平汉：《清代政区沿革综表》，北京：中国地图出版社，1990年。

樊树志：《明清江南市镇探微》，上海：复旦大学出版社，1990年。

宋昌斌：《中国古代户籍制度史稿》，西安：三秦出版社，1991年。

刘俊文：《日本学者研究中国史论著选译》，北京：中华书局，1992年。

杨一凡：《新编中国法制史》，北京：社会科学文献出版社，1994年。

刘俊文：《日本中青年学者论中国史》，上海：上海古籍出版社，1995年。

程大力：《中国武术：历史与文化》，成都：四川大学出版社，1995年。

牛平汉：《明代政区沿革综表》，北京：中国地图出版社，1997年。

曹树基：《中国移民史》第五、六卷，福州：福建人民出版社，1997年。

张国华：《中国法律思想通史·明代卷》，太原：山西人民出版社，2001年。

黄仁宇：《十六世纪明代中国之财政与税收》，北京：生活·读书·新知三联书店，2001年。

肖立军：《明代中后期九边兵制研究》，长春：吉林人民出版社，2001年。

杨一凡：《中国法制史考证》，北京：中国社会科学出版社，2003年。

王日根：《明清民间社会秩序》，长沙：岳麓书社，2003年。

国家体委武术研究院：《中国武术史》，北京：人民体育出版社，2003年。

那思陆：《明代中央司法审判制度》，北京：北京大学出版社，2004年。

那思陆：《清代中央司法审判制度》，北京：北京大学出版社，2004年。

樊树志：《晚明史》，上海：复旦大学出版社，2004年。

周振鹤：《中国地方行政制度史》，上海：上海人民出版社，2005年。

常建华：《明代宗族研究》，上海：上海人民出版社，2005年。

周伟良：《中国武术史》，北京：高等教育出版社，2005年。

《文集》编委会：《顾诚先生纪念暨明清史研究文集》，郑州：中州古籍出版社，2005年。

彭勇：《明代班军制度研究：以京操班军为中心》，北京：中央民族大学出版社，2006年。

中国社会科学院科研局：《王毓铨集》，北京：中国社会科学出版社，2006年。

南炳文、何孝荣：《明代文化研究》，北京：人民出版社，2006年。

郭红、靳润成：《中国行政区划通史·明代卷》，上海：复旦大学出版社，2007年。

张金奎：《明代卫所军户研究》，北京：线装书局，2007年。

傅衣凌：《明清农村社会经济明清社会经济变迁论》，北京：中华书局，2007年。

吴琦：《漕运·群体·社会：明清史论集》，武汉：湖北人民出版社，2007年。

杨一凡：《中国法制史考证续编》，北京：中国社会科学文献出版社，2008年。

周健：《周健军事法文集》，北京：法律出版社，2008年。

童光政：《明代民事判牍研究》，海口：海南出版社，2008年。

朱思维：《王阳明巡抚南赣和江西事辑》，南昌：江西人民出版社，2010年。

于志嘉：《卫所、军户与军役：以明清江西地区为中心的研究》，北京：北京大学出版社，2010年。

肖立军：《明代省镇营兵制与地方秩序》，天津：天津古籍出版社，2010年。

朱思维：《王阳明巡抚南赣和江西事辑》，南昌：江西人民出版社，2010年。

杨一凡：《中国古代法律形式研究》，北京，中国社会科学文献出版社，2011年。

梁志胜：《明代卫所武官世袭制度研究》，北京：中国社会科学出版社，2012年。

顾诚：《隐匿的疆土——卫所制度与明帝国》，北京：光明日报出版社，2012年。

傅林祥，等：《中国行政区划通史·清代卷》，上海：复旦大学出版社，2013年。

李新峰：《明代卫所政区研究》，北京：北京大学出版社，2016年

（美）牟复礼、（英）崔瑞德编：《剑桥中国明代史》，张书生等译，北京：中国社会科学出版社，1992年。

（日）真水康树：《明清地方行政制度研究：明两京十三布政司与清十八省行政系统的整顿》，北京：北京燕山出版社，1997年。

（日）浅井虎夫：《中国法典编纂沿革史》，陈重民译，北京：中国政法大学出

版社,2003年。

(加)卜正民:《明代的社会与国家》,陈时龙译,合肥:黄山书社,2009年。

六、研 究 论 文

谭其骧:《释明代都司卫所制度》,《禹贡半月刊》1935年第3卷第10期。

吴晗:《明初卫所制度之崩溃》,《中央日报·史学》1936年第3期。

解毓才:《明代卫所制度兴衰考》,《说文月刊》1940年第2卷。

君约:《清代卫所因革录》,《中和月刊》1942年第3卷第5、6、7期。

王毓铨:《明代的军户——明代配户当差之一例》,《历史研究》1959年第8期。

张仁忠:《论明代的军屯》,《北京大学学报》1961年第5期。

孙东:《明代卫所制度研究》,《文史学报》1965年第2期。

陈文石:《明代卫所的军》,《历史语言研究所集刊》1977年第48本第2分。

汤纲、南炳文:《略论明代军屯士卒的身份和军屯的作用》,《南开史学》1980年第1期。

周远廉、谢肇华:《明代辽东军户制初探》,《社会科学辑刊》1980年第2期。

王廷元:《略论明代辽东军户》,《安徽师大学报(哲学社会科学版)》1981年第4期。

李龙潜:《明代军户制度浅论》,《北京师范学院学报(社会科学版)》1982年第1期。

唐景绅:《明初军屯的发展及其制度的演变》,《兰州大学学报》1982年第3期。

吴奈夫:《略论明代的卫所制度及其演变》,《中学历史》1984年第3期。

衣保中:《关于明代军屯制度破坏过程中的几个问题》,《松辽学刊》1984年第3期。

丛佩远:《明代辽东军户的反抗斗争》,《史学集刊》1985年第3期。

张海瀛:《明代的庄田地主及其对土地买卖的影响》,《晋阳学刊》1985年第4期。

于志嘉:《试论族谱中所见的明代军户》,《历史语言研究所集刊》1986年第57本第4分。

顾诚:《明前期耕地数新探》,《中国社会科学》1986 年第 4 期。

郭松义:《清朝政府对明军屯田的处置和屯地的民地化》,《社会科学辑刊》1986 年第 4 期。

陈家麟:《论明代军屯的几个问题》,《中国史研究》1988 年第 1 期。

顾诚:《卫所制度在清代的变革》,《北京师范大学学报》1988 年第 2 期。

顾诚:《明帝国的疆土管理体制》,《历史研究》1989 年第 3 期。

顾诚:《谈明代的卫籍》,《北京师范大学学报》1989 年第 5 期。

于志嘉:《试论明代卫军原籍与卫所分配的关系》,《历史语言研究所集刊》第 60 本第 2 分,1989 年。

李荣庆:《明代武职袭替制度述论》,《郑州大学学报(哲学社会科学版)》1990 年第 1 期。

于志嘉:《明代军户の社会的地位について——科挙と任官において》,《东洋学报》71 卷,第 3、4 号,1990 年。

于志嘉:《明代军户の社会地位について——军户婚姻をあぐつて》,《明代史研究》18 辑,1990 年。

曲英杰、杨一凡:《明代〈问刑条例〉的修订》,《中外法学》1990 年第 4 期。

蒋祖缘:《明中后期藩王的大土地占有——兼论王府占有的工商业和税课》,《明史研究论丛(第四辑)》,1991 年。

王莉:《明代营兵制初探》,《北京师范大学学报》1991 年第 2 期。

张海瀛:《明万历〈山西丈地简明文册〉》,《明史研究》1991 年第 1 辑。

于志嘉:《再论族谱中所见的明代军户——几个个案的研究》,《历史语言研究所集刊》1992 年第 63 本第 3 分。

于志嘉:《明代军制史研究的回顾与展望》,《第一届民国以来国史研究的回顾与展望研讨会论文集》,1992 年。

吴仁安:《明清上海地区城镇的勃兴及其盛衰存废变迁》,《中国经济史研究》1992 年第 3 期。

朱鸿林:《明代中期地方社区治安重建理想之展现——山西、河南地区所行乡约之例》,《韩国中国学报》1992 年第 32 期。

于志嘉:《明代两京建都与卫所军户迁徙之关系》,《历史语言研究所集刊》1993 年第 64 本第 1 分。

严其林:《明代金山卫》,《江西师范大学学报》1993 年第 1 期。

方志远：《明代军队的编制与领导体制》，《明史研究》1993年第3期。

杨念群：《论十九世纪岭南乡约的军事化——中英冲突的一个区域性结果》，《清史研究》1993年第3期。

曹国庆：《明代乡约发展的阶段性考察——明代乡约研究之一》，《江西社会科学》1993年第8期。

赵明：《明代兵制研究六十年之回顾》，《中国史研究动态》1993年第8期。

杜涛：《试论明代的军屯》，《云南师范大学学报》1994年第2期。

张海瀛：《明代山西万历清丈与地亩、税粮总额》，《中国经济史研究》1994年第3期。

于志嘉：《明代江西兵制的演变》，《历史语言研究所集刊》1995年第66本第4分。

于志嘉：《明代江西卫视的屯田》，《历史语言研究所集刊》1996年第67本第3分。

周振鹤：《中国历史上行政区域划界的两大原则》，《中国方域》1996年第6期。

于志嘉：《明代江西卫所军役的演变》，《历史语言研究所集刊》1997年第68本第1分。

曹国庆：《明代乡约推行的特点》，《中国文化研究》1997年第1期。

范中义：《论明朝军制的演变》，《历史研究》1998年第2期。

段自成：《明清乡约的司法职能及其产生原因》，《史学集刊》1999年第2期。

朱鸿林：《从沙堤乡约谈明代乡约研究问题》，《中国社会历史评论》2000年第2期。

马雪芹：《明清时期河南省棉花的种植与地理分布》，《农业考古》2000年第3期。

郭红：《明代山西行都司移民》，《军事历史研究》2000年第3期。

于志嘉：《明代卫所军户的管理与军役的纠纷》，《历史语言研究所集刊》2001年第72本第4分。

李巨澜：《清代卫所职能略论》，《淮阴师范学院学报（哲学社会科学版）》2001年第6期。

冯贤亮：《城市重建及其防护体系的构成——十六世纪倭乱在江南的影响》，《中国历史地理论丛》2002年第1期。

郭红：《明代贵州都司建置研究》，《贵州文史丛刊》2002年第1期。

梁志胜：《明代卫所武官的借职制度》，《陕西师范大学学报（哲学社会科学版）》2002年第1期。

张海瀛：《明代山西的民佃屯田》，《中国社会经济史研究》2002年第1期。

黄志繁：《乡约与保甲：以明代赣南为中心的分析》，《中国社会经济史研究》2002年第2期。

李巨澜：《清代卫所制度述略》，《史学月刊》2002年第3期。

王培华：《清代滦阳河流域水资源的管理、分配与利用》，《清史研究》2002年第4期。

张金奎：《二十年来明代军制研究回顾》，《中国史研究动态》2002年第10期。

于志嘉：《明清时代军户的家族关系——卫所军户与原籍军户之间》，《历史语言研究所集刊》2003年第74本第1分。

彭勇：《论明代州县军户制度——以嘉靖〈商城县志〉为例》，《中州学刊》2003年第1期。

郭红：《明代卫所移民与地域文化的变迁》，《中国历史地理论丛》2003年第2期。

郭红：《别具特色的地理单元的体现——明清卫所方志》，《中国地方志》2003年第2期。

王日根：《论明清乡约属性与职能的变迁》，《厦门大学学报（哲学社会科学版）》2003年第2期。

常建华：《乡约的推行与明朝对基层社会的治理》，《明清史论丛》2003年第4期。

于志嘉：《从〈䜦辞〉看明末直豫晋交界地区的卫所军户与军民词讼》，《历史语言研究所集刊》2004年第75本第4分。

林涓：《清代行政区划变迁研究》，复旦大学博士学位论文，2004年。

王丽杰：《论明清时期的河南集镇》，郑州大学硕士学位论文，2004年。

杨晨宇：《明中后期的卫所"民化"》，《三峡论坛（三峡文学·理论版）》2004年第1期。

傅辉：《插花地对土地数据的影响及处理方法》，《中国社会经济史研究》2004年第2期。

萧凤霞、刘志伟:《宗族、市场、盗寇与蛋民——明以后珠江三角洲的族群与社会》,《中国社会经济史研究》2004年第3期。

郭红、于翠艳:《明代都司卫所制度与军管型政区》,《军事历史研究》2004年第4期。

关彦莉:《明代武术发展与明代社会》,《武术科学》2005年第4期。

屈华:《从榆林卫到榆林府——明代卫所制度在清代变革中的个案研究》,陕西师范大学硕士学位论文,2006年。

张金奎:《明代卫所司法简论》,《故宫学刊》2006年第3辑。

刘志伟:《从乡豪历史到士人记忆——由黄佐〈自叙先世行状〉看明代地方势力的转变》,《历史研究》2006年第6期。

邓庆平:《州县与卫所:政区演变与华北边地的社会变迁——以明清蔚州为中心》,北京师范大学博士学位论文,2006年。

彭勇:《明代卫所制度流变论略》,《民族史研究》2007年第七辑。

安涛:《朱泾:明清以来江南一个区域中心城镇的发展探析》,《徐州师范大学学报》(哲学社会版)2007年第4期。

肖立军:《从〈金瓶梅〉看明代的卫所》,《文史杂志》2007年第5期。

邓庆平:《卫所制度变迁与基层社会的资源配置——以明清蔚州为中心的考察》,《求是学刊》2007年第6期。

邓庆平:《明清卫所制度研究述评》,《中国史研究动态》2008年第4期。

申红星:《明代宁山卫的军户与宗族》,《史学月刊》2008年第3期。

傅辉:《明以来河南土地利用变化与人文机制研究》,复旦大学博士学位论文,2008年。

张连文:《论明清之际大同地区卫所职能的转变》,山西大学硕士学位论文,2008年。

林鹏旭:《明代乡村社会救济研究——以江南为中心》,西南大学硕士学位论文,2008年。

李永菊:《明代河南的军事权贵与士绅阶层——归德府世家大族研究》,厦门大学博士学位论文,2008年。

余清良:《明代钞关制度研究(1429—1644)——以浒墅关和北新关为中心》,厦门大学博士学位论文,2008年。

吴逸飞:《明清时期家族兴衰与地方社会的整合——以寨卜昌村王氏家族

为典型个案》,《中国文化研究》2008 年第 4 期。

温娜:《山东卫所在清代的变革》,陕西师范大学硕士学位论文,2008 年。

孟凡松:《安福、永定二县的设置与清代州县行政管理体制在湘西北的确立》,《中国历史地理论丛》2008 年第 1 期。

孟凡松:《郡县的历程——明清武陵山区地方行政管理体制研究》,陕西师范大学博士学位论文,2009 年。

徐斌:《明清军役负担与卫军家族的成立——以鄂东地区为中心》,《华中师范大学学报(人文社科版)》2009 年第 2 期。

刘士岭:《大河南北,斯民厥土:历史时期的河南人口与土地(1368—1953)》,复旦大学博士学位论文,2009 年。

邓庆平:《华北乡村的堡寨与明清边镇的社会变迁——以河北蔚县为中心的考察》,《清史研究》2009 年第 3 期。

邓庆平:《卫所与州县——明清时期蔚州基层行政体系的变迁》,《历史语言研究所集刊》2009 年第 80 本第 2 分。

王晶晶:《明清至民国时期山东半岛军户家族组织研究——以鳌山卫、灵山卫为中心》,厦门大学硕士学位论文,2009 年。

朱梅:《上海地区城隍:变迁中的民间信仰(1369—1930)》,复旦大学硕士学位论文,2009 年。

王友华:《明清时期山西都司卫所屯田研究》,陕西师范大学硕士学位论文,2009 年。

宋永志:《明代河南怀庆卫军户对地方社会的认同与塑造》,《历史教学(高校版)》2009 年第 5 期。

林昌丈:《明清东南沿海卫所军户的地方化——以温州金乡卫为中心》,《中国历史地理论丛》2009 年第 10 期。

郑榕:《户籍分野与身份认同的变迁——明清以来铜山军户社区文化结构过程的考察》,《中国社会经济史研究》2010 年第 2 期。

陈凌:《明清松江府进士人群的初步研究》,《史林》2010 年第 2 期。

肖立军:《从〈金瓶梅〉看明代的司法制度》,《文史杂志》2010 年第 3 期。

李巨澜:《略论明清时期的卫所漕运》,《社会科学战线》2010 年第 3 期。

傅林祥:《清代地方行政制度专题研究》,复旦大学博士学位论文,2010 年。

吴述林:《明代巡按制度研究——以〈明实录类纂·司法监察卷〉为基本史

料的分析》,安徽大学硕士学位论文,2010 年。

郭小雨:《怀庆府中心城市演变研究(1368—1949)》,广西师范大学硕士学位论文,2010 年。

王霞蔚:《金元以降山西中东部地区的宗族与地方社会》,南开大学博士学位论文,2010 年。

王俊霞:《明清时期山陕商人相互关系研究》,西北大学博士学位论文,2010 年。

程森:《生态、交通与县际纷争——以清代漳河草桥的修造为中心》,《清史研究》2010 年第 4 期。

曹锦云:《明代山西都司研究》,陕西师范大学硕士学位论文,2011 年。

程森:《明清民国时期直豫晋鲁交界地区地域互动关系研究》,陕西师范大学博士学位论文,2011 年。

张生寅:《河湟边地社会的军户家族——以西宁卫郭氏家族为个案》,《青海民族大学学报(社会科学版)》2011 年第 3 期。

胡勇军:《清初变革对江南市镇的影响——以青村的变迁为例》,《金陵科技学院学报(社会科学版)》2011 年第 3 期。

孟凡松:《略论清代贵州改卫归流》,《安顺学院学报》2011 年第 2 期。

张鑫:《明代武官集团监控体系研究》,山东大学硕士学位论文,2011 年。

孙经纬:《明代军籍进士研究》,辽宁师范大学硕士学位论文,2011 年。

施剑:《明代浙江海防建置研究——以沿海卫所为中心》,浙江大学硕士学位论文,2011 年。

杨文斌:《明朝蓟镇卫所及其人员生活状况研究》,苏州科技学院硕士学位论文,2011 年。

谢湜:《明代太仓州的设置》,《历史研究》2012 年第 3 期。

肖立军:《从〈金瓶梅〉看明代的军屯处所》,《文史杂志》2012 年第 5 期。

李鹏飞:《"三言""二拍"中明代军事记述研究》,《黑龙江史志》2012 年第 23 期。

杨祥全:《津门武术:独立的武术文化区》,《山东体育学院学报》2012 年第 5 期。

焦春晖:《武术与安顺地戏的相互影响与启示》,北京体育大学硕士学位论文,2012 年。

程彩萍:《明代武官犯罪及其司法实践——以〈皇明条法事类纂〉为中心的考察》,西南大学硕士学位论文,2012年。

张明莉:《贵州鲍家拳考略》,《体育研究与教育》2012年第4期。

郭红:《明代的旗纛之祭:中国古代军事性祭祀的高峰》,《民俗研究》2013年第5期。

郭振华、白晋湘:《安顺地戏的武术文化解读》,《体育学科》2013年第6期。

魏卿:《浙江沿海武术文化研究》,浙江师范大学硕士学位论文,2014年。

彭勇:《学术分野与方法整合:近三十年中国大陆明代卫所制度研究述评》,《中国史学》2014年第24卷。

施剑:《清前期贵州卫所之裁撤及其屯田处置》,《历史档案》2014年第2期。

施剑:《清前期贵州裁撤卫所后的屯田处置》,《中国国家博物馆馆刊》2014年第3期。

谢湜:《"以屯易民":明清南岭卫所军屯的演变与社会建构》,《文史》2014年第4辑。

王艳花:《元至民国时期的青岛武术发展及其影响》,《体育文化导刊》2014年第4期。

王明建:《"安顺地戏"中的武术文化现象探究——兼论武术与戏曲的渊源关系》,《成都体育学院学报》2014年第8期。

万明《明代徽州汪公入黔考——兼论贵州屯堡移民社会的建构》,《中国史研究》2005年第1期。

于秀萍:《明清以来北方武术发展述略——以河北沧州回族李氏"六合门"为例》,《回族研究》2015年第2期。

戴辉:《明代大理卫的权力嬗变及其社会影响》,《江苏师范大学学报(哲学社会科学版)》2015年第11期。

王子茂:《明代桂东北地区军事防御体系研究》,广西师范大学硕士学位论文,2015年。

于秀萍:《明代华北的卫所建置及对地方文化的影响——以直隶河间府为例》,《河北大学学报》2016年第2期。

范东杰:《明代山西武术发展状况研究》,中北大学硕士学位论文,2016年。

(日)清水泰次:《明初军屯之扩展及其组织》,王崇武译,《西北论衡》第4卷第6期,1936年。

（日）清水泰次：《明代军屯之崩溃》，方纪生译，《食货》第 4 卷第 10 期，1936 年。

（日）楢木野宣：《卫所の行方》，《东京教育大学东洋史学论集》第 3 号，1954 年。

（日）真水康树：《雍正年间的直隶州政策》，《历史档案》1995 年第 3 期。

（英）科大卫：《动乱、官府与地方社会——读〈新开潞安府治记碑〉》，《中山大学学报（社会科学版）》2001 年第 2 期。

（日）川越泰博：《明代中国之军制政治》，东京：国书刊行会，2001 年。

后　记

明清卫所制度如何一步步有走向衰亡，化有形于无形，是其变迁的关键。从不同角度对卫所的研究最后尝试解决的问题都是如此。

朱元璋在设置卫所制度之初，无疑是想在地理、人口、土地、管理等方面为卫所确立一个与府州县共治天下的特殊身份，以期国家的长治久安。但是在明代中后期，这一制度却成为他的子孙最难处理的问题之一，国困于无兵可用，民难于清勾，军困于逃隐，卫所逐渐衰败。在这个过程中，卫所在各方面的"民化"成为变迁的主线。法律约束制度，又反映制度的变迁，是研究卫所"民化"的最佳角度之一；而传世的明代法律文献类型多样、内容丰满，为"民化"提供了充分的史料支撑；又由于明代卫所分布广泛，不同区域所经变迁差别很大，因此，本书将写作界定在从"法律""区域"两个角度探讨卫所"民化"。

明代卫所"民化"可从多方面深入探析，本书所涉尚浅，加之著者识力有限，唯祈读者指正。

本书分工如下：绪论由郭红撰写；第一章由杨晨宇撰写；第二章由孟庆勇撰写；第三章由尹玲玲撰写；第四章由贾如意撰写；第五章由王文慧（贵州师范大学历史与政治学院）撰写；第六章由郭红撰写；最后由郭红统稿。

郭　红
2022 年 10 月